Guttentagsche Sammlung
Nr. 14. Deutscher Reichsgesetze. Nr. 14.
Textausgaben mit Anmerkungen.

Gerichtsverfassungsgesetz
mit
Einführungsgesetz

Unter besonderer Berücksichtigung der Entscheidungen des Reichsgerichts

Begonnen von Dr. R. Sydow

Weiterbearbeitet von

L. Busch und Dr. W. Krantz
Reichsgerichtsrat i. R. Landgerichtsdirektor

Zehnte Auflage

Berlin und Leipzig 1925.
Walter de Gruyter & Co.
vormals G. J. Göschen'sche Verlagshandlung — J. Guttentag, Verlagsbuchhandlung — Georg Reimer — Karl J. Trübner — Veit & Comp.

Inhaltsverzeichnis.

Abkürzungen.

AG. = Ausführungsgesetz.
BGB. = Bürgerliches Gesetzbuch.
EG. = Einführungsgesetz.
GBO. = Grundbuchordnung v. 24./3. 1897 in d. Fass. v. 20./5. 1898.
GKG. = Gerichtskostengesetz v. 18./6. 1878 in d. Fass. v. 21./12. 22. 16./2., 18./8. u. 13./12. 23, 13./2. u. 27./6. 24.
GO. f. GV. = Gebührenordnung für Gerichtsvollzieher v. 24./6. 1878 in d. Fass. 14./12. 22, 13./12. 23.
GO. f. RA. = Gebührenordnung für Rechtsanwälte v. 7./7. 1879 in d. Fass. v. 20./5. 1898, 1./6. 09, 22./5. 10, 8./11. 16, 18./12. 19, 8./7. 21, 21./12. 22, 18./8. u. 13./12. 23, 13./2. u. 27./6. 24.
GO. f. Z. u. S. = Gebührenordnung für Zeugen und Sachverständige v. 30./6. 1878 in d. Fass. v. 13./3. u. 24./10. 22, 12./7. u. 21./12. 23.
Gr. = Gruchots „Beiträge zur Erläuterung des deutschen Rechts" (bis Bd. 66).
GS. = Gesetz-Sammlung.
GVBl. = Gesetz- und Verordnungs-Blatt.
GVG. = Gerichtsverfassungsgesetz.
HGB. = Handelsgesetzbuch für das Deutsche Reich v. 10./5. 1897.
JMBl. = Justiz-Ministerial-Blatt.
JW. = Juristische Wochenschrift (bis Jahrg. 1924).
KGJ. = Jahrbuch der Entscheidungen des Kammergerichts in Sachen der freiwilligen Gerichtsbarkeit (Johow-Ring) (bis Bd. 53).
KO. = Konkursordnung v. 10./2. 1877 in d. Fass. v. 20./5. 1898.
MBl. i. V. = Ministerialblatt für die gesamte innere Verwaltung in den Preußischen Staaten.

OLG. = die Rechtsprechung der Oberlandesgerichte (Mugdan-Falkmann) (bis Bd. 43).

RAO. = Rechtsanwaltsordnung v 1./7 1878, 11./7. 1922, 27./4. u. 23./11. 23, 6./2. 24.

RFGG. = Reichsgesetz über die Angelegenheiten der freiwilligen Gerichtsbarkeit v. 17./5. 1898.

RG. = Entscheidungen des Reichsgerichts in Zivilsachen. Herausgegeben von den Mitgliedern des Gerichtshofes (bis Bd. 108).

RG. = Entscheidungen des Reichsgerichts in Strafsachen. Herausgegeben von den Mitgliedern des Gerichtshofes (bis Bd. 57).

RGBl. = Reichs-Gesetzblatt.

RJA. = Entscheidungen in Angelegenheiten der freiwilligen Gerichtsbarkeit und in Grundbuchsachen, zusammengestellt im Reichsjustizamt (bis Bd. 15).

StGB. = Strafgesetzbuch für das Deutsche Reich.

StPO. = Strafprozeßordnung.

W. = Warneyer „Rechtsprechung des Reichsgerichts“ (bis Jahrgang 1924).

WO. = Wechselordnung v. 5./6 1869 in d Fass. v. 3./6. 08.

ZBl. = Zentral-Blatt für das Deutsche Reich.

ZPO. = Zivilprozeßordnung.

ZVG. = Reichsgesetz über die Zwangsversteigerung und die Zwangsverwaltung v. 24./3. 1897 in d. Fass. v. 20./5. 1898.

Die Entscheidungen sind nach Band oder Jahrgang (große Zahl) und Seite (kleine Zahl) angeführt. Bei W. (Warneyer bedeutet jedoch die kleine Zahl wie bei JW. (Juristische Wochenschrift) die gehobene Zahl die Nummer des Urteils.

I.

Einführungsgesetz zum Gerichtsverfassungsgesetze.

Vom 27. Januar 1877.
(RGBl. von 1877, Nr. 4, S. 77—80.)

In Kraft getreten am 1. Oktober 1879.

Eingeführt in Helgoland seit 1./4. 91: Art. I Nr. VIII, 1 VO. v. 22./3. 91 (RGBl. 22); vgl. auch RGes. v. 4./6. 93 (RGBl. 198). Abgeändert durch das Gesetz, betr. Aenderungen des Gerichtsverfassungsgesetzes und der Strafprozeßordnung, vom 17. Mai 1898 (RGBl. 252), durch das Gesetz, betr. die Zuständigkeit des Reichsgerichts, vom 22. Mai 1910 (RGBl. 767), in Kraft vom 1. Januar 1900 bzw. 1. Juni 1910, und durch das Gesetz, betr. die bei einem obersten Landesgericht einzulegenden Revisionen in bürgerlichen Rechtsstreitigkeiten, vom 20. Februar 1911 (RGBl. 59).

---

1. Das Gerichtsverfassungsgesetz tritt im ganzen Umfange des Reichs an einem durch Kaiserliche Verordnung mit Zustimmung des Bundesrats festzusetzenden Tage, spätestens am 1. Oktober 1879, gleichzeitig mit der im § 2 des Einführungsgesetzes der Zivilprozeßordnung vorgesehenen Gebührenordnung[1] in Kraft.

[1] Gerichtskostengesetz v. 18./6. 78; Gebührenordnung für Gerichtsvollzieher v. 24./6. 78; Gebührenordnung für Zeugen und Sachverständige v. 30./6. 78; Gebührenordnung für Rechtsanwälte v. 7./7. 79. Neue Fassung dieser Gesetze v. 20./5. 98. Demnächst anderweite neue Fassung des GKG. vom 21./12. 22 (RGBl. 23 I 12), wieder abgeändert durch § 48 RGes. v. (16./2. 23 (RGBl. I 135), Art. IV RGes. v. 18./8. 23 (RGBl. I 813), Art. III VO. v. 13./12. 23 (RGBl. I 1186),

Art. V VO. v. 13./2. 24 (RGBl. I 135) u. Art. I VO. v. 27./6. 24 (RGBl. I 662). Anderweite neue Fassung der GO. f. Z. u. S. v. 13./3. 22 (RGBl. I 242), wieder abgeändert durch RGes. v. 24./10. 22 (RGBl. I 806) u. VO. v. 12./7. und 21./12. 23 (RGBl. I 633, 1239). Anderweite neue Fassung der GO. f. GV. v. 14./12. 22 (RGBl. I 917), abgeändert durch VO. v. 13./12. 23 (RGBl. I 1189). Die GO. f. RA. ist geändert durch RGes. v. 1./6. 09 (RGBl. 475), v. 22./5. 10 (RGBl. 767), v. 8./11. 16 (RGBl. 1263), v. 18./12. 19 (RGBl. 2115), v. 8./7. 21 (RGBl. 910), v. 21./12. 22 (RGBl. 23 I 1), v. 18./8. 23 (RGBl. I 813) u. VO. v. 13./12. 23 (RGBl. I 1188), v. 13./2. 24 (RGBl. I 135), v. 27./6. 24 (RGBl. I 662).

2. Die Vorschriften des Gerichtsverfassungsgesetzes finden nur auf die ordentliche streitige Gerichtsbarkeit[1] und deren Ausübung Anwendung.

[1] D. i. die Gerichtsbarkeit, welche die ordentlichen Gerichte in den ihnen zugewiesenen bürgerlichen Rechtsstreitigkeiten und Strafsachen ausüben. §§ 12, 13 GVG. — Außerhalb des Geltungsbereichs des GVG. liegt die streitige Gerichtsbarkeit der besonderen Gerichte, die gesamte nicht streitige Gerichtsbarkeit und die Justizverwaltung. Insoweit aber in solchen Sachen, für welche besondere Gerichte zugelassen sind, die Gerichtsbarkeit den ordentlichen Gerichten übertragen ist (§ 8 Abs. 1 EG.), findet auf sie auch das GVG. Anwendung. — Vgl. ferner Anm. 1 vor §§ 59 ff. GVG., Vorbem. Abs. 2 vor §§ 156 ff. GVG.

3. Die Gerichtsbarkeit in bürgerlichen Rechtsstreitigkeiten und Strafsachen, für welche besondere Gerichte zugelassen sind,[1] kann den ordentlichen Landesgerichten durch die Landesgesetzgebung[2] übertragen werden.[3] Die Uebertragung darf nach anderen als den durch das Gerichtsverfassungsgesetz vorgeschriebenen Zuständigkeitsnormen erfolgen.

Auch kann die Gerichtsbarkeit letzter Instanz in den vorerwähnten Sachen auf Antrag des betreffenden Bundes-

staates mit Zustimmung des Bundesrats durch Kaiserliche Verordnung[3a] dem Reichsgerichte übertragen werden.[4]

Insoweit für bürgerliche Rechtsstreitigkeiten ein von den Vorschriften der Zivilprozeßordnung abweichendes Verfahren gestattet ist,[5] kann die Zuständigkeit der ordentlichen Landesgerichte durch die Landesgesetzgebung[6] nach anderen als den durch das Gerichtsverfassungsgesetz vorgeschriebenen Normen bestimmt werden.[7]

[1] § 13 Anm. 5 und § 14 GVG. (reichsgesetzlich zugelassene besondere Gerichte).

[2] **Preußen:** Rheinschiff.- und Elbschiffahrts- (früher Elbzoll-) Gerichte: § 1 Ges. (früher v. 8./3. 79, jetzt) v. 4./6. 24 (GS. 543), § 1 Ges. v. 9./3. 79 (GS. 182) u. Anm. 2 § 14 GVG., s. dazu JW. 95, 162[1], wonach Klagen aus Schleppverträgen vor die ordentlichen Gerichte gehören (Art. 34 IIc der revid. Rheinschiffahrtsakte v. 17./10. 68, GS. 69 S. 814, deren Art. 15 durch die Vereinb. v. 4./6. 98 abgeändert ist, GS. 00 S. 9, 12), u. Bek., betr. die Gleichstellung der richterlichen Strafbefehle und polizeilichen Strafverfügungen mit den in den Art. 32 bis 40 der Rheinschiffahrtsakte erwähnten strafgerichtlichen Urteilen und Erkenntnissen, v. 15./7. 98 (GS. 266); linksrheinische Gemeinheitsteilungs- und Ablösungssachen: §§ 41, 49 Ges. v. 24./4. 78 (GS. 230) und §§ 26 ff., 66, 67 Ges. v. 19./5. 51 (GS. 390), verb. mit § 22 Ges. v. 24./5. 85 (GS. 153); auch Anm. 4 § 5. — **Bayern:** Rheinschiff.-Gerichte: Art. 9 Ges. v. 28./2. 79 (GVBl. 278), VO. v. 18./6. 79 (GVBl. 661). — **Sachsen:** Elbzollgerichte: VO. v. 8./9. 79 (GVBl. 331); Gemeinheitsteilungs- und Ablösungssachen: § 8 Ges. v. 1./3. 79 (GVBl. 59), §§ 1, 10 Ges. v. 5./3. 79 (GVBl. 73). — **Baden:** Rheinschiff.-Gerichte: VO. v. 24./6. 79 (GVBl. 313). — **Hessen:** Rheinschiff.-Gerichte: VO. v. 14./5. 79 (RegBl. 197). — Darüber, daß aber die in den Gesetzen geregelte **Zuständigkeit** der Rheinschiffahrts- und Elbzollgerichte **keine ausschließliche** ist, vgl. Anm. 2, 3 § 14 GVG.

[3] Oder, soweit solche zugelassenen besonderen Gerichte bereits bestehen, ihnen belassen werden. — Den ordentlichen Gerichten kann für diese Sachen ein von der ZPO. und StPO. ab-

weichendes Verfahren vorgeschrieben werden. § 8 Abs. 2 EG. z. ZPO.; § 3 Abs. 2 EG. z. StPO. Ist dies nicht geschehen, so finden die Bestimmungen des GVG. und der Prozeßordnungen auf das Verfahren Anwendung. — Die genannte Bestimmung des § 3 Abs. 2 EG. z. StPO. (Anordnung eines abweichenden Verfahrens) findet keine Anwendung, wenn die Landesgesetzgebung sich veranlaßt sieht, Strafsachen, für die reichsrechtlich ein Verwaltungsstrafverfahren zugelassen ist, den ordentlichen Gerichten zu überweisen. RG. 43, 379.

[3a] Jetzt durch VO. des Reichspräsidenten mit Zustimmung des Reichsrats (§§ 3, 4 Uebergangsges. v. 4./3. 19 [RGBl. 285], Art. 179 RVerf. v. 11./8. 19).

[4] **Preußen, Hessen, Sachsen-Weimar, Sachsen-Meiningen, Anhalt, Schwarzburg-Sondershausen, Schwarzburg-Rudolstadt, Waldeck und Pyrmont, Schaumburg-Lippe:** Verordnungen v. 26./9. 79 (RGBl. 287ff.), ferner VO. v. 30./10. 07 (RGBl. 741) (**koburgische** Rechtssachen). Vgl. auch für **Hamburg** Ges. v. 14./8. 81 (RGBl. 87).

[5] §§ 11, 15 Nr. 2, 3, 4, § 16 Nr. 3 EG. z. ZPO.

[6] Sowohl bei als nach Einführung des GVG. RG. 7, 399, JW. 11, 460[38].

[7] Jedoch nur ein Sonderverfahren, **nicht** ein **Sondergericht** darf bestimmt werden. JW. 11, 460[38].

4. Durch die Vorschriften des Gerichtsverfassungsgesetzes über die Zuständigkeit der Behörden wird die Landesgesetzgebung nicht gehindert, den betreffenden Landesbehörden jede andere Art der Gerichtsbarkeit,[1] sowie Geschäfte der Justizverwaltung zu übertragen.[2] Andere Gegenstände der Verwaltung dürfen den ordentlichen Gerichten[3] nicht übertragen werden.

[1] Insbesondere die nicht streitige. — Auch **Verwaltungsgerichtsbarkeit,** Pr. 436, 437, RG. 68, 28, und Streitigkeiten, die **nicht** zu den **bürgerlichen Rechtsstreitigkeiten** im Sinne des § 13 GVG. zu zählen sind, RG. 76, 124, W. 13, 446. — Z. B. **Preußen:** § 24 Pachtschutzordnung v. 3./7. 20 i. d. Fass. v. 23./7. 21 (GS. 488) (Rechtsbeschwerde).

[2] Da die Landesgesetzgebung nicht gehindert ist, den Ge-

richten **Geschäfte der Justizverwaltung** zu übertragen, läßt sich daraus, daß dem Gerichte durch die Gesetzgebung eine bestimmte Tätigkeit zugewiesen ist, nicht schließen, daß in dieser Tätigkeit ein Ausfluß der Rechtspflege zu erblicken sei. Entscheidend ist in dieser Beziehung lediglich der **Charakter der dem Gericht überwiesenen Tätigkeit** (z. B. ist in Preußen die Festsetzung der einem Rechnungsbeamten zu zahlenden Gebühren gemäß § 114 Abs. 3 PrGKG. in d. Fass. v. 31./10. 22 eine Angelegenheit der Justizverwaltung). RG. 82, 39.

[3] Als solchen; die Uebertragung an Mitglieder der Gerichte ist nicht ausgeschlossen. Begr. 210.

5.[1] In Ansehung der Landesherren und der Mitglieder der landesherrlichen Familien, sowie der Mitglieder der Fürstlichen Familie Hohenzollern[2] finden die Bestimmungen des Gerichtsverfassungsgesetzes nur insoweit Anwendung, als nicht besondere Vorschriften[3] der Hausverfassungen oder der Landesgesetze[4] abweichende Bestimmungen enthalten.[5] Das gleiche gilt in Ansehung der Mitglieder des vormaligen Hannoverschen Königshauses, des vormaligen Kurhessischen und des vormaligen Herzoglich Nassauischen Fürstenhauses.[6]

[1] Vgl. § 72 RGes. v. 6./2. 75 (RGBl. 28) u. § 2 RGes. v. 17./2. 75 (RGBl. 71), sowie Art. 57 EG. z. BGB. — Jetzt vgl. Art. 105, 109 Reichsverf. v. 11./8. 19 (RGBl. 1383).

[2] § 1 Preuß. Ges. v. 12./3. 50 und Vertrag v. 7./12. 49 (Preuß. GS. 1850 S. 289).

[3] Sowohl bereits bestehende als auch späterhin etwa neu erlassene.

[4] Rechtsnormen jeder Art. § 12 EG. z. ZPO. Vgl. auch RG. 12, 428. — **Preußen:** Die streitige Gerichtsbarkeit wurde hier früher durch den aus Mitgliedern des Kammergerichts in Berlin gebildeten „Geheimen Justizrat" in erster und zweiter Instanz ausgeübt. § 18 AG. z. GVG. v. 24./4. 78 (GS. 230) und Art. III Ges. v. 26./4. 51 (GS. 181). Er gehörte nicht zu den ordentlichen Gerichten, sondern war ein Sondergericht. RG. 66, 282, 76, 178, JW. 15, 802. Vgl. ferner RG. 41, 387, W. 16,

303, wonach vor dem Geheimen Justizrat der ausschließliche dingliche Gerichtsstand gemäß § 24 ZPO. (im Sinne welcher Vorschrift z. B. auch eine Patronatslast nach PrALR. II 11 §§ 579 ff. eine dingliche Belastung ist) gegen die Mitglieder der preußischen landesherrlichen Familie nicht begründet war. Vgl. auch Anm. 4 § 3 (Zuständigkeit des Reichsgerichts in dritter Instanz). Jetzt ist durch VO. v. 30./11. 18 (GS. 185) der persönliche Gerichtsstand der Mitglieder des vormaligen Preußischen Königshauses sowie der Fürstlichen Familie Hohenzollern bei dem Geheimen Justizrat beseitigt. Sodann sind durch § 1 I, II 1 Ges. v. 23./6. 20 (GS. 367) die öffentlichrechtlichen Standesvorrechte, insbesondere das Recht eigener Gerichtsbarkeit, aufgehoben worden.

[5] Diese besonderen Vorschriften der Hausverfassungen und Landesgesetze blieben beschränkt auf die Geltung vor den Gerichten des eigenen Landes. Begr. z. GVG. 211, W. 14, 31. Daher fand eine landesherrliche VO., wodurch in Rechtsangelegenheiten des Landesherrn und seiner Familienangehörigen sämtliche in den Reichsgesetzen geordnete besondere Gerichtsstände ausgeschlossen waren (z. B. in Schaumburg-Lippe), dann keine Anwendung, wenn nach den Vorschriften der ZPO. ein besonderer Gerichtsstand (z. B. der dingliche Gerichtsstand, §§ 24, 26) außerhalb des Landes begründet war. W. 14, 31. Vgl. auch RG. 12, 428. — War ein Rechtsstreit gegen den Landesherrn bei dem gemäß dem Hausgesetz (z. B. dem sächsischen) errichteten Sondergericht anhängig geworden, so ist, auch wenn nach Ausbruch der Revolution der Staatsfiskus an Stelle des Landesherrn in den Rechtsstreit eingetreten ist, das von dem Sondergericht erlassene Urteil, mag es sich auch gegen den nunmehrigen Beklagten richten, mit den Rechtsmitteln der ZPO. nicht anfechtbar. W. 21, 3. — Das den Landesherren vor Inkrafttreten des Reichsrechts zugestandene Begnadigungs- und Abolitionsrecht war in vollem Umfange bestehen geblieben. Auch wenn der Strafprozeß bereits in die Revisionsinstanz gediehen war, konnte dem Abolitionsrechte die Wirkung nicht versagt werden. RG. 33, 204 (entgegen RG. 28, 419). Jetzt übt für das Reich der Reichspräsident das Begnadigungsrecht aus (Art. 49 Abs. 1 Reichsverf. v. 11./8. 19), in Preußen das Staatsministerium namens des Volkes (Art. 54 Abs. 1 pr. Verfassung v. 30./11. 20).

6 Vgl. Art. 57 Abs. 2 EG. z. BGB. — Galt auch in Ansehung der Mitglieder des Herzoglich Holsteinischen Fürstenhauses. RGes. v. 25./3. 04 (RGBl. 149).

6. Unberührt bleiben die bestehenden landesgesetzlichen Vorschriften[1] über die Zuständigkeit der Schwurgerichte für die durch die Presse begangenen strafbaren Handlungen.[2]

1 D. i. die vor dem Inkrafttreten des GVG. erlassenen landesgesetzlichen Vorschriften. RG. 27, 309. — **Bayern:** Art. 35 Ges. v. 23./2. 79 (GVBl. 273) i. d. Fass. v. 21./8. 14 (GVBl. 415), dazu RG. 35, 375 (unlauterer Wettbewerb durch Ankündigungen in Zeitungen). — **Württemberg:** Art. 12 Ges. v. 24./1. 79 (RegBl. 3), dazu RG. 18, 293. — **Baden:** § 6 Ges. v. 8./3. 79 (GVBl. 91), in d. Fass. v. 30./11. 99 (GVBl. 805). Vgl. dazu JW. 95, 574[9]. — **Oldenburg:** Art. 29 Ges. v. 10./4. 79 (GesBl. 330), s. dazu RG. 45, 417 (gilt nicht auch für die mit Oldenburg verbundenen Fürstentümer Lübeck und Birkenfeld).

2 Begriff dieser Handlungen: §§ 2, 3 Preßges. v. 7./5. 74 (RGBl. 65). — Auch die Verbreitung von Druckschriften strafbaren Inhalts fällt darunter. RG. 18, 293.

7. Die Militärgerichtsbarkeit,[1] sowie das landesgesetzlich den Standesherren gewährte Recht auf Austräge[2] werden durch das Gerichtsverfassungsgesetz nicht berührt.

1 Nach Art. 106 der jetzigen Reichsverfassung v. 11./8. 19 (RGBl. 1383) ist die Militärgerichtsbarkeit, außer für Kriegszeiten und an Bord der Kriegsschiffe, aufzuheben. Dies ist geschehen durch Ges. v. 17./8. 20 (RGBl. 1579) u. Reichswehrges. v. 23./3. 21 (RGBl. 329) § 48, dazu VO. v. 3./11. 20 (RGBl. 1866) (Strafmilderung und Straferlaß) u. v. 30./3. 21 (RGBl. 448) (auf Grund des § 25 Ges. v. 17./8. 20). Für Preußen vgl. hierzu: Allg. Verf. v. 20./8., 6. u. 23./9, 7. u. 30./10. 20 (JMBl. 436, 463, 509, 536, 592), ferner Verf. über die Anforderung militärgerichtlicher Akten und über Strafvollstreckungsersuchen an Militärbehörden, v. 27./1. 21 (JMBl. 88).

2 Standesherren sind die Häupter der Familien der mittelbar gewordenen, vormals reichsständischen deutschen Reichs-

fürsten und Grafen. Ihr landesgesetzlich etwa bestehendes Recht auf Austräge beschränkte sich auf Strafsachen. D. Bundesakte v. 18./6. 1815 Art. 14. Vgl. jetzt Art. 105, 109 Reichsverf. v. 11./8. 19 (RGBl. 1383). — **Preußen:** Ges. v. 10./6. 54 (GS. 363), § 3 Ver. v. 12./11. 55 (GS. 686), § 17 Instr. v. 30./5. 1820 (GS. 85). Jetzt aufgehoben durch Ges. v. 23./6. 20 (Anm. 4 § 5).

8. Durch die Gesetzgebung eines Bundesstaates, in welchem mehrere Oberlandesgerichte errichtet werden, kann die Verhandlung und Entscheidung der zur Zuständigkeit des Reichsgerichts gehörenden Revisionen[1] in bürgerlichen Rechtsstreitigkeiten einem obersten Landesgerichte zugewiesen werden.[2]

Diese Vorschrift findet jedoch auf bürgerliche Rechtsstreitigkeiten, welche zur Zuständigkeit des Reichs-Oberhandelsgerichts gehören[3] oder durch besondere Reichsgesetze dem Reichsgerichte zugewiesen werden[4], keine Anwendung, es sei denn, daß für die Entscheidung im wesentlichen Rechtsnormen in Betracht kommen, die in Landesgesetzen enthalten sind.[5]

[1] Die Worte „und Beschwerden" sind durch die Nov. v. 22./5. 1910 gestrichen, weil die Zuständigkeit des Reichsgerichts für die Entscheidung von Beschwerden beseitigt ist. Vgl. § 183 GVG. n. F., § 567 Abs. 3 ZPO.

[2] Die obersten Landesgerichte gehören zu den ordentlichen Gerichten. § 10, Pr. z. ZPO. 4. — Vgl. § 1 RGes. v. 11./4. 77 (RGBl. 415) unten zu § 123 GVG. — **Bayern:** Art. 42 AG. z. GVG. v. 23./2. 79 (GVBl. 273) in d. Fass. d. Art. 167 AG. z. BGB. v. 9./6. 99 (GVBl. Beil. 64), § 1 VO. v. 2./4. 79 (GVBl. 356). — **Sachsen:** § 1 Ges. v. 11./4. 77 (RGBl. 415) über den Sitz des Reichsgerichts (§ 8 findet auf Sachsen keine Anwendung).

[3] D. i. zur Zeit des Uebergangs der Geschäfte des Reichs-Oberhandelsgerichts an das Reichsgericht. — Zuständigkeit des Reichs-Oberhandelsgerichts als Rechtsmittelinstanz in den

vor die ordentlichen Gerichte gehörigen bürgerlichen Rechtsstreitigkeiten: **Handelssachen:** §§ 12—15 BGes. v. 12./6. 69 (BGBl. 201), auch: § 13 Abs. 3 Ges., betr. **die Gesellschaften mit beschr. H.,** v. 20./4. 92 (RGBl. 477) in d. Fass. v. 20./5. 98 (RGBl. 846); § 49 **Börsengesetzes** v. 22./6. 96 in d. Fass. v. 27./5. 08 (RGBl. 215); **Flößereiabgaben:** § 2 BGes. v. 1./6. 70 (BGBl. 312); **Urheberrecht an Schriftwerken:** § 32 BGes. v. 11./6. 70, jetzt § 59 Ges., betr. das Urheberrecht an Werken der Literatur und der Tonkunst, v. 19./6. 01 (RGBl. 227), vgl. auch § 49 Ges. über das Verlagsrecht v. 19./6. 01 (RGBl. 217); **Schutz der Warenbezeichnungen:** § 21 RGes. (früher v. 30./11. 74, dann v. 12./5. 94, jetzt) v. 7./12. 23 (RGBl. II 445); **Urheberrecht an Werken der bildenden Künste und der Photographie:** § 52 RGes. (früher v. 9./1. u. 10./1. 76, jetzt) v. 9./1. 07 (RGBl. 7); **Urheberrecht an Mustern und Modellen:** §§ 14, 15 RGes. v. 11./1. 76 (RGBl. 11); § 38 **Patentges.** (früher v. 25./5. 77, dann v. 7./4. 91, jetzt) v. 7./12. 23 (RGBl. II 437); **Haftpflicht:** § 10 RGes. v. 7./6. 71 (RGBl. 207), dazu Art. 42 EG. z. BGB. (§§ 3, 5, 7—9 abgeänd.); Ansprüche für und gegen **Reichsbeamte:** §§ 152, 153, 154 Abs. 2 RGes. v. 31./3. 73 in d. Fass. v. 18./5. 07 (RGBl. 245); **Bergungsansprüche:** § 44 Strandungs-Ord. v. 17./5. 74 (RGBl. 73) (§§ 25, 43 abgeänd. durch Ges. v. 30./12. 01 [RGBl. 1902 S. 1]); **Entziehung** der Befugnis zur **Banknotenausgabe:** früher § 50 Bankges. v. 14./3. 75 (RGBl. 177) (abgeändert durch RGes. v. 1./6. 09 [RGBl. 515]), jetzt § 24 Reichs-Privatnotenbankges. v. 30./8. 24 (RGBl. II 246).

4 **Reichsstempelabgaben:** § 110 **Reichsstempelges.** v. 3./7. 13 (RGBl. 544), jetzt ist jedoch der Rechtsweg ausgeschlossen, s. Anm. 25 § 95 GVG. **Genossenschaftsrecht:** § 155 RGes. (früher v. 1./5. 89, jetzt) v. 20./5. 98 (RGBl. 810); **Patentschutz:** s. Anm. 8; **Gebrauchsmusterschutz:** § 12 RGes. früher v. 1./6. 91, jetzt v. 7./12. 23 (RGBl. II 444); Schutz der **Warenbezeichnungen:** s. Anm. 3; **Binnenschiffahrt:** § 130 RGes. (früher v. 15./6. 95, jetzt) v. 20./5. 98 (RGBl. 868); **Flößerei:** § 31 RGes. v. 15./6. 95 (RGBl. 348); § 3 RGes. über die **Haftung** des Reichs für seine **Beamten** v. 22./5. 10 (RGBl. 798); vermögensrechtl. **Ansprüche der Angehörigen der Reichswehr:** § 32 Abs. 5 Reichswehrges. v. 23./3. 21 (RGBl. 329). — Ferner An-

sprüche, die auf Grund des BGB. durch Klage oder Widerklage geltend gemacht sind: Art. 6 EG. z. BGB.; Anfechtungsansprüche nach der KO. oder dem Anfechtungsgesetz v. 21./7. 79 i. d. Fass. v. 20./5. 98 (RGBl. 612, 709): Art. 8 EG. z. d. Ges., betr. Aend. d. KO., v. 17./5. 98 (RGBl. 230).

[5] Der Schlußhalbsatz ist durch RGes., betr. die bei einem obersten Landesgericht einzulegenden Revisionen in bürgerlichen Rechtsstreitigkeiten, v. 20./2. 11 (RGBl. 59) hinzugefügt. Es soll in Bayern hinsichtlich der beim Reichsgericht nicht revisiblen bayerischen Landesgesetze die Rechtseinheit erhalten werden.

9. Durch die Gesetzgebung eines Bundesstaates, in welchem mehrere Oberlandesgerichte errichtet werden, kann die Verhandlung und Entscheidung der zur Zuständigkeit der Oberlandesgerichte gehörenden Revisionen und Beschwerden in Strafsachen[1] ausschließlich einem der mehreren Oberlandesgerichte oder an Stelle eines solchen Oberlandesgerichts dem obersten Landesgerichte[2] zugewiesen werden.[3]

[1] § 121 GVG. n. F.

[2] Wo ein solches auf Grund des § 8 besteht. Vgl. Anm. 2 zu § 8 (in Bayern).

[3] **Preußen:** § 50 AG. z. GVG. v. 24./4. 78 (GS. 230). (Zuständigkeit des Kammergerichts in Berlin für Revisionen u. Beschwerden in den Strafsachen, deren Gegenstand eine nach Landesrecht strafbare Handlung ist.) — **Bayern:** Art. 42 AG. z. GVG. v. 23./2. 79 (GVBl. 273) in d. Fass. des Art. 167 AG. z. BGB. v. 9./6. 99 (GVBl. Beil. 66). — Vgl. ferner § 120 Abs. 2 GVG. n. F.

10. Die allgemeinen, sowie die in den §§ 126, 132, 133, 134, 183 Abs. 1[1a] enthaltenen besonderen Vorschriften des Gerichtsverfassungsgesetzes finden auf die obersten Landesgerichte[1] als Behörden der ordentlichen streitigen Gerichtsbarkeit entsprechende Anwendung.[2] Das gleiche gilt, sofern ein Zivilsenat[3] des obersten Landesgerichts von der Entscheidung eines anderen Zivilsenats oder der vereinigten Zivilsenate abweichen will, in Ansehung der Vorschriften der §§ 137, 139[3] des Gerichtsverfassungsgesetzes.

Die Besetzung der Senate bestimmt sich in Strafsachen nach § 124, in bürgerlichen Rechtsstreitigkeiten nach § 140 des Gerichtsverfassungsgesetzes.[4]

Auf die Besetzung der Zivilsenate des obersten Landesgerichts findet in Grundbuchsachen,[5] sowie in den nach § 199 des Gesetzes über die Angelegenheiten der freiwilligen Gerichtsbarkeit[6] dem obersten Landesgerichte zugewiesenen Angelegenheiten der § 124[4] des Gerichtsverfassungsgesetzes Anwendung.[7]

[1a] Jetzt §§ 124, 130, 131, 132, 181 Abs. 1 GVG. n. F.

[1] Sowohl auf die Zivilsenate (§ 8) als auch auf die Straffenate (§ 9). — Die allgemeinen Vorschriften sind die in Tit. 1, 2, 11—17 GVG. enthaltenen, die einzeln angeführten Paragraphen beziehen sich auf das Reichsgericht besonders. — Bezüglich des Verfahrens vgl. EG. z. ZPO. §§ 3 Abs. 1 (allgemein nach den Vorschriften der ZPO.), 7, 8 (Einschränkungen).

[2] **Bayern:** Art. 43—49 AG. z. GVG. v. 23./2. 79 (GVBl. 273) in d. Fass. d. Art. 167 AG. z. BGB. v. 9./6. 99 (GVBl. Beil. 1, 66).

[3] Auf Strafsenate des obersten Landesgerichts finden die §§ 137, 139 GVG. a. F., jetzt §§ 136, 138 GVG. n. F. keine Anwendung.

[4] Jetzt § 122 anstatt 124, § 139 anstatt 140. Danach entschieden früher die Strafsenate in der Besetzung von 5, die Zivilsenate in der Besetzung von 7 Mitgliedern, ausgenommen in den im Abs. 3 bezeichneten Angelegenheiten. Jetzt (vgl. § 3 VO. v. 4./1. 24) entscheiden die Strafsenate in der Besetzung von 3, in Strafsachen erster Instanz aber ebenso wie die Zivilsenate in der Besetzung von 5 Mitgliedern.

5 § 102 GBO. v. 24./3. 97 (RGBl. 189) in d. Fass. v. 20./5. 98 (RGBl. 754).

6 V. 17./5. 98 (RGBl. 189) in d. Fass. v. 20./5. 98 (RGBl. 771).

7 Ausnahme von Abs. 2. Die Zivilsenate entschieden früher (§ 124 GVG. a. F.) in diesen Angelegenheiten in der Besetzung von 5 Mitgliedern, jetzt (§ 122 GVG. n. F.) entscheiden sie in der Besetzung von nur 3 Mitgliedern.

11. Die landesgesetzlichen Bestimmungen, durch welche die strafrechtliche oder zivilrechtliche Verfolgung öffentlicher Beamten[1] wegen der in Ausübung oder in Veranlassung der Ausübung ihres Amts vorgenommenen Handlungen an besondere Voraussetzungen[2] gebunden ist, treten außer Kraft.[3]

Unberührt bleiben die landesgesetzlichen Vorschriften, durch welche die Verfolgung der Beamten[4] entweder im Falle des Verlangens einer vorgesetzten Behörde oder unbedingt an die Vorentscheidung einer besonderen Behörde gebunden ist, mit der Maßgabe:

1. daß die Vorentscheidung auf die Feststellung beschränkt ist, ob der Beamte sich einer Ueberschreitung seiner Amtsbefugnisse[5] oder der Unterlassung einer ihm obliegenden Amtshandlung schuldig gemacht habe;
2. daß in den Bundesstaaten, in welchen ein oberster Verwaltungsgerichtshof besteht,[6] die Vorentscheidung diesem, in den anderen Bundesstaaten dem Reichsgerichte zusteht.[7]

1 „Oeffentlicher Beamten" gleichbedeutend mit „Beamten" im Sinne der §§ 811 Nr. 7, 850 Nr. 8, 910 ZPO., § 71 Abs. 3 GVG. — Personen des Soldatenstandes fallen nicht unter diese Vorschrift. OLG. 31, 256.

2 Insbesondere an die vorgängige Genehmigung der vor=

gesetzten Dienstbehörde, wie in **Bayern, Baden.** Vgl. für letzteres RG. 67, 77, JW. 06, 38[50], 754[26]. — In **Preußen** bestehen, abgesehen von dem Ges. v. 13./2. 54 (s. jetzt Anm. 6), solche Vorschriften nicht. § 6 Ges. v. 11./5. 42 (GS. 192) über die Zulässigkeit des Rechtsweges in Beziehung auf polizeiliche Verfügungen gehört dahin nicht; er ist daher nicht außer Kraft gesetzt. RG. 18, 123, 59, 171, JW. 87, 270, 88, 144[38], 02, 391[1], vgl. jedoch RG. 106, 41.

[3] Die Vorschriften, die den Schutz der Beamten gegen eine sonst zulässige gerichtliche Inanspruchnahme zum **besonderen** Zweck und Inhalt haben, sind aufgehoben. RG. 20, 299, RG. 43, 282, JW. 10, 109[7]. Im übrigen bleiben die landesgesetzlichen Vorschriften über die Abgrenzung der Zuständigkeit zwischen Gerichten und Verwaltungsbehörden, sowie über die materiell-rechtlichen Voraussetzungen klagbarer Ansprüche gegen Beamte unberührt. Vgl. Anm. 1 § 13 GVG. und RG. 18, 125, JW. 91, 158[32], 97, 182[66]. Vgl. auch § 839 BGB., Art. 77 EG. z. BGB. Vgl. ferner bezüglich des Rechtswegs für Schadensersatzansprüche wegen schuldhafter Amtspflichtverletzung eines Beamten jetzt Art. 131 RVerf. v. 11./8. 19 und dazu RG. 106, 34, 407.

[4] D. i. **Landesbeamte.** Bezüglich der Reichsbeamten vgl. § 13 Reichsbeamten-Ges. v. 18./5. 07 (RGBl. 245) mit RGes. über die Haftung des Reichs für seine Beamten v. 22./5. 10 (RGBl. 798) (hier kein Konfliktsverfahren wie früher in Preußen, Anm. 6); s. jetzt Art. 131 RVerf. v. 11./8. 19 und dazu RG. 102, 166, 106, 36, 407. — Der Rechtsweg aber ist, z. B. wenn ein Beamter wegen Verschuldens in Anspruch genommen wird, nicht deshalb ausgeschlossen, weil der Beamte in Ausübung seines Amtes gehandelt hat. RG. 59, 172, JW. 08, 653[2]. Vgl. jetzt Art. 131 RVerf. v. 11./8. 19 u. Anm. 6 a. E.

[5] D. i. ob objektiv eine Ueberschreitung der Amtsbefugnisse vorliegt. Ueber etwaige Schuldausschließungsgründe (subjektives Verschulden) ist in dem gerichtlichen Verfahren zu entscheiden. RG. 10, 385, RG. 70, 103, JW. 17, 672[3].

[6] Die Landesverwaltungsbehörde ist jedoch nicht befugt, auch in das Verfahren bei dem Reichsgericht einzugreifen. **Während der Anhängigkeit** des Rechtsstreits **vor dem Reichsgericht kann nicht** durch **Erhebung des Konflikts** der Fortgang des Revi-

sionsverfahrens gehindert werden. Anm. 3 § 17 GVG. **Preußen**: Früher war nach §§ 1, 3 Ges., betr. die Konflikte bei gerichtlichen Verfolgungen wegen Amts- u. Diensthandlungen, v. 13./2. 54 (GS. 86) die vorgesetzte Behörde befugt, den Konflikt bei dem Oberverwaltungsgerichte [§ 114 Landesverwaltungsges. v. 30./7. 83] zu erheben, und dieser Gerichtshof ermächtigt, den Rechtsweg gegen den Beamten für unzulässig zu erklären, wenn nach seiner Ansicht dem Beamten eine zur gerichtlichen Verfolgung geeignete Ueberschreitung der Amtsbefugnisse oder Unterlassung einer Amtshandlung nicht zur Last fiel; vgl. dazu RG. 59, 172, ferner W. 12, 163 (eine Entscheidung, durch die der von einer Verwaltungsbehörde in dem Strafverfahren gegen einen Beamten erhobene Konflikt für begründet erklärt und die endgültige Einstellung des gerichtlichen Verfahrens angeordnet wurde, stand der Geltendmachung von Entschädigungsansprüchen, die aus der Handlung des Beamten dem Verletzten gegen den Staat erwachsen sein könnten, nicht entgegen). Ferner konnte nach § 2 Beamtenhaftpflichtges. v. 1./8. 09 (GS. 691) der Konflikt auch erhoben werden, wenn wegen der Amtspflichtverletzung eines Beamten ein Schadensersatzanspruch gegen den Staat, die Gemeinde usw. (an Stelle des Beamten) geltend gemacht wurde. Die Ansicht, daß diese Vorschrift, weil sie mit reichsgesetzlichen Bestimmungen, wonach die Erhebung eines Konflikts nur dann zugelassen sei, wenn der Beamte selbst wegen seiner Amtspflichtverletzung auf Schadensersatz in Anspruch genommen werde, in Widerspruch stehe, der Gültigkeit entbehrt habe, ist unzutreffend. RG. 87, 116. Jetzt ist durch Ges. v. 16./11. 20 (GS. 1921 S. 65) bestimmt, daß die in den Gesetzen vom 13./2. 54 und 1./8. 09 zugelassene Erhebung von Konflikten bei gerichtlichen Verfolgungen wegen Amts- und Diensthandlungen nicht mehr stattfinde. Jedoch § 2 dieses Gesetzes, wonach auf Konflikte, die beim Zeitpunkte seines Inkrafttretens bereits erhoben, aber noch nicht erledigt waren, die bisher geltenden Vorschriften Anwendung finden sollten, ist mit Art. 131 Abs. 1 S. 3 der jetzt geltenden RVerf. v. 11./8. 19, wonach für Schadensersatzansprüche gegen den Staat wegen schuldhafter Amtspflichtverletzung eines Beamten der ordentliche Rechtsweg nicht ausgeschlossen werden darf, insoweit unvereinbar, als er sich auf bereits erhobene Konflikte bei

Schadensersatzansprüchen der genannten Art bezieht, und sind daher derartige Konfliktserhebungen hinfällig, da jene prozeßrechtliche Vorschrift der Reichsverfassung auch auf bereits vorher begründete Ansprüche Anwendung findet. RG. 106, 34.

7 Soweit das Reichsgericht zuständig ist, entscheidet ein Senat auf Grund des durch die ZPO. bzw. StPO. vorgeschriebenen Verfahrens ohne mündliche Verhandlung. KG. 16, 197, RG. 64, 249. Bleibt im Zivilprozeßverfahren eine Partei in dem anberaumten Termine aus, so findet gemäß § 347 ZPO. Versäumnisverfahren (Erlassung eines Versäumnisurteils gegen den ausgebliebenen Beklagten) statt, jedoch unter Beschränkung auf die Frage, ob der in Betracht kommende Beklagte sich einer Ueberschreitung seiner Amtsbefugnisse schuldig gemacht habe. RG. 64, 250.

12.[1] Die für Elsaß-Lothringen geltenden Bestimmungen über die Gerichtssprache werden durch die Vorschrift des § 186 des Gerichtsverfassungsgesetzes nicht berührt.

[1] Aufgehoben bereits durch § 1 RGes. v. 12./6. 89 (RGBl. 95).

13. Die Bestimmungen über das Richteramt im § 8 des Gerichtsverfassungsgesetzes treten in denjenigen Staaten, in welchen Vorschriften für die richterliche Entscheidung über die Enthebung eines Richters vom Amte oder über die Versetzung eines Richters an eine andere Stelle oder in Ruhestand nicht bestehen, nur gleichzeitig mit der landesgesetzlichen Regelung der Disziplinarverhältnisse[1] der Richter in Wirksamkeit.

[1] Vgl. Anm. 5 § 8 GVG.

14. Die am Tage des Inkrafttretens des Gerichtsverfassungsgesetzes bei dem Reichs-Oberhandelsgerichte anhängigen Sachen gehen in der prozessualischen Lage, in welcher sie sich befinden, auf das Reichsgericht über.

15. Durch Kaiserliche Verordnung kann auf Antrag eines Bundesstaates und mit Zustimmung des

Bundesrats die Verhandlung und Entscheidung derjenigen Sachen, welche nach den bisherigen Prozeßgesetzen von dem obersten Landesgerichte zu erledigen gewesen wären, dem Reichsgerichte zugewiesen werden.[1]

[1] Verordnungen v. 26./9. 79 (RGBl. 287ff.) mit § 2 RGes. v. 16./6. 79 (RGBl. 157).

16. Behufs Erledigung der nach Vorschrift des vorstehenden Paragraphen dem Reichsgerichte zugewiesenen Sachen können mit Zustimmung des Bundesrats durch Kaiserliche Verordnung bei dem Reichsgerichte Hilfssenate eingerichtet werden.

Der Reichskanzler bestimmt die Zusammensetzung der Hilfssenate und die Verteilung der Geschäfte derselben.

Mit der Wahrnehmung der richterlichen Geschäfte in den Hilfssenaten können nur Mitglieder des Reichsgerichts und Mitglieder der früheren obersten Gerichte oder der Oberlandesgerichte beauftragt werden.

Die Anordnung ist für ein nicht zum Reichsgerichte gehörendes Mitglied bis zu dem Zeitpunkte unwiderruflich, in welchem die Wahrnehmung seiner Tätigkeit in dem Hilfssenate nicht mehr erforderlich ist.

17. Auf Antrag eines Bundesstaates und mit Zustimmung des Bundesrats kann durch Kaiserliche Verordnung[1] die Verhandlung und Entscheidung der im § 17 des Gerichtsverfassungsgesetzes bezeichneten Streitigkeiten dem Reichsgerichte zugewiesen werden.[2]

Für diejenigen Bundesstaaten, in denen die im § 17 des Gerichtsverfassungsgesetzes bezeichneten Behörden bestehen und nach Maßgabe der Vorschriften im § 17 Nr. 1—4 einer Veränderung ihrer Einrichtung und des

Verfahrens bedürfen, kann die Veränderung, sofern sie nicht bis zum Inkrafttreten dieses Gesetzes landesgesetzlich getroffen ist, durch landesherrliche Verordnung eingeführt werden.[3]

[1] Jetzt durch VO. des Reichspräsidenten mit Zustimmung des Reichsrats (§§ 3, 4 Uebergangsges. v. 4./3. 19 [RGBl. 285], Art. 179 RVerf. v. 11./8. 19).

[2] **Bremen:** Ges. v. 25./6. 79 (GBl. 216), VO. v. 26./9. 79 (RGBl. 298).

[3] **Preußen:** VO. v. 1./8. 79 (GS. 573). Jetzt VO. des Staatsministeriums (Art. 82 Abs. 1 Pr. Verf. v. 30./11. 20).

18. Die am Tage des Inkrafttretens des Gerichtsverfassungsgesetzes bei den Landesgerichten anhängigen Sachen können den ordentlichen Landesgerichten ohne Rücksicht auf die im Gerichtsverfassungsgesetze bestimmten Grenzen der Zuständigkeit durch die Landesgesetzgebung zugewiesen werden.

19. Die Mitglieder des Reichs-Oberhandelsgerichts werden durch Kaiserliche Verfügung mit Beibehaltung ihrer Besoldung entweder bei dem Reichsgerichte angestellt oder in den Ruhestand versetzt.

20. Bei der ersten Einrichtung der Landgerichte, der Oberlandesgerichte und der bei einem Amtsgerichte gebildeten Strafkammern und während der Dauer des ersten Geschäftsjahres[1] erfolgen die Geschäftsverteilung und die Bestimmung der Mitglieder der Kammern und Senate sowie der regelmäßigen Vertreter der Mitglieder durch die Landesjustizverwaltung.

Bei der ersten Einrichtung des Reichsgerichts und während der Dauer des ersten Geschäftsjahres erfolgen die Geschäftsverteilung und die Bestimmung der Mitglieder der Senate sowie der regelmäßigen Vertreter derselben durch den Reichskanzler.

[1] Das Geschäftsjahr, dessen Beginn reichsgesetzlich nicht bestimmt ist, fällt in allen Bundesstaaten, jetzt Ländern, mit dem Kalenderjahre zusammen.

21. Innerhalb zwei Jahren nach dem Inkrafttreten des Gerichtsverfassungsgesetzes kann die Landesjustizverwaltung bei notwendiger Einziehung von Richterstellen die unfreiwillige Versetzung eines Richters an ein anderes Gericht von gleicher Ordnung unter Belassung des vollen Gehalts und Erstattung der Umzugskosten verfügen.

22. Die Bestimmungen des § 2 des Gerichtsverfassungsgesetzes über die Fähigkeit zum Richteramte finden auf diejenigen, welche vor dem Inkrafttreten des Gesetzes die erste Prüfung in einem Bundesstaate zurückgelegt haben, nur insoweit Anwendung, als nicht in dem Bundesstaate abweichende Vorschriften bestehen.

Der für den Vorbereitungsdienst vorgeschriebene Zeitraum kann für die ersten vier Jahre nach dem Inkrafttreten des Gesetzes in den einzelnen Bundesstaaten bis auf zwei Jahre abgekürzt werden.

II.

Gerichtsverfassungsgesetz.

Vom 27. Januar 1877.

(RGBl. von 1877, Nr. 4, S. 41—76.)

In Kraft getreten am 1. Oktober 1879. § 1 EG.

Abgeändert durch die Gesetze vom 17. März 1886 (RGBl. 61) und 5. April 1888 (RGBl. 138), sodann durch das Gesetz, betr. Aenderungen des Gerichtsverfassungsgesetzes und der Strafprozeßordnung, vom 17. Mai 1898 (RGBl. 252), ferner durch die Gesetze vom 20. März 1905 (RGBl. 179) und 5. Juni 1905 (RGBl. 533), und weiter durch das Gesetz, betr. Aenderungen des Gerichtsverfassungsgesetzes, der Zivilprozeßordnung, des Gerichtskostengesetzes und der Gebührenordnung für Rechtsanwälte, vom 1. Juni 1909, durch das Gesetz, betr. die Zuständigkeit des Reichsgerichts, vom 22. Mai 1910, durch das Gesetz, betr. die Entschädigung der Schöffen und Geschworenen (§§ 55, 55a, 96 Abs. 1), vom 29. Juli 1913 (RGBl. 617), durch § 3 Abs. 2 Ges., betr. Aufhebung der Militärgerichtsbarkeit (§ 34 Nr. 9), v. 17 August 1920 (RGBl. 1579), durch Art. I Ges. zur Entlastung der Gerichte vom 11. März 1921 (RGBl. 229), durch § 2 Abs. 2 Ges. zur Erweiterung des Anwendungsgebiets der Geldstrafe und zur Einschränkung der kurzen Freiheitsstrafen (§ 27 Nr. 2) v. 21. Dezember 1921 (RGBl. 1604), durch das Ges., betr. die Entschädigung der zur Auswahl der Schöffen und Geschworenen berufenen Vertrauensmänner (§§ 55, 55a, 96), v. 5. Februar 1922 (RGBl. 207), durch das Ges. über die Entschädigung der Schöffen, Geschworenen u. Vertrauenspersonen (§ 55) vom 4. Juli 1922 (RGBl. I 561), durch das Gesetz zur weiteren Entlastung der Gerichte (§§ 14, 23, 65, 138, 139) vom 8. Juli 1922 (RGBl. 569), durch das Gesetz über die Zulassung der Frauen zu den Aemtern und Berufen der Rechtspflege (§ 56) vom 11. Juli 1922 (RGBl. 573), durch das Ges., betr. das Zusatzübereinkommen zur Elbschiff=

fahrtsakte v. 27./1. 23, (§ 14 Nr. 1) vom 14. Dezember 1923 (RGBl. II 485), durch § 47 Reichs-Jugendgerichtsges. (§ 73 Nr. 4 aufgeh.) v. 16. Febr. 1923 (RGBl. I 135), durch das zweite Gesetz zur weiteren Entlastung der Gerichte (§§ 14, 23, 27, 127, 138, 139, 140) vom 27. März 1923 (RGBl. I 217), durch Art. 6 der neunten Ergänzung des Besoldungsgesetzes (§ 130) vom 18. Juni 1923 (RGBl. I 385), durch das Gesetz zur Vereinfachung der Urliste (§ 36) vom 11. Juli 1923 (RGBl. I 647), (vorübergehend [§§ 14, 23, 27, 28] durch die Verordnungen zur Entlastung der Gerichte vom 23. Juli 1923 [RGBl. I 742], vom 15. September 1923 [RGBl. I 884], vom 30. Oktober 1923 [RGBl. I 1041]), durch das Gesetz über die Erstattung von Reisekosten an Handelsrichter (§ 111) vom 13. Dezember 1923 (RGBl. I 1185), durch die weitere Verordnung zur Entlastung der Gerichte und über die Gerichtskosten (§§ 14, 23, 27, 28) vom 13. Dezember 1923 (RGBl. I 1186), durch Art. I der Verordnung über das Verfahren in bürgerlichen Rechtsstreitigkeiten (§§ 77, 102, 124, 135) vom 13. Februar 1924 (RGBl. I 135).

Ferner waren mit Rücksicht auf den Kriegszustand Aenderungen (§§ 29, 75) bestimmt durch das Gesetz, betr. Vereinfachung der Strafrechtspflege, vom 21. Oktober 1917 (RGBl. 1037), das die den gleichen Zweck verfolgende Verordnung des Bundesrats zur Entlastung der Strafgerichte vom 7. Oktober 1915 (RGBl. 631) außer Kraft gesetzt hatte. Dieses Gesetz war durch Art. VII Ges. z. Entlastung der Gerichte v. 11. März 1921 (s. oben) mit dem 1. April 1921 außer Kraft gesetzt worden, weil durch die neue Fassung des § 29 und die Streichung des § 75 GVG. (Art. I, Nr. 5 und 8 Ges. v. 11./3. 21) die durch das Ges. v. 21./10. 17 getroffene Regelung in das Gerichtsverfassungsgesetz übernommen worden war. Sodann war die Zuständigkeit in Strafsachen vorübergehend anderweit geregelt durch die Verordnung über die beschleunigte Aburteilung von Straftaten vom 17. Dezember 1923 (RGBl. I 1231). Endlich ist durch die Verordnung über Gerichtsverfassung und Strafrechtspflege vom 4. Januar 1924 (RGBl. I 15) die Zuständigkeit in Strafsachen für die Zeit vom 15./1. bis 31./3. 24 vorübergehend und mit Wirkung teils vom 15. Januar, teils vom 15. Februar, teils vom 1. April 1924 wiederum anderweit geregelt worden. Vgl. dazu VO. zur

Ueberleitung anhängiger Strafsachen v. 18./3. 24 (RGBl. I 284). Auf Grund der Ermächtigung im Art. 43 der Verordnung vom 4./1. 24 ist dann der Text des Gerichtsverfassungsgesetzes mit weiteren Aenderungen in der vom 1. April 1924 ab geltenden Fassung am 22. März 1924 (RGBl. I 299) neu bekannt gemacht. Vgl. dazu Preußen: Verf. v. 10. u. 24./1., 5./3. 24 (JMBl. 17, 45, 99).

Eingeführt in Helgoland seit 1./4. 91: Art. I Nr. VIII, 1 VO. v. 22./3. 91 (RGBl. 22); vgl. auch RGes. v. 4./6. 93 (RGBl. 193).

Erster Titel.

Richteramt.

1.[1] **Die richterliche Gewalt**[2] **wird durch unabhängige, nur dem Gesetz unterworfene**[3] **Gerichte ausgeübt.**[4]

[1] Vgl. Art. 102 Reichsverfassung v. 11./8. 19 (RGBl. 1383), Art. 8 Abs. 1 preuß. Verfassung v. 30./11. 20 (GS. 543).

[2] Hinsichtlich Besorgung der Justizverwaltungsgeschäfte s. § 4 EG.

[3] Richter, Geschworene, Schöffen dürfen über die Art und Weise des Zustandekommens eines Spruchs, an dem sie beteiligt waren, nicht als Zeugen vernommen werden. RG. 26, 203, Anm. 2 § 200. — Der Justizverwaltung steht die Aufsicht nur über die ordnungsmäßige Ausführung der Amtsgeschäfte, nicht über die Rechtsprechung zu. **Preußen:** §§ 78 bis 85 AG. z. GVG. v. 24./4. 78 (GS. 230), § 23 Ges., betr. die Abänderung von Bestimmungen der Disziplinargesetze, v. 9./4. 79 (GS. 345), Verf., betr. vorübergehende Aenderung der Zuständigkeit in Angelegenheiten der Dienstaufsicht und der Disziplinargewalt aus Anlaß der Ausführung des Friedensvertrages v. 28./6. 19, v. 10./3. 21 (JMBl. 201) (über Justizbeamte aus den abgetretenen Teilen der OLG.Bezirke Posen und Marienwerder). Genehmigung zur Uebernahme von Nebenämtern und Nebenbeschäftigungen: Verf. v. 13./12. 21 (JMBl. 654).

[4] § 1 hat die Bedeutung, daß die richterliche Gewalt einerseits gebunden ist an die Betätigungen der gesetzgebenden Gewalt, anderseits nicht gebunden ist an die Betätigungen

der Organe der Staatsverwaltung, die mit solchen der gesetzgebenden Gewalt im Widerspruch stehen oder in die richterliche Gewalt eingreifen. RG. 56, 179.

Befähigung.

2. Die Fähigkeit zum Richteramte wird durch die Ablegung zweier Prüfungen erlangt.[1]

Der ersten Prüfung muß[2] ein dreijähriges Studium der Rechtswissenschaft[3] auf einer Universität vorangehen. Von dem dreijährigen Zeitraume sind mindestens drei Halbjahre dem Studium auf einer deutschen[4] Universität zu widmen.

Zwischen der ersten und zweiten Prüfung muß ein Zeitraum von drei Jahren[4a] liegen, welcher im Dienste bei den Gerichten[5] und bei den Rechtsanwälten zu verwenden ist, auch zum Teil bei der Staatsanwaltschaft verwendet werden kann.

In den einzelnen **deutschen Ländern**[5a] kann bestimmt werden, daß der für das Universitätsstudium oder für den Vorbereitungsdienst bezeichnete Zeitraum verlängert wird, oder daß ein Teil des letzteren Zeitraums, jedoch höchstens ein Jahr, im Dienste bei Verwaltungsbehörden zu verwenden ist oder verwendet werden darf.[6]

[1] § 22 EG. — Nach Art. I Ges. v. 11./7. 22 (RGBl. 573) kann die Fähigkeit zum Richteramt auch von Frauen erworben werden.

[2] Imperativ. Dispens ist nicht statthaft. — Nach § 1 Ges. über die Ausbildung v. Kriegsteilnehmern z. Richteramte v. 19./4. 19 (RGBl. 403), 12./4. 22 (RGBl. I 439) können den Kriegsteilnehmern Zwischensemester, die an einer deutschen Universität zwischen den ordentlichen Studienhalbjahren eingerichtet werden, sowie gleichwertige Universitätskurse, die an anderen Stellen veranstaltet werden, von der Landeszentral-

behörde als volle Halbjahre auf das dreijährige Studium der Rechtswissenschaft angerechnet werden. Dazu Preußen: Nr. 1 Verf. v. 29./4. 19 (JMBl. 279).

3 Ein Studium der Staatswissenschaft darf nicht zur Voraussetzung der ersten Prüfung gemacht werden. Pr. 564—569.

4 D. h. im Deutschen Reiche belegenen, nicht auch einer auswärtigen, auf der in deutscher Sprache gelehrt wird (z. B. nicht in Wien oder Zürich).

4a Nach § 2 Ges. über die Ausbildung von Kriegsteilnehmern z. Richteramte v. 10./4. 19 (s. Anm. 2) in der Fass. v. 12./4. 22 (RGBl. 439) (§ 2 S. 2 gestrichen) kann die Landeszentralbehörde für einen Kriegsteilnehmer den dreijährigen Vorbereitungsdienst zwischen der ersten und zweiten Prüfung um höchstens ein Jahr abkürzen. Dazu Preußen: Nr. 2 Verf. v. 29./4. 19 (Anm. 2) (Anrechnung des Dienstes bei der Truppe auf den Vorbereitungsdienst bis zur Höchstdauer von 6 Monaten) sowie AusfVerf. v. 15./5. 20 (JMBl. 195), 24./4. 22 (JMBl. 198), 11./8. 23 (JMBl. 588), Nr. II Verf. v. 16./8. 20 (JMBl. 438). Vgl. auch Ges. v. 9./4. 17 in Anm. 6.

5 Soweit den Gerichten eine andere Tätigkeit als die Ausübung der ordentlichen streitigen Gerichtsbarkeit zugewiesen ist, ist die Beschäftigung mit dieser auf den dreijährigen Zeitraum anzurechnen. Pr. 77, 80. Ueber Zulassung von Rechtskundigen im Vorbereitungsdienste zur Stellvertretung von Rechtsanwälten vgl. VO. v. 1./6. 20 (RGBl. 1108). — Ueber Anrechnung des Vorbereitungsdienstes, der in einem der zufolge des Friedensvertrages v. 28./6. 19 aus dem Deutschen Reiche ausgeschiedenen Gebiete zurückgelegt ist, vgl. Ges. v. 10./8. 20 (RGBl. 1571), über Zulassung von Danziger Staatsangehörigen zur Ablegung der Prüfungen und Zurücklegung des Vorbereitungsdienstes in Preußen sowie Zulassung der preußischen Referendare zum Vorbereitungsdienst in Danzig vgl. Verf. v. 1./5. 21 (JMBl. 293).

5a Auf Grund der Ermächtigung im § 43 Abs. 2 VO. v. 4./1. 24 und Art. 2 RVerf. v. 11./8. 19 sind durch die Text-Bek. v. 22./3. 24 die Worte „deutschen Ländern" an die Stelle des Wortes „Bundesstaaten" gesetzt worden.

⁶ **Preußen:** §§ 2—11, 14 Ges. über die juristischen Prüfungen und die Vorbereitung zum höheren Justizdienste, v. 6./5. 69 (GS. 656), abgeändert § 6 durch Ges. über die Dauer des Vorbereitungsdienstes der Gerichtsreferendare v. 6./5. 20 (GS. 158) (Vorbereitungszeit 3 Jahre) und § 1 AG. z. GVG. v. 24./4. 78 (GS. 230), abg. durch dasselbe Gesetz (§ 1 S. 3 gestrichen), Erl. v. 14./6. 05 (GS. 251) (Präsident der Justizprüfungskommission); Ausbildungsordnung v. 11./8. 23 (JMBl. 588), 27./3. 24 (JMBl. 134), 6./5. 24 (JMBl. 210), wodurch die Verf. betr. die Vorschriften über die juristischen Prüfungen und die Vorbereitung zum höheren Justizdienste (Prüfungsordnung) v. 17./6. 13 (JMBl. 194) geändert worden ist, ferner die noch geltenden Verf. über die Einrichtung des Rechtsstudiums v. 18./1. 97 (JMBl. 19), 13./5. 99 (JMBl. 150), 3./7. 12 (JMBl. 212), 17./4. 19 (JMBl. 268) u. 15./7. 19 (JMBl. 372); Verf. v. 1./5. 21 über Zulassung von Danziger Staatsangehörigen (Anm. 5) und Verf. über die Zulassung weiblicher Personen zum Vorbereitungsdienst und zu den juristischen Prüfungen v. 17./1. 21 (JMBl. 56), 22./12. 22 (JMBl. 601). Bezüglich der Kriegsteilnehmer vgl.: Ges. über die Abkürzung des jur. Vorbereitungsdienstes f. Kriegsteilnehmer v. 9./4. 17 (GS. 54), auch Ges. v. 19./4. 19 u. Verf. v. 22./4. 19 in Anm. 4a, Verf. über Prüfung von Kriegsteilnehmern v. 28./11. 18 (JMBl. 450), 30./4. 19 (JMBl. 280) u. Nr. III Verf. v. 3./12. 19 (JMBl. 601) (Wegfall des Rechtsgutachtens); Verf. über Notprüfungen der Angehörigen freiwilliger Truppen v. 23./4. 19 (JMBl. 271); Verf. über den Vorbereitungsdienst der Kriegsreferendare v. 21./11. 18 (JMBl. 432). Vgl. weiter: Verf. über Ausbildung der Referendare im Gerichtsschreiberdienst v. 11./1. 10 (JMBl. 6); Verf., betr. den Besuch gewerblicher Betriebe durch Referendare, v. 22./7. 10 (JMBl. 287); Verf. über die Mitwirkung der Referendare und Assessoren bei Rechtsauskunftsstellen v. 24./6. 11 (JMBl. 256) u. 29./5. 12 (JMBl. 181); Verf. über die Ausbildung der Referendare in d. Bearbeitung bürgerlicher Rechtsstreitigkeiten v. 26./1. 14 (JMBl. 110); Nr. II Verf. v. 30./12. 18 (JMBl. 19 S. 4), 23./3. 21 (JMBl. 226) (Bestellung von Referendaren zu Verteidigern); Verf. über die Bestellung von Referendaren zu Protokollführern v.

12./6. 20 (JMBl. 295); Nr. III Verf. v. 7./3. 21 (JMBl. 192) (**Heranziehung von Referendaren zur Aushilfe bei den Amtsanwaltschaften**); Verf. über die Bewilligung von laufenden Unterhaltszuschüssen v. 16./5. 23 (JMBl. 378), 23./7. 24 (JMBl. 279); Verf. betr. Nebenbeschäftigung d. Gerichtsassessoren und Referendare, v. 28./2. 19 (JMBl. 66); Verf. über die Beurlaubung von Assessoren zum Zwecke der Fortbildung v. 3./7. 12 (JMBl. 214) u. 12./3. 13 (JMBl. 95); Verf. über Berufung von Gerichtsassessoren zu ständigen Hilfsarbeitern v. 7./1. 20 (JMBl. 11), 14./6. 20 (JMBl. 297) und Verf. über die Amtsbezeichnungen dieser Assessoren v. 6./7. 20 (JMBl. 365). — Ueber die Befugnis eines **Referendars** zur Aufnahme **vollstreckbarer Urkunden** nach mehr als zweijährigem (jetzt $1^1/_4$-jährigem: Ges. v. 29./9. 23 [GS. 457]) Vorbereitungsdienste und kraft besonderen richterlichen Auftrages vgl. JW. 10, 247[41].

3. Wer in einem **deutschen Lande**[1] die erste Prüfung bestanden hat, kann in jedem andern **Lande**[1] zur Vorbereitung für den Justizdienst und zur zweiten Prüfung zugelassen werden.[2]

Die in einem **deutschen Lande**[1] auf die Vorbereitung verwendete Zeit kann in jedem anderen **Lande**[1] angerechnet werden.

1 Die Worte „deutschen Lande" und „Lande" sind auf Grund der Ermächtigung im § 43 Abs. 2 VO. v. 4./1. 24 und des Art. 2 RVerf. 11./8. 19 durch die TextBek. v. 22./3. 24 an die Stelle des Wortes „Bundesstaate" gesetzt worden.

2 Von der Landesjustizverwaltung. Pr. 82—84. Vgl. für **Preußen:** GS. 79 S. 173 (Schwarzburg-Sondershausen), 79 S. 182 (Anhalt), 08 S. 181 (Schaumburg-Lippe).

4. Zum Richteramte befähigt ist ferner jeder ordentliche[1] öffentliche Lehrer des Rechtes an einer deutschen[2] Universität.

1 Nicht außerordentliche Professoren oder Privatdozenten.
2 Anm. 4 § 2.

5. Wer in einem **deutschen Lande**[1] die Fähigkeit

zum Richteramt erlangt hat, ist, soweit dieses Gesetz keine Ausnahme bestimmt,[2] zu jedem Richteramt innerhalb des Deutschen Reichs befähigt.[3]

[1] Die Worte „deutschen Lande" sind durch die Text-Bek. v. 22./3. 24 an die Stelle des Wortes „Bundesstaate" gesetzt worden (vgl. Anm. 1 § 3).

[2] § 125 Abs. 2 (Mitglied des Reichsgerichts).

[3] Alle übrigen landesgesetzlichen Schranken (z. B. Erfordernis eines bestimmten Lebensalters, vgl. Preuß. Ges. über die Anstellung im höheren Justizdienst v. 12./3. 69 [GS. 482] §§ 2, 3, 5) sind beseitigt. Pr. 88—89. — Von den Bedingungen für die Bekleidung eines dauernd verliehenen Richteramts (§§ 2—5) sind verschieden die Voraussetzungen der Befähigung zur zeitweiligen Wahrnehmung richterlicher Geschäfte; in dieser Beziehung verweist § 10 auf die landesgesetzlichen Bestimmungen. RG. 56, 83.

Anm.

Die §§ 6—9 beziehen sich nur auf ständig angestellte Richter, nicht auf Hilfsrichter, deren Bestellung und Rechtsverhältnisse zu regeln durch § 10 der Landesgesetzgebung vorbehalten ist. RG. 3, 231, 56, 83.

Sie fanden auch Anwendung auf die Kriegsgerichtsräte, Oberkriegsgerichtsräte und die Senatspräsidenten und Räte des Reichsmilitärgerichts. Vgl. §§ 80, 81, 94 MilStGO. v. 1./12. 98 (RGBl. 1189). Jetzt vgl. § 26 RGes. betr. Aufhebung der Militärgerichtsbarkeit v. 17./8. 20 (RGBl. 1579).

6. Die Ernennung der Richter erfolgt auf Lebenszeit.[1]

[1] Vgl. Art. 104 Abs. 1 S. 1 Reichsverfassung v. 11./8. 19 (RGBl. 1388) u. Anm. 1 § 8. — **Preußen:** Verf. über Gesuche um Anstellung, Versetzung oder Beförderung v. 1./1. 80 (JMBl. 3), 20./2. 22 (JMBl. 53).

7. Die Richter beziehen in ihrer richterlichen Eigenschaft ein festes Gehalt[1] mit Ausschluß von Gebühren.[2]

[1] **Preußen:** Früher Richterbesoldungsges. v. 29./5. 07 (GS. 111) u. 26./5. 09 (GS. 85), Verf., betr. die Regelung der Ge-

hälter für die Richter u. die höheren Beamten der Staatsanwaltschaft, v. 8./2. 08 (JMBl. 33) u. 1./6. 09 (JMBl. 131). Jetzt Beamten-Diensteinkommensges. v. 17./12. 20 (GS. 1921 S. 135), (durch dessen § 34 a und c die Gesetze v. 29./5. 07 u. 26./5. 09 aufgehoben worden sind), in d. Fass. v. 13./5. 24 (GS. 487), v 9./10. 24 (GS. 621). Dazu Ausf.-Bestimmungen (Preußische Besoldungsvorschriften) in d. Fass. v. 19./5. 23 (JMBl. 268) u. hierzu Verf. v. 19./6. 23 (JMBl. 444). Vgl. ferner über Frauenbeihilfe Verf. v. 12./10. u. 15./11. 22 (JMBl. 430, 488), über Kinderbeihilfe Verf. v. 14./2. u. 15./11. 22 (JMBl. 47, 486) sowie Verf. über Notstandsbeihilfen v. 6./9. u. 2./11. 22 (JMBl. 365, 467) 31./1. u. 3./5. 23 (JMBl. 71, 361). Wegen der Ortsklasseneinteilung vgl. § 5 Ges. v. 17./12. 20 sowie RGes. v. 13./1. 22 (RGBl. 87), Bek. v. 3./3. 22 (RGBl. 245).

[2] Gebühren sind Vergütung für Mühewaltung (Gerichtssporteln), nicht für bare Auslagen (Diäten, Reisekosten u. dgl.). Pr. 90. Die Vorschrift bezieht sich überhaupt nur auf solche Gebühren, die von den Parteien gezahlt werden. RG. 3, 231.

8.[1] Richter können wider ihren Willen[2] nur kraft richterlicher Entscheidung[3] und nur aus den Gründen und unter den Formen, welche die Gesetze bestimmen, dauernd oder zeitweise ihres Amtes enthoben oder an eine andere Stelle[4] oder in den Ruhestand versetzt werden.[5] **Die Gesetzgebung kann Altersgrenzen festsetzen, bei deren Erreichung Richter in den Ruhestand treten.**[1]

Die vorläufige Amtsenthebung, welche kraft Gesetzes eintritt,[6] wird hierdurch nicht berührt.

Bei einer Veränderung in der Einrichtung der Gerichte oder ihrer Bezirke können unfreiwillige Versetzungen an ein anderes Gericht[7] oder Entfernungen vom Amte unter Belassung des vollen Gehalts durch die Landesjustizverwaltung verfügt werden.

[1] Vgl. Art. 104 Reichsverfassung v. 11./8. 19 (RGBl.

1383). Abs. 1 S. 1, 2 des Art. 104 stimmen mit §§ 6, 8 Abs. 1 GVG. im wesentlichen überein. S. 3 bestimmt: „Die Gesetzgebung kann Altersgrenzen festsetzen, bei deren Erreichung Richter in den Ruhestand treten." Dadurch ist die frühere Streitfrage, ob nach §§ 6, 8 GVG. **durch Landesgesetze Altersgrenzen** (wie für nichtrichterliche Landesbeamte, auch) für Richter eingeführt werden dürften, in bejahendem Sinne erledigt. RG. 104, 64, 67. Durch die Text-Bek. v. 22./3. 24 ist daher auf Grund der Ermächtigung im § 43 Abs. 2 VO. v. 4./1. 24 der Satz 3 des Abs. 1 Art. 104 dem Abs. 1 des § 8 GVG. als dritter Satz hinzugefügt worden. Auch für die bereits angestellten Richter (und Beamten) können durch Landesgesetze Altersgrenzen bestimmt werden, dem steht Art. 129 Abs. 1 S. 3 RVerf., wonach die wohlerworbenen Rechte der Beamten unverletzlich sind, nicht entgegen. RG. 104, 58, (a. M. JW. 22, 312[3]). Daher ist das **preuß. Altersgrenzengesetz** v. 15./12. 20 (Anm. 2), auch soweit es eine Altersgrenze für die zur Zeit seines Inkrafttretens bereits angestellten Richter (und Beamten) bestimmt, rechtswirksam. RG. 104, 58, 66 (a. M. JW. 22, 312[3]). — Vgl. § 13 EG. (Nichtbestehen landesgesetzlicher Disziplinarvorschriften). — § 8 beschränkt sich nicht auf das Disziplinarverfahren im engeren Sinne, sondern bezieht sich auch auf den Fall einer Versetzung oder Amtsenthebung im Interesse der Rechtspflege. RG. 49, 192.

[2] Die Vorschriften, betr. das Recht auf Pensionierung bei Erreichung eines gewissen Lebensalters mit Beibehaltung des ganzen Gehalts oder eines Teils, sind durch § 8 nicht berührt. — **Preußen:** Pensionsgesetz v. $\frac{27./3.\ 72\ (GS.\ 268)}{31./3.\ 82\ (GS.\ 133)}$, abgeändert durch die Ges. v. 30./4. 84 (GS. 126), 20./3. 90 (GS. 43), 25./4. 96 (GS. 87) u. v. 27./5. 07 (GS. 95); dazu Verf. v. 5./4. 09 (JMBl. 81), 11./8. 19 (JMBl. 398) u. Ges. über eine erhöhte Anrechnung der v. d. Staatsbeamten während des Krieges zurückgelegten Dienstzeit, v. 23./11. 20 (GS. 21 S. 89), Verf. über Gnadenbezüge v. 9./5. u. 21./11. 22 (JMBl. 175, 498), Verf., betr. Gewährung von Umzugskostenbeihilfen, v. 26./5. 22 (MBl. i. V. 575), 7./6. u. 18./11. 22 (JMBl. 209, 497). Ferner Ges. über die Versorgungsbezüge der zum 1. April 1920 oder zu einem früheren Zeitpunkt in den Ruhe-

stand versetzten unmittelbaren Staatsbeamten, ihrer Hinterbliebenen und Hinterbliebenen der vor dem 1. April 1920 verstorbenen Beamten (Beamten-Altruhegehaltsgesetz) v. 17./12. 20 (GS. 21 S. 214), dazu Ges. über Aenderungen in der Beamtenbesoldung v. 19./4. 22 (GS. 83). Vgl. ferner: Verf., betr. die Pensionierung der Justizbeamten, v. 17./3. 85 (JMBl. 104), 10./9. 15 (JMBl. 203) (Nr. 11 aufgehoben); VO., betr. die einstweilige Versetzung der unmittelbaren Staatsbeamten in den Ruhestand v. 26./2. 19 (GS. 33), 4./7. 23 (GS. 301) und AusfAnweisung zu § 13 v. 21./7. 19 (JMBl. 378); Ges., betr. Einführung einer Altersgrenze v. 15./12. 20 (GS. 621) in der Fass. des § 84 Pr. Personal-Abbau-VO. v. 8./2. 24 (GS. 73), nach dessen § 2 richterliche Beamte mit dem auf die Vollendung des 65. Lebensjahres zunächst folgenden 1. April oder 1. Oktober kraft Gesetzes in den Ruhestand treten, dazu Verf. v. 11./1. 24 (JMBl. 42), 14./2. 24 (JMBl. 71). Vgl. Anm. 1. Vgl. ferner Verf. über Bewilligung von Unterstützungen an frühere Staatsbeamte und an Hinterbliebene von Staatsbeamten v. 24./11. 22 (MBl. i. V. 1224), Ausf.-Verf. v. 2./1. 23 (JMBl. 4), Verf. v. 17./1. 24 (MBl. i. V. 78).

3 Die Amtsenthebung und die Versetzung in den Ruhestand **erfolgt sogleich** durch richterliche Entscheidung. Die Versetzung auf eine andere Stelle kann durch richterliche Entscheidung nur **zugelassen** werden; die Anordnung geschieht von der Landesjustizverwaltung. Pr. 90.

4 D. i. andere richterliche Stelle. Eine Versetzung in eine nicht richterliche Stelle (z. B. in Hessen nach Art. 63 Ges. v. 31./5. 79) ist nicht zulässig. RG. 49, 192. **Preußen:** Verf. über Versetzungen v. Beamten v. 9./6. 22 (JMBl. 216), v. 25./1. 24 (JMBl. 48), über Gewährung von Zuschüssen zu den Umzugskosten v. 2./11. 21 (JMBl. 550), 16./9. 22 (JMBl. 384).

5 **Preußen:** Ges. v. 7./5. 51 (GS. 218) u. 26./3. 56 (GS. 201), betr. die Dienstvergehen der Richter und die unfreiwillige Versetzung derselben auf eine andere Stelle oder in den Ruhestand, abgeändert durch Ges. v. 9./4. 79 (GS. 345), Ges. v. 31./7. 22 (GS. 207) (Ausführungsbest. v. 31./7. 22 [GS. 208]) und bezüglich der beim Amtsgericht I in Berlin angestellten richterlichen Beamten durch das Ges. v. 10./4. 92

(GS. 77). Vgl. RG. 71, 233 (Rechtsweg wegen Gehaltsansprüche eines durch Disziplinarurteil an eine andere Stelle versetzten Richters).

[6] Vgl. **Preußen:** §§ 4, 5 Ges. v. 7./5. 51 (GS. 218). — Die Entbindung der Richter von ihrem persönlichen Treugelöbnis infolge Thronverzichts des Königs bewirkt nicht, daß die Richter die erworbene Fähigkeit und Befugnis zur Ausübung des ihnen übertragenen Richteramtes verlieren. RG. 52, 352.

[7] Bei notwendiger Einziehung von Richterstellen nur gemäß § 21 EG., sowie jetzt auch gemäß Art. VIII des AbändGes. v. 1./6. 09.

9. Wegen vermögensrechtlicher Ansprüche der Richter aus ihrem Dienstverhältnis,[1] insbesondere auf Gehalt, Wartegeld oder Ruhegehalt, darf der Rechtsweg nicht ausgeschlossen werden.[2]

[1] Vgl. § 70 Abs. 2 Nr. 1, Abs. 3. [2] Vgl. Art. 129 Abs. 1 S. 4 Reichsverf. v. 11./8. 19 (RGBl. 1383). Für **Preußen** vgl. Ges. v. 24./5. 61 über die Erweiterung des Rechtsweges (GS. 242) und dazu RG. 15, 274 (richterliche Gehaltszulage), RG. 71, 233 (Entscheidung des Disziplinargerichts hinsichtlich Gehaltsansprüche eines entlassenen Richters maßgebend); jetzt Art. 79 Abs. 2 pr. Verfassung v. 30./11. 20 (GS. 543).

10. Die landesgesetzlichen Bestimmungen über die Befähigung zur zeitweiligen Wahrnehmung richterlicher Geschäfte[1] bleiben unberührt.[2]

[1] **Preußen:** §§ 2—5 AG. z. GVG. v. 24./4. 78 (GS. 230), § 2 Abs. 1 in d. Fass. des Ges. v. 29./9. 23 (GS. 457), § 2 Abs. 3 in d. Fass. d. Art. 130 Pr. FGG. v. 21./9. 99 (GS. 249). Danach können Referendare unter gewissen Voraussetzungen mit der zeitweiligen Wahrnehmung richterlicher Geschäfte bei den Amtsrichtern beauftragt und **Gerichtsassessoren** als Hilfsrichter bestellt werden. Eine Bestellung anderer Personen, namentlich solcher, die nicht mehr im Staatsdienst stehen, zu Hilfsrichtern ist gesetzlich nicht vorgesehen. Daher

können in Preußen **Richter**, die (z. B. auf Grund des Altersgrenzengesetzes v. 15./12. 20) **in den Ruhestand getreten** sind, nicht (durch den Justizminister) zu Hilfsrichtern bestellt werden. RG. 56, 82, JW. 22, 311[3]. Vgl. RG. 13, 408, 14, 154, 22, 134, 25, 237 (inwieweit Gerichtsassessoren zu selbständigen Richterhandlungen befugt sind). Referendare, die seit 2 (jetzt $1^1/_4$: Ges. v. 29./9. 23) Jahren im Vorbereitungsdienst beschäftigt sind, können Vollstreckungsbefehle erlassen, da diese nicht als Urteile im Sinne des § 2 Abs. 3 AG. anzusehen sind. RG. 29, 222.

[2] Jedoch § 151 (nicht durch Staatsanwälte); Bestimmungen über die Zuziehung von Hilfsrichtern: §§ 70, 118, 132 (beim Landgericht auch nichtständige Richter, beim Oberlandesgericht nur ständige, beim Reichsgericht keine Hilfsrichter). — Durch Landesgesetz kann auch angeordnet werden, daß **Rechtsanwälte zu Hilfsrichtern** bestellt werden können, gleichviel, ob sie ihre Anwaltstätigkeit zeitweise aufgeben oder nicht. RG. 42, 295, (JW. 10, 863[52]). — Durch Art. 104 Abs 1 RVerfassung v. 11./8 19 (RGBl. 1383) sind der § 10 und die auf seiner Grundlage erlassenen landesgesetzlichen Bestimmungen über die Befähigung zur zeitweiligen Wahrnehmung richterlicher Geschäfte (z. B. durch Gerichtsassessoren) nicht aufgehoben. RG. 54, 260, 56, 83.

11.[1] Auf Handelsrichter,[2] Schöffen[3] und Geschworene[4] finden die Bestimmungen der §§ 2—9 keine Anwendung.

[1] Vgl. Art. 104 Abs. 4 Reichsverfassung v. 11./8. 19 (RGBl. 1383).

[2] §§ 105 Abs. 1, 107. [3] §§ 29, 31, 77.

[4] §§ 81, 84.

Zweiter Titel.
Gerichtsbarkeit.

Gerichte.

12.[1] Die ordentliche streitige Gerichtsbarkeit[1a] wird durch Amtsgerichte[2] und Landgerichte,[3] durch Oberlandesgerichte[4] und durch das Reichsgericht[5] ausgeübt.[6]

[1] Vgl. Art. 103 Reichsverfassung v. 11./8. 19 u. dazu RG. 107, 323.

[1a] Gegensatz: Gerichtsbarkeit der ausnahmsweise mit gewissen bürgerlichen Rechtsstreitigkeiten befaßten Verwaltungsgerichte und Verwaltungsbehörden (§ 13) und der ausnahmsweise reichsgesetzlich bestellten oder zugelassenen besonderen Gerichte (§§ 13, 14). Vgl. Anm. 1 § 2 EG. z. GVG.

[2] §§ 22 ff. [3] §§ 59 ff. [4] §§ 115 ff.

[5] §§ 123 ff.; oberstes Landesgericht: §§ 8, 9, 10 EG.

[6] Ueber Bildung gemeinsamer Gerichte verschiedener Bundesstaaten (jetzt Länder) vgl. die Staatsverträge zwischen Preußen und Oldenburg: v. 20./8. 78 (GS. 79 S. 165), abgeändert durch Vertrag v. 18. u. 25./2. 20 (GS. 360); Schwarzburg-Sondershausen: v. 7./10. 78 (GS. 79 S. 173); Anhalt: v. 9./10. 78 (GS. 79 S. 182); Sachsen-Meiningen und Sachsen-Koburg-Gotha: v. 17./10. 78 (GS. 79 S. 189), v. 19./2. 97 (GS. 189), v. 27./11. 03 (GS. 04 S. 245), v. 8./5., 25./2., 14./3. 18 (GS. 19 S. 91) u. v. 15., 17., 22./2. 21 (GS. 358); Sachsen-Meiningen und Schwarzburg-Rudolstadt: v. 17./10. 78 (GS. 79 S. 196), v. 25./2. 98 (GS. 113) u. v. 27./11. 03 (GS. 04 S. 247); Thüringische Staaten: v. 23./4. 78 (GS. 79 S. 202), v. 11./11. 78 (GS. 79 S. 216), v. 30./3. 89 (GS. 197), v. 25./2. 98 (GS. 343), v. 27./11. 03 (GS. 04 S. 248) u. v. 15., 17., 22./2. 21 (GS. 358); Lippe: v. 4./1. 79 (GS. 219).

13. Vor die ordentlichen Gerichte gehören[1] alle bürgerlichen Rechtsstreitigkeiten[2] und Strafsachen, für welche nicht entweder die Zuständigkeit von Verwaltungsbehörden[3] oder Verwaltungsgerichten[4] begründet ist[2] oder reichsgesetzlich besondere Gerichte[5] bestellt[6] oder zugelassen[7] sind.

[1] Durch Privatverträge können — abgesehen von Schiedsgerichten — bürgerliche Rechtsstreitigkeiten der Entscheidung der ordentlichen Gerichte nicht entzogen werden, RG. 8, 348, 87, 427, Gr. 42, 1204, W. 11, 304, anderseits aber auch nicht Streitigkeiten, die nicht bürgerliche Rechtsstreitigkeiten sind, den Gerichten zugewiesen werden, RG. 8, 399. Vgl. Anm. 1

§ 17. — § 13 handelt, abgesehen von Strafsachen, nur von bürgerlichen Rechtsstreitigkeiten und verweist sie vor die ordentlichen Gerichte, soweit nicht für sie die darin bezeichneten Behörden oder anderen Gerichte zuständig sind. Ein Rechtssatz, daß alle staatlichen Maßnahmen der Kontrolle entweder des Verwaltungsrichters oder des ordentlichen Richters unterliegen, ist daraus nicht zu entnehmen. RG. 102, 249.

2 Bürgerliche Rechtsstreitigkeiten und Zulässigkeit des Rechtsweges.

I. Begriff und allgemeine Grundsätze.

Hinsichtlich der **Zuständigkeit für bürgerliche Rechtsstreitigkeiten** sind die Grenzen zwischen Verwaltungsbehörden, Verwaltungsgerichten und ordentlichen Gerichten **nicht aus den Vorschriften des GVG. zu entnehmen**, sondern aus sonstigen speziellen Reichsgesetzen oder der Landesgesetzgebung. RG. 15, 324, RG. 5, 36, 11, 73, 18, 125, 57, 351, 68, 26, 77, 230, 78, 419, 84, 88, 92, 313, 93, 203, 258, 96, 75, JW. 99, 834[23], 12, 474[22], (547[28]), Gr. 56, 1031, 62, 644, W. 10, 187, 13, 446, vgl. auch RG. 22, 287. Insbesondere ist eine **Schranke hinsichtlich Zuweisung von bürgerlichen Rechtsstreitigkeiten an Verwaltungsbehörden oder Verwaltungsgerichte in dem GVG. und dem EG.** (vgl. § 4) **nicht gesetzt, namentlich auch nicht für die Landesgesetzgebung.** RG. 75, 429, Gr. 31, 1140, JW. 92, 425[1], 94, 137[1], W. 10, 187, 18, 78. Auch die RVerf. v. 11./8. 19 (Art. 103, 105) hat die Abgrenzung der Gerichtsbarkeit der ordentlichen Gerichte gegenüber der Verwaltung der Gesetzgebung des Reichs und der Länder überlassen. RG. (VZS.) 107, 323. In Ermangelung positiver Bestimmung des einzelnen in Betracht kommenden Gesetzes ist seiner Gesamtheit und der darin zum Ausdruck kommenden Rechtsauffassung sowie der zur Zeit seines Erlasses herrschenden Rechtsübung zu entnehmen, ob die Streitigkeiten, zu denen die Anwendung des Gesetzes führen kann, der Entscheidung im ordentlichen Rechtsweg unterliegen oder in anderer Weise, durch Entscheidungen der Verwaltungsbehörden oder Verwaltungsgerichte, geschlichtet werden sollten. RG. 92, 313, 93, 203, 96, 75, 106, 179, Gr. 65, 240. Vgl. jedoch § 11 EG. z. GVG. (Verfolgung der Beamten wegen Amtshandlungen), § 9 GVG. (Gehaltsansprüche der Richter). —

Die **Ermächtigung**, die Entscheidung in bürgerlichen Rechtsstreitigkeiten Verwaltungsbehörden oder Verwaltungsgerichten zu übertragen, gilt nicht nur für die bestehenden, sondern auch für **später zu erlassende Landesgesetze**. RG. 7, 399, 75, 429. — Die Zulässigkeit des Rechtsweges kommt nur im Verhältnis der Gerichte zu den Verwaltungsbehörden und Verwaltungsgerichten in Frage (z. B. hinsichtlich Zulässigkeit der Revision gemäß § 547 Nr. 1 ZPO.). Bei der Frage, **ob die ordentlichen Gerichte oder Sondergerichte zuständig** sind, handelt es sich nur um eine **Frage des Gerichtsstandes**, der sachlichen Zuständigkeit. RG. 76, 178, 108, 199, Anm. 1 § 17 GVG. — Der **Rechtsweg** ist **ausgeschlossen**, wenn die Rechtsstreitigkeit den Verwaltungsbehörden oder Verwaltungsgerichten in der Weise zugewiesen ist, daß nur diese und in keiner Hinsicht auch die ordentlichen Gerichte damit befaßt werden. JW. 03, 268[1], 08, 153[27]. — **Bürgerliche Rechtsstreitigkeiten** im Sinne des § 13 GVG. haben **im allgemeinen** zur Voraussetzung, daß sie nach der **maßgebenden Natur des Rechtsverhältnisses**, aus dem der Anspruch hergeleitet wird, **nicht** Ansprüche zum Gegenstande haben, die sich auf ein durch die Unterwerfung unter eine **öffentliche** Gewalt ausgestaltetes Verhältnis gründen. RG. 53, 429, 67, 292, 76, 122, 77, 412, 84, 87, 87, 359, 89, 209, 96, 75, 103, 56, Gr. 59, 485, 62, 644, W. 13, 145, 416. So folgt aus der öffentlich-rechtlichen Natur des **Beamtenverhältnisses** in allen seinen Beziehungen, insbesondere auch soweit es vermögensrechtliche Wirkungen erzeugt, für alle daraus abgeleiteten Ansprüche die Unzulässigkeit des Rechtswegs, insoweit er nicht durch besondere gesetzliche Bestimmung (vgl. RVerf. v. 11./8. 19 Art. 129 Abs. 1 S. 4, GVG. § 9) zugelassen ist. RG. 104, 252, JW. 24, 1361[8]. Bürgerliche Rechtsstreitigkeiten sind jedoch **keineswegs nur** solche Streitigkeiten, die ausschließlich die Anwendung **privatrechtlicher** Normen betreffen, und ihr Begriff schließt nicht schlechthin solche Ansprüche aus, welche nach heutiger Auffassung als öffentlich-rechtliche angesehen werden. RG. 92, 313, 93, 202, 260, 96, 75, Gr. 62, 649, W. 14, 265, 15, 245, 16, 42, 22, 106. Jedenfalls aber liegt eine bürgerliche Rechtsstreitigkeit **immer dann** vor, wenn der Anspruch auf einem privatrechtlichen Titel oder sonst **auf privatrechtlicher Grundlage** beruht, selbst wenn eine öffentlich-rechtliche Leistung in Frage steht oder über Rechtsfragen, die dem öffentlichen Rechte angehören, zu befinden ist. RG. 67, 293, 75, 41, 400, 76, 324, 79, 429, 91, 250, 103, 56, JW. 97, 1[1], 48[1], 08, 147[21], 09, 175[29], 11, 198[39], auch RG. 57, 352. Die private Natur einer die Grundlage des Rechtsstreits bildenden Berechtigung wird auch nicht dadurch geändert, daß sie (wie die Berechtigung an einem Erbbegräbnisse) aus öffentlich-rechtlichen Rücksichten und im Interesse der kirchlichen Sitte Beschränkungen unterliegt. JW. 13, 652[15]. Wird daher ein **Anspruch aus einem Vertrage** geltend gemacht, so hat die Verneinung der Zulässigkeit des Rechtsweges zur Voraussetzung, daß die privatrechtliche Natur des Vertrages verneint wird. JW. 98, 582[36], 11, 198[39], 12, 257[32], 304[24]. Wird ein Anspruch aus einem **Vergleich** geltend gemacht, der **zur Beilegung einer öffentlich-rechtlichen Streitigkeit** geschlossen ist, so handelt es sich auch dann, wenn der Abschluß des Vergleichs im Verwaltungsstreitverfahren vor einem Verwaltungsgericht stattgefunden hat, um eine bürgerliche Rechtsstreitigkeit auf Grund eines privatrechtlichen Vertrages, die der Entscheidung der ordentlichen Gerichte unterliegt, RG. 77, 300, 79, 198, es sei denn, daß die aus dem Vergleich sich ergebenden neuen Rechtsbeziehungen wiederum lediglich dem öffentlichen Rechte angehören (regelmäßig so z. B., wenn öffentlich-rechtliche Beziehungen dauernd für die Zukunft geregelt werden), RG. 79, 200. — Auch aus einer um des öffentlichen Widmungszweckes willen **öffentlich-rechtlich** gearteten **Verfügungsgewalt** (z. B. des Staates) über einen Gegenstand können sich **privatrechtliche Verpflichtungen** (z. B. zur Verhütung der Schädigung anderer) ergeben, welche Gegenstand bürgerlicher Rechtsstreitigkeiten sein können. RG. 54, 53, 68, 365, 84, 88 (vgl. jedoch RG. 52, 369). Ferner kann auch die Verfolgung eines auf einem **öffentlich-rechtlichen Titel beruhenden Anspruchs** eine bürgerliche Rechtsstreitigkeit darstellen. Maßgebend ist nicht der Umstand, ob die Verpflichtung, zu deren Erfüllung der Beklagte angehalten werden soll, in einer Norm des öffentlichen Rechts wurzelt, sondern die Frage, ob es sich dabei lediglich um einen Gegenstand des öffentlichen Interesses, des Gemeinwohls, oder um das Rechtsgut und die individuelle Rechtssphäre einer einzelnen Person handelt. RG. 57, 350, 79, 198, 89, 209, 91, 250, 389, 105, 37, Gr. 60, 340, 61, 654, W. 10, 349, 14, 265, 15, 245, 18, 153, JW. 20, 157[11]. Daher unterliegen auch sub-

jektive Berechtigungen, die **im öffentlichen Rechte** ihren Ursprung haben, sofern sie vermögensrechtlicher Natur sind, in Ermangelung besonderer Vorschriften dem Rechtsweg, RG. 22, 288, 25, 330, 41, 272, 57, 352, 70, 77, 81, 192, 74, 61, 80, 23, 107, 367, Gr. 52, 439, 60, 340, so z. B. die durch staatliche Verleihung oder Verjährung erworbenen **regalen Nutzungsrechte und Gerechtigkeiten**, wie Fischereiberechtigungen bei öffentlichen Flüssen, Fähr-, Mühlen-, Apotheken-, Schank-, Abdeckereiberechtigungen, RG. 80, 25 nebst Zitaten. Ferner sind zwar nach allgemeinem der Lehre von der Trennung der Gewalten entsprechenden Rechtssatz **Verwaltungsakte**, d. i. Anordnungen von Verwaltungsbehörden oder Verwaltungsbeamten auf Grund öffentlicher Gewalt, der Beurteilung der bürgerlichen Gerichte entzogen, RG. 84, 83, 91, 296, OLG. 40, 435, 436; dagegen ist gegenüber **Verwaltungshandlungen**, die **nicht Ausfluß des staatlichen Hoheitswillens** sind, sondern bei der Verwaltung öffentlichen Gutes im Rechtsverkehre von den zuständigen Organen wie von jedem Privaten vorgenommen werden (z. B. Vorenthaltung einer an eine Gemeinde von der Militärverwaltung für ein Gemeindemitglied gewährten Kriegsleistungsvergütung durch die Gemeindeverwaltung), die Zuständigkeit der ordentlichen Gerichte nicht eingeschränkt. RG. 91, 296, 96, 76. Weiter ist ein Streit über eine **Entschädigungspflicht** (anders bei einem Streit über Unterlassung eines Eingriffs, RG. 79, 428) auch dann, wenn der Anspruch **durch Betätigung der obrigkeitlichen Gewalt** oder sonst durch öffentlich-rechtliche Verhältnisse hervorgerufen ist, eine bürgerliche Rechtsstreitigkeit, die vor die ordentlichen Gerichte gehört, falls nicht die Entscheidung darüber den Verwaltungsgerichten oder Verwaltungsbehörden durch Gesetz zugewiesen ist. RG. 79, 429, 108, 194, JW. 11, 820[37], 20, 450[15]. So ist im Falle eines Anspruchs auf **Erstattung von Aufwendungen** (z. B. für Straßenreinigungsarbeiten), die **aus Anlaß einer polizeilichen Verfügung** gemacht worden sind, ein im Wege des bürgerlichen Rechtsstreits vor den Gerichten zu verfolgender Anspruch aus auftragloser Geschäftsführung (§§ 677, 679, 683 BGB.) unter Umständen auch dann gegeben, wenn der die Erstattung Verlangende dieselbe öffentlich-juristische Persönlichkeit ist, die zugleich die Trägerin der Polizeigewalt ist (z. B. eine Stadtgemeinde), sofern sie nicht in dieser letzteren Eigenschaft tätig gewesen ist, sondern unabhängig von den polizeilichen Maßnahmen in Wahrnehmung anderer ihr obliegender Interessen für Rechnung des Verpflichteten gehandelt hat. Gr. 56, 628. Ebenso ist ein Anspruch auf **Rückgabe** eines in Verfolgung öffentlich-rechtlicher Zwecke in **staatliche Verwahrung gegebenen Gegenstandes** nach Erledigung des öffentlichen Zweckes im ordentlichen Rechtswege verfolgbar. RG. 48, 255, 51, 219, JW. 20, 790[3]. Ferner **Ansprüche einer Person des öffentlichen Rechts**, die für eine andere Person des öffentlichen Rechts deren öffentlich-rechtliche Geschäfte besorgt hat, **auf Erstattung von Aufwendungen.** RG. 108, 394. Vgl. auch RG. 105, 35 (Rechtsweg zulässig für die Rückforderung einer Geldbuße, die an eine Kriegsgesellschaft auf Grund eines angeblich von dieser erzwungenen Vertrags gezahlt worden ist). — Anderseits gehören Streitigkeiten über Heranziehung zu öffentlich-rechtlichen Lasten (wie z. B. Kommunalabgaben, Steuern, RG. 17, 200, 246, 22, 291, 83, 306, 103, 304, 105, 38, Gr. 55, 1046, 56, 1037, JW. 00, 423[31]) oder über das Beteiligungsverhältnis von Staat und Gemeinden an den Steuereinnahmen (RG. 76, 121), oder Streitigkeiten auf Grund eines öffentlich-rechtlichen Aktes (z. B. Verteilung des Vermögens eines öffentlich-rechtlichen Verbandes, W. 09, 323) nicht darum vor die ordentlichen Gerichte, weil **Klage auf Zurückgabe** des Empfangenen **wegen Zahlung aus Irrtum** oder wegen eines sonstigen Anspruchs aus **ungerechtfertigter Bereicherung** oder wegen späteren (vollständigen oder teilweisen) **Wegfalls der Verpflichtung** oder wegen **Verstoßes gegen § 826 BGB.** erhoben ist. RG. 25, 302, 32, 347, 45, 249, 67, 402, 78, 419, 83, 306, 93, 206, 103, 134, 105, 40, 106, 385, 107, 367, Gr. 41, 401, 53, 1082, 55, 1046, 56, 1037, 61, 919, 65, 239, JW. 98, 611[15], 10, 247[40], 12, 474[12], 647[21], 13, 930[19], 14, 988[13], W. 10, 186, 15, 300. So ist z. B. in Preußen der Rechtsweg nicht für eine Klage zulässig, womit Staat oder Gemeinde den Betrag einer **hinterzogenen Steuer** um deswillen einfordern, weil sich der Beklagte **durch wissentlich falsche Selbsteinschätzung** einer unerlaubten Handlung schuldig gemacht habe (§§ 823, 826 BGB.) und auf Kosten des Klägers ohne rechtlichen Grund bereichert sei (§ 812 BGB.). RG. 83, 304. Ein **Dritter**, der neben dem ersten Schuldner oder an dessen Stelle kraft bürgerlichen Rechts (z. B. als Erbe) für den Steuerbescheid haftet, kann nach § 3 pr. Verf. v. 15./11. 99 vor den ordentlichen Gerichten nur geltend machen, daß seine Haftung für eine an sich als bestehend vorausgesetzte Steuerschuld des ursprünglichen Schuldners nicht gegeben sei oder daß die in den §§ 781 bis 784, 786 ZPO. bezeichneten Einwendungen durchgriffen, nicht auch, daß keine Steuerschuld bestehe. OLG. 40, 164. Ferner gehört ein Anspruch auf **Verzinsung eines zu Unrecht eingezogenen Steuerbetrags** nicht vor die ordentlichen Gerichte, auch wenn die Zinsforderung als Schadensersatzforderung und ohne den Hauptanspruch nach Rückzahlung des überhobenen Betrages geltend gemacht wird, RG. 80, 372, 87, 120, JW. 14, 988[13], und auch, wenn die Zinsforderung nach der Entscheidung des Verwaltungsgerichts über die Hauptforderung geltend gemacht wird, gleichviel ferner, ob der Anspruch sich auf die Zeit nach rechtskräftig erfolgter Feststellung der Hauptforderung erstreckt, und ob die Rückzahlung der Steuer vor rechtskräftig entschiedener Feststellung der Ueberhebung der Steuer oder ob sie erst nachher erfolgt ist, JW. 14, 988[13]. Ueberhaupt sind zurückzuweisen die Versuche, **öffentlich-rechtliche**, dem Rechtsweg entzogene **Ansprüche als vermeintliche Vorfragen** für einen privatrechtlichen Anspruch, sei es in der Form der Schadensersatzforderung wegen unerlaubter Handlung oder eines Anspruchs aus ungerechtfertigter Bereicherung, vor die Gerichte zu bringen. RG. 70, 398, 76, 123, 326, 83, 307, 87, 120, 89, 421, 103, 134, JW. 11, 720[26], 12, 647[21], 20, 913[14], 22, 533[1], 584[8] (vgl. jedoch RG. 79, 429). — **Ersatzansprüche** aber, die **aus § 839 BGB.** hergeleitet werden, weil ein Beamter die ihm obliegende Amtspflicht verletzt habe, gehören ohne Rücksicht auf die Natur des Rechtsverhältnisses, um das es sich bei der Amtshandlung handelt, und auch dann, wenn nach dem RGes. v. 22./5. 10 (oder dem preuß. Ges. v. 1./8. 09), jetzt Art. 131 RVerf. v. 11./8. 19 (s. RG. 102, 166, 106, 36) das Reich (oder der preußische Staat) an Stelle des Beamten in Anspruch genommen wird, zu den bürgerlichen Rechtsstreitigkeiten. RG. 82, 126, 87, 119, 97, 179, 102, 249, 103, 430, 106, 42, 406, OLG. 40, 167. Ferner wird durch den Umstand allein, daß der Anspruch dem öffentlichen Recht entspringt und bei der Entscheidung über ihn auch über Fragen des öffentlichen Rechts erkannt werden muß, keine Einschränkung der Gerichte bezüglich **einzelner** bei der Entscheidung **bedeutsamer**

Fragen, seien sie auch **öffentlich-rechtlicher Natur**, begründet. RG. 14, 263, 22, 288, 25, 330, 33, 37, 41, 272, 57, 352, 67, 293, 75, 188, 76, 324, 107, 368, Gr. 48, 1201, JW. 93, 57[3], 99, 320[47], 834[23], 00, 423[31], 572[20], 05, 117[31], 10, 822[46], 12, 81[27]. Ist daher z. B. der Klaganspruch darauf gegründet, daß von dem Kläger für den Beklagten Ausgaben bestritten sein sollen, zu denen dieser gesetzlich verpflichtet gewesen wäre, so liegt ein privatrechtlicher Anspruch aus **ungerechtfertigter Bereicherung** oder **Geschäftsführung ohne Auftrag** vor, hinsichtlich dessen der Rechtsweg zulässig ist, auch wenn nach öffentlichem Recht zu entscheiden ist, ob der Beklagte zu der Ausgabe verpflichtet war. RG. 43, 293, 75, 188, 276, JW. 99, 320[47], 10, 186[9], 12, 81[27], W. 08, 305, 10, 349. Dies gilt auch für Rechtsstreitigkeiten zwischen Personen des öffentlichen Rechts (Staat, Gemeinden), wenn die Klage auf Geschäftsführung ohne Auftrag zufolge Erfüllung einer im öffentlichen Interesse gelegenen Pflicht der einen durch die andere juristische Person gestützt ist. RG. 64, 1, 73, 178, 75, 188, 276, 77, 193, 92, 197, JW. 99, 320[47], 10, 186[9], 12, 81[27], Gr. 66, 578, (W. 22, 106). Weiter ist, wenn Herausgabe von Sachen wegen rechtswidriger Vorenthaltung des Eigentums (§ 985 BGB.) und Schadensersatz wegen Eingriffs in das Eigentumsrecht durch rechtswidrige Verfügung über fremde Eigentumsgegenstände verlangt wird, der Rechtsweg auch dann zulässig, wenn die Vorenthaltung und die rechtswidrige Verfügung ihre Veranlassung in einer behördlichen Beschlagnahme haben. RG. 100, 219, vgl. jedoch RG. 102, 248, 252. Auch wird für einen nach Gegenstand und Begründung vor die ordentlichen Gerichte gehörenden Anspruch der Rechtsweg nicht etwa dadurch ausgeschlossen, daß ihm eine **Gegenforderung** entgegengestellt wird, die an sich **dem öffentlichen Rechte angehört** und über die nach den maßgebenden Zuständigkeitsvorschriften Verwaltungsbehörden oder Verwaltungsgerichte zu entscheiden haben (z. B. Klaganspruch aus einem Grundstücksverkauf an eine Stadtgemeinde, Gegenforderung dieser wegen Wertzuwachssteuer), RG. 80, 372, Gr. 53, 89; in Frage kommt in einem solchen Falle nur, ob vom Gericht über das Bestehen der Gegenforderung mitzuentscheiden oder die Verhandlung und Entscheidung über den Klaganspruch in Anwendung des § 148 ZPO. bis zur Entscheidung der Verwaltungsbehörde oder des Verwaltungsgerichts

auszusetzen ist, RG. 77, 413, 80, 372. Sodann ist für die Entscheidung der Frage, ob eine im **Zwangsversteigerungsverfahren** geforderte **öffentliche Abgabe**, deren Bestehen an sich unstreitig ist, aus den letzten zwei Jahren (vgl. § 10 Nr. 8 ZVG.) stamme, der Rechtsweg gegeben. W. 10, 72. — Der Rechtsweg ist auch nicht deshalb allein unzulässig, weil der geltend gemachte Anspruch (z. B. aus einer Schenkung mit der Bedingung, eine Messe zu lesen) **im Wege der Zwangsvollstreckung nicht erzwingbar** ist. JW. 05, 646[16], Gr. 50, 421. — Hinsichtlich der **Maßnahmen eines Staates**, die einen **Eingriff** in **das Privateigentum** eines Staatsbürgers enthalten, ist zu bemerken, daß der Staat sich nicht stets auf dem Boden des Privatrechts bewegt, wenn es sich um sein Vermögen handelt; führt der Staat z. B. durch Gesetz Monopole ein, um sein Vermögen behufs Bestreitung staatlicher Ausgaben zu vermehren, so handelt er öffentlich-rechtlich. Für den Charakter der Maßnahme ist ferner weder der Zweck noch auch die Form der staatlichen Handlung, etwa die Gesetzesform, entscheidend; vielmehr ist lediglich ihr Inhalt maßgebend. Tritt der Staat den seiner Herrschaft unterworfenen Personen kraft obrigkeitlicher Gewalt im Wege des Gebots oder des Verbots gegenüber, so handelt er öffentlich-rechtlich; stellt er sich gleichberechtigt neben sie, so handelt er privatrechtlich. RG. 102, 248, 252, JW. 22, 534[1]. Greift ein Staat durch seine Maßnahme unzulässigerweise über seine Gebietshoheit hinaus in ein in einem anderen Staate befindliches Privateigentum ein, so ist der Streit über den wegen des Eingriffs gegen jenen Staat geltend gemachten Anspruch eine bürgerliche Rechtsstreitigkeit, auch dann, wenn der Verletzte Bürger jenes Staates ist. RG. 102, 253. — Ist der Rechtsweg über eine **öffentlich-rechtliche Verpflichtung** zu einer Leistung ausgeschlossen, so gilt das gleiche auch für die aus einer Versäumnis bei Erfüllung dieser Verpflichtung abgeleiteten **Verzugsfolgen.** RG. 80, 372, JW. 08, 535[23], 11, 820[37]. — Ist ferner für einen Anspruch auf **Leistung** der Rechtsweg ausgeschlossen, so ist auch die Klage auf **Feststellung** des Bestehens des Anspruchs unzulässig. JW. 06, 183[33], 08, 153[27], W. 12, 225. — Ist die Klage auf **mehrere Klagegründe** gestützt, so ist der Rechtsweg zulässig, wenn der eine Klagegrund eine bürgerliche Rechtsstreitigkeit (z. B. Ersitzung des Rechts auf Leistung einer

Wegeunterhaltung) betrifft, mag auch wegen des anderen Klagegrundes (z. B. öffentlich-rechtliche Wegeunterhaltungspflicht) für sich allein der Rechtsweg ausgeschlossen sein. W. 10, 220, auch 305. — Vgl. auch Anm. 1 § 17 (**Prüfung der Zulässigkeit des Rechtsweges**).

II. Einzelne Fälle:

1. Nach **Reichsrecht**: a) **Gesetze**: Ueber Zulässigkeit des Rechtswegs: für die vermögensrechtlichen **Ansprüche der Beamten** sowie für Ansprüche gegen Beamte (den Staat usw.) wegen **Verletzung der Amtspflicht** vgl. Art. 129 Abs. 1 S. 4 bzw. Art. 131 Abs. 1 Verfassung f. d. Deutsche Reich v. 11./8. 19 (RGBl. 1383), hierzu RG. 102, 392, 103, 430, 105, 198 (Art. 131 enthält unmittelbar geltendes Recht); für die vermögensrechtlichen Ansprüche der **Angehörigen der Wehrmacht** vgl. § 32 Abs. 1 Reichswehrges. v. 23./3. 21 (RGBl. 329); § 227 **Reichsabgabenordnung** v. 13./12. 19 (vgl. dazu RG. 103, 305). Ueber **Ausschließung des Rechtswegs** vor den ordentlichen Gerichten in **Versorgungssachen** der Angehörigen des Reichsheers und der Reichsmarine sowie ihrer Hinterbliebenen vgl. § 91 Abs. 1 Wehrmachtversorgungsges. v. 4./8. 21 (RGBl. 993). Vgl. auch: § 31 VO. über den Ersatz der **durch** die Abtretung deutscher Reichsgebiete entstandenen Schäden sowie der **Kriegsschäden** in den ehemaligen deutschen Schutzgebieten und im Ausland (**Gewaltschädenverordnung**) v. 28./10. 23 (RGBl. I 1015); VO. über die **Abgeltung** von Ansprüchen gegen das Reich v. 4./12. 19, dazu RG. 101, 403, 102, 36, 201, 103, 18, 104, 55, 105, 69, 78, 194, 276, W. 22, 84, 85, 23, 45, OLG. 41, 264, u. Erw.VO. v. 24./10. 23, dazu RG. 107, 315, 320; Bek. über Maßnahmen gegen **Wohnungsmangel** v. 23./9. 18 in der Fass. der Bek. über Maßnahmen gegen Wohnungsmangel v. 28./7. 23 u. RGes. über Mieterschutz und **Mieteinigungsämter** v. 1./6. 23, 14./2. 24, dazu RG. 101, 115, 102, 186, 103, 271, 314, 104, 153, 244, 308, 311, 364, 105, 46, 59, 107, 286, W. 21, 63, 22, 37, 38, 117, 118, 119, 24, 90, 91, JW. 21, 1384[2], 1385[2], 22, 839[1], 24, 348[5], 2009[5], 2033[5], OLG. 42, 155; **Pachtschutzordnung** v. 9./6. 20 (RGBl. 1193), 29./6. 22 (RGBl. I 529), 13./2. 24 (RGBl. I 68); RGes. über die **durch innere Unruhen verursachten Schäden** v. 12./5. 20, dazu JW. 24, 1248[6]; **Branntweinmonopolges.** v. 26./7. 18 § 189, AusfBest. v. 9./8. 19 § 88, dazu RG. 108, 194. — b) **Ent-**

scheidungen: **Hoheitsrecht:** RG. 79, 429, 89, 209, 105, 193, 277, W. 18, 21, JW. 21, 743[4], 23, 988[9], (Anspruch auf Ersatz eines durch Ausübung eines Hoheitsrechts verursachten Schadens nur dann im Rechtswege geltend zu machen, wenn er seine Grundlage in einer besonderen gesetzlichen Bestimmung [z. B. den Gesetzen über die Haftung für Verschulden von Beamten] findet, die den Fiskus zur Entschädigung verpflichtet, ohne den Rechtsweg auszuschließen), RG. 93, 255 (Auftrag verfassungsmäßiger Organe des Reichs zu staatlicher Zwangsverwaltung), RG. 93, 135 (Entlassung eines Angestellten des unter staatlicher Zwangsverwaltung stehenden Unternehmens), RG. 107, 403 (Herausgabe ungarischer zur Abstempelung eingereichter Vorkriegs-Staatsschuldverschreibungen); über Militärhoheit s. unten Reichsmilitärfiskus; **Enteignung:** OLG. 42, 139 (Streit über Zulässigkeit der Enteignung auf Grund des Friedensvertrags); **Familienangelegenheiten:** RG. 63, 236, 69, 64, JW. 03, Beil. 29, Gr. 58, 205 (Feststellung der Art und der Zeit: des von den Eltern den Kindern zu gewährenden Unterhalts, § 1612 Abs. 2 BGB.; des persönlichen Verkehrs der Kinder mit ihren geschiedenen Eltern, § 1636 BGB.); **Vereine, Gesellschaften, Genossenschaften:** RG. 80, 190, Gr. 44, 1140, 50, 1038, JW. 05, 438[19], OLG. 31, 4 (Ausschließung aus einem Verein, Anerkennung der Mitgliedschaft), RG. 25, 24 (Anfechtung eines Innungsauflösungsbeschlusses), RG. 70, 177 (Anfechtung des Beschlusses einer Zwangsinnung, betr. die Bekanntmachung der Preise der Arbeiten und Waren), OLG. 32, 249 (Klage einer Zwangsinnung gegen ein Mitglied auf Unterlassung satzungswidriger Anbringung von Preisen am Schaufenster), JW. 12, 410[34], auch RG. 78, 52 (Klage gegen die Vorstandsmitglieder eines Vereins auf Einberufung einer Mitgliederversammlung), RG. 91, 388, 101, 21, 103, 56, 131, 104, 207, 405, 105, 35, 38, 68 (Kriegsgesellschaften); **Gewerbeangelegenheiten:** JW. 99, 320[17], 00, 745[1] (Beeinträchtigung des Gewerbebetriebes durch den Staat oder eine öffentlich-rechtliche Korporation, §§ 9, 19, 51 GewO.), RG. 13, 55, JW. 08, 301[8] (obrigkeitlich genehmigte gewerbliche Anlagen), RG. 46, 104, 68, 26, 72, 60 (Untersagung des Gewerbebetriebes, § 40 Abs. 2 GewO.), RG. 73, 270 (Untersaguug des Gewerbebetriebs des Reichspostfiskus), RG. 15, 143, 17, 265 (ausschließliche Gewerbeberechtigung), Gr. 42, 1150

(Unterlassung von Vorrichtungen zur Sicherheit der Arbeiter), RG. 107, 244 (Anerkennung der Wahl eines Arbeiterbetriebsrates); **Patentangelegenheiten:** RG. 38, 137 (Warenzeichen als Freizeichen), RG. 44, 62 (Wirkung der Eintragung eines Warenzeichens), RG. 45, 75 (Abhängigkeit eines Patents von einem anderen), RG. 77, 14, 79, 427 (Verletzung eines Patentrechtes in Ausübung des Militärhoheitsrechtes); **Unfallversicherung, Invalidenversicherung und Krankenkasse** (vgl. jetzt §§ 258, 901, 907, 1042, 1219, 1543 RVersichOrdn. in d. Fass. v. 15./12. 24): RG. 19, 67, 36, 44 (Feststellung des Entschädigungsanspruchs gegen die Berufsgenossenschaft), RG. 33, 34 (Feststellung der Tilgung eines Unfallversicherungsbeitrages), W. 10, 483 (Anspruch einer Berufsgenossenschaft auf Rückzahlung von Unfallrente), RG. 35, 5, 20, 57, 219, JW. 04, 242[24] (Eigenschaft als Bauherr im Sinne des BauunfallversGes.), RG. 57, 169 (Anspruch auf Invalidenunterstützung), RG. 16, 73 (Verpflichtung der Mitglieder freier Hilfskassen, einer Ortskrankenkasse beizutreten), RG. 21, 101 (Streit zwischen Krankenkassen über Zugehörigkeit eines Betriebes), Gr. 60, 339 (Streit zwischen Landesversicherungsanstalt und Berufsgenossenschaft über Fortzahlung einer Altersrente), JW. 22, 584[8] (Streit zwischen einer allgemeinen Ortskrankenkasse und der Landesversicherungsanstalt wegen Ablieferung von Beiträgen, die von einer gemäß § 148 Abs. 1 InvVG. eingerichteten örtlichen Hebestelle eingezogen sind), RG. 46, 58 (Streit mit einer Krankenkasse über die Zugehörigkeit eines Arbeiters zu derselben), RG. 66, 77 (Rückforderung zu Unrecht erhobener Krankenversicherungsbeiträge), RG. 64, 329 (Ansprüche gegen den Kassenführer einer Krankenversicherungskasse wegen veruntreuter Gelder), RG. 72, 273 (Anordnungen der Aufsichtsbehörde für Krankenkassenverbände), RG. 73, 211 (Erstattung der von einer Ortskrankenkasse für einen Versicherungspflichtigen gemachten Aufwendungen durch einen Arbeitgeber), OLG. 22, 104 (Streitigkeiten zwischen Arbeitgebern und Versicherungspflichtigen über Erstattung der von ersteren zur Kranken- und Invalidenversicherung gezahlten Beiträge), RG. 108, 286 (§ 705 RVO.); **Abgaben und Zölle:** RG. 11, 75, 96, 16, 85, 82, 127 (Berechtigung zur Erhebung von Reichsstempelabgaben, s. jetzt § 110 RStempelges. v. 3./7. 13), RG. 83, 190 (Verpflichtung des Fiskus zur Rückzahlung von Reichsstempelbeträgen), RG. 16, 38, 42, 109 (Verpflichtung zur Entrichtung von Zöllen), RG. 82, 129 (Widerspruchsklage des Eigentümers gegen die Beschlagnahme seines Eigentums zur Sicherstellung des Fiskus wegen Abgabenforderung nach § 64 RStempelges. v. 22./7. 09 [jetzt § 70 i. d. Fass. v. 3./7. 13] oder wegen Zollforderung nach § 14 Vereinszollges. v. 1./7. 69 gegen einen Dritten), RG. 52, 158 (Nachlassung eines Mühlen-Eingangszolles), Gr. 56, 1036 (Brausteuer), RG. 75, 40 (Reichsverbrauchssteuern, wie Brau-, Branntwein-, Zucker-, Salz-, Tabak-Steuern, im Gegensatz zu Reichserbschafts-, Stempel-, Wechselstempel-Steuern und zu Zöllen des Vereinszollgesetzes); **Zeugen:** RG. 43, 47, JW. 05, 190[43], Gr. 49, 995 (Gebührenanspruch beamteter Zeugen und Sachverständigen), RG. 104, 117 (Gebührenforderung der nach § 33 Kriegsleistungsges. v. 13./6. 73 zugezogenen Sachverständigen); **bestellte Verteidiger:** OLG. 27, 234 (Gebührenanspruch für die Revisionsbegründung); **Gerichtskosten:** RG. 25, 332 (Nichthaftung gepfändeter Gegenstände des Schuldners für Gerichtskosten); **Reichsbeamte und Militärpersonen:** RG. 108, 118 (Unzulässigkeit des Rechtswegs für Klagen auf die selbständige, von streitigen vermögensrechtlichen Ansprüchen [vgl. Anm. II 1 a] losgelöste Feststellung des Beamtenverhältnisses), RG. 5, 105 (frühere Dienststellung in einem Bundesstaat), RG. 44, 41 (Höhe der Pensionen), RG. 82, 259 (Anspruch eines etatsmäßig, aber unter dem Vorbehalte der Kündigung angestellten Reichsbeamten auf Pension), RG. 89, 421, 103, 429 (Anspruch eines im Wege der Kündigung entlassenen Beamten auf Ruhegehalt, der auf einen Mißbrauch des Kündigungsrechts gestützt wird), JW. 24, 1361[8] (Anspruch eines Beamten auf Verleihung eines Amtes und auf Festsetzung des Besoldungsdienstalters), RG. 103, 292 (Anfechtung der Festsetzung des Besoldungsdienstalters), RG. 104, 251, W. 21, 106 (Anspruch eines Beamten auf Ersatz des durch Nichtverleihung oder verspätete Verleihung einer Amtsstelle erwachsenen Schadens), RG. 53, 423 (Klage aus einem Vertrage über die künftige Uebertragung eines Amtes), RG. 12, 144 (Anfechtung eines Defektenbeschlusses, § 141 RBGes.), RG. 92, 178, 308, 104, 23, 105, 196 (aus dem Dienstverhältnis abgeleitete Schadensersatzansprüche eines Reichsbeamten wegen Verletzung von Schutzvorschriften oder von Amtspflichten eines Vorgesetzten), RG. 92, 430 (ein darauf gegründeter Schadensersatzanspruch eines Beamten, daß er seinem Antrag gemäß in ein anderes Amt hätte versetzt werden müssen), OLG. 21, 185 (Anspruch auf Dienstzeugnis), RG. 57, 250, 89, 256, W. 13, 384 (Gehaltsansprüche der Offiziere nach dem RBesoldungsGes. v. 15./7. 09), RG. 31, 125, 35, 97, 36, 74 (Pensionsansprüche der Reichsmilitärpersonen), OLG. 28, 232 (Rückforderung der von Militärpersonen überhobenen Gebührnisse), Gr. 48, 1084 (Militärgerichtsschreiber sind Reichsbeamte), RG. 49, 1 (Gehaltsansprüche eines im Reichsdienste angestellten Militäranwärters), JW. 23, 988[10] (Gebührnisansprüche der in Erfüllung der gesetzlichen Wehrpflicht eingezogenen Militärpersonen der Unterklassen des früheren Heeres); **Betriebsrat:** RG. 108, 168 (Unzulässigkeit des Rechtswegs für einen Streit über die Mitgliedschaft in einem Betriebsrat, auch wenn die Klage als Abwehrklage aus § 1004 BGB. gegen das Betreten des Betriebs zum Zwecke der Ausübung von Betriebsratsgeschäften gerichtet ist); **Reichsmilitärfiskus:** RG. 87, 357, 90, 257, 91, 292, 106, 384, W. 16, 42, OLG. 42, 29 Anm. (Festsetzung der Höhe der Vergütung für die an den Reichsmilitärfiskus zu bewirkenden Leistungen gemäß Kriegsleistungsges. v. 13./6. 73 u. 16./11. 18), JW. 18, 632[1] (Streit darüber, ob für einen bestimmten Zeitraum eine Vergütung für eine Kriegsleistung, deren Höhe einer Schätzung nicht bedarf, sondern gemäß § 12 Ges. v. 13./6. 73 sich nach feststehenden Vergütungssätzen richtet, überhaupt zu entrichten ist), RG. 92, 95, Gr. 60, 681 (Ansprüche Dritter gegen Gemeinden auf Grund § 7 Kriegsleistungsges. v. 13./6. 73), W. 21, 62, OLG. 32, 298 (Ansprüche für Kriegsleistungen auf Grund privatrechtlicher Verträge), RG. 82, 317, 87, 363, Gr. 51, 1037 (Naturalleistungen gemäß § 14 RGes. v. 24./5. 98, Festsetzung der Entschädigung für Naturalleistungen an die bewaffnete Macht im Frieden gemäß § 14 RGes. v. 13./2. 75 u. AbändGes. v. 21./6. 87 § 7, Anordnungen der Militärbehörde), RG. 90, 361 (Entschädigungsansprüche wegen Rayonbeschränkungen nach §§ 40, 41 Ges. v. 21./12. 71), RG. 96, 215, JW. 20, 450[15] (Entschädigungsansprüche wegen Erschütterungen infolge von Schießübungen auf einem benachbarten Artillerieschießplatz), RG. 104, 55, W. 21, 62 (Ansprüche aus einem Vertrage zwischen dem Reich und einem Lieferer von Kriegsmaterial oder einem Vermieter von Räumen für die Zwecke des Krieges über Auflösung des Kriegsvertrags und Abgeltung des Lieferers im Sinne der Nr. 3 der DemobilmachungsVO. v. 21./11. 18), W. 17, 217, JW. 19, 930[1] (Rechtsweg unzulässig, wenn Entscheidung darüber begehrt wird, ob militärische Dienststellen ein Grundstück des Staatsgebiets zu militärischen Uebungen benutzen dürfen, sei es auch, daß bloß Entschädigung begehrt wird; dagegen Rechtsweg zulässig für Schadensersatzansprüche, wenn durch eine bei Gelegenheit der Ausübung des Militärhoheitsrechts begangene Fahrlässigkeit eine Person oder eine Sache beschädigt wird, z. B. durch dienstlich nicht gebotene Fahrgeschwindigkeit bei einer dienstlichen Kraftwagenfahrt oder dadurch, daß bei an und für sich berechtigten Schießübungen eine zu geringe Entfernung von den benachbarten Gebäuden eingehalten worden ist), RG. 89, 221, 99, 41, 104, 18, Gr. 61, 945, 62, 643, W. 16, 123, (17, 217), 18, 21, (JW. 18, 508[9]), OLG. 40, 167, 170 (Ersatzansprüche wegen Vermögensschadens nach Kriegsausbruch zufolge Kriegshandlungen oder Beschlagnahmen durch die Heeres- oder Marineverwaltung), W. 22, 110 (Ansprüche aus Beschlagnahme und Verwertung von im Privatbesitz befindlichem Militärgut), RG. 108, 244 (Ansprüche auf Rückzahlung von Beträgen, die mit Zustimmung der Behörde an die Stelle von sichergestelltem Militärgut [VO. v. 23./5. 19] getreten sind), RG. 89, 207 (Entschädigungsansprüche wegen Beschlagnahmen, die nach Kriegsausbruch im feindlichen Auslande durch deutsche Militärbehörden bewirkt worden sind), RG. 92, 240, 304 (Ansprüche gegen das Reich wegen Amtspflichtverletzungen von Militärbefehlshabern bei Ausübung der ihnen nach dem BelZustGes. v. 4./6. 51 zustehenden Befugnisse), RG. 96, 74, W. 19, 1, JW. 20, 783[10], 21, 743[4] (Entschädigungsansprüche aus Kriegsschäden), OLG. 40, 169 (Ersatzansprüche wegen Beschädigungen, die durch einen zu Kriegszwecken vom Militär errichteten Gegenstand [z. B. eine Brücke], aber nicht unmittelbar durch kriegerische Unternehmungen hervorgerufen worden sind), RG. 77, 14, 79, 427 (Verletzung eines Patentrechtes in Ausübung des Militärhoheitsrechtes), JW. 19, 197[4] (Feststellung des Eigentums an Pferden gegen den Militärfiskus, der behauptet, die Pferde seien Beutepferde), JW. 20, 157[11] (Schadensersatzanspruch des Militärfiskus wegen rechtswidrigen Eingriffs in sein ausschließliches Aneignungsrecht an Kriegsbeute); **Reichspostfiskus:** RG. 70, 395 (Klage gegen das von der Postbehörde erlassene Verbot der Beförderung von Briefen), RG. 65, 116 (Anweisungsverkehr der Unfall-Berufsgenossenschaften mit dem Postfiskus), RG. 73, 270 (Einstellung oder Einschränkung des Betriebes einer Anlage des Postfiskus), Gr. 57, 1042, (W. 13, 453) (Herstellung von Fernsprechanschlüssen); **Eigentum des Reichs:** RG. 80, 19 (Aneignung von herrenlosem Kronland und Ansprüche auf Entschädigung für die Entziehung von sog. Landkonzessionen in den deutschen **Schutzgebieten**); **Schiffahrt:** OLG. 28, 238 (Anspruch des Schiffsmanns eines Seedampfers auf Ausstellung eines Führungszeugnisses), OLG. 33, 61 Anm. (Ansprüche auf Grund der Strandungsordnung v. 17./5. 74, 30./12. 01, nachdem das Strandamt oder dessen Aufsichtsbehörde entschieden hat).

2. Für **Preußen:** a) **Gesetze:** Ges., betr. die **Zulässigkeit des Rechtsweges** in Beziehung auf **polizeiliche Verfügungen,** v. 11./5. 42 (GS. 192); Ges., betr. die **Erweiterung** des **Rechtsweges,** v. 24./5. 61 (GS. 241) (§§ 11, 12 aufgehoben durch § 35 Stempelsteuerges. v. 30./6. 09, s. jetzt § 26 d. Ges. in d. Fass. v. 27./10. 24 [GS. 627]); Ges. über die **Zuständigkeit der Verwaltungsbeh.** v. 1./8. 83 (GS. 237), 18./6. 14 (GS. 118) (§ 155 abgeändert); §§ 9, 23, 129, 145, 151, 177 Allg. **Bergges.** v. 24./6. 65 (GS. 705), Art. 3 Ges. betr. Abänd. d. Bergges. v. 14./7. 05 (GS. 307), § 186 Ges. betr. Abänd. d. Bergges. v. 19./6. 06 (GS. 199), Art. 10 Ges. betr. Abänd. d. Bergges. v. 18./6. 07 (GS. 119), s. dazu JW. 09, 175[29], 11, 381; §§ 24, 58 ff. **Jagdordn.** v. 15./7. 07 (GS. 207), 15./7. 24 (GS. 577); § 7 Ges. v. 14./7. 05 (GS. 277), § 29 Ges. v. 14./7. 05 (GS. 281), Art. 4 § 7 Ges. v. 22./3. 06 (GS. 41, 46) (**Kirchensteuern**); Art. 79 Abs. 2 Verfassung v. 30./11. 20 (GS. 543) (Zulässigkeit des Rechtswegs für vermögensrechtliche **Ansprüche der Staatsbeamten und ihrer Hinterbliebenen**). — Kann ein Anspruch (z. B. einer Gemeinde) im **Verwaltungszwangsverfahren** nach der VO. v. 15./11. 99 verfolgt werden, so ist der ordentliche Rechtsweg ausgeschlossen. RG. 93, 204.

b) **Entscheidungen:** Inhalt und Grenze staatlicher **Hoheits-**

rechte: RG. 59, 5 (Recht der Aemterbesetzung), 92, 431 (Recht der Versetzung eines Beamten in ein anderes Amt), Gr. 61, 142 (Schadensersatzanspruch eines richterlichen Beamten wegen schuldhafter Verzögerung seiner Anstellung), RG. 70, 371 (Anerkennung einer Realkruggerechtigkeit durch den Staat), RG. 71, 44 (Unterlassung von Maßnahmen einer Landwirtschaftskammer), JW. 18, 627[5] (Klage gegen den Vorsitzenden des Kuratoriums der einer Landschaft angegliederten Lebensversicherungsanstalt auf Unterlassung unwahrer Behauptungen im Geschäftsbericht), Gr. 58, 1054 (Klage auf Unterlassung einer Warnung vor einem Kesselsteinmittel gegen einen Dampfkessel-Ueberwachungsverein), RG. 88, 417 (Ersatzansprüche gegen den Staat auf Grund von Maßnahmen, die der Polizeipräsident in Berlin hinsichtlich einer sog. Theaterkaution getroffen hat), 91, 248 (Anspruch des Staates gegen eine Gemeinde auf Zahlung des aus einer Erinnerung der Oberrechnungskammer sich ergebenden erhöhten Polizeikostenbeitrags); **Familienangelegenheiten:** RG. 89, 302, JW. 98, 376[88], 01, 173[36], 04, 53[3], Gr. 42, 985, 44, 1130, auch JW. 05, 72[4], (19, 810[11]), Gr. 63, 629 (Berechtigung zur Führung eines Familiennamens, Zugehörigkeit zum Adelsstande); **Beschränkung, Verletzung und Entziehung von Privateigentum** durch den Staat, Beamte, polizeiliche Verfügungen: RG. 1, 420 (Entschädigungsanspruch gegen den Staat), RG. 2, 352, 8, 226, 18, 124, 19, 355, 20, 295, 24, 282, 46, 302, 51, 327, 59, 171, 88, 420, 91, 186, 97, 233, 234, 101, 24, Gr. 45, 381, 46, 414, 57, 184, W. 15, 219, 220, (Schadensersatzansprüche wegen ungerechtfertigter polizeilicher Verfügungen und Verwaltungsanordnungen, Begriff einer polizeilichen Verfügung), RG. 5, 204, 51, 327, 69, 50, Gr. 48, 1201, JW. 08, 411[15], W. 16, 57 (Eingriffe durch Polizeibehörden), Gr. 64, 360 (Schadensersatzansprüche gegen den Staat wegen Eigentumsverletzung durch Zollbeamte), RG. 59, 72, Gr. 84, 1132, 89, 682, 53, 1077, 54, 1099, 58, 1060, 1062, 60, 687, JW. 00, 629[19], 10, 126[36], 765[38], 11, 120[59], W. 10, 365, 13, 181 (polizeiliche Genehmigung einer im Interesse des öffentlichen Verkehrs notwendigen oder zweckmäßigen Anlage hat die Bedeutung einer polizeilichen Verfügung im Sinne des Ges. v. 11./5. 42), RG. 99, 283 (Sachbeschädigung infolge fehlerhaften Verhaltens von Beamten bei der Entseuchung von übertragbaren Krankheiten), Gr. 56, 1025 (Genehmigung der Bergbehörde zum Betriebe einer Grubenanschlußbahn), RG. 63, 105, 67, 291 (baupolizeiliche Anordnungen), RG. 43, 293 (Anordnungen der Strombauverwaltung), RG. 81, 285, JW. 05, 117[21], 08, 245[20], W. 10, 365, 14, 265 (Eisenbahnanlagen, Beschädigung hierdurch), Gr. 54, 1080 (Immissionen durch Eisenbahnbetrieb), Gr. 60, 858 (Immissionen von einer Anlage einer staatlichen Unterrichtsanstalt), W. 13, 181 (Beeinträchtigungen durch eine landespolizeilich genehmigte Kläranlage), W. 12, 342 (Beeinträchtigung des Grundeigentums durch Kanalbauten des Staates), RG. 55, 145, JW. 10, 126[36] (Anfechtung bahnpolizeilicher Anordnungen), RG. 24, 36, 44, 227 (Beschädigung durch militärische Anstalten und Maßnahmen), RG. 69, 64 (Klage auf Zahlung einer im Enteignungs-Entschädigungsfeststellungsbeschlusse der Verwaltungsbehörde bedingt zugesprochenen Entschädigung), RG. 74, 243, JW. 10, 195[26], 947[29], W. 09, 378 (Entschädigungsklage vor Feststellungsbeschluß), RG. 55, 7, 74, 243 (Klage auf Stellung von Anträgen im Enteignungsverfahren), RG. 74, 243 (Entschädigung eines bei der Enteignung Nebenberechtigten), RG. 92, 375, 97, 235 (Kriegsverordnungen gegen übermäßige Preissteigerung) RG. 104, 290 (Schadensersatzansprüche auf Grund von Amtspflichtverletzungen bei Anwendung der BRVO. über Fleischversorgung v. 27./3. 16), Gr. 65, 238 (Schadensersatzansprüche wegen ungerechtfertigter Beschlagnahme von Vieh durch die Geschäftsstelle einer Provinzialfleischstelle); **Wege und Brücken:** RG. 14, 263, 76, 324, Gr. 44, 1134, 55, 1044, JW. 06, 233[19], 08, 153[27], 11, 120[59], W. 12, 273, 470 (Frage der Oeffentlichkeit eines Weges), RG. 22, 287, 29, 158, 46, 296, Gr. 44, 1137, 48, 654, 53, 1077 (Ansprüche wegen Beschädigung durch Straßenanlagen), RG. 21, 191, Gr. 43, 1198, 55, 1043, JW. 01, 717[1], 02, 218[29], 08, 153[27] (Nutzungsrechte an öffentlichen Wegen), Gr. 61, 815 (Anspruch auf Benutzung eines öffentlichen Weges gegenüber dem die Benutzung verbietenden Eigentümer), RG. 17, 245, 22, 291, 25, 325, 71, 421, Gr. 42, 1071, 46, 635, 52, 434, 54, 1083, 56, 1038, JW. 07, 143[44], 08, 147[21], 411[15], 535[23], 12, 304[24], W. 10, 220 (Wege- und Brückenbau- und Unterhaltungslast), RG. 92, 310, 93, 78, Gr. 62, 648 (Streitigkeiten zwischen wegeunterhaltungspflichtiger Stadtgemeinde und einer Straßenbahn über Beförderungspreise

[Tarifvereinbarungen] usw.), JW. 20, 566[4] (Streitigkeit zwischen der Stadtgemeinde und dem Unternehmer über den Bau einer Straßenbahn), Gr. 59, 940 (Streitigkeiten zwischen einer Stadtgemeinde und dem Eisenbahnfiskus bezüglich eingelegter Versorgungsleitungen); **Fluchtliniengeſ.** v. 2./7. 75: RG. 62, 193 (Nichtbestehen des Enteignungsrechtes in Ansehung gewisser Grundstücke), RG. 51, 419 (eingetragene Lasten, die inhaltlich mit den öffentlich-rechtlichen Verpflichtungen aus dem FluchtlGes. übereinstimmen), Gr. 53, 1082, 54, 1088, JW. 10, 766[40], 11, 198[39], W. (10, 305), 15, 300 (Leistung von Anliegerbeiträgen), W. 15, 300 (Vertrag über Zahlung oder Sicherstellung von Straßenherstellungs- und Unterhaltungskosten zwischen einer Gemeinde und Straßenanliegern), JW. 10, 126[37] (Verpflichtung der Gemeinde zur Einleitung des Enteignungsverfahrens); **Kleinbahngeſ.** v. 28./7. 92: RG. 59, 70 (Klage auf Aenderung der landespolizeilich genehmigten Betriebsanlage), RG. 62, 131 (Anspruch auf Herstellung von Einrichtungen an einer Kleinbahnanlage), Gr. 53, 1091 (Hergabe eines Grundstückes zum Bau einer Privatanschlußbahn), RG. 50, 232 (Streit zweier Kleinbahnen über gegenseitige Betriebsstörungen), RG. 106, 177 (Klage einer Stadtgemeinde auf Herstellung einer Kleinbahn gegen den Unternehmer auf Grund Vertrags); **Gewässer:** RG. 1, 366, Gr. 48, 1099 (Benutzung der Meeresufer und Flüsse), RG. 71, 63, Gr. 55, 1148, (W. 11, 84) (Eigentum des Staates), RG. 94, 133 (Klage auf Verneinung der Entschädigungspflicht aus § 13 Wasserstraßengeſ. v. 1./4. 05), RG. 33, 331, W. 16, 153 (Recht auf Anlandungen), RG. 21, 264, JW. 03, 314[18] (Höhe des Wasserstandes), JW. 10, 720[34], 11, 820[37], (W. 11, 420) (Räumungspflicht und Verschaffung der Vorflut), RG. 91, 148 (Anspruch auf Herstellung von Einrichtungen zur Verhütung von Schäden durch unberechtigte Zutageförderung von Wasser zum öffentlichen Wohle während Schwebens eines Verfahrens auf Verleihung des Wasserbenutzungsrechts vor der Wasserpolizeibehörde nach Wassergeſ. v. 7./4. 13), RG. 36, 287 (Ueberwachung des Stromverkehrs), RG. 43, 293, 75, 190 (Kosten der Durchführung einer Verfügung der Strombauverwaltung), RG. 46, 248, 76, 95 (Ansprüche der Fischereiberechtigten wegen schädlicher Immissionen), RG. 75, 397 (Störung einer Fischereigerechtigkeit an einem öffentlichen Strom), RG. 95, 34 (Beeinträchtigung des Eigentums des Staates an einem Wasserlauf erster Ordnung [§ 7 Wasserges. v. 7./4. 13] und seines Fischereirechts [§ 7 Fischereiges. v. 11./5. 16]), RG. 97, 149 (Streit zwischen den Parteien, wer von ihnen das Recht zur Fischerei auf überfluteten Grundstücken hat [§ 12 Abs. 2 Fischereiges. v. 11./5. 16]), W. 16, 57 (Streit über das Recht zur Wasserentnahme aus einem Mühlenbach für ein Wasserwerk einer Stadtgemeinde), RG. 21, 269 (Streit zwischen Mühlenbesitzern über Recht zur Wassernutzung), RG. 30, 164 (Deichpflicht eines Grundstückes), W. 15, 100 (Ansprüche eines Deichverbandes gegen den Fiskus als Eigentümer eines Seedeichs), RG. 49, 220 (Verpflichtung zur Entrichtung von Entwässerungsgebühren), RG. 38, 86, JW. 11, 218[21] (Entschädigung für Hilfe in Seenot), RG. 2, 208 (Recht zur Zuleitung von Bergwerksgrubenwasser in einen Privatfluß), RG. 86, 233 (Beschädigung durch Anlagen öffentlicher Wassergenossenschaften), Gr. 53, 1084 (Entschädigungsansprüche von Genossen gegen eine öffentliche Wassergenossenschaft), RG. 77, 299 (Beiträge von Mitgliedern einer öffentlichen Wassergenossenschaft); **Jagdrecht:** RG. 70, 306 (Ansprüche aus § 64 Jagdordn. v. 15./7. 07), RG. 40, 268 (Ansprüche der Teilhaber eines gemeinschaftlichen Jagdbezirkes), Gr. 53, 87 (Störung des Jagdrechts durch einen staatlichen Förster), RG. 108, 183 (Klage des Jagdgenossen gegen den Jagdvorsteher auf Feststellung der Nichtigkeit eines von diesem geschlossenen Jagdpachtvertrags); **Armenverbände:** RG. 41, 267, JW. 12, 257[32] (Anspruch auf Erstattung gewährter Armenunterstützung gegen einen Armenverband), RG. 41, 336, W. 10, 349 (Streitigkeiten zwischen Ortsarmenverbänden und Kreisen wegen Kosten der Verpflegung Hilfsbedürftiger), RG. 19, 187 (Anspruch des Armenverbandes auf Ersatz gewährter Unterstützungen gegen den Fiskus), Gr. 61, 654 (Erstattungsanspruch eines Kommunalverbandes gegen Ortsarmenverband wegen Kosten des Unterhalts taubstummer Kinder); **Steuern, Stempel und Abgaben:** RG. 17, 235 (Befreiung der Standesherren von der Einkommensteuer), RG. 46, 247 (Ansprüche wegen ungerechtfertigter Besteuerung), RG. 60, 348, 83, 190 (Rückforderung einer Stempelabgabe vom Fiskus), RG. 67, 401 (Anspruch auf die sog. Ausfuhrvergütung auf Grund einer Gemeinde-Biersteuerordnung), RG. 83, 304 (Anspruch des Staats oder einer Gemeinde auf eine durch wissentlich falsche Selbsteinschätzung hinterzogene Steuer), RG. 4, 213, 17, 200, 246, 22, 291, 32, 345, 34, 245, 46, 247, 67, 401, 74, 281, 82, 326, 83, 305, Gr. 44, 1129, JW. 03, 303[42], 10, 247[40], 1011[30], 13, 930[19], W. 09, 436, 10, 72, 186, 305 (Verpflichtung zur Entrichtung von Kommunalabgaben), RG. 46, 246, 74, 282, JW. 10, 300[40], 13, 930[19], 14, 988[13] (Streit darüber, ob eine Gemeinde in einem besonderen Vertrage auf Erhebung einer Gemeindeabgabe verzichtet hat), Gr. 54, 657 (Fälligkeit der in der Zwangsversteigerung liquidierten Gemeindeabgaben), Gr. 55, 1045, (JW. 11, 593[45]) (Beiträge für Handelskammern); **Auseinandersetzungssachen, Ablösungssachen und Rentengüter:** RG. 48, 341 (Heranziehung zu Interessentenlasten auf Grund eines Auseinandersetzungsverfahrens), RG. 47, 314 (Benutzungsrecht an Separationswegen), RG. 79, 46 (Benutzungsrecht an einem bei der Auseinandersetzung gemeinschaftlich gebliebenen Grundstück), RG. 51, 336 (Fall der Bestellung eines Vertreters und Verwalters der gemeinschaftlichen Angelegenheiten der Separationsinteressenten), RG. 22, 361 (Anfechtung eines Ablösungsrezesses), Gr. 53, 719 (Aufhebung einer Gewerbebetriebsabgabe), RG. 48, 341 (Berücksichtigung von Lasten in einem Auseinandersetzungsverfahren), RG. 37, 393, 40, 213, 41, 294 (Streitigkeiten über Bildung von Rentengütern); **Gemeinden:** RG. 74, 281, 78, 418, JW. 10, 1011[13], W. 09, 436, 10, 186 (Heranziehung zu Gemeindelasten), RG. 80, 372 (Anspruch auf Verzinsung eines zu Unrecht eingezogenen Steuerbetrags), RG. 82, 346, 56, 396, 67, 291, 93, 201, Gr. 52, 434, 54, 1088, 1092, W. 10, 72, 305 (Straßenanliegerbeiträge zu den Straßeneinrichtungskosten), RG. 69, 50, 74, 191 (Entziehung von Grundeigentum zur Straßeneinrichtung), Gr. 54, 428 (Kanalisationsleitungen durch Eigentum nach Auenrecht), RG. 40, 268 (Streitigkeiten zwischen Grundbesitzer und Gemeindevertretung über Jagdverpachtung), Gr. 59, 483 (Streit zwischen Gemeinden und öffentlichen Schlachthäusern wegen Ueberlassung geschlachteter Tiere), Gr. 60, 684 (Streit über Entziehung von Wasser für ein Triebwerk durch eine Wasserversorgungsanlage einer Stadtgemeinde), RG. 99, 86 (Gesundheitsbeschädigung durch schädliches Wasser aus einer Gemeindewasserleitung), W. 16, 57 (Streit über das Recht zur Wasserentnahme aus einem Mühlenbach für ein Wasserwerk einer Stadtgemeinde), RG. 47, 318 (Anfechtung der Verfügungen des Gemeindevorstandes in Auseinandersetzungsangelegenheiten), RG. 51, 316, 73, 158, Gr. 43, 1198, 45, 640, 1170 (Berechtigung zur Teilnahme am Gemeindevermögen), JW. 20, 918[14], W. 23, 46 (Schadensersatzansprüche gegen eine Stadtgemeinde wegen Wohnungsrationierungsmaßnahmen), RG. 106, 150 (Schadensersatzansprüche gegen eine Stadtgemeinde wegen rechtswidriger Verfügung über fremde Eigentumsstücke bei Beschlagnahme und Umbau von Räumen zu Wohnungszwecken), RG. 104, 159 (Schadensersatzansprüche gegen eine Stadtgemeinde wegen Amtspflichtverletzung des Leiters des städtischen Wohnungsamts), RG. 104, 242 (Schadensersatzanspruch gegen eine Stadtgemeinde wegen widerrechtlicher Beschlagnahme von Vieh); **Kirchen:** JW. 24, 73[1] (Streit zwischen Kirche und Staat wegen Bestreitung der persönlichen und sachlichen Kultuskosten), RG. 5, 300, 20, 305, JW. 02, 261[33], 03, 173[1], Gr. 48, 130 (Verpflichtung zur Entrichtung kirchlicher Abgaben), RG. 1, 140, 162, JW. 04, 178[25], 542[11], Gr. 48, 646, 49, 1151, W. 12, 225 (Verpflichtung zum Kirchenbaubeitrag), W. 12, 225, Gr. 61, 948 (Verteilung von Kirchenbaukosten unter die Pflichtigen), RG. 7, 136, 16, 159, Gr. 48, 138, JW. 97, 180[54], 10, 560[36] (Anspruch auf Kirchensitze), RG. 37, 344, 48, 362, 50, 310, 63, 21, Gr. 44, 165, 49, 1151, JW. 04, 542[11] (Rechte und Pflichten des Patrons), RG. 12, 280, Gr. 57, 1045, (W. 13, 303) (Recht zur Benutzung von Begräbnisplätzen), RG. 100, 172 (Streit zwischen Erben über den Ort, an dem der Erblasser bestattet werden soll), RG. 56, 25 (Untersagung des Läutens mit Kirchenglocken), RG. 62, 252 (Ausschluß eines Mitgliedes aus einer Bruderschaft), W. 09, 323 (Verteilung des Vermögens eines aufgelösten Kirchspiels), RG. 79, 1 (Ansprüche der evangelischen Geistlichen auf Ruhegehalt); **Schulen:** RG. 2, 247, 17, 176, 25, 302, 57, 350, 78, 4, JW. 11, 120[60] (Beitragung zu den Schullasten), RG. 53, 183, 58, 31, JW. 04, 213[30], Gr. 48, 650 (Befreiung von Schulgeld), Gr. 57, 1049 (Unterhaltung einer Volksschule), Gr. 51, 1187 (Schulvermögen), RG. 74, 55 (öffentliche Gebrauchsrechte der Schulen), RG. 59, 5, JW. 04, 565[37] (Präsentationsrecht bei Anstellung von Volksschullehrern), Gr. 56, 1029, (JW. 12, 547[28]) (Ansprüche der Gemeinden gegen den Fiskus auf Leistung von Staatsbeiträgen für die öffentlichen Volksschulen nach dem Gesetz v. 3./3. 97)

Gr. 53, 1075 (Zulassung zur Diplomprüfung bei einer technischen Hochschule), Gr. 53, 1086 (Beiträge Gewerbetreibender für Fortbildungsschulen), Gr. 60, 858, (W. 16, 248) (Klage wegen Eigentumsstörung durch eine Anlage einer staatlichen Unterrichtsanstalt); **Beamte:** Gr. 45, 1172, 46, 416 (Bestehen eines Beamtendienstverhältnisses), OLG. 27, 80 (Klage eines aus dem städtischen Dienste ausgeschiedenen Eichmeisters auf Feststellung, daß er städtischer Beamter gewesen ist), RG. 88, 294, Gr. 50, 1215, 51, 827, JW. 11, 720[26] (Zeitpunkt der Versetzung eines Staatsbeamten in den Ruhestand, Pensionsansprüche), RG. 71, 233 (Gehaltsansprüche eines disziplinierten Richters), RG. 48, 321, 103, 292, OLG. 27, 79 (Feststellung des Besoldungsdienstalters eines Staatsbeamten), RG. 107, 326, 328 (Ansprüche von Gemeindebeamten auf Eingliederung in Besoldungsklassen), RG. 84, 168 (vermögensrechtliche Ansprüche der Hofstaatsbeamten aus ihrem Dienstverhältnis im Falle unfreiwilliger Entlassung), JW. 20, 787[50] (Klage auf anderweite Festsetzung des Witwengeldes auf Grund des Beamtenunfallfürsorgeges. v. 2./6. 02), RG. 82, 39 (Festsetzung der einem Rechnungsbeamten zu zahlenden Kalkulaturgebühren), RG. 28, 356, 37, 299, 68, 216, 69, 183, Gr. 45, 95, 48, 135, 49, 1001, JW. 05, 84[29], 12, 261[35] (Gehalts- oder Pensionsansprüche mittelbarer Staatsbeamten [zu denen auch städtische höhere Lehrer gehören, RG. 70, 416, OLG. 21, 183, 28, 180], sowie der Kommunalbeamten), RG. 88, 381 (ob im Hinblick auf Pensionsansprüche eines Kommunalbeamten ein Kommunalamt Nebenamt oder nur Nebentätigkeit ist), RG. 44, 204, 57, 77, JW. 10, 845[94] (Pensionsansprüche eines Gemeindebeamten), RG. 92, 307 (aus dem Dienstverhältnis abgeleitete Schadensersatzansprüche eines Kommunalbeamten wegen Verletzung von Schutzvorschriften), RG. 79, 1 (Ansprüche der evangelischen Geistlichen auf Ruhegehalt), RG. 42, 282, Gr. 43, 1034, 54, 1103 (Gehaltsansprüche der Volksschullehrer), RG. 108, 144 (Anspruch eines Lehrers auf Dienstbezüge, der durch Vorbescheid des Oberpräsidenten nach § 33 Volksschullehrerdiensteinkommensges. als berechtigt anerkannt ist), RG. 7, 338, 12, 144, 31, 313, 77, 352, Gr. 45, 84, JW. 08, 54[32] (Wirkungen und Anfechtung eines Defektenbeschlusses), RG. 71, 243 (Entschädigungsanspruch eines Lehrers wegen gesundheitsgefährdender Beschaffenheit seiner Dienstwohnung), RG. 59, 172, JW. 08, 653³, Anm. 4 § 11 EG. z. GVG. (Ueberschreitung der Amtsbefugnisse und unerlaubte Handlungen eines Beamten), RG. 87, 119, 91, 49 (Ansprüche auf Schadensersatz wegen Amtspflichtverletzung nach § 839 BGB. sind bürgerliche Rechtsstreitigkeiten auch dann, wenn sie nicht gegen den Beamten, sondern gemäß §§ 1, 4 Ges. v. 1./8. 09 [vgl. jetzt Art. 131 Reichsverf. v. 11./8. 19] gegen den Staat, die Gemeinde oder einen sonstigen Verband gerichtet sind; dagegen gehören nicht vor den ordentlichen Richter Schadensersatzforderungen gegen den Staat usw. wegen einer vom Beamten als verfassungsmäßigen Vertreter begangenen unerlaubten Handlung, wenn ein dem Rechtsweg entzogener öffentlich-rechtlicher Anspruch in Gestalt einer Schadensersatzforderung vor den ordentlichen Richter gebracht werden soll), OLG. 21, 185 (Anspruch auf Berichtigung eines Führungszeugnisses).

³ Wegen des **Begriffs Verwaltungsbehörde** in diesem Sinne vgl. RG. 28, 346, 75, 430, JW. 95, 4, 96, 571. — **Beschränkung** ihrer Strafgewalt: §§ 418ff., 419ff. StPO. i. d. F. v. 22./3. 24. Es ist hier zu unterscheiden zwischen den Verwaltungsstrafsachen, die im eigentlichen Verwaltungsverfahren zur Verhandlung kommen, und den Strafsachen, die der Strafgewalt einer Verwaltungsbehörde unterliegen, aber unter gewissen Voraussetzungen vor die ordentlichen Gerichte zur Verhandlung gelangen. RG. 43, 377, KGJ. 40, 415. Vgl. für Preußen Ges., betr. das Verwaltungsstrafverfahren usw., v. 26./7. 97 (GS. 237). — Zuständigkeit von Verwaltungsbehörden teils zu **Entscheidungen unter Vorbehalt des Rechtsweges**, teils zu **Vorentscheidungen über Präjudizialfragen**, die für die Gerichte bindend sind, teils zu Entscheidungen **unter Ausschluß des Rechtsweges** nach Reichsrecht: §§ 144, 150, 155 **Reichsbeamtengesetz** v. 31./3. 73 in d. Fass. v. 18./5. 07 (RGBl. 245), vgl. RG. 1, 34, 12, 70, OLG. 22, 103; § 32 Abs. 2 u. 6 **Reichswehrges.** v. 23./3. 21 (RGBl. 329); früher § 39 Offizierpensionsges. v. 31./5. 06 (RGBl. 565), § 42 Reichsheer-Mannschafts-Versorgungsges. v. 31./5. 06 (RGBl. 593), beide in der Fass. des Art. I Nr. 3 der VO. über Aenderung des Verfahrens in Militärversorgungssachen v. 1./2. 19 (RGBl. 149), § 35 Militärhinterbliebenenges. v. 17./5. 07 (RGBl. 214)

in der Fass. des Art. I Nr. 3 VO. v. 1./2. 19, § 12 Kapitalabfindungsges. v. 3./7. 16 (RGBl. 680) u. f. Offiziere v. 26./7. 18 (RGBl. 994), § 14 Offiziersentschädigungsges. u. § 17 Kapitulantenentschädigungsges. v. 13./9. 19 (RGBl. 1654, 1659), AusfVO. v. 4./12. 19 (RGBl. 1944, 1947), § 91 Wehrmachtversorgungsges. v. 4./8. 21 (RGBl. 993), jetzt vgl. über das Verfahren in Versorgungssachen § 1 Ges. v. 10./2. 22 (RGBl. 59), Anm. 4; §§ 25, 34 ff. RGes. über das Postwesen v. 8./10. 71 (RGBl. 347); §§ 29, 41 Rayon-Ges. v. 21./12. 71 (RGBl. 454), dazu Verf. v. 24./2. 16 (MBl. i. V. 62); früher § 33 RGes. über die Kriegsleistungen v. 13./6. 73 (RGBl. 129), jetzt aufgehoben durch Ges. v. 19./3. 24 (RGBl. I 285), dazu früher AusfVO. v. 1./4. 76 (RGBl. 137), Nr. II 7 Anw., betr. vorl. Ermittelung von Kriegsschäden und Gewährung einer staatlichen Vorentschädigung in den durch den Krieg unmittelbar berührten Landesteilen, v. 18./1. 15 (MBl. i. V. 143), Ges. über die Feststellung von Kriegsschäden im Reichsgebiete (Beschädigungen an beweglichem und unbeweglichem Eigentum, § 35 Kriegsleistungsges.) v. 3./7. 16 (RGBl. 675), 4./1. 19 (RGBl. 62) (§ 18 abgeänd.), AusfBest. v. 28./9. 16 (RZBl. 289), 20./6. 18 (RZBl. 215), 27./10. 22 (RZBl. 1007) u. AusfAnweisung v. 24./10. 16, 5./12. 18 (MBl. i. V. 19 S. 28), 3./6. 22 (MBl. i. V. 569), Verf., betr. das Verfahren bei Feststellung der Vergütung von Kriegsleistungen, v. 2./4. 19 (MBl. i. V. 172), Verf. v. 24./2. 16 (MBl. i. V. 62), betr. die Anwendung des Kriegsleistungs- oder des Rayongesetzes bei Inanspruchnahme von Grundstücken in der Umgebung von Festungen; §§ 4, 5 Ges., über die Vergütung von Leistungen für die feindlichen Heere im besetzten Reichsgebiet und über die vereinfachte Abschätzung von Kriegsleistungen für das deutsche Heer, v. 2./3. 19 (RGBl. 261), abg. durch Ges. v. 27./3. 20 (RGBl. 353), u. AusfBest. v. 23./5. 19 (RGBl. 98), dazu Bek. über das Verfahren v. 22./4. 19 (RGBl. 405), 26./5. 20 (RGBl. 1086); § 13 Abs. 2 RGes. über den Ersatz der durch die Besetzung deutschen Reichsgebiets verursachten Personenschäden v. 17./7. 22 (RGBl. I 624), 12./2. 24 (RGBl. I 59); § 14 RGes. über die Naturalleistungen im Frieden v. 13./2. 75 (RGBl. 52), dazu RG. 15, 41; § 3 Ges. über die Verwertung von

Militärgut v. 31./3. 23 (RGBl. I 243), s. dazu RG. 108, 246; §§ 258, 705, 901, 907, 1042, 1219, 1543 **Reichsversicherungs-Ordn.** v. 19./7. 11 (RGBl. 509) in d. Fass. v. 15./12. 24 (RGBl. I 779) (für die ordentlichen Gerichte bindende Entscheidungen der Versicherungsämter in Kranken-, Unfallversicherungs- und Invaliditätsversicherungsangelegenheiten), s. dazu (§ 705) RG. 108, 286; §§ 29, 30, 38, 40 **Strandungsordn.** v. 17./5. 74 (RGBl. 73), vgl. dazu RG. 51, 235, OLG. 33, 61 Anm.; § 110 **Reichsstempelges.** v. 3./7. 13 (RGBl. 639) s. jedoch Anm. 25 § 95; §§ 240, 241 **Branntweinmonopolges.** v. 26./7. 18 (RGBl. 887), s. dazu RG. 108, 194; § 4 **Reichs-Kleingarten- und Kleinpachtlandordnung** v. 31./7. 19 (RGBl. 1371); §§ 86, 87 **Reichs-Betriebsrätegeſ.** v. 4./2. 20 (RGBl. 147), dazu Erl., betr. Zuständigkeit der Schlichtungsausschüsse, v. 4./10. 20 (HMBl. 299); § 33 **Reichs-Heimstättenges.** v. 10./5. 20 (RGBl. 962); §§ 9, 10 der Dritten SteuernotVO. v. 14./2. 24 (RGBl. I 74). — Für **Preußen** vgl.: § 6 Ges. über die Zulässigkeit des Rechtswegs in Beziehung auf **polizeiliche Verfügungen** v. 11./5. 42, dazu RG. 102, 393, 106, 39; § 26 **Stempelsteuerges.** v. 30./6. 09 (GS. 585) in d. Fass. v. 27./10. 24 (GS. 627); § 1 **Beamten-Unfallfürsorgeges.** v. 2./6. 02 (GS. 153), vgl. W. 16, 119; § 7 **Kommunalbeamtenges.** v. 30./7. 99 (GS. 141), vgl. RG. 59, 165, 91, 28; Allg. **Bergges.** v. 24./6. 65 § 154, vgl. Gr. 56, 1025; § 5 **Jagdordnung** v. 15./7. 07 (GS. 207), 15./7. 24 (GS. 577); **Auflösungsamt f. Familiengüter, Landesamt f. Familiengüter** nach § 27 Zwangsauflösungsverordnung v. 19./11. 20 (GS. 463), Verf. v. 15./2. u. 26./3. 21 (JMBl. 106, 231); § 33 **Volksschullehrerdiensteinkommensges.** v. 17./12. 20 (GS. 623), s. dazu RG. 108, 144. Im Gebiete des Allgemeinen Landrechts war das Strafgericht früher an die Entscheidung des Heroldsamts (jetzt aufgehoben durch VO. v. 8./11. 19 [GS. 180]) über Nichtanerkennung eines Adelsanspruchs gebunden. RG. 43, 33, JW. 13, 451 (a. M. KGJ. 36, C 105). — Vgl. auch RG. 41, 267, wonach der von einem anderen als einem öffentlichen Armenverbande erhobene Anspruch auf **Erstattung gewährter Armenunterstützung** nach preußischem Recht im Rechtswege verfolgt werden kann, bevor von der Verwaltungsbehörde entschieden ist, daß, in welcher Höhe und in welcher Weise eine Unterstützung im Wege der öffentlichen Armenpflege erforderlich gewesen sei.

4 **Reichsverwaltungsgerichte: Reichsverwaltungsgericht:** Art. 107, 166 Verfassung d. Deutschen Reichs v. 11./8. 19 (RGBl. 1383); **Staatsgerichtshof für das Deutsche Reich:** Art. 15 Abs. 3, 18 Abs. 7, 19 Abs. 1, 59, 108, 171 Abs. 2, 172 Verfassung d. Deutschen Reichs v. 11./8. 19 (RGBl. 1383), Ges. v. 9./7. 21 (RGBl. 905), dazu Bek. über die Geschäftsordnung v. 6./12. 21 (RGBl. 1583); **Bundesamt für das Heimatwesen** (für Streitigkeiten der Armenverbände): §§ 38 ff. RGes. über den **Unterstützungswohnsitz** v. 6./6. 70 in d. Fass. v. 30./5. 08 (RGBl. 880), s. dazu RG. 41, 276, 336, JW. 12, 257[32]; **Seemannsämter:** §§ 122—124 Seemannsordn. v. 2./6. 02 (RGBl. 175), dazu Bek., betr. Strafverf. vor den Seemannsämtern v. 13./8. 08 (RGBl. 12), vgl. RG. 39, 129 (kein ausschließlicher Gerichtsstand bei dem Seemannsamt); **Seeämter** und **Reichs-Ober-Seeamt:** §§ 1, 29 RGes. v. 27./7. 77 (RGBl. 549), Erl. v. 24./3. 19 (RGBl. 347); **Prisengerichte:** RGes. v. 3./5. 84 (RGBl. 49), dazu Prisengerichtsordnung v. 15./4. 11 (RGBl. 14 S. 301) u. AusfBestimmungen v. 3./8. 14 (RGBl. 315), 20./7. 17 (RGBl. 638); **verstärktes Reichseisenbahnamt:** § 5 Nr. 4 RGes. v. 27./6. 73 (RGBl. 164); **Patentamt:** §§ 28, 30 RGes. v. 7./4. 91 (RGBl. 87); **Versicherungsamt, Oberversicherungsamt, Reichsversicherungsamt:** §§ 36 ff. RVersichOrdn. v. 19./7. 11 (RGBl. 509) in d. Fass. v. 15./12. 24 (RGBl. I 779); **Schiedsamt und Reichsschiedsamt:** §§ 368 m bis 368 r RVersichOrdn. in der Fass. v. 15./12. 24 u. 22./1. 25 (RGBl. I 3); **Rentenausschuß, Schiedsgerichte, Oberschiedsgerichte** nach §§ 156 ff. **Versicherungsges. f. Angestellte** v. 20./12. 11 (RGBl. 989); **Ausschuß, Knappschaftsoberversicherungsamt, Reichsversicherungsamt:** §§ 143, 158 Reichsknappschaftsges. v. 23./6. 23 (RGBl. I 431); **Versorgungsgerichte und Reichsversorgungsgericht:** früher Art. II VO. v. 1./2. 19 (RGBl. 149), 15./5. 20 (RGBl. 1046), jetzt §§ 1, 6 ff. Ges. über das Verfahren in Versorgungssachen v. 10./1. 22 (RGBl. 59) in d. Fass. des Art. 21 V VO. v. 27./10. 23 (RGBl. I 999), VO. v. 12./2. 24 (RGBl. I 59), Ges. v. 4./8. 24 (RGBl. I 677), AusfBestimmungen v. 30./1. 22 (RZBl. 79), 30./10. 22

(RZBl. 1013), §§ 16, 17 Personenschädenges. i. d. Fass. v. 22./6. 23 (RGBl. I 545); **Finanzgerichte, Reichsfinanzhof:** §§ 218 ff. Reichsabgabenordnung v. 13./12. 19 (RGBl. 1993), dazu §§ 17 ff. EinfVO. v. 18./12. 19 (RGBl. 1201), VO. über die Bildung der Finanzgerichte v. 5./8. 21 (RGBl. 1241); **Spruchstellen des Reichsausgleichsamts:** §§ 4, 11, 51 Reichsausgleichsges. v. 24./4. 20 (RGBl. 597), nebst VO. über das Verfahren früher v. 26./6. 20, jetzt v. 22./12. 24 (RGBl. I 965), s. dazu OLG. 41, 265, 42, 11, 43, 139; **Entschädigungsbehörde:** § 7 Ges. über Enteignungen aus Anlaß des Friedensvertrages v. 31./8. 19 (RGBl. 1527), Art. 1, 6 VO., betr. Regelung des Verfahrens, v. 11./5. 20 (RGBl. 970); **Spruchkammern des Reichsentschädigungsamts für Kriegsschäden:** § 1 Entschädigungsordnung v. 30./7. 21 (RGBl. 1046), 23./6. 23 (RGBl. I 412), dazu Bek. v. 20./12. 21 (RZBl. 991), AusfBest. v. 23./3. 22 (RZBl. 141), Bek. v. 22./5. 22 (MBl. i. V. 651), Abschn. III Liquidationsschädenges. in d. Fass. v. 20./11. 28 (RGBl. I 1148); **Kartellgericht:** § 4 VO. gegen Mißbrauch wirtschaftlicher Machtstellungen u. VO. über das Verfahren vor dem Kartellgericht v. 2./11. 23 (RGBl. I 1067, 1071). — **Preußen: Kreisausschuß, Bezirksausschuß, Oberverwaltungsgericht:** AllgLVerwGes. v. 30./7. 83 (GS. 195), VO. über die Eingliederung des Landeswasseramts in das Oberverwaltungsgericht v. 12./3. 24 (GS. 130).

5 **Besondere Gerichte** sind die mit der **Ausübung ordentlicher streitiger Gerichtsbarkeit** befaßten Behörden, die **nicht** zu den **im § 12 bezeichneten Gerichten** gehören, aber **auch nicht Verwaltungsbehörden oder Verwaltungsgerichte** sind. RG. 75, 429, 76, 178, 103, 103. **Letztere** sind, wenn **ihnen** gemäß der Gestattung im § 13 die Erledigung bürgerlicher Rechtsstreitigkeiten durch Landesgesetz zugewiesen ist, nicht etwa (weil sie nicht reichsgesetzlich bestellt sind) unzulässige Sondergerichte (z. B. hamburgische Schätzungskommissionen in Enteignungsstreitigkeiten). RG. 75, 428. Die **Sondergerichte** urteilen bestimmte **Arten** von Rechtssachen aus dem Bereiche der streitigen Gerichtsbarkeit ab, während die **Ausnahmegerichte** (§ 16) für die Aburteilung eines bestimmten Rechtsfalls oder einer Mehrheit von bestimmten Einzelfällen eingesetzte außerordentliche Gerichte sind. JW. 24, 193[31].

6 **Gewerbe- und Kaufmannsgerichte:** Anm. 10 § 14 — **Militärgerichte:** § 7 EG. u. Anm. 1 dazu; jetzt vgl. Art. I Ges., betr. Aufhebung der Militärgerichtsbarkeit, v. 17./8. 20 (RGBl. 1579), wonach diese, abgesehen von den Strafverfahren in Kriegszeiten und gegen die an Bord von in Dienst gestellten Kriegsschiffen eingeschifften Angehörigen der Reichsmarine, aufgehoben worden ist. — **Konsuln und Konsulargerichte:** §§ 5, 8 RGes. über die Konsulargerichtsbarkeit v. 7./4. 00 (RGBl. 213). Dazu Bek. betr. Orte, an denen sich Konsulate des Deutschen Reichs befinden, v. 18./12. 23 (JMBl. 758). Vgl. auch Ges., betr. die Ueberleitung von Rechtsangelegenheiten der Konsulargerichtsbarkeit (soweit diese infolge der Durchführung des Friedensvertrages in einem Lande aufgehoben worden ist), v. 1./7. 21 (RGBl. 805). — **Reichswirtschaftsgericht,** das nach RG. 103, 103 nicht ein Verwaltungsgericht, sondern ein zur Entscheidung bürgerlich-rechtlicher Streitigkeiten berufenes Sondergericht gleich den Gewerbe- und Kaufmannsgerichten ist, während RG. 106, 409 es für ein Verwaltungs-Sondergericht erklärt: VO. v. 20./5. 19 (RGBl. 469), VO. v. 21./5. 20 (RGBl. 1167), abgeänd. durch § 65 Entschädigungsordnung v. 30./7. 21 (RGBl. 1046), dazu § 2 VO. über die Sicherstellung v. Kriegsbedarf v. 26./4. 17 (RGBl. 376); §§ 4, 5 VO. über Regelung des Verkehrs mit Kohle v. 24./2. 17 (RGBl. 167) u. § 1 Anordnung über das Schiedsgericht f. d. Kohlenverteilung v. 21./3. 17 (RGBl. 250); §§ 5, 6 VO. über wirtschaftl. Maßnahmen in d. Binnenschiffahrt v. 18./8. 17 (RGBl. 717) u. § 1 Bek., betr. das Schiedsgericht f. Binnenschiffahrt, v. 25./2. 18 (RGBl. 91); § 2 VO. über wirtschaftl. Maßnahmen auf dem Textilgebiete v. 1./2. 19 (RGBl. 174); §§ 6, 7 Abs. 3, 8 Abs. 4, 10 Abs. 4, 11 Abs. 3, 13 Abs. 1, 14 Abs. 2 VO., betr. die Ablösung der dem Reiche durch die Inanspruchnahme von Grundstücken und Gebäuden sowie Leistungen Dritter erwachsenen Verpflichtungen (Vertragsablösungsverordnung), v. 8./8. 19 (RGBl. 1375); VO., betr. Nichtigkeitserklärung von Verträgen durch das Reichswirtschaftsgericht, v. 18./9. 19 (RGBl. 1700); VO. über die Abgeltung von Ansprüchen gegen das Reich v. 4./12. 19 (RGBl. 2146), vgl. dazu RG. 101, 302, 106, 407, Anm. 2 II 1 a „Abgeltung"; VO., betr. Be-

gründung der Zuständigkeit des Reichswirtschaftsgerichts durch Vereinbarung, v. 18./2. 20 (RGBl. 276); VO. v. 30./3. 21 (RGBl. 448) (Zuständigkeit an Stelle des Reichsmilitärgerichts); § 2 Nr. 4 VO. über die schiedsger. Erhöhung von Preisen bei d. Lieferung von elektr. Arbeit, Gas u. Leitungswasser v. 16./6. 22 (RGBl. I 510), § 27 VO. v. 16./6. 22 (RGBl. I 511). — **Arbeitsgerichte:** Art. II § 1 VO. über das Schlichtungswesen v. 30./10. 23 (RGBl. I 1043). — Früher **Wuchergerichte** (JW. 24, 193[31], a. M. JW. 21, 860[10]: Ausnahmegerichte) nach Art. I VO. über Sondergerichte gegen Schleichhandel und Preistreiberei v. 27./11. 19 (RGBl. 1909), dann nach VO. v. 13./7. 23 (RGBl. I 724), jetzt aufgehoben durch VO. v. 20./3. 24 (RGBl. I 371). — **Staatsgerichtshof zum Schutze der Republik:** urspr. Nr. III VO. v. 26. u. 30./6. 22 (RGBl. I 521, 534), Verf. v. 26./6. 22 (Pr. JMBl. 233), jetzt Ges. v. 21./7. 22 (RGBl. I 585), dazu VO. v. 29./7. 22 (RGBl. I 673), v. 19./10. 22 (GS. 312), Verf. v. 26./7. 22 (Pr. JMBl. 285), AusfVO. v. 28./7. 22 (MBl. i. V. 735), 19./10. 22 (MBl. i. V. 1093).

[7] § 14 GVG. — Früher Kriegsgerichtsräte oder Oberkriegsgerichtsräte (ehemals Auditeure) im Mobilmachungsfall außerhalb der Garnison nach §§ 1, 8 Abs. 2 RGes. v. 28./5. 01 (RGBl. 185) u. §§ 20, 21 EG. z. MilStrGerichtsordn. v. 1./12. 98 (RGBl. 1289), jetzt aufgehoben durch Ges. v. 17./8. 20 (RGBl. 1579) (Anm. 1 § 7 EG. z. GVG.), vgl. aber § 17 Abs. 1 S. 2 daselbst (Heeres- und Marineanwälte). Ferner früher Gerichte für die Mitglieder landesherrlicher Familien nach § 5 EG. (vgl. dazu JW. 15, 802) u. Austrägalgerichte für Standesherren nach § 7 EG. z. GVG., jetzt vgl. Art. 109 Abs. 1 u. 3 Reichsverfassung v. 11./8. 19 und für Preußen Ges. v. 23./6. 20 (GS. 367).

14. Als besondere Gerichte werden zugelassen:[1]

1. [1a]**Rhein-[2] und Elbschiffahrtsgerichte[3] für die in Staatsverträgen bezeichneten Angelegenheiten der Schiffahrt auf dem Rhein und auf der Elbe;**
2. Gerichte, welchen die Entscheidung von bürgerlichen

Rechtsstreitigkeiten bei der Ablösung von Gerechtigkeiten oder Reallasten, bei Separationen, Konsolidationen, Verkoppelungen, gutsherrlich-bäuerlichen Auseinandersetzungen und dergleichen obliegt;[4]

3. Gemeindegerichte, insoweit ihnen die Entscheidung über vermögensrechtliche Ansprüche obliegt, deren Gegenstand in Geld oder Geldeswert[5] die Summe von **sechzig Goldmark**[5a] nicht übersteigt, jedoch mit der Maßgabe, daß gegen die Entscheidung der Gemeindegerichte innerhalb einer gesetzlich zu bestimmenden Frist sowohl dem Kläger wie dem Beklagten die Berufung auf den ordentlichen Rechtsweg zusteht,[6] und daß der Gerichtsbarkeit des Gemeindegerichts, als Kläger oder Beklagter, nur Personen unterworfen werden dürfen, welche in der Gemeinde den Wohnsitz,[7] eine Niederlassung[8] oder im Sinne der §§ 16, 20 der Zivilprozeßordnung den Aufenthalt haben;[9]
4. Gewerbegerichte.[10]

[1] **Begriff der Sondergerichte:** Anm. 5 § 13. — **Reichsgesetzlich bestellte** Sondergerichte: Anm. 6 § 13. — Die durch § 14 **reichsgesetzlich zugelassenen** schon früher bestehenden Sondergerichte bleiben bestehen, und die Landesgesetzgebung hat die Befugnis, besondere Gerichte neu einzurichten. — Die Universitätsgerichte sind nicht zugelassen, daher aufgehoben. Bestehen geblieben ist die Befugnis der Universitäten zur Ausübung der akademischen Disziplin, s. Preußen: Ges. v. 29./5. 79 (GS. 389).

[1a] Die jetzige Fassung der Nr. 1 ist durch Art. 2 des RGes., betr. das Zusatzübereinkommen zur Elbschiffahrtsakte v. 27./1. 28, v. 14./12. 23 (RGBl. II 485) an die Stelle der früheren („die auf Staatsverträgen beruhenden Rheinschiffahrts- und Elbzollgerichte") gesetzt worden.

[2] Art. 33—40 **Rev. Rheinschiffahrtsakte** v. 17./10. 68 (GS. 69 S. 814), abgeänd. durch Zusatz-Art. v. 18./9. 95

(GS. 98 S. 265, 266) und die Vereinb. v. 4./6. 98 (GS. 00 S. 9). — **Preußen**: erste Instanz: Amtsgerichte; zweite: Oberlandesgericht Cöln. § 1 Ges. v. 8./3. 79 (GS. 129), VO. v. 1./9. 79 (GS. 609); v. 20./8. 00 (GS. 314); v. 28./9. 05 (GS. 371) u. v. 8./6. 08 (GS. 154). — **Bayern**: erste Instanz: Amtsgerichte; zweite: Landgericht Frankenthal. Art. 9 Ges. v. 23./2. 79 (GVBl. 661). — **Baden**: erste Instanz: Amtsgerichte; zweite: Landgericht Mannheim. VO. v. 24./6. 79 (GVBl. 813). — **Hessen**: erste Instanz: Amtsgericht Mainz; zweite: Landgericht Mainz. § 4 VO. v. 14./5. 79 (RegBl. 197). — Vgl. über die Zuständigkeit in den einzelnen Staaten RG. 86, 251. — Die **Zuständigkeit der Rheinschiffahrtsgerichte** für privatrechtliche Streitigkeiten nach Art. 34 II Rheinschiffahrtsakte ist **keine ausschließliche**. Es kann daher für diese Streitigkeiten auch die Zuständigkeit der ordentlichen Gerichte ausdrücklich (§ 38 ZPO.) oder stillschweigend (§ 39 ZPO.) zwischen den Parteien vereinbart werden. RG. 87, 251, JW. 82, 132, 02, 232[8].

[3] Art. 26 **Elbschiffahrtsakte** v. 23./6. 21 (GS. 22 S. 20); §§ 46—50 Additionalakte v. 13./4. 44 (GS. 468); BGes. v. 11./6. 70 (BGBl. 416). — **Preußen**: erste Instanz: Amtsgerichte; zweite: Landgerichte. § 1 Ges. (früher v. 9./3. 79 jetzt) v. 4./6. 24 (GS. 543). — **Sachsen**: erste Instanz: Amtsgerichte; zweite: Landgericht Dresden. VO. v. 8./9. 79 (GVBl. 332). — **Anhalt**: erste Instanz: Amtsgerichte; zweite: Landgericht Dessau. Ges. v. 10./5. 79 (GS. 537). — **Mecklenburg-Schwerin**: erste Instanz: Amtsgerichte; zweite: Landgericht Schwerin. §§ 47, 49 VO. v. 17./5. 79 (RegBl. 181). — **Hamburg**: erste Instanz: Amtsgericht Hamburg; zweite: Landgericht Hamburg. § 65 Ges. v. 23./4. 79 (GS. Nr. 14). — Die **Zuständigkeit der Elbzollgerichte**, soweit sie für privatrechtliche Streitigkeiten besteht, ist **keine ausschließliche**. Es kann daher für derartige Streitigkeiten auch die Zuständigkeit der ordentlichen Gerichte gemäß §§ 38, 39 ZPO. von den Parteien vereinbart werden. RG. 87, 255, OLG. 15, 255.

[4] **Preußen**: Ges., betreffend das Verfahren in **Auseinandersetzungsangelegenheiten**, v. 18./2. 80 in d. Fass. v. 10./10. 99 (GS. 284), § 1 Abs. 4 Ges. über Landeskulturbehörden v. 3./6. 19 (GS. 101): Vorsteher des **Kulturamts**, im Falle des § 23

unter Mitwirkung der Beteiligten, erste Instanz (früher: Generalkommissionen und landwirtschaftliche Spruchkollegien bei den Regierungen), Spruchkammer (§ 3) zweite Instanz (früher: Ober-Landeskulturgericht), Oberlandeskulturamt dritte Instanz (früher: Reichsgericht). Vgl. dazu RG. 76, 176 (die Auseinandersetzungsbehörden sind, soweit sie Rechtsstreitigkeiten zu entscheiden haben, Sondergerichte, nicht Verwaltungsbehörden, s. Anm. 3, 5 § 13).

5 Berechnung: §§ 3—9 ZPO.

5a Ursprünglich „sechzig Mark". Diese Summe ist abgeändert worden durch Ges. v. 11./3. 21 (RGBl. 229) in 300 M., durch Ges. v. 8./7. 22 (RGBl. 569) in 1000 M., durch Ges. v. 27./3. 23 (RGBl. I 217) in 30 000 M., durch VO. v. 23./7. 23 (RGBl. I 742) in 200 000 M., durch VO. v. 15./9. 23 (RGBl. I 884) in 50 000 000 M., durch VO. v. 30./10. 23 (RGBl. I 1041) in 60 M., vervielfältigt mit der jeweiligen Reichsindexziffer für die Lebenshaltungskosten, durch VO. v. 18./12. 23 (RGBl. I 1186) in 60 Goldmark (jetzt Reichsmark: § 2 VO. v. 12./12. 24 [RGBl. I 775]).

6 Die Sache wird dann vor den Amtsgerichten in erster Instanz verhandelt Pr. Nr. 169, S. 13.

7 §§ 13—16 ZPO., §§ 7—11 BGB.

8 § 21 ZPO.

9 **Württemberg:** Art. 3—14 Ges. v. 18./8. 79 (RegBl. 173). — **Baden** §§ 115—128 Ges. v. 3./3. 79 (GVBl. 91), Ges. v. 16./4. 86 (GVBl. 141) Dienstanweisung v. 10./5. 86 (GVBl. 281).

10 Jetzt reichsgesetzlich geordnet: §§ 1, 5, 71, 72, 77, 78, 79, 80 RGes., betr. die **Gewerbegerichte**, v. 29./7. 90 in d. Fass. v. 29./9. 01 (RGBl. 353) u. Ges., betr. die **Kaufmannsgerichte**, v. 6./7. 04 (RGBl. 266), beide abgeändert durch VO. v. 12./5. 20 (RGBl. 958), Ges. v. 14./1. 22 (RGBl. 155), VO. v. 6./6. 24 (RGBl. I 645); ferner **Innungsbehörden und Innungsschiedsgerichte:** §§ 81a, 81b, 91, 93, 94a GewO. in d. Fass. v. 26./7. 00 (RGBl. 871). — **Preußen:** Ges., betr. die Gewerbeger. in der Rheinprovinz, v. 11./7. 91 (GS. 811); Zirk., betr. Ausf. d. Ges. über die Gewerbegerichte, v. 23./9. 90 (MBl. i. V. 206); Verf., betr. Errichtung v. Gewerbegerichten, v. 11./4. 92 (JMBl. 146), v. 8./9. 93 (JMBl. 271), v. 4./6. 94 (JMBl. 152),

v. 5./9. 95 (JMBl. 299), v. 10./8. 96 (JMBl. 256), v. 22./10. 97 (JMBl. 270), 29./7. 98 (JMBl. 204), 22./9. 99 (JMBl. 278), 23./6. 00 (JMBl. 503), 25./6. 01 (JMBl. 150), 26./6. 02 (JMBl. 144), 25./9. 03 (JMBl. 238), 20./6. 04 (JMBl. 164), 29./9. 05 (JMBl. 184). — **Für die Zuständigkeit der Gewerbegerichte oder Kaufmannsgerichte kommt es nicht darauf an, ob das Dienstverhältnis noch besteht.** Auch Ansprüche auf Entschädigung, die erst mit der Entlassung beginnen, gehören vor die Gewerbegerichte (Kaufmannsgerichte). Ferner kommt es nicht sowohl auf den zivilrechtlichen Charakter der Ansprüche (z. B. Verwahrung, ungerechtfertigte Bereicherung), als darauf an, ob und inwieweit ihre Entstehung mit dem Dienstverhältnis zusammenhängt. RG. 106, 32, Gr. 45, 1080 (JW. 00, 667[25]). Daher ist die Zuständigkeit der Gewerbegerichte auch für Klagen auf Zurückgabe einer Kaution oder auf rückständige Leistungen begründet; dagegen nicht für Ansprüche aus außerkontraktlichem Verschulden des Arbeitgebers. Gr. 45, 1080, (JW. 00, 667[25]), auch RG. 72, 296. Wohl aber für Ansprüche aus Verletzung von Vertragspflichten, die außer in dem Dienstverhältnisse eine Rechtsgrundlage noch in den §§ 823 ff. oder im § 812 BGB. (unerlaubte Handlung, ungerechtfertigte Bereicherung) finden können (z. B. auf Erstattung von Fehlbeträgen einkassierter Gelder), mögen sie auch als Vertragsansprüche und zugleich als Ansprüche nach letzterer Hinsicht geltend gemacht worden sein. RG. 106, 32, OLG. 33, 13 (a. M. OLG. 29, 7). Ferner für Klagen auf Erfüllung der gemäß § 87 Betriebsrätegeſ. ergangenen Entscheidungen des Schlichtungsausschusses, die auf Wiedereinstellung oder Entschädigung entlassener Arbeitnehmer lauten. JW. 21, 347[1], 22, 588[1]. Dagegen wiederum nicht für Ansprüche, die **nicht in dem durch den Dienstvertrag** geschaffenen Rechtsverhältnisse **wurzeln** und diesem ihre Entstehung verdanken, sondern **nur** in dem Dienstverhältnis **ihren Anlaß** haben (z. B. Ansprüche aus Unterstützungs- und Invalidensparkassen). JW. 10, 42[67], OLG. 19, 38, auch RG. 106, 33. Auch nicht für Schadensersatzansprüche wegen Verletzung der Pflichten aus § 618 BGB. oder § 62 HGB. durch den Arbeitgeber oder Geschäftsherrn, da diese Pflichten zugleich im öffentlichen Interesse festgesetzt sind und daher nur mittelbar auf dem Dienstvertrage beruhen. RG. 87, 84, W.

09, 378. Wenn die Streitteile zueinander nicht in dem Verhältnisse von Arbeiter und Arbeitgeber stehen oder gestanden haben, gehören auch gewerbliche Streitigkeiten über die Leistungen aus einem Arbeitsverhältnisse vor die ordentlichen Gerichte. RG. 51, 193, 71, 56 (Bürgschaft eines Dritten). — Die **Zuständigkeit der Gewerbegerichte**, soweit sie besteht, ist eine **ausschließliche**, so daß die Zuständigkeit der ordentlichen Gerichte insoweit auch nicht durch Vereinbarung der Parteien (§§ 38, 39 ZPO.) begründet werden kann. RG. 87, 253. **Fehlt es** aber **zur Zeit der Klagerhebung an** einem örtlich **zuständigen Gewerbegericht**, so ist und bleibt **das ordentliche Gericht** zuständig, auch wenn die Verhältnisse sich hinterher ändern. JW. 22, 588[1]. — **Zuständig** ist das Gewerbegericht oder Kaufmannsgericht gemäß §§ 1, 4 GewGGes. bzw. §§ 1, 5 KaufmGGes. z. B. für Ansprüche: eines **Kassenboten** gegen ein „Kommissions- und Hypotheken-geschäft" auf **Rückgabe der Kaution**, RG. 72, 296; eines Bank- oder Kontorboten, OLG. 25, 41; eines **im Speisewagen** einer Schlafwagengesellschaft **beschäftigten Oberkellners**, OLG. 19, 39; eines **Zuschneiders**, OLG. 19, 41, 27, 7 Anm.; eines Hotelküchenchefs, OLG. 19, 41; eines Prinzipals gegen den **Handlungsgehilfen** auf Rückzahlung geleisteter **Vorschüsse** (nicht Darlehne [a. M. OLG. 27, 317: auch der Darlehne, wenn sie nur auf Grund des Dienstverhältnisses gezahlt sind]), OLG. 19, 42. 43, 27, 317; eines Prinzipals gegen den Handlungsgehilfen aus einer **Konkurrenzklausel**, OLG. 19, 43; des **Bierfahrers** einer Brauerei, OLG. 20, 284; eines Schachtmeisters, OLG. 20, 284; des früheren Geschäftsführers einer aufgelösten Gesellschaft m. b. H. gegen einen Arbeiter, dem er, um Aufträge der Gesellschaft mit dem noch vorhandenen Material zu erledigen, Material zur Verarbeitung übergeben hatte, auf Herausgabe des unverarbeiteten Materials und Erstattung zuviel gezahlten Arbeitslohns, OLG. 25, 39; eines Maurerpoliers, OLG. 33, 12. Dagegen sind die Gewerbegerichte oder die Kaufmannsgerichte z. B. **nicht zuständig**: für Streitigkeiten: eines **Theaterunternehmers** mit Sängern, Schauspielern oder Artisten, Gr. 45, 1078; eines Rolladenfabrikanten mit seinem **Vorarbeiter** wegen Uebertragung einer **Erfindung**, OLG. 19, 38; eines **Handlungsagenten** mit dem Geschäftsherrn wegen der Provision für Vermittelung von Geschäften, OLG. 21, 384; eines

Kleinbahnverwalters wegen seiner Gehaltsansprüche, JW. 24, 1051[3]; eines **Versicherungsvereins auf Gegenseitigkeit** mit seinen Angestellten aus dem Dienstverhältnis, JW. 24, 1054[6]. Nach § 4 KaufmGGes. i. d. Fass. v. 6./6. 24 (RGBl. I 645) findet dieses Gesetz auf Handlungsgehilfen, deren Jahresarbeitsverdienst an Lohn oder Gehalt 5000 Goldmark (jetzt „Reichsmark“: § 2 Abs. 2 VO. v. 12./12. 24, RGBl. I 775) übersteigt, keine Anwendung. Vgl. dazu JW. 11, 230[51] (nachträgliche Lohnerhöhung), OLG. 17, 401 (Gewinnanteil), 27, 7 (Provision), 22, 383 (Bemessung freier Station bei überseeischer Stellung), 28, 60 (Zusammenrechnung der Bezüge, wenn der Handlungsgehilfe bei mehreren Kaufleuten zugleich angestellt ist), 37, 80 (maßgebend der Betrag des Jahresverdienstes: wenn das Dienstverhältnis noch fortdauert, zur Zeit der Klagerhebung, sonst zur Zeit der Beendigung des streitigen Dienstverhältnisses). — Ueber die Zuständigkeit der ordentlichen Gerichte für Ansprüche des Arbeiters aus dem Arbeitsvertrage, wenn der Gewerbegehilfe oder der Handlungsgehilfe bei einer gewerblichen Niederlassung im Auslande angestellt ist, s. OLG. 23, 61. Wird ein Anspruch, für den die Zuständigkeit des Gewerbegerichts begründet ist, an einen Dritten **zum Schein oder nur zum Inkasso abgetreten**, so wird an der Zuständigkeit des Gewerbegerichts nichts geändert. OLG. 19, 37. — Für die Frage, ob das **Gewerbegericht oder das Kaufmannsgericht** zuständig ist, kommt es, wenn der gegen den Geschäftsherrn einen Anspruch geltend machende Angestellte **zugleich gewerbliche und kaufmännische Dienste** geleistet hat, auf die überwiegende Tätigkeit an. W. 10, 350. Wird in solch einem Falle entschieden, daß der Angestellte der Hauptsache nach Gewerbegehilfe ist, so scheidet die Eigenschaft als Handlungsgehilfe und damit die Zuständigkeit des Kaufmannsgerichts aus. Ergibt sich dann weiter, daß das Gewerbegericht nach dem GewGGes. (§§ 3 Abs. 2, 4 Abs. 2 i. d. Fass. v. 14./1. 22) (auch) nicht zuständig ist, so tritt die Zuständigkeit des ordentlichen Gerichts in Kraft. W. 10, 350.

15. Die Gerichte sind Staatsgerichte.[1]

Die Privatgerichtsbarkeit ist aufgehoben; an ihre Stelle tritt die Gerichtsbarkeit **des deutschen**

Landes[1a], in welchem sie ausgeübt wurde. Präsentationen für Anstellungen bei den Gerichten finden nicht statt.

Die Ausübung einer geistlichen Gerichtsbarkeit in weltlichen Angelegenheiten ist ohne bürgerliche Wirkung. Dies gilt insbesondere bei Ehe- und Verlöbnissachen.[2]

[1] D. h. Gerichte des Deutschen Reichs und der in Art. 1 der früheren Reichsverfassung v. 16./4. 71 genannten Staaten. Pr. 139.

[1a] Die Worte „des deutschen Landes" sind auf Grund der Ermächtigung im § 43 Abs. 2 VO. v. 4./1. 24 und Art. 2 RVerf. v. 11./8. 19 durch die Text-Bek. v. 22./3. 24 an die Stelle der Worte „desjenigen Bundesstaates" gesetzt worden.

[2] § 76 RGes. über die Beurkundung des Personenstandes und der Eheschließung v. 6./2. 75 (RGBl. 24) bestimmt, daß in Deutschland eine geistliche oder eine durch die Zugehörigkeit zu einem Glaubensbekenntnis bedingte Gerichtsbarkeit nicht mehr stattfinde, und erklärt die bürgerlichen Gerichte in streitigen Ehesachen für ausschließlich zuständig. Der dem entsprechende Abs. 3 § 15 GVG. unterscheidet nicht zwischen Inländern und Ausländern und gilt daher auch für Ehestreitigkeiten der letzteren. RG. 102, 126.

16.[1] Ausnahmegerichte[1a] sind unstatthaft. Niemand darf seinem gesetzlichen Richter entzogen werden. Die gesetzlichen Bestimmungen über Kriegsgerichte und Standgerichte[2] werden hiervon nicht berührt.[3]

[1] Vgl. den mit § 16 fast wörtlich übereinstimmenden Art. 105 Reichsverfassung v. 11./8. 19 (RGBl. 1383), wodurch diese Vorschriften zu einem Verfassungsgrundsatz erhoben sind, RG. 56, 164, und ihnen der erhöhte Schutz des Art. 76 RVerf. gegen Aenderungen zuteil geworden ist, RG. 107, 323. Aus Art. 105 ist ebensowenig wie wie aus Art. 103 RVerf. eine Abgrenzung der Gerichtsbarkeit der ordentlichen Gerichte zu entnehmen; vielmehr bedarf die RVerf. in dieser Hinsicht der Ergänzung durch die ordentliche Gesetzgebung. RG. 107, 323. § 16 besagt nicht schon, daß die Gerichte über die Zulässigkeit

des Rechtswegs zu befinden hätten. Das ist erst in § 17 Abs. 1 bestimmt, der in die RVerf. nicht aufgenommen ist. RG. 107, 325.

[1a] Ueber den Unterschied zwischen **Ausnahmegerichten** und **Sondergerichten** vgl. Anm. 5 § 13.

[2] Das Wort „Standgerichte" ist auf Grund der Ermächtigung im § 43 Abs. 2 VO. v. 4./1. 24 entsprechend dem Art. 105 Satz 3 RVerf. durch die Text-Bek. v. 22./3. 24 an die Stelle des Wortes „Standrechte" gesetzt worden.

[3] Kriegs- und Standgerichte im Sinne des § 16 und des Art. 105 RVerf. v. 11./8. 19 sind nicht die unter solcher Bezeichnung in MStGO. geregelten ordentlichen Militärgerichte, sondern die besonderen Strafgerichte, die in Ausnahmezuständen zugelassen sind, namentlich die außerordentlichen Gerichte des Kriegs- und Belagerungszustandes. RG. 56, 164. — Früher Art. 68 Reichsverfassung v. 16./4. 71 (Erklärung eines Bundesgebiets in den Kriegszustand), dazu Preuß. Ges. über den Belagerungszustand v. 4./6. 51 (GS. 451), abg. durch RGes. v. 11./12. 15 (RGBl. 813) (Haft- und Geldstrafe bei Zuwiderhandlungen gegen § 9b), BundesratsVO. v. 21./9. 16 (RGBl. 1067) (Verweisung an den ordentlichen Richter bei Zuwiderhandlungen gegen § 9b), beide abgeändert durch Ges. v. 30./11. 19 (RGBl. 1941), vgl. auch Verf. v. 9./10. 14 (JMBl. 767). Vgl. jetzt Art. 48 Reichsverfassung v. 11./8. 19, dazu RG. 56, 165. Vgl. ferner MilStrGerichtsordnung v. 1./12. 98 (RGBl. 1189) §§ 38 ff. (Standgerichte), 49 ff. (Kriegsgerichte), 65 ff. (Oberkriegsgerichte), 71 ff. (Reichsmilitärgericht), dazu Art. I Ges., betr. Aufhebung der Militärgerichtsbarkeit, v. 17./8. 20 (Anm. 6 § 13), VO. v. 30./3. 21 (RGBl. 448) (Zuständigkeit des Reichswirtschaftsgerichts an Stelle des Reichsmilitärgerichts).

17. Die Gerichte entscheiden über die Zulässigkeit des Rechtswegs.[1]

Die Landesgesetzgebung[2] kann jedoch die Entscheidung von Streitigkeiten zwischen den Gerichten und den Verwaltungsbehörden oder Verwaltungsgerichten über die Zulässigkeit des Rechtswegs besonderen Behörden[3] nach Maßgabe der folgenden Bestimmungen übertragen:

1. Die Mitglieder werden für die Dauer des zur Zeit ihrer Ernennung von ihnen bekleideten Amts oder, falls sie zu dieser Zeit ein Amt nicht bekleiden, auf Lebenszeit ernannt. Eine Enthebung vom Amte kann nur unter denselben Voraussetzungen wie bei den Mitgliedern des Reichsgerichts stattfinden.[4]
2. Mindestens die Hälfte der Mitglieder muß dem Reichsgericht oder dem obersten Landesgericht[5] oder einem Oberlandesgericht angehören. Bei Entscheidungen dürfen Mitglieder nur in der gesetzlich bestimmten Anzahl mitwirken. Diese Anzahl muß eine ungerade sein und mindestens fünf betragen.
3. Das Verfahren ist gesetzlich zu regeln. Die Entscheidung erfolgt in öffentlicher Sitzung nach Ladung der Parteien.
4. Sofern die Zulässigkeit des Rechtswegs durch rechtskräftiges Urteil[6] des Gerichts feststeht, ohne daß zuvor auf die Entscheidung der besonderen Behörde angetragen war, bleibt die Entscheidung des Gerichts maßgebend.

[1] Vgl. über allgemeine Grundsätze und einzelne Fälle hinsichtlich der Frage der Zulässigkeit des Rechtsweges Anm. 2 § 13. Unter Rechtsweg ist regelmäßig zu verstehen die Anrufung der ordentlichen, aus unabhängigen und unabsetzbaren Richtern zusammengesetzten und mit besonderen Rechtsgarantien des Verfahrens (Gleichstellung der Parteien, Verhandlungsgrundsatz, Oeffentlichkeit der Verhandlung usw.) umgebenen Gerichte, im Gegensatz zu dem Zwange, zur Entscheidung bei Verwaltungsbehörden oder Verwaltungsgerichten Recht zu nehmen. RG. 104, 139, 107, 77. Wenn durch Reichsgesetz (wie z. B. durch Art. 153 Abs. 2 S. 3 RVerf. v. 11./8. 19 hinsichtlich der Höhe der Entschädigung in Fällen der Enteignung) bestimmt ist, daß der Rechtsweg offen zu halten sei, darf die Landesgesetzgebung

die prozessualen Grundlagen des für die ordentlichen Gerichte durch die ZPO. bestimmten Verfahrens und diejenigen Vorschriften, die wesentliche Unterscheidungsmerkmale des Verfahrens vor den ordentlichen Gerichten im Gegensatz zu dem Verfahren bei den Verwaltungsbehörden und Verwaltungsgerichten aufstellen, nicht antasten. RG. 104, 140. Ist in der RVerf. v. 11./8. 19 bestimmt, daß für eine Rechtsstreitigkeit der Rechtsweg nicht ausgeschlossen werden dürfe (wie z. B. im Art. 129 Abs. 1 S. 4 für die vermögensrechtlichen Ansprüche der Beamten, im Art. 131 Abs. 1 S. 3 für Schadensersatzansprüche gegen den Staat wegen schuldhafter Amtspflichtverletzung eines Beamten), so umfaßt das Verbot, den Rechtsweg (ohne verfassungsänderndes Gesetz) auszuschließen, nicht nur die völlige Ausschließung der ordentlichen Gerichte von der Entscheidung über den Anspruch, sondern auch eine solche Regelung, welche die Entscheidung über eine Vorfrage einer anderen Behörde als den ordentlichen Gerichten überträgt und die gerichtliche Geltendmachung des Anspruchs nur in dem Falle zuläßt, daß die Vorfrage in einem für den Fordernden günstigen Sinne beantwortet wird, andernfalls aber den Anspruch endgültig erledigt. RG. 106, 34, 407. — Die Frage, ob **Sondergerichte** oder die ordentlichen Gerichte zuständig sind, ist nicht eine solche der Zulässigkeit des Rechtswegs, sondern des Gerichtsstandes, der sachlichen Zuständigkeit. RG. 76, 177, 107, 77. — Die Frage der **Zulässigkeit des Rechtsweges** ist eine solche des **Prozeßrechts**. RG. 107, 306, W. 15, 245. Daher ergreifen Vorschriften darüber mit ihrem Inkrafttreten Rechtsstreitigkeiten, auf die sie anwendbar sind, wenn nicht ein anderes bestimmt ist. W. 15, 245, 16, 153. Weiter ist deshalb die Zulässigkeit des Rechtsweges als Prozeßvoraussetzung von den Gerichten **in jeder Instanz**, auch in der Revisionsinstanz, ohne Rücksicht auf einen erhobenen Einwand **von Amts wegen** zu prüfen. RG. 17, 176, 22, 4, 82, 128, 95, 34, 96, 74, Gr. 52, 441, JW. 99, 320[47], 08, 245[20], W. 15, 300, 16, 57. Ferner ist der **Zeitpunkt der Klagerhebung** von keiner unbedingt entscheidenden Bedeutung für die Frage, ob der Rechtsweg zulässig ist oder nicht; eine im Laufe des Rechtsstreits eintretende Unzulässigkeit des Rechtswegs ist auch dann zu beachten, wenn zur Zeit der Klagerhebung der Rechtsweg zulässig war, und umgekehrt ist, wenn am Schluß der maßgeblichen mündlichen Verhandlung die Zulässigkeit des Rechtswegs gegeben ist, es unerheblich, ob sie zeitweise während des Rechtsstreits, sei es nach der Klagerhebung oder bei dieser, nicht vorhanden gewesen ist. RG. 107, 306. — Zu unterscheiden ist zwischen der Frage der Zulässigkeit des **Rechtswegs** und der des Vorhandenseins von sonstigen **Prozeßvoraussetzungen**. Vgl. § 274 Nr. 2 ZPO. — Die Frage der Zulässigkeit des Rechtsweges bestimmt sich **nach dem Rechte des angegangenen Gerichts**, RG. 28, 157, 79, 429, 89, 209, 224, 96, 75, und zwar ist von deutschen Gerichten darüber nur nach deutschen Gesetzen zu entscheiden, jede Einwirkung ausländischer Rechtsnormen, auch soweit ausländische Parteien in Betracht kommen, wäre in dieser Beziehung mit der inländischen Staatshoheit unvereinbar, Gr. 58, 208. — Maßgebend für die Zulässigkeit ist **regelmäßig** die **Klagebegründung** ohne Rücksicht auf die Richtigkeit und Erweislichkeit der aufgestellten Behauptungen, RG. 69, 51, 77, 412, 84, 87, 91, 149, 93, 203, 258, 100, 219, 106, 150, JW. 98, 57[2], 05, 646[15], 08, 653[2], Gr. 54, 1086, W. 10, 220, 305, 13, 181, 21, 63, OLG. 38, 61, 72, 40, 162, 435; insbesondere muß es, wenn die den Rechtsweg begründenden tatsächlichen Behauptungen der Klage streitig sind und ihre Nachprüfung nicht ohne gleichzeitige Aufrollung des materiellen Inhalts des geltend gemachten Anspruchs möglich ist, bei der bloßen Behauptung sein Bewenden haben, RG. 103, 19. Jedoch bezieht sich dies nur auf **das Klagevorbringen tatsächlicher Natur**, nicht auch auf die von dem Kläger geäußerte **Rechtsansicht**. RG. 105, 89. Ferner ist jener Grundsatz nicht in dem Sinne zu verstehen, daß Klagevortrag und Klagegrund **ausschließlich** maßgebend wären, RG. 75, 398, 77, 412, JW. 08, 245[20], oder daß der Kläger etwa durch Behauptungen in der Klagebegründung **willkürlich** einen Streit, der nach dem objektiven, aus dem Parteivorbringen erhellenden Tatbestande auf öffentlich-rechtlichem Gebiete liegt, zu einer bürgerlichen Rechtsstreitigkeit gestalten könnte, RG. 71, 423, 108, 168, JW. 08, 653[2], 22, 839[1], W. 10, 220, Gr. 57, 1044. Auch wird der Rechtsweg für einen den ordentlichen Gerichten entzogenen Rechtsstoff nicht schon dadurch zulässig, daß der **Kläger** seinen **Anspruch einen privatrechtlichen nennt** und sich dafür auf Bestimmungen des bürgerlichen Rechts beruft; er muß vielmehr auch einen Tatbestand vortragen, der den Anspruch und den Rechtsstreit darüber als einen bürgerlichrechtlichen erscheinen läßt. RG. 83, 306, Gr. 56, 629, 1038, auch Anm. 2 § 13. Ferner kommt auch der sonstige Inhalt der Prozeßverhandlungen in dieser Hinsicht in Betracht, JW. 08, 245[20], 653[3]; insbesondere muß, wenn sich nicht schon aus der Klage die von Amts wegen zu berücksichtigende Unzulässigkeit des Rechtsweges ergibt, dem die Einrede der Unzulässigkeit des Rechtsweges erhebenden Beklagten unbenommen bleiben, zu behaupten und auch nachzuweisen, daß die aus einem privatrechtlichen Grunde erhobene Klage in Wahrheit eine den ordentlichen Gerichten entzogene Rechtsstreitigkeit zum Gegenstande hat (z. B.: daß der Klaganspruch sich gegen eine polizeiliche Verfügung oder sonstige öffentlich-rechtliche Anordnung richtet, über deren Rechtmäßigkeit nur die Verwaltungsbehörden oder Verwaltungsgerichte zu befinden haben; daß der vom Kläger als unstatthafte Störung seines Rechtes beanstandete Zustand auf einer öffentlich-rechtlichen Grundlage beruht, deren Nachprüfung den ordentlichen Gerichten entzogen ist), RG. 75, 398, JW. 08, 245[20], auch RG. 102, 248, 108, 168, vgl. jedoch RG. 93, 259 (Abweisung einer Abwehrklage nicht wegen Unzulässigkeit des Rechtsweges, sondern als unbegründet, wenn die Behauptung des Beklagten, daß der Eingriff öffentlich-rechtlichen Charakter getragen habe, sich als richtig herausstellt). **Immer** aber bleibt die **rechtliche Natur des Klaganspruchs maßgebend.** Ergibt diese die Zulässigkeit des Rechtsweges, so kann die Zuständigkeit der ordentlichen Gerichte **nicht** dadurch beseitigt werden, daß die beklagte Partei eine **Gegenforderung** aus einem mit dem Klaganspruch an sich in keinerlei Zusammenhang stehenden Verhältnis öffentlich-rechtlicher Art erhebt, mögen auch die Verwaltungsgerichte über die Gegenforderung (gegebenenfalls nach Aussetzung gemäß § 148 ZPO.) endgültig zu entscheiden haben. RG. 77, 411. Ebenso ist, wenn wegen Störung einer auf privatrechtlicher Grundlage beruhenden Berechtigung (z. B. einer Fischereigerechtigkeit) an einem öffentlich-rechtlichen Strome geklagt wird, der Rechtsweg **nicht** deswegen ausgeschlossen, weil der **Beklagte zu seiner Verteidigung geltend macht,** daß die beanstandeten Maßnahmen in Ausübung des dem Publikum an dem öffentlichen Strome zustehenden Gebrauchsrechtes getroffen seien. RG. 75, 400. Desgleichen ist, wenn der Kläger gegen den Beklagten, der eine Wohnung im Hause des Klägers in Besitz genommen hat, auf Wiedereinräumung der Wohnung mit der Behauptung klagt, der Beklagte habe ihm durch verbotene Eigenmacht den Besitz entzogen (§§ 858, 861 BGB.) und enthalte ihm widerrechtlich den Besitz vor (§ 985 BGB.), der Rechtsweg nicht deswegen ausgeschlossen, weil der Beklagte einwendet, er befinde sich auf Grund einer Verfügung des Mieteinigungsamts in der Wohnung, sofern wenigstens der Kläger die Rechtswirksamkeit dieser Verfügung von vornherein in Abrede gestellt hat. W. 21, 63, JW. 21, 1384[1] (anders jedoch, wenn nach dem Vortrag der Klage selbst der Kläger sich gegen Eingriff in sein Eigentum durch Beschlagnahmeverfügung des Wohnungsamts wendet, W. 24, 90, vgl. auch Anm. 2 II 1a § 13 „Wohnungsmangel, Mieteinigungsamt"). Auch ist, wenn der Klaganspruch auf Ersatz von Aufwendungen zufolge Geschäftsführung ohne Auftrag (§§ 679, 683 BGB.) gerichtet ist, der Rechtsweg nicht deswegen ausgeschlossen, weil es sich um eine Rechtsstreitigkeit zwischen Personen des öffentlichen Rechts (z. B. Gemeinde und Staat) handelt und Gegenstand der Geschäftsführung die Erfüllung einer öffentlich-rechtlichen Pflicht ist RG. 64, 1, 73, 178, 75, 188, 276, 77, 193, 92, 197, Gr. 66, 578, (W. 22, 106). — Ferner ist zu prüfen, ob die etwa als Voraussetzung für die Beschreitung des Rechtsweges gesetzlich bestimmte **Vorentscheidung** einer Verwaltungsbehörde (s. Anm. 3 § 13) vorliegt, RG. 2, 63, 48, 334, 102, 393, und ob der Rechtsweg hiergegen in der vorgeschriebenen Frist beschritten ist, JW. 90, 295[5], auch RG. 48, 334, 108, 144. — Erachtet das Gericht den Rechtsweg für ausgeschlossen, so hat es sich einer Entscheidung in der Sache selbst zu enthalten. Gr. 45, 639. Im Falle einer Klagänderung ist die Zulässigkeit des Rechtswegs für den neu erhobenen Anspruch nicht zu prüfen. RG. 102, 393. — Gebühren: des Gerichts GKG. in der Fass. v. 21./12. 23 (§ 20); des Anwalts GO. f. RA. (nach Ges. v. 18./8. 23) § 13.

[2] Eventuell landesherrliche Verordnung. § 17 Abs. 2 EG.

[3] Auch dem Reichsgericht. § 17 Abs. 1 EG. — Die in Abs. 2 gemeinten **Gerichte, Verwaltungsbehörden, Verwaltungsgerichte** sind solche des betreffenden Landes, dessen Gesetzgebung in

Frage kommt, nicht aber Behörden anderer Bundesstaaten (Länder) oder Reichsbehörden. Daher findet § 17 auf das Reichsgericht keine Anwendung und sind die betreffenden von der Landesgesetzgebung zur Entscheidung der Kompetenzkonflikte bestellten Behörden **nicht zum Eingreifen in die Rechtsprechung des Reichsgerichts** befugt. RG. 44, 4, 377. Die Erhebung des positiven Kompetenzkonflikts (s. unten) sowie eines sonstigen Konflikts (s. § 11 Abs. 2 EG. z. GVG. u. dort Anm. 6) seitens einer Landesbehörde ist deshalb dann nicht mehr zulässig, wenn der Rechtsstreit bereits durch Einlegung der Revision bei dem Reichsgericht anhängig geworden ist. RG. (VZS.) 48, 195, 87, 117. — **Preußen:** Gerichtshof zur Entscheidung der **Kompetenzkonflikte** VO. v. 1./8. 79 (GS. 578), vgl. auch JMBl. 1888 S. 4, geändert und ergänzt durch Ges. v. 22./5. 02 (GS. 145). Wird von diesem Gerichtshof der erhobene positive Kompetenzkonflikt für begründet, der Rechtsweg für unzulässig erklärt, so ist ein weiteres gerichtliches Verfahren ausgeschlossen. RG. 11, 391. Wird der Kompetenzkonflikt für unbegründet und der Rechtsweg für zulässig erklärt, so wird gemäß Art. 2 Ges. v. 22./5. 02 die bis dahin etwa bestehende Zuständigkeit eines Verwaltungsgerichts oder einer Verwaltungsbehörde aufgehoben. Vgl. JW. 06, 69[23] (anders für früheres Recht RG. 11, 391, wonach die Gerichte für befugt erachtet wurden, die Zulässigkeit des Rechtsweges noch nachzuprüfen). Die VO. v. 20./6. 1817 u. 30./6. 1834, wonach die Gerichte, falls die Auseinandersetzungsbehörden zuständig sind, die Akten an diese (ohne Urteil) abzugeben haben, besteht nicht mehr zu Recht. OLG. 21, 186 (a. M. RG. in PrJMBl. 91 S. 219). Vgl. Erl. v. 12./3. 14 (HMBl. 139) (für das Oberversicherungsamt hat das Plenum der Regierung den Kompetenzkonflikt zu erheben).

[4] §§ 128—131. [5] § 8 EG.

[6] § 705 ZPO.

Exterritoriale.

18.[1] Die inländische Gerichtsbarkeit[2] erstreckt sich nicht auf die Chefs und Mitglieder der bei dem Deutschen Reiche beglaubigten Missionen.[3] Sind diese Personen Staatsangehörige eines **der deutschen Länder,**[4] so sind sie nur insofern von der inländischen **Gerichtsbarkeit** befreit, als **das Land**,[4] dem sie angehören, sich **der Gerichtsbarkeit** über sie begeben hat.

Die Chefs und Mitglieder der bei einem **deutschen Lande**[4] beglaubigten Missionen sind der Gerichtsbarkeit dieses **Landes**[4] nicht unterworfen. Dasselbe gilt von den Mitgliedern des **Reichsrats**,[4] welche nicht von **dem Lande**[4] abgeordnet sind, in dessen Gebiete der **Reichsrat**[4] seinen Sitz hat.[5]

[1] **Gegenüber** den auswärtigen **Gesandten und** den zu diesen gehörigen, im **§ 19 genannten Personen** soll im Inlande kein Akt der staatlichen Hoheit und Zwangsgewalt, insbesondere keine Handlung der gerichtlichen und polizeilichen Gewalt (Strafgerichtsbarkeit und streitige Gerichtsbarkeit) ausgeübt werden (Personal-Exterritorialität), und ferner darf der Regel nach kein inländischer Beamter die Wohnung des Gesandten zur Vornahme einer derartigen Amtshandlung betreten (Real-Exterritorialität). Gr. 50, 1130. — **Geschäftsverkehr** der Gerichte und Staatsanwaltschaften mit Vertretern fremder Staaten: **Preußen**: Verf. v. 28./12. 80 (JMBl. 869); insbesondere Zustellungen an solche Personen: Verf. v. 20./1. 98 (JMBl. 87).

[2] Die inländische Gerichtsbarkeit erstreckt sich (mit gewissen Ausnahmen, wie für dingliche Klagen, die ein im Inlande belegenes Grundstück betreffen, s. § 20) nicht auf den Fiskus (z. B. Eisenbahnfiskus) eines ausländischen Staates, auch nicht, wenn es sich um rein privatrechtliche Ansprüche handelt, RG. 62, 165, 103, 274, KG. in JMBl. 13, 416, mag auch die Rechtsstreitigkeit Ansprüche aus einem vom ausländischen Staat im Inlande eingerichteten gewerblichen Unternehmen betreffen, RG. 103, 275, oder Ansprüche aus einer von dem ausländischen Staat betriebenen Schiffsreederei, RG. 103, 274.

[3] Vgl. ferner § 1 Ges. z. Ausführung der Bestimmungen des Friedensvertrags über gemischte Schiedsgerichtshöfe, v. 10./8. 20 (RGBl. 1569).

[4] Auf Grund der Ermächtigung im § 43 Abs. 2 VO. v. 4./1. 24 sind durch die Text-Bek. v. 22./3. 24 entsprechend dem Art. 2 RVerf. v. 11./8. 19 im Abs. 1 Satz 2 an die

Stelle des Wortes „Bundesstaaten" die Worte „deutschen Länder", an die Stelle der Worte „der Staat" die Worte „das Land", im Abs. 2 Satz 1 an die Stelle des Wortes „Bundesstaat" die Worte „deutschen Lande", an die Stelle des Wortes „Staates" das Wort „Landes", im Abs. 2 Satz 2 an die Stelle der Worte „demjenigen Staate" die Worte „dem Lande", und entsprechend dem § 3 Reichs-Uebergangsges. v. 4./3. 19 und dem Art. 179 RVerf. v. 11./8. 19 an die Stelle des Wortes „Bundesrats" das Wort „Reichsrats", an die Stelle des Wortes „Bundesrat" das Wort „Reichsrat" gesetzt worden.

[5] Die Mitglieder des Reichsrats (früher des Bundesrats) behalten in Ansehung des Gerichtsstandes ihren Wohnsitz im Heimatsstaate. § 15 Abs. 1 ZPO., § 11 StPO., abgeändert durch Art. 35 EG. z. BGB. Vgl. Gr. 82, 1166.

19. Auf die Familienglieder, das Geschäftspersonal der im § 18 erwähnten Personen und auf solche Bedienstete derselben, welche nicht Deutsche[1] sind, finden die vorstehenden Bestimmungen Anwendung.

[1] §§ 1ff. BGes. v. 1./6. 70, jetzt §§ 1, 3ff., 33, 34 Reichs- u. Staatsangehörigkeitsges. v. 22./7. 13 (RGBl. 583).

20. Durch die Bestimmungen der §§ 18, 19 werden die Vorschriften über den ausschließlichen dinglichen Gerichtsstand[1] in bürgerlichen Rechtsstreitigkeiten nicht berührt.

[1] § 24 ZPO.

21. Die im Deutschen Reiche angestellten Konsuln[1] sind der inländischen Gerichtsbarkeit unterworfen, sofern nicht in Verträgen des Deutschen Reichs[2] mit anderen Mächten Vereinbarungen über die Befreiung der Konsuln von der inländischen Gerichtsbarkeit getroffen sind.[3]

[1] **Preußen:** Verf. über das „Verzeichnis der Ausländischen Konsuln im Deutschen Reich" v. 14./4. 23 (JMBl. 332).

[2] **Konsularverträge des Deutschen Reichs mit:** Nordamerika

v. 11./12. 71 (RGBl. 72 S. 95), Niederlanden v. 11./1. 72 (RGBl. 67), Spanien v. 12./1. 72 (RGBl. 211), Italien v. 7./2. 72 (RGBl. 184), Rußland v. 8./12. 74 (RGBl. 75 S. 145) (vgl. aber Art. 292 Friedensvertrag v. 28./6. 19), Griechenland v. 6./7. 82 (RGBl. 101), jetzt Bek. v. 22./10. 24 (RGBl. II 419), Serbien v. 5./5. 88 (RGBl. 62), Japan v. 4./4. 96 (RGBl. 782), Bulgarien v. 29./9. 11, 1./7. 13 (RGBl. 13 S. 435, 487), dazu AusfGes. v. 29./11. 12 (RGBl. 13 S. 492), dem Osmanischen Reich v. 11./1. 17, 12./4. 18 (RGBl. 18 S. 192, 354) (vgl. aber Art. 290 Friedensvertrag v. 28./6. 19).

[2] Wegen der zugelassenen Ausnahmen vgl. RG. 17, 52. — Die durch Staatsverträge den Konsuln eingeräumte **persönliche Immunität** schließt nur ihre Inhaftnahme, nicht aber die strafrechtliche Verfolgung gegen sie aus. Auch ist ihre Verhaftung nur so lange unzulässig, als die Anstellung als Konsul besteht. JW. 88, 154[1]. — Wegen Vernehmung der in Deutschland residierenden französischen Konsuln als Zeugen vgl. Sächs. Verf. v. 20./3. 89 (Sächs. JMBl. 13).

Dritter Titel.

Amtsgerichte.

Bildung von Strafkammern bei den Amtsgerichten: § 78; von Kammern für Handelssachen: §§ 93 Abs. 2, 106.

22. Den Amtsgerichten stehen Einzelrichter[1a] vor.[1] **Ein Amtsrichter kann zugleich Mitglied oder Direktor bei dem übergeordneten Landgericht sein.**[2]

[2]**Die allgemeine Dienstaufsicht kann von der Landesjustizverwaltung dem Präsidenten des übergeordneten Landgerichts übertragen werden. Geschieht dies nicht, so ist, wenn das** Amtsgericht mit mehreren Richtern besetzt **ist, einem von ihnen** von der Landesjustizverwaltung die allgemeine Dienstaufsicht **zu** übertragen;[3] ist die Zahl der Richter höher als fünfzehn, so kann die Dienstaufsicht zwischen mehreren von ihnen geteilt werden.[4]

[2a] **Jeder Amtsrichter erledigt die ihm obliegenden Geschäfte, soweit dieses Gesetz nichts anderes bestimmt, als Einzelrichter.**[5]

[1a] **Ueber die Klage auf Aufhebung eines Mietverhältnisses** entscheidet das Amtsgericht unter Zuziehung von Beisitzern: § 7 RGes. über Mieterschutz u. Mieteinigungsämter v. 1./6. 23 (RGBl. I 353). **Preußen:** AusfVO. v. 15./8. 23 (GS. 405). Ueber **Schöffengerichte** für die Verhandlung und Entscheidung von Strafsachen vgl. §§ 28 ff.

[1] **Sitze der Amtsgerichte: Preußen:** § 21 AG. v. 24./4. 78 (GS. 230), VO., betr. die Errichtung der Amtsgerichte, v. 26./7. 78 (GS. 275), VO. v. 26./4., 1./7. u. 21./9. 82 (GS. 223, 332 u. 347) (Wischwill, Jutroschin, Fiddichow u. Loschnitz), Ges. v. 18./8. 87 (GS. 17) (Aufhebung d. AG. Buckau), v. 9./4. 87 (GS. 113) (Trebbin), v. 8./5. u. 24./5. 88 (GS. 99, 133) (Gnadenfeld, Tirschtiegel), v. 20./3. u. 21./4. 89 (GS. 68, 101) (Horne, Kontepp), v. 2./6. 90 (GS. 133) (Velbert), v. 4./3. 91 (GS. 81) (Kirn), v. 20./4. 92 (GS. 81) (Lechenich), v. 30./5. 93 (GS. 96) (Ohligs), v. 8./4. u. 20./6. 94 (GS. 33, 117) (Ronsdorf, Kalkberge-Rüdersdorf), v. 31./8. 95 (GS. 113) (Aufhebung d. AG. Bockenheim), v. 21./6. 97 (GS. 190) (Wittkowo), v. 16./4. 99 (GS. 391) (Berlin und Umgebung), v. 16./4. 02 (GS. 73, 79) (Nordstrand nach Husum, Tinnum nach Westerland verlegt), v. 22./6. 02 (GS. 227) (Stepenitz, Gollnow, Gladenbach, Wetzlar, Fronhausen, Oberaula, Neukirchen abgeändert), v. 31./8. 03 (GS. 41) (Wollin, Cammin, Lublinitz, Guttentag, Meinersen, Peine abgeändert), v. 4./8. 04 (GS. 189) (Heinrichswalde, Skaisgirren, Strasburg, Thorn, Briesen, Eberswalde, Bernau, Landsberg, Kalkberge, Zielenzig, Reppen, Magdeburg, Wanzleben abgeändert), v. 16./9. 99 (GS. 391) u. 7./11. 04 (GS. 281) (Berlin-Mitte, Berlin-Schöneberg, Berlin-Tempelhof, Berlin-Wedding, Gr. Lichterfelde, Lichtenberg, Neu-Weißensee, Pankow), v. 2./1. 05 (GS. 6, 7) (Langendreer, Bietz), v. 10./5. 05 (GS. 231, 232) (Landsberg, Lichtenberg, Czarnikau, Filehne, Schönlanke abgeändert), v. 15./6. 05 (GS. 245, 246) (Köslin, Kolberg, Körlin, Cochem, Zell, Mayen abgeändert), v. 20. u. 21./2. 06 (GS. 19, 20) (Labischin, Znin, Schubin, Bernau,

Eberswalde abgeändert), v. 27./5. 06 (GS. 182, 183) (Czersk, Salze), v. 28./6. 06 (GS. 327) (Kosten, Schmiegel), v. 21./5. 09 (GS. 65, 84), v. 16./6. 09 (GS. 489), 3./11. 13 (GS. 395) (Wetter), v. 7./2. 10 (GS. 9) (Düsseldorf, Gerresheim, Neuß, Ratingen abgeändert), v. 31./3. 11 (GS. 57), 22./7. 13 (GS. 367) (Berent, Pr. Stargard, Schöneck abgeändert), v. 6./6. 11 (GS. 78) (Weißwasser, Aenderung von Muskau, Triebel), v. 12./2. 12 (GS. 18) (Essen, Mühlheim, Oberhausen abgeändert), v. 27./4. 12 (GS. 54—56) (Rastenburg u. Barten, Meewe u. Neuenburg, Dirschau u. Pr. Stargard, Dt. Krone u. Jastrow, Dorum u. Geestemünde abgeändert), v. 28./5. 12 (GS. 91, 92) (Gladbeck, Schönsee, Abänderung von Briesen, Gollub, Thorn), Ges. v. 9./1. 13 (GS. 7, 10), VO. v. 27./8. 17 (GS. 86) (Zanow u. Köslin, Bad Orb u. Gelnhausen, Oelde u. Borkum abgeändert), Ges. v. 31./3. 13 (GS. 37) (Gommern u. Schönebeck abgeändert), v. 30./4. 13 (GS. 223) (Blumenthal u. Lesum abgeändert), Ges. v. 30./4. 13 (GS. 222), VO. v. 9./6. 16 (GS. 101) (Brühl), Ges. v. 10./6. 14 (GS. 93), VO. v. 14./7. 14 (GS. 150) (Cöln, Cöln-Mülheim am Rhein), Ges. v. 10./6. 14 (GS. 119) (Castrop u. Dortmund abgeändert), v. 29./6. 14 (GS. 138—140) (Schwetz und Neuenburg [Westpreußen], Rogasen u. Obornik, Ohlau u. Wansen abgeändert), v. 27./3. 15 (GS. 59) (Essen-Borbeck), VO. v. 27./8. 17 (GS. 87) (Oberhausen, Dinslaken, Duisburg-Ruhrort abgeändert), v. 2./8. 19 (GS. 141) (Essen-Borbeck u. Oberhausen abgeändert), v. 30./11. 19 (GS. 185) (Oberhausen u. Duisburg-Ruhrort abgeändert), Ges. v. 24./6. 20 (GS. 395) (Wittlage nach Bad Essen verlegt), v. 7./10. 20 (GS. 515) (Rüthen u. Warstein abgeändert), v. 18./12. 20 (GS. 21 S. 120) (Hamborn), v. 11./3. 21 (GS. 349) (Willenberg u. Ortelsburg abgeändert), VO. v. 12./12. 21 (GS. 571) (Werden, Mülheim [Ruhr], Essen abgeändert), Ges. v. 17./12. 21 (GS. 567) (Belzig u. Treuenbrietzen abgeändert), Ges. v. 8./6. 22 (GS. 128) (Greifenberg i. Pomm. u. Treptow a. R. abgeändert), Ges. v. 24./12. 22 (GS. 454, 455) (Osterode u. Hohenstein, Kirchberg, Traben-Trarbach, Wittlich u. Zell a. d. Mosel, Deutsch Krone u. Schneidemühl abgeändert), Ges. v. 10./3. 23 (GS. 67) (Lychen und Templin abgeändert), Ges. v. 13./12. 23 (GS. 552) (Deutsch Krone u. Märkisch Friedland abgeändert),

Ges. v. 6./1. 24 (GS. 20) (Schönlanke und Schloppe abgeändert), Ges. v. 15./7. 24 (GS. 576) (Hohenstein und Allenstein abgeändert). Vgl. ferner über vorläufige Aenderungen von Gerichtsbezirken anläßlich der Ausführung des Friedensvertrages Ges. v. 19./7. 19 (GS. 115), dazu Verf. v. 4. u. 14./9., 1./10. u. 24./12. 19 (GS. 145, 158, 157, 198), v. 21./1., 23./6. u. 3./12. 20 (GS. 34, 349, 531), v. 9./11. 21 (GS. 548), v. 20./3. 22 (GS. 74), 6. u. 20./6. 22 (GS. 128, 157), ferner VO. v. 6./9. 21 (GS. 512) nebst Bek. v. 24./12. 21 (GS. 22 S. 8) (Deutsch Eylau, Rosenberg, Marienwerder), VO. v. 21./4. 23 (GS. 122), v. 10./6. 24 (GS. 553) nebst Bek. v. 8./10. 24 (GS. 610).

2 Entsprechend dem § 4 VO. v. 4./1. 24 ist durch die Text-Bek. v. 22./3. 24 der Abs. 2 eingefügt und dem bisherigen Abs. 2, jetzigem Abs. 3, dessen erster Halbsatz früher lautete „Ist ein Amtsgericht mit mehreren Richtern besetzt, so wird einem derselben von der Landesjustizverwaltung die allgemeine Dienstaufsicht übertragen", der neue Satz vorangestellt, wonach die allgemeine Dienstaufsicht dem Präsidenten des übergeordneten Landgerichts von der Landesjustizverwaltung übertragen werden kann. Der frühere Satz 2 des früheren Abs. 2, jetzigen Abs. 3, ist Abs. 4 geworden; in ihn ist hinter dem Worte „Geschäfte" der Nebensatz „soweit dieses Gesetz nichts anderes bestimmt" (vgl. § 29) eingefügt worden.

3 **Geschäftsverteilung und Dienstaufsicht: Preußen:** §§ 23, 24, 78, 80 AG. v. 24./4. 78 (GS. 230); Verf. v. 21./7. 79 (JMBl. 198, 212); Ges. v. 10./4. 92 (GS. 77) u. Verf. v. 25./6. 92 (JMBl. 209), betr. die Dienstaufsicht beim Amtsgericht I in Berlin, auch Verf. v. 4./9. 00 (JMBl. 559). Vgl. auch Verf. v. 19./7. 15 zu § 94 Abs. 2 AG. (JMBl. 163) (Vertretung der Amtsrichter durch Richter benachbarter Amtsgerichte). Vgl. dazu RG. 7, 404, 15, 212.

4 **Es soll im Interesse des Dienstes eine Teilung der Aufsicht nach verschiedenen Geschäftszweigen oder nach sonstigen Gesichtspunkten bei großen Amtsgerichten ermöglicht werden. Die Landesjustizverwaltung kann aber auch im Falle der Teilung gewisse Aufsichtsbefugnisse einem der Richter ausschließlich vorbehalten oder unter Beibehaltung eines Aufsichtsrichters ihm für gewisse Dienstgeschäfte Vertreter bestellen (wie dies**

durch das Preuß. Ges. v. 10./4. 92 hinsichtlich des Amtsgerichts I Berlin geschehen ist). Mot. 79.

[5] Die Geschäfte können von der Landesjustizverwaltung nach örtlichen Bezirken oder nach Gattungen zwischen den mehreren Richtern verteilt werden. Begr. 58. — Die Gültigkeit der Amtshandlung eines Amtsrichters wird dadurch nicht berührt, daß diese Handlung nach der Geschäftsverteilung von einem anderen Amtsrichter vorzunehmen gewesen wäre. RG. 1, 235, RG. 14, 154.

23. Die Zuständigkeit der Amtsgerichte umfaßt in bürgerlichen Rechtsstreitigkeiten, soweit sie nicht ohne Rücksicht auf den Wert des Streitgegenstandes den Landgerichten zugewiesen sind:[1]

1. Streitigkeiten über vermögensrechtliche Ansprüche, deren Gegenstand an Geld oder Geldeswert die Summe von **fünfhundert Goldmark**[2] nicht übersteigt;
2. ohne Rücksicht auf den Wert des Streitgegenstandes:[3]

   Streitigkeiten[4] zwischen dem Vermieter und dem Mieter oder Untermieter von Wohnräumen oder anderen Räumen oder zwischen dem Mieter und dem Untermieter solcher Räume[5] wegen Ueberlassung, Benutzung oder Räumung, sowie wegen Zurückhaltung der von dem Mieter oder dem Untermieter in die Mietsräume eingebrachten Sachen;[6]

   Streitigkeiten zwischen Dienstherrschaft und Gesinde, zwischen Arbeitgebern und Arbeitern hinsichtlich des Dienst- oder Arbeitsverhältnisses, sowie die im **§ 4 des Gewerbegerichtsgesetzes in der Fassung der Bekanntmachung vom 29. September 1901 (Reichsgesetzbl. S. 353) und des Gesetzes vom 14. Januar 1922 (Reichsgesetzbl. I S. 155)**[7] bezeichneten Streitigkeiten, sofern sie während der Dauer des Dienst-, Arbeits- oder Lehrverhältnisses entstehen;[8]

Streitigkeiten zwischen Reisenden und Wirten,[9] Fuhrleuten, Schiffern, Flößern[10] oder Auswanderungsexpedienten[11] in den Einschiffungshäfen, welche über Wirtszechen, Fuhrlohn, Ueberfahrtsgelder, Beförderung der Reisenden und ihrer Habe und über Verlust und Beschädigung der letzteren, sowie Streitigkeiten zwischen Reisenden und Handwerkern, welche aus Anlaß der Reise entstanden sind;

Streitigkeiten wegen Viehmängel;[12]

Streitigkeiten wegen Wildschadens;[13]

alle Ansprüche auf Erfüllung einer durch Ehe oder Verwandtschaft begründeten gesetzlichen Unterhaltspflicht;[13a]

Ansprüche aus einem außerehelichen Beischlaf;[14]

Ansprüche aus einem mit der Ueberlassung eines Grundstücks in Verbindung stehenden Leibgedings-, Leibzuchts-, Altenteils- oder Auszugvertrag;[14a]

das Aufgebotsverfahren.[15]

1 § 71 Abs. 2, 3 **(ausschließliche Zuständigkeit der Landgerichte).** — Nach den §§ 111, 112 Ges., betr. die Erwerbs- und Wirtschaftsgenossenschaften, v. 1./5. 89 in d. Fass. v. 20./5. 98 (RGBl. 810) ist das Amtsgericht für die Anfechtungsklage gegen die für vollstreckbar erklärte Nachschußberechnung beim Konkurse der Genossenschaft ausschließlich zuständig. Vgl. hierüber RG. 32, 397.

2 Ursprünglich 300 M., dann durch Nov. v. 1./6. 09 in 600 M., durch Nov. v. 8./4. 20 (RGBl. 499) in 1200 M., durch Ges. v. 11./3. 21 (RGBl. 229) in 3000 M., durch Ges. v. 8./7. 22 (RGBl. I 569) in 10000 M., durch Ges. v. 27./3. 23 (RGBl. I 217) in 300000 M., durch VO. v. 23./7. 23

(RGBl. I 742) in 3000000 M., durch VO. v. 15./9. 23 (RGBl. I 884) in 500000000 M., durch VO. v. 30./10. 23 (RGBl. I 1041) in 250 M., vervielfältigt mit der jeweiligen Reichsindexziffer für die Lebenshaltungskosten, durch VO. v. 13./12. 23 (RGBl. I 1186) in 500 Goldmark abgeändert, jetzt „Reichsmark" statt „Goldmark" (§ 2 VO. z. Durchf. d. Münzges. v. 12./12. 24 [RGBl. I 775]). — **Berechnung**: §§ 3–9 ZPO.

[3] Und auf eine etwaige **Verbindung** mit anderen vermögensrechtlichen Ansprüchen, sei es auch von mehr als 500 Goldmark (Reichsmark). — **Prorogation auf das Landgericht** ist auch hier zulässig. RG. 9, 349.

[4] D. h. die Klage muß die in der Nr. 2 bezeichneten Ansprüche zum Gegenstande haben. Die Geltendmachung derartiger Ansprüche im Wege der Einrede, z. B. der Aufrechnung, ist auf die Zuständigkeit ohne Einfluß.

[5] Durch das Ges. v. 17./5. 98 sind die Streitigkeiten mit dem **Untermieter** hinzugefügt, weil der Vermieter nach § 556 Abs. 3 BGB., wenn der Mieter den Gebrauch der Sache einem Untermieter überlassen hat, die Sache nach Beendigung des Mietverhältnisses auch von dem Untermieter zurückfordern kann. Mot. 79, 145.

[6] §§ 536, 542, 544, 558, 556, 559, 564 BGB. — Wegen Zulässigkeit der Klage auf künftige Räumung s. § 257 ZPO. und wegen Gewährung einer Räumungsfrist im Räumungsurteil s. § 721 ZPO. — Hierher gehören auch Streitigkeiten: wegen **Instandsetzung** oder wegen **Beheizung einer Wohnung** durch die Sammelheizung, JW. 21, 1368[4], wegen Instandsetzung, Belieferung und Gebrauch der Sammelheizungsanlage, JW. 22, 229[3], wegen Lieferung von Dampf zum Gewerbebetriebe in den vermieteten Fabrikräumen, JW. 22, 815[4]; dagegen nicht Streitigkeiten darüber, ob eine **Kündigung** des Mietverhältnisses **rechtswirksam** erfolgt ist, insbesondere nicht Klagen auf Anerkennung der Rechtsunwirksamkeit einer Kündigung, ferner nicht Klagen auf Räumung wegen **Nichtbestehens eines Vertrages**, noch Klagen auf Anerkennung des **Fortbestehens eines Mietvertrages**, Gr. 35, 1175, JW. 86, 37, noch, wenn der **Besitznachfolger des Vermieters lediglich als jetziger Eigentümer gegen den Mieter** auf Räumung mit der Behauptung klagt, daß dieser ohne Rechtsgrund in der Wohnung ver-

weile, JW. 91, 245[1]. **Weiterhin** ist die Vorschrift **nicht** auf **Pachtverhältnisse zu** beziehen. Auch nicht auf Streitigkeiten auf Grund einer Miete **beweglicher Sachen**. Gr. 38, 1066. — Vgl. § 200 Nr. 4 GVG. u. § 709 Nr. 1 ZPO. -- Ueber die Zuständigkeit für die Klage auf **Aufhebung** eines Mietverhältnisses vgl. Anm. 1a § 22.

7 An die Stelle der Worte „§ 3 Abs. 1 des Gesetzes, betreffend die Gewerbegerichte, vom 29. Juli 1890" sind auf Grund der Ermächtigung im § 43 Abs. 1 VO. v. 4./1. 24 durch die Text-Bek. v. 22./3. 24 entsprechend den inzwischen erfolgten Aenderungen des GewGGes. die fett gedruckten Worte gesetzt worden. — Für diese Streitigkeiten sind die Amtsgerichte aber nur dann zuständig, wenn der Ort, wo die streitige Verpflichtung zu erfüllen ist, **nicht zum** Bezirk eines **Gewerbegerichts** gehört. Andernfalls ist dieses zuständig. §§ 4, 6, 26 Ges. v. 29./9. 01, Anm. 10 § 14 Nr. 4 GVG.

8 Also **nicht** Streitigkeiten, die den **Antritt** oder die **Auflösung** des **Dienstverhältnisses** zum Gegenstande haben oder erst **nach** der **Beendigung** entstehen. — Die Vorschrift bezieht sich auch nicht auf Ansprüche aus anderen selbständigen Verpflichtungen, die ein gewerblicher Arbeiter neben denen aus dem Dienstverhältnisse dem Arbeitgeber gegenüber übernommen hat, z. B. aus dem Versprechen, eine bestimmte Zeit hindurch nicht in einem Konkurrenz-Gewerbebetriebe tätig zu sein. RG. 13, 341. — Vgl. im übrigen: hinsichtlich des **Dienstverhältnisses im allgemeinen** §§ 611 ff. BGB.; hinsichtlich des Dienstverhältnisses: der **gewerblichen Arbeiter** (Gesellen, Gehilfen, Lehrlinge, Fabrikarbeiter) §§ 105—189 m, 154, 154a GewO. in d. Fass. v. 26./7. 00 (RGBl. 871); des Binnenschiffers **und der Binnenschiffsmannschaft** §§ 20, 21 ff., 6 Ges., betr. die privatrechtl. Verhältnisse der Binnenschiffahrt, v. 15./6. 95 in d. Fass. v. 20./5. 98 (RGBl. 869); des Floßführers und der **Floßmannschaft** §§ 16 ff. Ges., betr. die privatrechtl. Verhältnisse der Flößerei, v. 15./6. 95 (RGBl. 341); [des Gesindes Art. 95 EG. z. BGB., dazu Preußen: GesOrdn. v. 8./11. 1810 (GS. 101), Verf. v. 11./8. 98 (MBl. i. V. 201); durch Nr. 8 Aufruf des Rates der Volksbeauftragten v. 12./11. 18 (RGBl. 1303) sind jetzt die Gesindeordnungen außer Kraft gesetzt worden].

9 Vgl. §§ 701—704 BGB.

10 Vgl. §§ 26ff. bzw. § 2 der in Anm. 8 zit. Binnenschiffahrts- bzw. FlößereiGes. u. Art. 65 EG. z. BGB.

11 D. h. Personen, welche das Engagement von **Auswanderern** für fremde Rechnung oder als Unternehmer betreiben. Vgl. §§ 22ff. Ges. über das Auswanderungswesen v. 9./6. 97 (RGBl. 463).

12 D. i. wenn ein physischer **Mangel verkauften Viehs** den **Grund** der **Klage** (nicht bloß der Einrede, s. Anm. 4) gemäß §§ 481ff. oder § 492 (Uebernahme der Gewährleistung wegen eines nicht zu den Hauptmängeln gehörenden Fehlers oder Zusicherung einer Eigenschaft des Tieres) oder aus dem Verkauf anderer als der im § 481 BGB. bezeichneten Tiere bildet. — Leitet der Kläger einen Anspruch aus einem besonderen (auf das Einstehen für einen bestimmten Erfolg gerichteten) Garantievertrag und nicht aus der Zusicherung gewisser Eigenschaften des Tieres her, so findet § 23 Nr. 2 Abs. 4 keine Anwendung. OLG. 33, 71.

13 § 835 BGB., Art. 69ff. EG. z. BGB. — **Preußen:** §§ 55ff. Jagdordn. v. 15./7. 07 (GS. 207) (Vorbescheid der Ortspolizeibehörde über die Schadensersatzforderung, gegen den binnen 2 Wochen Klage beim Kreis- oder Bezirksausschuß).

13a Abs. 6 eingefügt durch Art. I 2b Ges. z. Entlastung der Gerichte v. 11./3. 21 (RGBl. 229), weil diese Streitigkeiten in der Regel nicht mehr Schwierigkeiten als andere den Amtsgerichten übertragene Sachen, wie die Ansprüche aus einem außerehelichen Beischlaf, bieten und ebenso wie diese einer besonders schleunigen Erledigung bedürfen. Begr. zu Art. I Nr. 2. Unter die Bestimmung fallen auch diejenigen Ansprüche, die sich unmittelbar auf einen Vertrag stützen, wofern diesem nur die gesetzliche Unterhaltspflicht zugrunde liegt. Der Vertrag stellt den Anspruch nur der Höhe nach fest; den eigentlichen Rechtsgrund bildet die gesetzliche Bestimmung, auf die sich der Unterhaltsanspruch stützt. KommB. Nr. 2 vorl. Abs.

14 BGB. §§ 1708, 1715, 1716 (Ansprüche des Kindes bzw. der Mutter auf **Unterhalt** bzw. Entbindungs- und Wochenkosten), 1300 (Deflorationsanspruch der verlobten Mutter), ZPO. § 644 (Anerkennung der unehelichen Vaterschaft). Auch An-

sprüche aus einem Anerkenntnisse der Schwängerung (§ 1718 BGB.) oder einem besonderen Alimentationsversprechen. RG. 7, 339, 12, 368.

14 a Der Abs. 8 der Nr. 2 ist durch Art. I 2 b des zweiten Ges. z. weit. Entlastung der Gerichte v. 27./8. 23 (RGBl. I 217) eingefügt worden, so daß der frühere Abs. 8 (Aufgebotsverfahren) zum Abs. 9 geworden ist.

15 §§ 946—1024 ZPO. — Andere Gerichte können landesgesetzlich mit dem **Aufgebotsverfahren** betraut werden, soweit ein von den Vorschriften der ZPO. abweichendes Verfahren zulässig ist. § 11 EG. z. ZPO.

Vorbemerkung.

Zwischen dem § 23, betreffend die Zuständigkeit der Amtsgerichte in bürgerlichen Rechtsstreitigkeiten, und dem früheren § 24: „Im übrigen wird die Zuständigkeit und der Geschäftskreis der Amtsgerichte durch die Vorschriften dieses Gesetzes und der Prozeßordnungen bestimmt", der als letzter des dritten Titels „Amtsgerichte" die Zahl 27 erhalten hat, sind auf Grund der §§ 6—9 VO. v. 4./1. 24 durch die Text-Bek. v. 22./3. 24 die §§ 24, 25, 26 eingestellt. Danach ist die **Zuständigkeit der Amtsgerichte** in Strafsachen folgendermaßen anderweit geregelt worden: Der § 24 ersetzt den früheren § 27 (s. unten), der im vierten Titel „Schöffengerichte" über die Zuständigkeit der Schöffengerichte Bestimmung traf, sowie die früheren §§ 28, 29 (s. unten), betreffend Erklärung der Unzuständigkeit des Schöffengerichts bei Feststellung eines höheren Wertes des Gegenstandes der Tat in der Hauptverhandlung und Zuweisung von Vergehen und von Verbrechen des Diebstahls und Betrugs seitens der Staatsanwaltschaft sowie von Zuwiderhandlungen gegen Abgabenvorschriften seitens der Verwaltungsbehörde an das Schöffengericht. Er bestimmt die Zuständigkeit der Amtsgerichte (einschließlich der Schöffengerichte) in Strafsachen für Uebertretungen und für alle, nicht nur die im früheren § 27 unter Nr. 2—7 bezeichneten Vergehen sowie nicht nur für die im früheren § 27 unter Nr. 7 a, 8 bezeichneten, sondern auch noch für andere unter Nr. 3 a, b, c aufgeführte Verbrechen. Von diesen Strafsachen werden dem Amtsrichter allein, ohne

Zuziehung von Schöffen, zur Entscheidung zugewiesen: im § 25: Die Uebertretungen und solche Vergehen, die auf Privatklage verfolgt werden (vgl. über die Vergehen, die im Wege der Privatklage verfolgt werden können, § 374 StPO. in der Fass. v. 22./3. 24, der mit Art. III Nr. 2 des RGes. z. Entlastung der Gerichte v. 11./3. 21 übereinstimmt) oder die mit einer Strafe von höchstens 6 Monaten bedroht sind oder hinsichtlich deren die Staatsanwaltschaft bzw. die vorbezeichnete Verwaltungsbehörde die Aburteilung durch den Amtsrichter allein beantragt; ferner im § 26 die dort bezeichneten Diebstahl-, Hehlerei- und Rückfallverbrechen bei Antrag der Staatsanwaltschaft, es sei denn, daß der Beschuldigte widerspricht. Die übrigen zur Zuständigkeit der Amtsgerichte gehörenden Strafsachen werden nach dem an die Stelle des früheren § 25 getretenen, auf § 10 Abs. 1 VO. v. 4./1. 24 beruhenden § 28 vor den Schöffengerichten verhandelt und entschieden. Der frühere § 26 ist zum § 29 geworden und hat auf Grund des § 10 Abs. 2, 3 VO. v. 4./1. 24 zwei neue Absätze erhalten. Danach bestehen die Schöffengerichte in der Regel aus dem Amtsrichter als Vorsitzenden und zwei Schöffen. Auf Antrag der Staatsanwaltschaft bzw. der vorbezeichneten Verwaltungsbehörde ist aber ein zweiter Amtsrichter zuzuziehen, so daß dann das Schöffengericht mit zwei Amtsrichtern und zwei Schöffen besetzt ist (über die Abstimmung in diesem Falle s. § 196); jedoch soll ein solcher Antrag nur gestellt werden, wenn die Zuziehung eines zweiten Amtsrichters nach Umfang und Bedeutung (beides muß vorliegen, insbesondere umfangreiche Beweisaufnahme und Bedeutsamkeit der Sache für die Strafrechtspflege) notwendig erscheint. Hierzu ist zu bemerken, daß für die Revision gegen die auf Berufung gegen Schöffengerichtsurteile ergangenen Urteile der großen Strafkammern (§ 76 Abs. 2) die Oberlandesgerichte oder das Reichsgericht zuständig sind, je nachdem die Schöffengerichte ohne oder mit Zuziehung eines zweiten Amtsrichters erkannt haben (§ 121 Nr. 1 c, § 135).

Die früheren §§ 27—29 lauteten:

§ 27. Die Schöffengerichte sind zuständig:

1. für alle Uebertretungen;

2. für diejenigen Vergehen, welche nur mit Gefängnis von höchstens drei Monaten oder Geldstrafe, allein oder neben Haft oder in Verbindung miteinander oder in Verbindung mit Einziehung bedroht sind, mit Ausnahme der im § 320 des Strafgesetzbuchs und der im § 74 dieses Gesetzes bezeichneten Vergehen;

3. für Vergehen, die im Wege der Privatklage verfolgt werden;

3. a) für die nur auf Antrag zu verfolgenden Körperverletzungen;

3. b) für das Vergehen des Hausfriedensbruchs im Falle des § 123 Abs. 2 des Strafgesetzbuchs;

3. c) für das Vergehen der Bedrohung mit der Begehung eines Verbrechens im Falle des § 241 des Strafgesetzbuchs;

3. d) für das Vergehen des strafbaren Eigennutzes in den Fällen des § 286 Abs. 2, der §§ 290, 291 und 298 des Strafgesetzbuchs sowie des § 93 Abs. 3 der Seemannsordnung vom 2. Juni 1902 (Reichs-Gesetzbl. S. 175);

4. für das Vergehen des Diebstahls im Falle des § 242 des Strafgesetzbuchs, wenn der Wert des Gestohlenen dreitausend Mark nicht übersteigt;

5. für das Vergehen der Unterschlagung im Falle des § 246 des Strafgesetzbuchs, wenn der Wert des Unterschlagenen dreitausend Mark nicht übersteigt;

6. für das Vergehen des Betrugs im Falle des § 263 des Strafgesetzbuchs, wenn der Schaden dreitausend Mark nicht übersteigt;

7. für das Vergehen der Sachbeschädigung im Falle des § 303 des Strafgesetzbuchs, wenn der Schaden dreitausend Mark nicht übersteigt;

7. a) für die Verbrechen des Diebstahls in den Fällen der §§ 243 und 244 des Strafgesetzbuchs, wenn der Wert des Gestohlenen dreitausend Mark nicht übersteigt, und für das Verbrechen des Betrugs im Falle des § 264 des Strafgesetzbuchs, wenn der Schaden dreitausend Mark nicht übersteigt;

8. für das Vergehen der Begünstigung sowie für die Vergehen und Verbrechen der Hehlerei in den Fällen der §§ 258 und 259 des Strafgesetzbuchs, wenn die Handlung,

auf die sich die Begünstigung oder die Hehlerei bezieht, zur Zuständigkeit der Schöffengerichte gehört.

§ 28. Ist die Zuständigkeit des Schöffengerichts durch den Wert einer Sache oder den Betrag eines Schadens bedingt und stellt sich in der Hauptverhandlung heraus, daß der Wert oder Schaden mehr als dreitausend Mark beträgt, so hat das Gericht seine Unzuständigkeit nur dann auszusprechen, wenn aus anderen Gründen die Aussetzung der Verhandlung geboten erscheint.

§ 29. Für Vergehen, die zur Zuständigkeit der Strafkammer gehören, kann der Staatsanwalt vorbehaltlich des § 74 die Zuständigkeit des Schöffengerichts dadurch begründen, daß er bei Einreichung der Anklageschrift die Eröffnung des Hauptverfahrens vor dem Schöffengerichte beantragt. Das gleiche gilt für die Verbrechen des Diebstahls und des Betrugs (§§ 243, 244, 264 des Strafgesetzbuchs), die zur Zuständigkeit der Strafkammer gehören.

Erhebt bei Zuwiderhandlungen gegen die Vorschriften über die Erhebung öffentlicher Abgaben und Gefälle die Verwaltungsbehörde die öffentliche Klage, so kann sie die Zuständigkeit des Schöffengerichts in gleicher Weise begründen wie der Staatsanwalt.

24. (27, 29.) **In Strafsachen sind die Amtsgerichte[1] zuständig für:**

1. **Uebertretungen;[2]**
2. **Vergehen;[3]**
3. **folgende Verbrechen:[4]**
   a) **die Verbrechen, die mit Gefängnis oder Festungshaft oder mit Zuchthaus von höchstens zehn Jahren allein oder in Verbindung mit anderen Strafen oder mit Nebenfolgen bedroht sind, soweit für sie nicht das Reichsgericht zuständig ist;[5] ausgenommen sind die Verbrechen des Meineids in den Fällen der §§ 153**

bis 155 des Strafgesetzbuchs.[6] Für die Bestimmung der angedrohten Strafe bleibt der § 53 des Militärstrafgesetzbuchs außer Betracht;[7]

b) **die Verbrechen des Widerstandes im Falle des § 119,[8] der Falschmünzerei in den Fällen der §§ 146, 147, 149,[9] der Notzucht im Falle des § 177, des Rückfalldiebstahls im Falle des § 244, des Raubes in den Fällen der §§ 249, 250, des räuberischen Diebstahls und der räuberischen Erpressung in den Fällen der §§ 252 und 255, wenn die Strafe aus den §§ 249, 250 zu entnehmen ist,[10] der Rückfallhehlerei im Falle des § 261 Abs. 1[11] und der schweren Körperverletzung im Amte im Falle des § 340 Abs. 2 des Strafgesetzbuchs;**

c) **die Verbrechen des militärischen Diebstahls im Falle des § 138 Abs. 2 des Militärstrafgesetzbuchs,[12] des betrügerischen Bankrotts in den Fällen der §§ 239, 244 der Konkursordnung und der Unterschlagung fremder Wertpapiere in den Fällen der §§ 11, 12 Abs. 2 Nr. 2 des Gesetzes, betreffend die Pflichten der Kaufleute bei Aufbewahrung fremder Wertpapiere, vom 5. Juli 1896 (Reichsgesetzbl. S. 183, 194).**

[1] In Jugendsachen (Straftaten von Personen, die über 14, aber noch nicht 18 Jahre alt sind) sind die Schöffengerichte als Jugendgerichte zuständig. § 17 Jugendgerichtsges. v. 16./2.

23 (RGBl. I 135). — Für die nach den §§ 4, 8, 12, 15, 17, 18, 20 RGes. gegen den **unlauteren Wettbewerb** v. 7./6. 09 (RGBl. 499) strafbaren Handlungen waren früher gemäß § 22 Abs. 4 die Schöffengerichte nur zuständig, wenn die Verfolgung im Wege der Privatklage (§§ 374 [früher 414] ff. StPO. n. F.) geschah, sonst die Strafkammern. Jetzt ergibt sich die Zuständigkeit der Amtsgerichte, da es sich um Vergehen handelt, aus § 24 Nr. 2. Geschieht die Verfolgung im Wege der Privatklage, so entscheidet der Amtsrichter allein (§ 25 Nr. 2a). Für die nach den §§ 6, 10, 11 RGes. strafbaren Handlungen (Übertretungen) waren früher nach § 27 Nr. 1 a. F. die Schöffengerichte zuständig. Jetzt entscheidet nach § 25 Nr. 1 n. F. der Amtsrichter allein. — Durch § 4 Abs. 1 Ges., betr. Aufhebung der Militärgerichtsbarkeit, v. 17./8. 20 (RGBl. 1579) waren die Schöffengerichte für die nach dem **MilStGB.** mit **Arrest** bedrohten Handlungen für zuständig erklärt worden. Jetzt ergibt sich die Zuständigkeit der Amtsgerichte, da es sich um Vergehen handelt (§§ 1 Abs. 2, 16 Abs. 1, 17 Abs. 1 MilStGB.), aus § 24 Nr. 2. Nach § 25 Nr. 2b entscheidet der Amtsrichter allein, weil die Arreststrafe der Gefängnisstrafe gleichwertig ist und niemals mehr als 6 Wochen beträgt (§ 17 Abs. 1 MilStGB.).

[2] §§ 1 Abs. 3, 360—370 StGB. und in anderen Reichsgesetzen oder Landesgesetzen. Pr. 183, §§ 2, 5 EG. z. StGB. So im § 1499 Abs. 1 **ReichsversichOrdn.** in d. Fass. v. 15./12. 24 (RGBl. I 779). Vgl. auch Anm. 1. — Nach § 25 Nr. 1 entscheidet der **Amtsrichter allein.**

[3] § 1 Abs. 2 StGB., § 1 Abs. 2 MilStGB. und in anderen Reichsgesetzen und Landesgesetzen. Vgl. Anm. 2, Pr. 183, 207. — So u. a. in: den §§ 1, 2 RGes., betr. die Bestrafung der Entziehung **elektrischer Arbeit,** v. 9./4. 00 (RGBl. 228); § 44 RGes., betr. die Bekämpfung **gemeingefährlicher Krankheiten,** v. 30./6. 00 (RGBl. 306); §§ 145a, 146, 146a, 147 **GewO.** in d. Fass. v. 26./7. 00 (RGBl. 871); §§ 140—143, 532—536, 911—913, 1045, 1224, 1490—1498 **ReichsversichOrdn.** (Anm. 2); §§ 341—344, 346, 348—356 **Versicherungsges. f. Angestellte** v. 20./12. 11 (RGBl. 998); §§ 359—379 **Reichsabgabenordnung** v. 13./12. 19 (RGBl. 1993). Vgl. ferner Anm. 1. — In den

Fällen des § 25 Nr. 2 entscheidet der **Amtsrichter** allein, sonst das **Schöffengericht** (§ 28).

[4] § 1 Abs. 1 StGB., § 1 Abs. 1 MilStGB.

[5] Für die mit höherer Freiheitsstrafe als 10 Jahren bedrohten Verbrechen sind die Schwurgerichte oder das Reichsgericht zuständig. Vgl. §§ 80, 134.

[6] Für diese sind die Schwurgerichte zuständig (§ 80).

[7] Danach sind die Amtsgerichte auch für die mit erhöhter Freiheitsstrafe bedrohten militärischen Verbrechen zuständig, wenn ohne die im § 53 MilStGB. vorgesehene Erhöhung das betreffende Verbrechen mit Freiheitsstrafe von höchstens zehn Jahren bedroht ist.

[8] Gemeinschaftlicher Widerstand gegen Forst- oder Jagdbeamte oder ähnliche Personen.

[9] Nachmachen, Verfälschen oder Inverkehrbringen von Metallgeld, Papiergeld oder gleichgestellten Urkunden.

[10] Raub, räuberischer Diebstahl und räuberische Erpressung ohne die erschwerenden Tatumstände des § 251.

[11] Rückfallhehlerei, die sich auf schweren Diebstahl, Raub oder ein dem Raube gleich zu bestrafendes Verbrechen bezieht.

[12] Militärischer Diebstahl unter den Tatumständen des schweren oder des Rückfalldiebstahls oder des Raubes im Sinne der §§ 243, 244, 249 ff. StGB.

25 (neu). Der Amtsrichter entscheidet allein:[1]

1. **bei Uebertretungen;**[2]
2. **bei Vergehen,**[3]
   a) **wenn sie im Wege der Privatlage verfolgt werden;**[4]
   b) **wenn die Tat mit keiner höheren Strafe als Gefängnis von höchstens sechs Monaten, allein oder in Verbindung mit anderen Strafen oder mit Nebenfolgen, bedroht ist;**[5]
   c) **wenn die Staatsanwaltschaft es bei Einreichung der Anklageschrift oder, falls es**

einer Anklageschrift nicht bedarf, bei der mündlichen Erhebung der Anklage beantragt.

Die Staatsanwaltschaft soll den im Abs. 1 Nr. 2c bezeichneten Antrag nur stellen, wenn zu erwarten ist, daß auf keine schwerere Strafe als Gefängnis von höchstens einem Jahre, allein oder in Verbindung mit anderen Strafen oder mit Nebenfolgen, erkannt werden wird.

Erhebt bei Zuwiderhandlungen gegen die Vorschriften über die Erhebung öffentlicher Abgaben und Gefälle die Verwaltungsbehörde die öffentliche Klage,[6] so kann sie den Antrag in gleicher Weise stellen wie die Staatsanwaltschaft.

[1] In allen anderen als den im § 25 genannten zur Zuständigkeit der Amtsgerichte gehörenden Fällen (§ 24) entscheidet das Schöffengericht (§ 28). Vgl. jedoch auch § 26.

[2] Anm. 1, 2 § 24. — Vgl. auch § 53 **Pr. Feld- u. Forstpolizeigef.** v. 1./4. 80 (GS. 230) in d. Fass. v. 12./3. 24 (GS. 127).

[3] Anm. 3 § 24.

[4] Vgl. § 27 Nr. 3 a. F. in der Vorbem. vor § 24. — Nach § 374 (früher 414) StPO. n. F. können von Verletzten oder ihren gesetzlichen Vertretern oder denen, die nach den Strafgesetzen berechtigt sind, auf Bestrafung anzutragen, im Wege der Privatklage verfolgt werden, ohne daß es einer vorgängigen Anrufung der Staatsanwaltschaft bedarf: 1. Hausfriedensbruch (§ 123 StGB.); 2. Beleidigung in den Fällen der §§ 185 bis 187, 189 StGB., wenn nicht eine der in § 197 bezeichneten politischen Körperschaften beleidigt ist; 3. Körperverletzung in den Fällen der §§ 223, 223a Abs. 1 und des § 230 StGB., sofern nicht die Körperverletzung mit Uebertretung einer Amts-, Berufs- oder Gewerbepflicht begangen worden ist; 4. Bedrohung (§ 241 StGB.); 5. Verletzung fremder Geheimnisse (§ 299 StGB.); 6. Sachbeschädi-

gung (§ 303 StGB.); 7. **alle nach dem Gesetze gegen den unlauteren Wettbewerb** (v. 7./6. 09) strafbaren Vergehen; 8. alle Verletzungen des literarischen, künstlerischen und gewerblichen Urheberrechts (s. die betreffenden Gesetze in Anm. 3 zu § 8 EGes. z. GVG.), soweit sie als Vergehen strafbar sind. Wegen Verfolgung im Wege der öffentlichen Klage vgl. §§ 376, 377 Abs. 2 (früher **416, 417 Abs.** 2) StPO. n. F. Sobald die **Staatsanwaltschaft** gemäß § 377 Abs. 2 StPO. **die Verfolgung übernimmt**, erlischt die Zuständigkeit des Amtsrichters (früher des Schöffengerichts), RG. 10, 237, auch wenn bereits das Hauptverfahren eröffnet war (§ 383 StPO. n. F.). Der Amtsrichter hat in einem solchen Falle das Verfahren einzustellen und die Akten an die Staatsanwaltschaft abzugeben. Auch wenn bereits ein Urteil ergangen ist, das aber noch nicht die Rechtskraft erlangt hat, ist nach Uebernahme der Sache seitens der Staatsanwaltschaft Einstellung des Verfahrens auszusprechen. Das in zweiter Instanz ergehende Urteil hat sich hierauf zu beschränken. RG. 29, 422. Die in der letzteren Entscheidung dargelegte Ansicht ist jedoch von dem nämlichen Senat in RG. 46, 119 aufgegeben und im Anschluß an die gegen die bisherige Rechtsprechung Bedenken äußernde Entscheidung in RG. 41, 277 ausgeführt, es habe nach der Uebernahme-Erklärung der Staatsanwaltschaft nicht eine Einstellung des (damals schöffengerichtlichen) Verfahrens zu erfolgen, vielmehr sei die Bedeutung und Wirkung der Uebernahme-Erklärung darin zu erblicken, daß an Stelle des Privatklägers, der nun zum Nebenkläger werde, der öffentliche Ankläger trete, und daß dieser das Verfahren in der Lage weiterzuführen habe, in der es sich zur Zeit der Uebernahme befinde, und zwar nunmehr in den für ein Verfahren auf erhobene öffentliche Klage maßgeblichen Formen (es beruht aber auf diesen Ausführungen die Entscheidung nicht).

5 Auf Grund des StGB., anderer Reichsgesetze oder der Landesgesetze. Vgl. Anm. 3 § 24. — **Aus dem StGB.** sind es folgende: Auflauf, § 116 Abs. 1; fahrlässiges Entweichenlassen Gefangener, § 121 Abs. 2; Hausfriedensbruch, § 123 Abs. 1; Abreißen oder Beschädigen von behördlichen Anschlägen, § 134; Siegelbruch, § 136; Vorschützen unwahrer Tatsachen zur Entschuldigung durch Zeugen usw., § 138;

wissentliche Verausgabung empfangenen falschen Geldes, § 148; Ueberlassen oder Anbieten das Schamgefühl verletzender Schriften an Jugendliche, § 184a; öffentliche Mitteilungen aus Gerichtsverhandlungen, für die wegen Gefährdung der Sittlichkeit die Oeffentlichkeit ausgeschlossen war, § 184b; Beschimpfung des Andenkens eines Verstorbenen, § 189; Bedrohung, § 241; Notdiebstahl oder Unterschlagung geringwertiger Gegenstände, § 248a; Verschaffung geringwertiger Gegenstände durch Notbetrug, § 264a; intellektuelle Urkundenfälschung, § 271; Beteiligung am öffentlichen Glücksspiel, § 284a; Jagdvergehen, §§ 292, 293; unberechtigtes Fischen oder Krebsen zur Nachtzeit usw., § 296; unbefugtes Fischen von Ausländern, § 296a; Verletzung des Briefgeheimnisses, § 299; unbefugtes Offenbaren von Privatgeheimnissen durch Rechtsanwälte usw., § 300; gewinnsüchtige Verschaffung von Schuldversprechen usw. Minderjähriger, § 301; Zinswucher, §§ 302a, 302c; Weiterbeschäftigung der durch Urteil für unfähig zu einer Beschäftigung im Eisenbahn- oder Telegraphendienst erklärten Personen, § 320; Annehmen von Geschenken usw. für nicht pflichtwidrige Handlungen seitens Beamter, § 331. — Ferner aus den Reichsgesetzen u. a.: §§ 145a, 146, 146a, 147 GewO. (Anm. 3 § 24); §§ 140, 141, 532, 534—536, 911—913, 1045, 1224, 1490, 1491, 1493—1495 ReichsversichOrdn. (Anm. 2 § 24); §§ 341, 343, 344, 346, 348, 349 Versicherungsges. f. Angestellte (Anm. 3 § 24). Vgl. ferner über Zuständigkeit des Amtsrichters zur Entscheidung über die vom MilStGB. mit Arrest bedrohten Handlungen Anm. 1 § 24.

[6] Vgl. § 424 Abs. 1 StPO. n. F., §§ 390, 411 Abs. 1 Reichsabgabenordnung v. 13./12. 19 (RGBl. 1993).

26 (neu).[1] Der Amtsrichter allein entscheidet ferner bei den Verbrechen des schweren Diebstahls[2] und der Hehlerei[3] sowie bei solchen strafbaren Handlungen, die nur wegen Rückfalls Verbrechen sind,[4] wenn die Staatsanwaltschaft es bei Einreichung der Anklageschrift oder, falls es einer Anklageschrift nicht bedarf, bei der mündlichen Erhebung der Anklage beantragt.[5]

Der Beschuldigte kann während der für die Erklärung auf die Anklageschrift gesetzten Frist[6] oder, falls ohne schriftlich erhobene Anklage zur Hauptverhandlung geschritten wird,[7] bis zum Beginne seiner Vernehmung zur Sache widersprechen. Er ist bei der Mitteilung der Anklageschrift oder, falls ohne schriftlich erhobene Anklage zur Hauptverhandlung geschritten wird, vor dem Beginne seiner Vernehmung zur Sache[8] über sein Recht zum Widerspruche zu belehren.

1 Eingefügt auf Grund des § 9 VO. v. 4./1. 24 durch die Text-Bek. v. 22./3. 24. Vgl. Vorbem. vor § 24.

2 § 243 StGB.

3 §§ 258 Abs. 1 Nr. 2, 260 StGB.

4 Rückfallsdiebstahl: § 244 StGB.; Rückfallshehlerei: § 261 StGB.; Rückfallsbetrug: § 264 StGB.

5 **Preußen**: Strafsachen berufs-, gewerbs- oder gewohnheitsmäßiger Verbrecher sind grundsätzlich nicht vor den Amtsrichter zu bringen, Verf. v. 24./1. 24 (JMBl. 45).

6 § 201 Abs. 1 StPO. n. F.

7 § 212 StPO. n. F.

8 § 243 Abs. 3 StPO. n. F.

27 (24). Im übrigen wird die Zuständigkeit und der Geschäftskreis der Amtsgerichte durch die Vorschriften dieses Gesetzes[1] und der Prozeßordnungen[2] bestimmt.[3]

1 §§ 28—30, 39—57, 84, 157.

2 ZPO. §§ 486 (**Sicherung des Beweises**), 495—510 b (**Verfahren vor den Amtsgerichten**), 609 (**Sühneversuch in Ehesachen**), 645, 675, 676, 680 (**Entmündigungen und deren Wiederaufhebung**), 689 (**Mahnverfahren**), 764 (**Vollstreckungsgericht**), 797 (Einwendungen gegen vollstreckbare Urkunden), 919, 936, 942 (**Arrest und einstweilige Verfügung**); ZVG. § 1 und § 13 EG. dazu; KO. § 71; StPO. n. F. §§ 125, 126 (Erlassung und Aufhebung eines **Haftbefehls**), 128, 129 (Entscheidung über die Freilassung eines **Festge-**

nommenen), 182 (Vernehmung eines Ergriffenen), 162, 165, 166, 173 (Amtshandlungen im **vorbereitenden Verfahren**), 185, 186 (Uebertragung der Voruntersuchung), 407, 408 (**Strafbefehle**), 415 (Verfahren nach **polizeilicher Strafverfügung**), 423 (Verfahren bei Zuwiderhandlungen gegen Abgabenvorschriften), 451, 457 (**Strafvollstreckung**). — Fernere **reichsgesetzliche Zuständigkeit**: § 87 RAO.; § 16 RGes., betr. **Reichsschuldbuch** (früher v. 31./5. 91, jetzt) v. 31./5. 10 (RGBl. 840); §§ 11, 87, 111 RGes., betr. **Binnenschiffahrt**, v. 15./6. 95 in d. Fass. v. 20./5. 98 (RGBl. 369); § 8 RGes., betr. **Flößerei**, v. 15./6. 95 (RGBl. 342); §§ 111, 112 (früher 104, 105) Ges., betr. die **Erwerbs- und Wirtschaftsgenossenschaften**, v. 1./5. 89 in d. Fass. v. 20./5. 98 (RGBl. 810), s. Anm. 1 § 23; § 8 Ges. über den Beistand bei **Einziehung von Abgaben** usw. v. 9./6. 95 (RGBl. 257); § 7 **Mieterschutzges**. v. 1./6. 23 (RGBl. I 353).

[3] D. i. in Angelegenheiten der **ordentlichen streitigen Gerichtsbarkeit**. Vgl. § 2 EG. z. GVG. u. Anm. 1 dazu. — Hinsichtlich der **freiwilligen Gerichtsbarkeit**: FGG. §§ 35 ff. (**Vormundschaftssachen**, s. jedoch Art. 147 EG. z. BGB.), 65 (Bestätigung der Verträge betr. Annahme an **Kindes Statt**), 69 (**Personenstand**), 72 ff. (**Nachlaß- und Teilungssachen**, s. jedoch Art. 147 EG. z. BGB.), 125, 145—148 (Führung des **Handelsregisters** und des **Genossenschaftsregisters**, sowie die sonst nach dem HGB., dem Genossenschaftsges. und dem Ges., betr. die Gesellschaften mit beschr. H., von dem Registerrichter zu erledigenden Angelegenheiten), 149 (**Dispache**), 159, 161 (Führung des **Vereinsregisters**, des **Güterrechtsregisters**), 164 ff. (Untersuchung und **Verwahrung** von Sachen, **Pfandverkauf**), 167 (**Beurkundung** von Rechtsgeschäften und Beglaubigung). Ferner: Führung des **Musterregisters** § 9 RGes. v. 11./1. 76 (RGBl. 11); Führung des **Registers** für **Binnenschiffe** § 120 BinnenschiffGes.; die in den §§ 21, 29, 37, 48, 55, 60 ff., 78, 132, 176, 261, 1141 Abs. 2, 1558 ff. **BGB. zugewiesenen Verrichtungen**; nach § 7 RGes. über die **religiöse Kindererziehung** v. 15./7. 21 (RGBl. 939) Streitigkeiten aus diesem Gesetz. — Die Zuständigkeit in **Grundbuchsachen** bestimmt sich nach Landesrecht, vgl. Art. 1 **Preuß**. AusfGes. z. GBO. v. 26./9. 99 (GS. 307) und ferner §§ 100, 101 GBO. — Vgl. auch §§ 298, 345

RAbgabenordn. v. 13./12. 19 (RGBl. 1993). Vgl. ferner f. **Preußen:** § 12 Verf. v. 26./12. 99 (JMBl. 870) in d. Fass. v. 22./7. 08 (JMBl. 157) (Verwahrung von Gegenständen, die in Strafsachen für die Untersuchung von Bedeutung sind); Verf. v. 23./3. 90 (MBl. i. V. 56) u. 24./4. 99 (MBl. i. V. 78) (Mitwirkung bei **Kommunalsteuerveranlagung**); Verf. über die Zuständigkeit der rheinischen Amtsgerichte in Personenstandssachen v. 22./5. 24 (MBl. i. V. 577).

Vierter Titel.

Schöffengerichte.

1. **Besetzung.**

28. (25). [1]Für die Verhandlung und Entscheidung **der zur Zuständigkeit der Amtsgerichte gehörenden** Strafsachen werden, **soweit nicht der Amtsrichter allein entscheidet (§§ 25, 26),** bei den Amtsgerichten Schöffengerichte[2] gebildet.

[1] Früher lautete der § 25 a. F.: „Für die Verhandlung und Entscheidung von Strafsachen werden bei den Amtsgerichten Schöffengerichte gebildet." Ueber die Aenderung durch die Text-Bek. v. 22./3. 24 vgl. Vorbem. vor § 24.

[2] Helgoland: § 8 PrGes. v. 18./2. 91 (GS. 11). Art. VIII VO. v. 22./3. 91 (RGBl. 21) u. Art. I RGes. v. 4./6. 98 (RGBl. 198).

29. (26). Die Schöffengerichte bestehen aus dem Amtsrichter als Vorsitzenden und zwei Schöffen.[1] Mindestens ein Schöffe muß ein Mann sein.[2]

[3]Ein zweiter Amtsrichter ist zuzuziehen, falls die Staatsanwaltschaft es bei Einreichung der Anklageschrift beantragt.[4] Die Staatsanwaltschaft soll den Antrag nur stellen, wenn die Zuziehung eines zweiten Amtsrichters nach Umfang und Bedeutung der Sache notwendig erscheint.[5]

[3]§ 25 Abs. 3 findet entsprechende Anwendung.

[1] Helgoland: s. Anm. 2 § 28. — In Jugendsachen besteht das Jugendgericht (Anm. 1 § 24) aus zwei Richtern und drei Schöffen, wenn die Straftat nach den allgemeinen Vorschriften zur Zuständigkeit des Reichsgerichts oder der Schwurgerichte gehören würde (großes Jugendgericht). § 17 Abs. 1 S. 3 Jugendgerichtsges. v. 16./2. 23 (RGBl. I 135). — **Preußen:** Als Vorsitzende sind in erster Linie die Landgerichtsdirektoren zu verwenden, die gemäß § 4 VO. v. 4./1. 24 zugleich bei dem Amtsgericht als Amtsrichter angestellt sind (I 3 Verf. v. 24./1. 24, JMBl. 45).

[2] S. 2 ist angefügt durch Nr. 1 Ges. über die Heranziehung der Frauen zum Schöffen- und Geschworenenamte v. 25./4. 22 (RGBl. 465).

[3] Abs. 2 und 3 sind auf Grund des § 10 Abs. 2, 3 VO. v. 4./1. 24 durch die Text-Bek. v. 22./3. 24 angefügt. Vgl. Vorbem. vor § 24.

[4] § 198 Abs. 2 S. 2 StPO. n. F. — **Preußen:** Verf. v. 24./1. u. 7./6. 24 (JMBl. 45, 250).

[5] Auch bei kleinen Jugendgerichten (§ 17 Abs. 1 S. 2 JugGG., s. Anm. 1) kann ein zweiter Amtsrichter zugezogen werden. RG. 58, 331.

2. Schöffenamt.

30. Insoweit das Gesetz nicht Ausnahmen bestimmt,[1] üben die Schöffen während der Hauptverhandlung das Richteramt im vollen Umfang und mit gleichem Stimmrechte wie die Amtsrichter aus und nehmen auch an den im Laufe einer Hauptverhandlung zu erlassenden Entscheidungen teil, welche in keiner Beziehung zu der Urteilsfällung stehen, und welche auch ohne vorgängige mündliche Verhandlung erlassen werden können.[2]

Die außerhalb der Hauptverhandlung erforderlichen Entscheidungen werden von dem Amtsrichter erlassen.[3]

[1] § 81 StPO. n. F. (die Entscheidung über Ausschließung oder Ablehnung von Schöffen erfolgt durch den Vorsitzenden,

in der großen Strafkammer durch die richterlichen Mitglieder). Vgl. auch §§ 52, 53, 54, 56 GVG. (Entscheidung des Amtsrichters über die Streichung eines Schöffen in der Liste, über die Ablehnung der Berufung zum Schöffenamt, über Dienstentbindung, über Bestrafung des Schöffen wegen unentschuldigten Ausbleibens.)

[2] In der Hauptverhandlung sind die Schöffen Beamte im Sinne der Haftungsgesetze (§ 839 BGB., Art. 131 Abs. 1 S. 1 RVerf.). JW. 24, 192[31].

[3] Ein Protokoll über die von dem Amtsrichter als dem Vorsitzenden des Schöffengerichts angeordnete, durch ersuchten Richter bewirkte Zeugenvernehmung darf, wenn das Schöffengericht demnächst seine Unzuständigkeit ausgesprochen und die Sache an das Schwurgericht verwiesen hat, in der Hauptverhandlung vor dem Schwurgericht verlesen werden (§ 251 StPO. n. F.), da, solange die Sache bei dem Schöffengericht anhängig war, dessen Vorsitzender zur Anordnung der Vernehmung zuständig war. RG. 49, 193.

31. Das Amt eines Schöffen ist ein Ehrenamt.[1] Es kann nur von Deutschen[2] versehen werden.

[1] Vgl. jedoch § 55 (Entschädigung für Verdienstausfall und Aufwand sowie Ersatz der Reisekosten). — Verpflichtung zur Annahme: §§ 35, 56 (Ablehnung der Berufung nur aus bestimmten Gründen gestattet, sonst Bestrafung).

[2] Früher „einem Deutschen". Das Wort „einem" ist durch Nr. 2 Ges. über die Heranziehung der Frauen zum Schöffen- und Geschworenenamte v. 25./4. 22 (RGBl. 465) gestrichen worden. — Deutscher: §§ 1 ff. BGes. v. 1./7. 70, jetzt §§ 1, 3 ff., 33, 34 Reichs- u. Staatsangehörigkeitsges. v. 22./7. 13 (RGBl. 583). — Daß der betr. Schöffe (Geschworene) auch der **deutschen Sprache** mächtig sei, ist **nicht erforderlich.** RG. 30, 399, auch Anm. 1 § 32.

Befähigung.

Zum Schöffen- und Geschworenenamt unfähige Personen: § 32. — Solche, die nicht berufen werden sollen: §§ 33, 34. — Solche, die ablehnen dürfen: § 35. — Die Mitwirkung unfähiger Personen als Schöffen oder Geschworene macht das Verfahren nichtig: § 338 Nr. 1 StPO. n. F.

32. Unfähig[1] zu dem Amte eines Schöffen sind:

1. Personen, welche die Befähigung infolge strafgerichtlicher Verurteilung verloren haben;[2]
2. Personen, gegen welche das Hauptverfahren wegen eines Verbrechens oder Vergehens eröffnet ist,[3] das die Aberkennung der bürgerlichen Ehrenrechte oder der Fähigkeit zur Bekleidung öffentlicher Aemter zur Folge haben kann;[4]
3. Personen, welche infolge gerichtlicher Anordnung in der Verfüg ung über ihr Vermögen beschränk sind.[5]

[1] Enthebung bei nachträglichem Eintritt oder Bekanntwerden der Unfähigkeit: § 52 Abs. 1 GVG. — Die zur Rechtsbeständigkeit des Verfahrens erforderliche (§ 338 Nr. 1 StPO. n. F.) Fähigkeit muß in dem Zeitpunkt der tatsächlichen Ausübung des Schöffen- oder Geschworenenamts vorhanden sein. Der Zeitpunkt der Bildung der Listen ist in dieser Hinsicht nicht maßgebend. RG. 2, 241, 21, 292. Ist der Schöffe oder Geschworene gesetzmäßig berufen, so ist eine Anfechtung des Urteils nicht aus dem Grunde zulässig, daß der Schöffe oder Geschworene zur pflichtmäßigen Mitwirkung bei Abgabe des Spruches, sei es wegen Mangels der erforderlichen geistigen Fähigkeiten, sei es wegen Unaufmerksamkeit während der Verhandlung, sei es wegen mangelhafter Kenntnis der deutschen Sprache, nicht imstande gewesen sei. RG. 30, 399.

[2] §§ 31, 33—35 StGB.

[3] § 203 StPO. n. F.

[4] §§ 31, 32 StGB.

[5] §§ 645, 680 ZPO. (Entmündigung wegen Geisteskrankheit, Verschwendung, Trunksucht); §§ 6, 106, 108 KO. (Eröffnung des Konkurses, allgemeines Veräußerungsverbot). Auch die Gesellschafter einer offenen Handelsgesellschaft sind während des Konkurses über das Gesellschaftsvermögen zum Amte eines Schöffen (Geschworenen, § 84 Abs. 1) unfähig, selbst wenn über ihr Privatvermögen das Konkursverfahren nicht eröffnet ist. RG. 46, 77.

33. Zu dem Amte eines Schöffen sollen[1] nicht berufen werden:[2]

1. Personen, welche zur Zeit der Aufstellung der Urliste[3] das dreißigste Lebensjahr noch nicht vollendet haben;
2. Personen, welche zur Zeit der Aufstellung der Urliste[3] den Wohnsitz in der Gemeinde noch nicht zwei volle Jahre haben;
3. Personen, welche für sich oder ihre Familie Armenunterstützung aus öffentlichen Mitteln empfangen oder in den drei letzten Jahren, von Aufstellung der Urliste[3] zurückgerechnet, empfangen haben;[4]
4. Personen, welche wegen geistiger oder körperlicher Gebrechen zu dem Amte nicht geeignet sind.[5]

[1] Ordnungsvorschrift, deren Nichtbeachtung das Gericht noch nicht zu einem „nicht vorschriftsmäßig besetzten" im Sinne des § 338 Nr. 1 StPO. n. F. macht. JW. 90, 345[1]. — Der Berufene ist zur Verweigerung der Uebernahme des Amtes berechtigt. Eine Frist für die Ablehnung ist hier nicht, wie in den Fällen des § 35 (s. § 53), bestimmt. — Vgl. § 52 Abs. 2 (treten die Eigenschaften erst nach Aufnahme in die Liste hervor, so sind die betreffenden Schöffen zur Dienstleistung ferner nicht heranzuziehen). — Bezüglich der Schöffen für die Strafkammer und der Geschworenen vgl. § 77 Abs. 3, § 88.

[2] § 36 (nur diejenigen Personen sind in die Urliste aufzunehmen, welche berufen werden können).

[3] § 57 (Zeitpunkt der Aufstellung der Urliste).

[4] Vgl. Ges., betr. die Einwirkung von Armenunterstützung auf öffentliche Rechte v. 15./3. 09 (RGBl. 319).

[5] Die frühere Nr. 5 des § 33, wonach auch „Dienstboten" zu dem Amte eines Schöffen nicht berufen werden sollten, ist durch Art. I 6 Ges. v. 11./3. 21 (RGBl. 229) gestrichen worden.

34. Zu dem Amte eines Schöffen sollen[1] ferner nicht berufen werden:[2]

1. [2a] **der Reichspräsident und der Präsident eines deutschen Landes;**
2. [2a] **die Mitglieder der Reichsregierung oder einer Landesregierung (Staatsministerium, Senat);**
3. Reichsbeamte, welche jederzeit einstweilig in den Ruhestand versetzt werden können;[3]
4. Staatsbeamte, welche auf Grund der Landesgesetze jederzeit einstweilig in den Ruhestand versetzt werden können;
5. richterliche Beamte[4] und Beamte der Staatsanwaltschaft;[5]
6. gerichtliche[6] und polizeiliche Vollstreckungsbeamte;[7]
7. Religionsdiener und Mitglieder solcher religiösen Vereinigungen, die satzungsgemäß zu gemeinsamem Leben verpflichtet sind.[8]

Die Landesgesetze können[9] außer den vorbezeichneten Beamten höhere Verwaltungsbeamte bezeichnen, welche zu dem Amte eines Schöffen nicht berufen werden sollen.

[1] Vgl. Anm. 1 § 33 (Ordnungsvorschrift) u. § 52 Abs. 2 (treten die Eigenschaften erst nach Aufnahme in die Liste hervor, so sind die betreffenden Schöffen zur Dienstleistung ferner nicht heranzuziehen).

[2] Vgl. auch § 90 (Geschworener und Schöffe nicht für dasselbe Geschäftsjahr).

[2a] Früher lautete die Nr. 1: „Minister", die Nr. 2: „Mitglieder der Senate der freien Hansestädte. Durch die neue Fassung (Text-Bek. v. 22./3. 24) sind auf Grund der Ermächtigung im § 43 Abs. 2 VO. v. 4./1. 24 die Nr. 1 u. 2 dem neuen Verfassungsrecht angepaßt worden.

[3] § 25 RGes. v. 31./3. 78 (RGBl. 61), § 2 RGes. v. 27./6. 78 (RGBl. 164).

[4] Dazu gehören auch die **Handelsrichter** (§ 112), die bei den Gerichten beschäftigten **Assessoren** (§ 10), die Mitglieder der **Sondergerichte** (§ 14, z. B. in Preußen die Mitglieder der Kulturämter [früher Generalkommissionen], s. Anm. 4 § 14).

[5] Auch die **Amtsanwälte**, selbst wenn sie das Amt nur als Nebenamt ausüben: §§ 53, 56, 142. Die in § 152 bezeichneten **Hilfsbeamten der Staatsanwaltschaft** gehören hierzu **nicht**. Verf. des **Preuß.** JustMin. v. 21./11. 90 (MBl. i. V. 236). Vgl. jedoch Anm. 7.

[6] § 154 (Gerichtsvollzieher).

[7] Der Begriff der „polizeilichen **Vollstreckungsbeamten**" bestimmt sich nach Landesrecht. Dazu gehören z. B. in Preußen die zu Hilfsbeamten der Staatsanwaltschaft (s. Anm. 4 § 152) bestellten Forstschutzbeamten, Erl. v. 3./7. 88 (MBl. i. V. 143). Dagegen nicht die Amtsvorsteher und die Gemeindevorsteher: Verf. v. 2./5. 23 (JMBl. 361).

[8] Zu den Religionsdienern sind die Mitglieder der zum gemeinsamen Leben verpflichteten religiösen Vereinigungen durch Nr. 8 des RGes. über die Heranziehung der Frauen zum Schöffen- und Geschworenenamte v. 25./4. 22 (RGBl. 465) hinzugefügt worden. — Der § 34 nannte früher noch als Personen, die zum Amte eines Schöffen nicht berufen werden sollten, unter Nr. 8 die „Volksschullehrer" und unter Nr. 9 die „dem aktiven Heere oder der aktiven Marine angehörenden Militärpersonen". Die Nr. 8 ist durch Art. I 6 Ges. v. 11./3. 21 (Anm. 4 § 33), die Nr. 9 durch § 3 Abs. 2 Ges., betr. Aufhebung der Militärgerichtsbarkeit, v. 17./8. 20 (RGBl. 1579) gestrichen worden. Hinsichtlich der Volksschullehrer kann das Interesse ungestörten Schulbetriebs, namentlich wenn es sich um Gemeinden mit einklassigen Schulen handelt, bei Aufstellung der Jahreslisten (§ 44) gewahrt werden.

[9] **Preußen:** § 33 AG. v. 24./4. 78 (GS. 230).

35. Die Berufung zum Amte eines Schöffen dürfen ablehnen:[1]

1. Mitglieder **des Reichstags, des Reichsrats,**

des Reichswirtschaftsrats, eines Landtags oder eines Staatsrats;[1a]

2. Personen, welche im letzten Geschäftsjahr[2] die Verpflichtung eines Geschworenen[3] oder an wenigstens fünf Sitzungstagen die Verpflichtung eines Schöffen erfüllt haben;
3. Aerzte, Krankenpfleger und Hebammen;[4]
4. Apotheker, welche keine Gehilfen haben;
5. Personen, welche das fünfundsechzigste Lebensjahr zur Zeit der Aufstellung der Urliste[5] vollendet haben oder es bis zum Ablauf des Geschäftsjahrs[6] vollenden würden;
6.[7] Frauen, welche glaubhaft machen, daß ihnen die Fürsorge für ihre Familie die Ausübung des Amtes in besonderem Maße erschwert.

[1] §§ 36, 58 (in die Urliste sind sie, falls sie nicht schon abgelehnt haben, aufzunehmen; Frist für die Geltendmachung der Ablehnungsgründe).

[1a] Früher: „Mitglieder einer deutschen gesetzgebenden Versammlung." Änderung durch die Text-Bek. v. 22./3. 24. Vgl. Anm. 2 a § 34.

[2] Beginn des Geschäftsjahres: **Preußen:** Verf. v. 28./6. 79 (JMBl. 209).

[3] Ein Unterschied zwischen Hauptgeschworenen und Hilfsgeschworenen besteht in dieser Hinsicht nicht. Die Verpflichtung eines Geschworenen hat derjenige erfüllt, der als Geschworener einberufen war und dieser Einberufung Folge geleistet hat. RG. 12, 373. — Benachrichtigung der Amtsgerichte über die wirkliche Erfüllung der Verpflichtung eines Geschworenen: **Preußen:** Verf. v. 16./2. 84 (JMBl. 36).

[4] Die Krankenpfleger und Hebammen sind durch Nr. 4 RGes. über die Heranziehung der Frauen zum Schöffen- und Geschworenenamte v. 25./4. 22 (RGBl. I 465) hinzugefügt worden. — Zu den Aerzten gehören auch Zahnärzte und Tierärzte: § 29 GewO.

[5] § 57 (Bestimmung des Zeitpunktes durch die Landesjustizverwaltung).

[6] Anm. 1 § 20 EG.

[7] Die jetzige Nr. 6 ist als Nr. 7 durch Nr. 5 des RGes. über die Heranziehung der Frauen zum Schöffen- und Geschworenenamte v. 25./4. 22 (RGBl. 465) hinzugefügt worden. Die Nr. 6 lautete früher: „Personen, welche glaubhaft machen, daß sie den mit der Ausübung des Amts verbundenen Aufwand zu tragen nicht vermögen". Diese Nr. 6 ist durch Art. I 1 Ges. über die Entschädigung der Schöffen, Geschworenen und Vertrauenspersonen v. 4./7. 22 (RGBl. I 561) gestrichen worden (vgl. § 55). Durch die Text-Bek. v. 22./3. 24 hat daher die frühere Nr. 7 die Nr. 6 erhalten.

Urliste.

36. Der Vorsteher einer jeden Gemeinde oder eines landesgesetzlich der Gemeinde gleichstehenden Verbandes hat alljährlich[1] ein Verzeichnis der in der Gemeinde wohnhaften Personen, welche zu dem Schöffenamte berufen werden können,[2] aufzustellen[3] (Urliste).

Die Urliste ist in der Gemeinde eine Woche lang zu jedermanns Einsicht auszulegen.[4] Der Zeitpunkt der Auslegung ist vorher öffentlich bekanntzumachen.

[5]**Die Landesjustizverwaltung kann für eine Gemeinde anordnen:**

a) **daß in einer von der Landesjustizverwaltung im voraus bestimmten Reihenfolge in die Urliste für das einzelne Jahr ein nach den Anfangsbuchstaben der Namen oder der Straßen oder nach beiden Gesichtspunkten beschränkter Teil der Personen aufzunehmen ist, die zum Schöffenamte berufen werden können. Die Anordnung soll so getroffen werden, daß die aufzustellende Urliste mindestens die sechsfache Zahl der aus ihr aus-**

zuwählenden Personen umfaßt. Die Reihenfolge darf erst geändert werden, wenn sämtliche Anfangsbuchstaben durchlaufen worden sind. Ist eine Gemeinde in mehrere Amtsgerichtsbezirke geteilt, so kann die Anordnung auf die zu den einzelnen Bezirken gehörenden Teile der Gemeinde beschränkt werden;

b) daß der Auswahl der Schöffen ein für die Gemeinde anderweit aufgestelltes amtliches Verzeichnis der Einwohner zugrunde gelegt wird.

[5]**Im Falle des Abs. 3 Buchstabe a gilt die beschränkte Urliste, im Falle des Abs. 3 Buchstabe b das amtliche Verzeichnis als Urliste im Sinne dieses Gesetzes.**

[1] § 57 (Bestimmung des Zeitpunktes durch die Landesjustizverwaltung).

[2] Das sind sämtliche männliche und auch weibliche (s. RGes. v. 25./4. 22 in Anm. 2 § 31) Gemeindemitglieder, welche Deutsche sind, mit Ausnahme der in den §§ 32—34 aufgeführten; die Ablehnungsberechtigten (§ 35) sind nur dann auszulassen, wenn deren Ablehnung dem Gemeindevorsteher bekannt ist.

[3] Preußen: Verf., betr. die Aufstellung der Urliste, v. 12. u. 17./7. 16 (JMBl. 218) und Erl. v. 4./8. 21 (MBl. i. V. 251, JMBl. 497), Verf. über die Berufung von Gemeindevorstehern zum Schöffen- u. Geschworenenamte v. 2./5. 23 (JMBl. 361) und von Beamten der Reichsfinanzverwaltung v. 15./5. 24 (JMBl. 223), Verf., betr. Nachprüfung der Schöffenurliste, v. 31./3. 28 (MBl. i. V. 336).

[4] Gemäß den landesgesetzlichen Bestimmungen oder auch örtlichen Gewohnheiten.

[5] Die Absätze 3 und 4 sind durch das Ges. zur Vereinfachung der Urliste v. 11./7. 28 (RGBl. I 647) hinzugefügt

worden. — **Preußen:** Verf. v. 5./7. 23 (MBl. i. V. 748) u. Verf. v. 17./7. 23 (JMBl. 536) (Befugnis zu Anordnungen nach Abs. 3a den Oberlandesgerichtspräsidenten übertragen, Befugnis zu Anordnungen nach Abs. 3b dem Justizminister vorbehalten).

37. Gegen die Richtigkeit oder Vollständigkeit der Urliste kann innerhalb der einwöchigen Frist[1] schriftlich oder zu Protokoll Einsprache[2] erhoben werden.

[1] D. i. der Auslegungsfrist des § 36 Abs. 2.

[2] Von jedermann. Begr. 82, Pr. 280.

38. Der Gemeindevorsteher sendet die Urliste nebst den erhobenen Einsprachen und den ihm erforderlich erscheinenden Bemerkungen an den Amtsrichter des Bezirkes.[1]

Wird nach Absendung der Urliste ihre Berichtigung erforderlich, so hat der Gemeindevorsteher hiervon dem Amtsrichter Anzeige zu machen.

[1] Hinsichtlich des Zeitpunkts der Einreichung s. Anm. 1 § 57.

39. Der Amtsrichter stellt die Urlisten des Bezirkes zusammen und bereitet den Beschluß[1] über die Einsprachen vor. Er hat die Beachtung der Vorschriften des § 36 Abs. 2 zu prüfen und die Abstellung etwaiger Mängel zu veranlassen.

[1] § 41 (Entscheidung des Ausschusses).

40. Bei dem Amtsgerichte tritt alljährlich[1] ein Ausschuß zusammen.

Der Ausschuß besteht aus dem Amtsrichter als Vorsitzenden und einem von der Landesregierung zu bestimmenden Staatsverwaltungsbeamten, sowie sieben Vertrauenspersonen[2] als Beisitzern[3].

Die Vertrauenspersonen[2] werden aus den Einwohnern des Amtsgerichtsbezirkes gewählt.

Die Wahl erfolgt nach näherer Bestimmung der Landesgesetze durch die Vertretungen[4] der Kreise, Aemter, Gemeinden oder dergleichen Verbände; wenn solche Vertretungen nicht vorhanden sind, durch den Amtsrichter. Letzterer hat die Vertrauenspersonen[2] vornehmlich aus den Vorstehern der vorbezeichneten Verbände zu wählen.

Zur Beschlußfähigkeit des Ausschusses genügt die Anwesenheit des Vorsitzenden, des Staatsverwaltungsbeamten und dreier Vertrauenspersonen.[3] Der Ausschuß faßt seine Beschlüsse nach der absoluten Mehrheit der Stimmen. Bei Stimmengleichheit entscheidet die Stimme des Vorsitzenden.[5]

[1] Die Zusammensetzung des Ausschusses muß alljährlich aufs neue erfolgen. **Preußen:** Erl. v. 18./10. 79 (MinBl. 51). Sitzungen der Ausschüsse: Verf. v. 8./12. 84 (JMBl. 280).

[2] In Abs. 2, 3, 4, 5 sind an Stelle der Worte „Vertrauensmänner" gesetzt „Vertrauenspersonen" durch Nr. 6 RGes. über die Heranziehung der Frauen z. Schöffen- und Geschworenenamte v. 25./4. 22 (RGBl. I 465).

[3] § 56 (Ordnungsstrafe im Falle unentschuldigten Ausbleibens).

[4] Gemeint sind gewählte Vertretungen. Pr. 241. — **Preußen:** § 35 AG. v. 24./4. 78 (GS. 230) i. d. Fass. des Ges., betr. Einführung der Verhältniswahl für die Wahl der Vertrauenspersonen des Ausschusses z. Auswahl der Schöffen und Geschworenen, v. 3./3. 22 (GS. 49), dazu Verf. v. 21./5. 22 (JMBl. 214).

[5] Helgoland: RGes. v. 4./6. 93 (RGBl. 193), § 1 Nr. II, 5 Preuß. VO. v. 22./8. 91 (GS. 89) und Preuß. Ges. v. 8./4. 94 (GS. 31).

41. Der Ausschuß entscheidet über die gegen die Urliste erhobenen Einsprachen. Die Entscheidungen sind zu Protokoll zu vermerken. Beschwerde findet nicht statt.[1]

[1] Nach § 89 Abs. 2 a. F. entschied früher bei einer trotz Einsprache erfolgten Aufnahme in die Vorschlagsliste der Ge-

schworenen (§§ 87, 88 a. F.) das Landgericht endgültig. Dies gilt jetzt nach § 84 n. F. nicht mehr.

Jahresliste.

42. **Aus der berichtigten Urliste wählt der Ausschuß[1] für das nächste Geschäftsjahr:[2]**

1. die erforderliche Zahl von Schöffen;

2. die erforderliche Zahl der Personen, welche in der von dem Ausschuß festzusetzenden Reihenfolge an die Stelle wegfallender Schöffen treten (Hilfsschöffen). Die Wahl ist auf Personen zu richten, welche am Sitze des Amtsgerichts oder in dessen nächster Umgebung wohnen.

[1] Ferner: §§ 77, 84 (auch Wahl der Schöffen für die Strafkammer und der Geschworenen).

[2] Anm. 1 § 20 EG.

43. **Die für jedes Amtsgericht erforderliche Zahl von Hauptschöffen und Hilfsschöffen wird durch die Landesjustizverwaltung bestimmt.[1]**

Die Bestimmung der Zahl der Hauptschöffen erfolgt in der Art, daß voraussichtlich jeder höchstens zu fünf[2] ordentlichen Sitzungstagen im Jahre herangezogen wird.[3]

[1] **Preußen:** § 8 Verf., betr. die Vorbereitungen zur Bildung der Schöffengerichte und der Schwurgerichte, v. 22./7. 79 (JMBl. 195). — Bezüglich der Schöffen für die Strafkammer und der Geschworenen vgl. § 77 Abs. 2, § 85.

[2] Die Jugendschöffen (Anm. 1 § 44) können zu zehn Sitzungstagen herangezogen werden. § 20 Abs. 1 S. 2 Jugendgerichtsges. v. 16./2. 23 (RGBl. I 135).

[3] Helgoland: RGes. v. 4./6. 98 (RGBl. 193).

44. **Die Namen der erwählten Hauptschöffen und Hilfsschöffen werden bei jedem Amtsgericht in gesonderte Verzeichnisse aufgenommen (Jahreslisten).[1]**

[1] Helgoland: RGes. v. 4./6. 98 (RGBl. 198). — Besondere Jahresliste für Jugendschöffen: § 20 Abs. 1 Jugendgerichtsges. (Anm. 2 § 43). Dazu Preußen: Verf. v. 28./4. 24 (JMBl. 206). — Bezüglich der Jahreslisten der Schöffen für die Strafkammer und der Geschworenen vgl. § 77 Abs. 2, § 85.

Heranziehung zu den Sitzungen.

45. Die Tage der ordentlichen Sitzungen[1] des Schöffengerichts werden für das ganze Jahr im voraus festgestellt.

Die Reihenfolge, in welcher die Hauptschöffen an den einzelnen ordentlichen Sitzungen des Jahres teilnehmen, wird durch Auslosung in öffentlicher Sitzung des Amtsgerichts bestimmt.[2] Das Los zieht der Amtsrichter. Ist für eine Sitzung eine Frau ausgelost worden, so sind weitere auf eine Frau lautende Auslosungen für diese Sitzung unwirksam.[3]

Ueber die Auslosung wird von dem Gerichtsschreiber ein Protokoll aufgenommen.

[1] Vgl. Preußen: § 5 Nr. 4 der Verf., betr. die Vorbereitungen zur Bildung der Schöffengerichte und Schwurgerichte, v. 22./7. 79 (JMBl. 195). — Bezüglich der Schöffen für die Strafkammer und der Geschworenen vgl. § 77 Abs. 3, § 86.

[2] § 57 (Bestimmung des Zeitpunktes durch die Landesjustizverwaltung).

[3] Satz 3 des Abs. 2 ist durch Nr. 7 RGes. über die Heranziehung der Frauen z. Schöffen- und Geschworenenamte v. 25./4. 22 (RGBl. 465) hinzugefügt worden.

46. Der Amtsrichter setzt die Schöffen von ihrer Auslosung und von den Sitzungstagen, an welchen sie in Tätigkeit zu treten haben, unter Hinweis auf die gesetzlichen Folgen des Ausbleibens[1] in Kenntnis.

In gleicher Weise werden die im Laufe des Geschäftsjahres einzuberufenden Schöffen[2] benachrichtigt.

[1] § 56 (Ordnungsstrafe im Falle unentschuldigten Ausbleibens). — Nochmalige besondere Ladung: Preußen: Verf. v. 30./10. 82 (JMBl. 324).

[2] § 42 Nr. 2, § 48 Abs. 2, § 49 (Hilfsschöffen, außerordentliche Sitzung, Ersatzmann für behinderten Schöffen).

47. Eine Aenderung[1] in der bestimmten Reihenfolge kann auf übereinstimmenden Antrag der beteiligten Schöffen von dem Amtsrichter bewilligt werden, sofern die in den betreffenden Sitzungen zu verhandelnden Sachen noch nicht bestimmt sind.[2] Der Antrag und die Bewilligung sind aktenkundig zu machen.

[1] D. i. ein Tausch zwischen zwei zu verschiedenen Sitzungen berufenen Hauptschöffen.

[2] Es soll eine willkürliche Aenderung, etwa mit Rücksicht auf eine bestimmte Strafsache, ausgeschlossen werden. — Sind Hinderungsgründe eingetreten: § 54 (Entbindung von der Dienstleistung für den Sitzungstag).

48. Wenn die Geschäfte die Anberaumung außerordentlicher Sitzungen erforderlich machen, so werden die einzuberufenden Schöffen vor dem Sitzungstage in Gemäßheit des § 45 ausgelost.[1]

Erscheint dies wegen Dringlichkeit untunlich, so erfolgt die Auslosung durch den Amtsrichter lediglich aus der Zahl der am Sitze des Gerichts wohnenden Hilfsschöffen. Die Umstände, welche den Amtsrichter hierzu veranlaßt haben, sind aktenkundig zu machen.

[1] Aus der Liste der Hauptschöffen.

49. Wird zu einzelnen Sitzungen die Zuziehung anderer als der zunächst berufenen Schöffen[1] erforderlich,[2] so erfolgt sie aus der Zahl der Hilfsschöffen nach der Reihenfolge der Jahresliste mit der Maßgabe, daß tunlichst an Stelle eines zunächst berufenen Mannes ein Mann, an Stelle einer zunächst berufenen Frau eine Frau tritt.[3]

Würde durch die Berufung der Hilfsschöffen nach der Reihenfolge der Jahresliste eine Vertagung der Verhandlung oder eine erhebliche Verzögerung ihres Beginnes notwendig, so sind die nicht am Sitze des Gerichts wohnenden Hilfsschöffen zu übergehen.

[1] Oder von Ergänzungsschöffen: § 192 Abs. 3 (bei Verhandlungen von längerer Dauer). — Gilt auch hinsichtlich der nach § 48 Abs. 1, 2 (zu außerordentlichen Sitzungen) einberufenen Schöffen.

[2] Z. B. auch, wenn der Schöffe von der Ausübung des Richteramts ausgeschlossen ist oder wenn er abgelehnt wird: §§ 22, 24, 31 StPO.

[3] Die Maßgabe in Abs. 1 ist durch Nr. 8 RGes. über die Heranziehung der Frauen zum Schöffen- und Geschworenenamte v. 25./4. 22 (RGBl. 465) hinzugefügt worden.

50. Erstreckt sich die Dauer einer Sitzung über die Zeit hinaus, für welche der Schöffe zunächst einberufen ist, so hat er bis zur Beendigung der Sitzung seine Amtstätigkeit fortzusetzen.

Beeidigung.

51. Die Beeidigung der Schöffen erfolgt bei ihrer ersten Dienstleistung in öffentlicher Sitzung.[1] Sie gilt für die Dauer des Geschäftsjahres.[2]

Der Vorsitzende richtet an die zu Beeidigenden die Worte:

„Sie schwören bei Gott dem Allmächtigen und Allwissenden[3], die Pflichten eines Schöffen getreulich zu erfüllen und Ihre Stimmen nach bestem Wissen und Gewissen abzugeben."

Die Schöffen leisten den Eid, indem jeder einzeln die Worte spricht:

„ich schwöre es, so wahr mir Gott helfe“.[3]

Der Schwörende soll bei der Eidesleistung die rechte Hand erheben.

Ist ein Schöffe Mitglied einer Religionsgesellschaft, welcher das Gesetz den Gebrauch gewisser Beteuerungsformeln an Stelle des Eides gestattet, so wird die Abgabe einer Erklärung unter der Beteuerungsformel dieser Religionsgesellschaft der Eidesleistung gleichgeachtet.[4]

Ueber die Beeidigung wird von dem Gerichtsschreiber ein Protokoll aufgenommen.[5]

[1] Sie bildet nicht einen Teil der Hauptverhandlung: § 243 StPO. n. F.

[2] Anm. 1 § 20 EG.

[3] Nach Art. 177 Verfassung des Deutschen Reichs v. 11./8. 19 (RGBl. 1383) kann die Eidesleistung rechtswirksam auch in der Weise erfolgen, daß der Schwörende unter Weglassung der religiösen Eidesform erklärt: „ich schwöre.“ Vgl. dazu f. Preußen: Verf. v. 8./3. 22 (JMBl. 68).

[4] Vgl. Anm. 2 § 484 ZPO.

[5] Der Anwesenheit des Angeklagten oder der Staatsanwaltschaft bedarf es nicht.

Enthebung.

52. Wenn die Unfähigkeit[1] einer als Schöffe in die Jahresliste aufgenommenen Person eintritt oder bekannt wird,[2] so ist ihr Name von der Liste zu streichen.

Ein Schöffe, bei dem nach seiner Aufnahme in die Jahresliste andere Umstände eintreten oder bekannt werden, bei deren Vorhandensein eine Berufung zum Schöffenamte nicht erfolgen soll,[3] ist zur Dienstleistung ferner nicht heranzuziehen.

Die Entscheidung erfolgt durch den Amtsrichter

nach Anhörung der Staatsanwaltschaft und des beteiligten Schöffen.

Beschwerde findet nicht statt.[4]

[1] § 32. — „Unfähig" sind nicht diejenigen Personen, die nach §§ 33, 34 zum Amte eines Schöffen nicht berufen werden „sollen". RG. 39, 307. Auch dadurch wird Unfähigkeit nicht begründet, daß der Schöffe nicht einen Wohnsitz im Gerichtsbezirk hat, gleichviel ob das Fehlen eines solchen Wohnsitzes bereits zur Zeit der Aufstellung der Urliste und der Jahresliste gegeben gewesen oder erst später eingetreten ist. RG. 39, 278, 306.

[2] Nicht solche Gründe der Unfähigkeit, über die bereits der Ausschuß entschieden hat.

[3] §§ 33, 34, 77 Abs. 4, 90.

[4] Vorbehaltlich jedoch der Anfechtung eines etwa unter Mitwirkung eines unfähigen Schöffen ergangenen Urteils.

53. Ablehnungsgründe[1] sind nur zu berücksichtigen, wenn sie innerhalb einer Woche, nachdem der beteiligte Schöffe von seiner Einberufung in Kenntnis gesetzt worden ist, von ihm geltend gemacht werden. Sind sie später entstanden oder bekannt geworden, so ist die Frist erst von diesem Zeitpunkt zu berechnen.

Der Amtsrichter[2] entscheidet über das Gesuch nach Anhörung der Staatsanwaltschaft. Beschwerde findet nicht statt.

[1] § 35.

[2] Ueber die von Schöffen der Strafkammer vorgebrachten Ablehnungsgründe entscheidet der Vorsitzende der Strafkammer (§ 77 Abs. 3), über die Ablehnungsgesuche der Geschworenen der Präsident des Landgerichts (§ 88).

54. Der Amtsrichter kann einen Schöffen auf dessen Antrag wegen eingetretener Hinderungsgründe[1] von der Dienstleistung an bestimmten Sitzungstagen entbinden.

Die Entbindung des Schöffen von der Dienstleistung

kann davon abhängig gemacht werden, daß ein anderer für das Dienstjahr bestimmter Schöffe für ihn eintritt.[2]

Der Antrag und die Bewilligung sind aktenkundig zu machen.[3]

[1] Fehlt es an solchen: § 47 (Aenderung in der bestimmten Reihenfolge auf übereinstimmenden Antrag der beteiligten Schöffen).

[2] Anderseits gibt die Bereitwilligkeit des Ersatzschöffen, für den Schöffen einzutreten, allein keinen Grund für die Entbindung.

[3] Nicht, wie nach § 53 Abs. 2 (Ablehnung der Berufung), Anhörung der Staatsanwaltschaft erforderlich.

Entschädigung.

55. [1]Die Schöffen und die Vertrauenspersonen des Ausschusses erhalten eine angemessene Entschädigung für den ihnen durch ihre Dienstleistung entstehenden Verdienstausfall und den mit der Dienstleistung verbundenen Aufwand sowie Ersatz der Fahrkosten. Ist durch die Dienstleistung eine Vertretung des zum Schöffen oder zur Vertrauensperson Berufenen notwendig geworden, so können die Kosten der Vertretung nach billigem Ermessen erstattet werden.

Die Höhe der Aufwandsentschädigung und der Fahrkosten sowie die Höchst- und Mindestgrenzen der Entschädigung für den Verdienstausfall bestimmt die Reichsregierung mit Zustimmung des Reichsrats durch allgemeine Anordnung.[2]

Entschädigung und Fahrkosten werden nur auf Verlangen gewährt. Der Anspruch erlischt, wenn das Verlangen nicht binnen drei Monaten nach Beendigung der Dienstleistung bei dem Gerichte, bei dem die Dienstleistung stattgefunden hat, gestellt worden ist. Be-

schwerden über die Höhe der Entschädigung und der Fahrkosten werden im Aufsichtsweg entschieden.

[1] Der § 55 lautete früher: „Die Schöffen und die Vertrauensmänner des Ausschusses erhalten Vergütung der Reisekosten." Durch Ges., betr. die Entschädigung der Schöffen und Geschworenen, v. 29./7. 13 (RGBl. 617) wurden die Worte „die Schöffen und" gestrichen und folgender § 55a eingefügt: „Die Schöffen des Ausschusses erhalten Vergütung der Reisekosten und für jeden Tag der Dienstleistung Tagegelder" (Abs. 1). „Die Höhe der Reisekosten und Tagegelder bestimmt der Bundesrat durch allgemeine Anordnung" (Abs. 2). „Die Tagegelder dürfen nicht zurückgewiesen werden" (Abs. 3). Durch Ges., betr. die Entschädigung der zur Auswahl der Schöffen und Geschworenen berufenen Vertrauensmänner, v. 5./2. 22 (RGBl. 207) wurde der frühere § 55 gestrichen, erhielt der frühere § 55a die Ziffer 55 und wurden in diesem die Worte „und die Vertrauensmänner des Ausschusses" hinter den Worten „Die Schöffen" eingefügt. An Stelle des Wortes „Vertrauensmänner" wurde durch Nr. 6 Ges. über die Heranziehung der Frauen zum Schöffen- und Geschworenenamte v. 25./4. 22 (RGBl. I 465) das Wort „Vertrauenspersonen" gesetzt. Durch das Gesetz über die Entschädigung der Schöffen, Geschworenen und Vertrauenspersonen v. 4./7. 22 (RGBl. I 561) erhielt der § 55 die jetzige Fassung; jedoch enthielt der Absatz 2 noch folgende zwei weiteren Sätze: „Die Höchstgrenze ist mindestens auf den Betrag festzusetzen, der sich ergibt, wenn das Einkommen, für das es nach § 48 Abs. 1 des Einkommensteuergesetzes einer Veranlagung nicht bedarf, auf dreihundert Arbeitstage im Jahre von acht Stunden verteilt wird. Bis zu dieser Höchstgrenze ist der volle Verdienstausfall zu ersetzen." Diese Sätze sind durch die Text-Bek. v. 22./3. 24 gestrichen worden, weil sie wegen der Regelung des Steuerabzugs vom Arbeitslohn durch die §§ 16 ff. der zweiten SteuernotVO. v. 19./12. 23 (RGBl. I 1205) bedeutungslos geworden sind.

[2] Ursprünglich Verordnungen v. 2./8. 13 (RGBl. 618), 16./10. 19 (RGBl. 1799), 12./7. 21 (RGBl. 928) u. 10./3. 22 (RGBl. 244); dann VO. v. 8. und 29./7. 22 (RGBl. I

561, 673), 10./11. 22 (RGBl. I 847), 13./1. 23 (RGBl. I 220), 5./7. 23 (RGBl. I 632), 18./8. 23 (RGBl. I 811); jetzt VO. v. 18./3. 24 (RGBl. I 282), dazu (§ 2) Reisekosten-VO. f. d. Reichsbeamten v. 14./10. 21 (RGBl. 1345), 16./2. 23 (RGBl. II 152), 15./10. 23 (RGBl. I 981), 17./1. 24 (RBesoldBl. 3).

Ordnungsstrafe.

56. Schöffen und Vertrauenspersonen[1] des Ausschusses, welche ohne genügende Entschuldigung zu den Sitzungen nicht rechtzeitig sich einfinden oder ihren Obliegenheiten in anderer Weise sich entziehen, sind zu einer Ordnungsstrafe **in Geld**,[1a] sowie in die verursachten Kosten zu verurteilen.

Die Verurteilung[2] wird durch den Amtsrichter nach Anhörung der Staatsanwaltschaft[3] ausgesprochen. Erfolgt nachträglich genügende Entschuldigung, so kann die Verurteilung ganz oder teilweise zurückgenommen werden. Gegen die Entscheidungen findet Beschwerde von seiten des Verurteilten nach den Vorschriften der Strafprozeßordnung[4] statt.

[1] Durch Nr. 6 RGes. über die Heranziehung der Frauen zum Schöffen- und Geschworenenamt v. 25./4. 22 (RGBl. I 465) ist an Stelle von „Vertrauensmänner" gesetzt „Vertrauenspersonen".

[1a] An die Stelle der Worte „von fünf bis zu eintausend Mark" sind auf Grund des Art. II Abs. 2 VO. über Vermögensstrafen und Bußen v. 6./2. 24 (RGBl. I 44) durch die Text-Bek. v. 22./3. 24 die Worte „in Geld" gesetzt worden. Danach beträgt die Ordnungsstrafe mindestens eine und höchstens eintausend Goldmark (jetzt „Reichsmark": § 2 Durchführungs-VO. z. Münzges. v. 30./8. 24, v. 12./12. 24 [RGBl. I 775]). — Nicht Substituierung einer Freiheitsstrafe.

[2] Durch Beschluß.

[3] Sie ist auch vor der Festsetzung von Ordnungsstrafen gegen Vertrauenspersonen des Ausschusses zu hören. Begr.

92. Anhörung des Schöffen oder der Vertrauensperson nicht erforderlich.

[4] §§ 304—310 StPO. n. F. — Nach § 73 GVG. entscheidet über die Beschwerde das Landgericht. Eine weitere Beschwerde ist gemäß § 310 StPO. nicht gegeben. — Die Staatsanwaltschaft hat kein Beschwerderecht.

Zeitpunkt für Urlisten usw.

57. Bis zu welchem Tage die Urlisten aufzustellen und dem Amtsrichter einzureichen sind, der Ausschuß zu berufen und die Auslosung der Schöffen zu bewirken ist, wird durch die Landesjustizverwaltung bestimmt.[1]

[1] **Preußen**: § 5 Verf., betr. die Vorbereitungen zur Bildung der Schöffengerichte und Schwurgerichte, v. 22./7. 79 (JMBl. 195) u. Verf. v. 18./1. 82 (JMBl. 18).

3. Zusammenfassung mehrerer Amtsgerichte.

58. (57 a.)[1] Durch Anordnung der Landesjustizverwaltung kann für den Bezirk mehrerer Amtsgerichte einem von ihnen die Entscheidung der Strafsachen ganz oder zum Teil zugewiesen werden.

Die Landesjustizverwaltung bestimmt die für dieses Gericht erforderliche Zahl von Haupt- und Hilfsschöffen und die Verteilung der Zahl der Hauptschöffen auf die einzelnen Amtsgerichtsbezirke.

Die übrigen Vorschriften dieses Titels finden entsprechende Anwendung.

[1] § 57a, jetzt § 58 ist eingefügt durch Art. I 7 Ges. v. 11./3. 21 (RGBl. 229). Die Bestimmung trägt dem Umstande Rechnung, daß sich bei den kleineren Amtsgerichten häufig keine geeigneten Räumlichkeiten zur Verwahrung von Einbrechern, Rückfallsdieben usw. (vgl. § 27 Nr. 7 a a. F. [vor § 24], jetzt § 24 Nr. 3) befinden, und daß bauliche Aufwendungen zur Beschaffung derartiger Räume vermieden werden müssen. Begr. zu Art. I Nr. 6. — Dazu **Preußen**: § 1 Verf. v. 3./3. 21 (JMBl. 133), Verf. v. 7./3. 21 (JMBl. 192). Danach ist die Ermächti-

gung, für den Bezirk mehrerer Amtsgerichte einem von ihnen die Entscheidung von Strafsachen zuzuweisen, für den Rest des Geschäftsjahres 1921 den Präsidenten der Oberlandesgerichte, die Bestimmung der für diese Gerichte („gemeinsame Schöffengerichte") erforderlichen Zahl von Schöffen und die Verteilung der Zahl auf die einzelnen Amtsgerichtsbezirke den Präsidenten der Landgerichte übertragen. Die gemeinsamen Schöffengerichte sind zuständig für die Entscheidung a) der Haftsachen, in denen der Amtsanwalt Anklage beim gemeinsamen Schöffengericht erhebt; als Haftsachen im Sinne dieser Anordnung gelten auch Strafsachen, in denen der Amtsanwalt gleichzeitig mit der Erhebung der Anklage den Erlaß eines Haftbefehls beantragt; b) der Privatklagesachen in den Fällen der Nr. 7 und 8 des § 374 Abs. 1 StPO. n. F.

Fünfter Titel.
Landgerichte.[1]

[1] Die in §§ 59 ff. enthaltenen allgemeinen Vorschriften über die Besetzung der Landgerichte, die Verteilung der Geschäfte bei ihnen, sowie die Bestimmung der Mitglieder der Kammern und der Vertreter sind nicht allein auf die **Zivilprozesse** und **Strafsachen**, sondern auch auf die sonstigen Angelegenheiten anwendbar, die zur Zuständigkeit der Landgerichte gehören, insbesondere auch die ihnen zugewiesenen Gebiete der freiwilligen Gerichtsbarkeit. KGJ. 47, 1, (OLG. 31, 257).

59. (58.) Die Landgerichte werden mit einem Präsidenten und der erforderlichen Anzahl von Direktoren und Mitgliedern besetzt.[1] **Von der Ernennung eines Direktors kann abgesehen werden, wenn der Präsident den Vorsitz in den Kammern allein führen kann.**[2]

Die **Direktoren und die**[2] Mitglieder können gleichzeitig Amtsrichter im Bezirke des Landgerichts sein.[3]

[1] **Sitze der Landgerichte: Preußen:** §§ 2, 8 Ges., betr. die Errichtung der Oberlandesgerichte u. der Landgerichte, v. 4./3. 78 (GS. 109), § 87 AG. z. GVG. v. 24./4. 78 (GS. 230),

[einstmals § 1 Ges. v. 12./2. 84 (GS. 63) (Memel)], § 1 Ges. v. 3./4. 88 (GS. 51) (Bochum), v. 16./9. 99 (GS. 391) (Berlin und Umgebung), v. 28./4. 06 (GS. 173, 174) (Krefeld, München-Gladbach), v. 9./7. 10 (GS. 109) (Aenderung der Bezirke Krefeld, Kleve u. München-Gladbach), v. 27./4. 12 (GS. 53) (Aenderung der Bezirke Duisburg u. Kleve), v. 13./2. 23 (GS. 41) (Aenderung der Bezirke Wiesbaden, Frankfurt a. M. u. Limburg), v. 17./3. 23 (GS. 70) Aenderung der Bezirke Flensburg, Kiel u. Altona). — Ueber vorläufige Aenderung von Gerichtsbezirken anläßlich der Ausführung des Friedensvertrags vgl. Ges. v. 19./7. 19 (GS. 115), dazu §§ 2 ff. VO. v. 4./9. 19, § 2 VO. v. 1./10. 19, § 1 VO. v. 24./12. 19 (GS. 145, 157, 198), VO. v. 23./6. 20 (GS. 349), Allg. Verf. v. 24./12. 19 (JMBl. 641) u. v. 21./1. 20 (JMBl. 34).

2 Durch die Text-Bek. v. 22./3. 24 ist auf Grund des § 5 S. 1 VO. v. 4./1. 24 dem Abs. 1 der Satz 2 hinzugefügt und im Abs. 2 sind auf Grund des § 4 Abs. 1 VO. die Worte „Direktoren und die" eingefügt worden. Die VO. bezeichnet die Landgerichte ohne einen Direktor (Abs. 1 S. 2) als „kleine Landgerichte".

3 Der Abs. 2 ohne die Worte „Direktoren und die" (vgl. Anm. 2) wurde durch die Nov. v. 1./6. 09 hinzugefügt. Wenn die zur ordnungsmäßigen Bildung der Kammern erforderlichen Mitglieder nicht voll beschäftigt sind, sollen einem oder mehreren dieser Richter einzelne amtsrichterliche Geschäfte übertragen oder ein Amtsrichter namentlich am Sitze, aber auch sonst im Bezirke des Landgerichts gleichzeitig mit den Geschäften eines Landrichters betraut werden können.

1. **Geschäftsverteilung.**

60. (59.) **Bei den Landgerichten werden Zivil- und Strafkammern gebildet.**[1]

1 Ihre Zahl bestimmt die Landesjustizverwaltung, nicht das Präsidium. JW. 14, 427[40]. — Zulässigkeit der Bildung mehrerer Strafkammern mit verschiedenen Funktionen: RG. 2, 353, 23, 234. — Daraus, daß eine gerichtliche Handlung der Geschäftsverteilung nicht entspricht, kann ein Einwand gegen die Zuständigkeit nicht hergeleitet werden. Gr. 33, 449, (JW.

89, 831). — Mitwirkung der Organe der Justizverwaltung bei der Geschäftsverteilung in **Preußen**: Verf. v. 16./11. 79 (JMBl. 454), v. 25./9. 80 (JMBl. 221) u. v. 12./10. 82 (JMBl. 306).

61. (60.) Bei den Landgerichten[1] sind Untersuchungsrichter[2] nach Bedürfnis zu bestellen.

Die Bestellung erfolgt durch die Landesjustizverwaltung[3] auf die Dauer eines Geschäftsjahrs.[4]

[1] Nicht auch bei den detachierten Strafkammern (§ 78). Pr. 858. — Beim Reichsgericht: § 186 StPO. n. F. (für jede Strafsache aus der Zahl der Mitglieder bestellt).

[2] Tätigkeit: § 184 StPO. n. F. (Eröffnung u. Führung der Voruntersuchung). — Vgl. auch: §§ 23, 27, 36 Abs. 2, 50 Abs. 3, 70 Abs. 3, 124 Abs. 2, 129, 178—197, 304, 306 StPO. n. F. [nicht Mitglied des erkennenden Gerichts (23); Ablehnung (27); Bewirkung von Zustellungen (36); Bestrafung von Zeugen wegen Ausbleibens (50); Verurteilung des Zeugen wegen unberechtigter Zeugnisverweigerung (70); Erlassung von Haftbefehlen (124); Entscheidung über Freilassung oder Verhaftung von Festgenommenen (129); Führung der Voruntersuchung (178—197); Beschwerden gegen Verfügungen des Untersuchungsrichters (304, 306)]. Vgl. ferner RG. 45, 166 darüber, welche Voraussetzungen im Falle des Zusammenhangs mehrerer zur Zuständigkeit von Gerichten verschiedener Ordnung gehörender Sachen zur Anwendung des § 12 Abs. 2 StPO. hinsichtlich der Zuständigkeit desjenigen Gerichts gegeben sein müssen, dem die Untersuchung der verbundenen Sachen übertragen werden soll.

[3] Vgl. für **Preußen**: Verf., betr. Mitwirkung der Organe der Justizverwaltung bei der Geschäftsverteilung, v. 16./11. 79 (JMBl. 454) u. v. 25./9. 80 (JMBl. 221).

[4] Vgl. Anm. 1 § 20 EG.

62. (61.)[1] Den Vorsitz im Plenum führt der Präsident, den Vorsitz in den Kammern führen der Präsident und die Direktoren.[2] **Den Vorsitz in der kleinen Strafkammer (§ 76 Abs. 2) kann auch ein Mitglied des Landgerichts führen, das vom Präsi-**

dium für die Dauer eines Geschäftsjahrs bestimmt wird.[2a]

Vor Beginn des Geschäftsjahrs[3] **bestimmt der Präsident die Kammer, welcher er sich anschließt. Ueber die Verteilung des Vorsitzes in den übrigen Kammern entscheiden der Präsident und die Direktoren**[4] **nach Stimmenmehrheit; im Falle der Stimmengleichheit gibt die Stimme des Präsidenten den Ausschlag.**

[1] Die §§ 62—70 bezwecken, die Landgerichte vor Einwirkungen der Landesjustizverwaltung zu sichern; die Landgerichte sollen die Verteilung der Mitglieder in die Kammern und die der Geschäfte unter die Kammern selbständig bewirken. Pr. 335 ff.

[2] Außer in den Fällen der §§ 78, 105, 106 (Strafkammern bei Amtsgerichten, Kammern für Handelssachen) können **ordentliche Vorsitzende** der Kammern (jetzt mit Ausnahme der kleinen Strafkammern, s. Anm. 2a) nur der Präsident und die definitiv ernannten Direktoren (ordentliche Vorsitzende der Senate nur der Oberlandesgerichtspräsident oder ein Senatspräsident, § 117) sein. RG. 18, 11, 27, 125, 55, 237, Gr. 59, 489, (W. 15, 37), JW. 14, 428[40], (15, 97[18]). Das erkennende Gericht ist z. B. dann nicht vorschriftsmäßig besetzt, wenn sein Vorsitzender nicht zum Direktor ernannt, sondern nur (fortdauernd oder für eine bestimmte Zeit) mit dem Vorsitz betraut ist. RG. 18, 11, 27, 125. Es genügt auch nicht, wenn der Vorsitz einem (nicht zum wirklichen Direktor ernannten) Landgerichtsrat, dem der bloße Titel Landgerichtsdirektor verliehen ist, übertragen wird. JW. 14, 428[40]. — Es können aber einem Direktor **mehrere Kammern** (einem Präsidenten mehrere Senate, § 117) in der Weise übertragen werden, daß tatsächlich er den Vorsitz nur in der einen, ein ständiges Mitglied aber ihn in der anderen Kammer (Senat) führt. JW. 95, 517[2], Gr. 59, 489, (W. 15, 37, JW. 15, 96[13]), RG. 55, 202, 233. Dies auch dann, wenn schon bei Beginn des Geschäftsjahres feststeht, daß der Direktor nicht bloß für einzelne Sitzungen, sondern überhaupt für längere Zeit verhindert sein werde, selbst den Vorsitz in der einen Kammer zu

führen, sofern die vom Präsidium getroffene Maßnahme nicht etwa als eine dauernde Einrichtung für das ganze Geschäftsjahr, sondern nur als eine vorübergehende gedacht ist. RG. 55, 203. Jedoch ist nicht mehr dem Gesetze genügt, wenn ohne jede Einschränkung, insbesondere also dauernd für das ganze Geschäftsjahr, eine Geschäftseinteilung getroffen wird, wonach der zum Vorsitzenden zweier Kammern (Senate) bestimmte Direktor (Senatspräsident) mit Rücksicht auf seine Geschäftsüberlastung den Vorsitz in der einen Kammer (Senat) überhaupt nicht führen kann und soll. RG. 55, 236. Ferner ist es unstatthaft, daß nach einer, sei es auch durch Präsidialbeschluß, erfolgten Uebertragung mehrerer Kammern **lediglich durch** Verfügung des **Präsidenten** der Direktor von allen Geschäften der einen Kammer beurlaubt wird. JW. 06, 794[58], 611[86]. — Dagegen ist es zulässig, daß eine **Verhinderung** des ordentlichen Vorsitzenden **schon beim Beginn des Geschäftsjahres** für im voraus bestimmte Sitzungen als gegeben angenommen und für diese der Eintritt seines Vertreters als Vorsitzenden angeordnet wird. RG. 25, 389, 55, 238, Gr. 59, 489, (W. 15, 37, JW. 15, 96[13]). — Ein Direktor kann auch als **Beisitzer** fungieren. RG. 3, 310. Vgl. auch Anm. 2 § 65 (Verhinderung des Vorsitzenden).

2a Der Satz 2 ist dem Abs. 1 auf Grund des § 11 Abs. 3 VO. v. 4./1. 24 durch die Text-Bek. v. 22./3. 24 hinzugefügt worden. Dabei sind die früheren Sätze 2 und 3 zum Abs. 2 geworden. — Ausnahmsweise (s. Anm. 2) kann nun den Vorsitz in der kleinen Strafkammer ein vom Präsidium bestimmtes Mitglied führen, auch wenn es nicht der Präsident oder ein Direktor ist.

3 Vgl. Anm. 1 § 20 EG.

4 Das älteste Mitglied (§ 64 Abs. 2) wirkt hierbei nicht mit.

63. (62.) **Vor Beginn des Geschäftsjahrs werden auf seine Dauer die Geschäfte unter die Kammern derselben Art verteilt[1] und die ständigen Mitglieder der einzelnen Kammern sowie für den Fall ihrer Verhinderung die regelmäßigen Vertreter bestimmt.[2] Jeder**

Richter kann zum Mitglied[3] mehrerer Kammern bestimmt werden.

Die getroffene Anordnung kann im Laufe des Geschäftsjahrs nur geändert werden, wenn dies wegen eingetretener Ueberlastung einer Kammer oder infolge Wechsels oder dauernder Verhinderung[4] einzelner Mitglieder des Gerichts erforderlich wird.[5]

1 D. h. die Zivilsachen unter die Zivilkammern, die Strafsachen unter die Strafkammern. — Vgl. Preuß. Verf., betr. Verteilung der Mitglieder der Landgerichte unter die verschiedenen Kammern, v. 12./10. 82 (JMBl. 306). — Das Gericht ist nicht „unzuständig" deswegen, weil nach der Geschäftsverteilung die Sache vor eine andere Kammer gehört. Deshalb bleiben die erlassenen Entscheidungen wirksam, auch wenn die Sache an die andere Kammer abgegeben wird. RG. 45, 260, auch 45, 351. — Unzulässig ist eine Verteilung der Geschäfte in der Weise, daß **eine Kammer** (oder ein Senat, § 117) **in mehrere Abteilungen** zerfällt, die ihre Geschäfte selbständig erledigen, zumal wenn bei Verhinderung des Vorsitzenden nicht gemäß § 66 das dienstälteste Mitglied der Kammer (des Senats), sondern das dienstälteste Mitglied der betreffenden Abteilung den Vorsitz führt. Gr. 59, 487, (W. 15, 37), JW. 14, 427[10], (15, 96[13]), RG. 55, 238.

2 Auch die gemäß § 70 berufenen **Hilfsrichter** (über die Befähigung hierzu s. Anm. 2 § 70) können zu ständigen Mitgliedern oder regelmäßigen Vertretern bestellt werden. RG. 18, 307, 42, 297, auch Anm. 1 § 118. Es kann auch von vornherein für den Fall der Ueberlastung der ordentlichen Kammern eine **besondere Kammer** vorgesehen und deren Geschäftskreis erst nachträglich vom Präsidium durch Zuweisung individuell bezeichneter Sachen bestimmt werden. RG. 19, 230. — Der Fall der **Verhinderung** eines **ständigen Mitglieds** liegt auch vor, wenn dieses Mitglied an dem betreffenden Sitzungstage vom Präsidenten zu der Sitzung einer anderen Kammer einberufen ist. RG. 2, 51. — Ob ein Fall der Verhinderung vorliegt, ist lediglich Sache der Geschäftsleitung und entzieht sich der Nachprüfung durch die Gerichte, auch im

Rechtsmittelverfahren. RG. 2, 51, 196, 311, 3, 9, 241, 28, 169, 46, 254. Vgl. dagegen Anm. 4. — Es ist gesetzlich **nicht geboten, daß jedes Mitglied** eines Landgerichts **einer Kammer zugeteilt** wird. Daher kann das Präsidium auf den Vorschlag des Landgerichtspräsidenten von der Zuteilung eines Landrichters an eine Kammer absehen (z. B. weil der Landrichter infolge Zuziehung zu den Geschäften der Justizverwaltung in Wahrnehmung anderer Dienstgeschäfte dauernd behindert ist). RG. 46, 254.

³ Auch zum ständigen Mitgliede. RG. 25, 391.

⁴ Ob eine **dauernde Verhinderung** vorliegt, kann in der Revisionsinstanz in rechtlicher Hinsicht (nicht hinsichtlich der tatsächlichen Verhältnisse, RG. 46, 256, Anm. 2) nachgeprüft werden. Es ist darunter zu verstehen Behinderung von längerer Zeitdauer, z. B. längerer Urlaub. RG. 20, 386.

⁵ Die **Staatsanwaltschaft** ist nicht behindert, **bei Erhebung** der **Anklage** gegen mehrere Beschuldigte die Anordnung der Namen der Beschuldigten nach ihrem Ermessen vorzunehmen, wenn die Verteilung der Geschäfte unter die verschiedenen Strafkammern desselben Gerichts nach den Anfangsbuchstaben der Beschuldigten geordnet ist. RG. 28, 215. — **Ueber** die Zulässigkeit der **Besetzung neu gebildeter Kammern** des Landgerichts oder Senate des Oberlandesgerichts (§§ 117, 118) durch Hilfsrichter vgl. JW. 04, 411ⁿ.

64. (63.) Die im vorstehenden Paragraphen bezeichneten Anordnungen erfolgen durch das Präsidium.[1]

Das Präsidium wird durch den Präsidenten als Vorsitzenden, die Direktoren und das dem Dienstalter nach, bei gleichem Dienstalter das der Geburt nach älteste Mitglied gebildet; **ist kein Direktor ernannt, so besteht das Präsidium aus dem Präsidenten und den beiden ältesten Mitgliedern.**[2] Das Präsidium entscheidet nach Stimmenmehrheit; im Falle der Stimmengleichheit gibt die Stimme des Präsidenten den Ausschlag.

¹ **Nicht** durch den **Präsidenten**, der z. B. nicht die

ständigen Mitglieder einer Kammer (oder eines Senats, § 117) bestimmen darf. Gr. 59, 489, (W. 15, 37, JW. 15, 96[13]). Es ist auch **nicht** zulässig, daß das Präsidium, auch nur vorläufig oder vorbehaltlich seiner Genehmigung, diese **Befugnisse auf** den **Präsidenten** überträgt. Auch kann es eine Anordnung des Präsidenten nicht nachträglich mit der Wirkung genehmigen, daß dadurch der Mangel nicht vorschriftsmäßiger Besetzung des Gerichts geheilt wird. RG. 23, 167, 37, 59, 301, 38, 416. Vgl. aber § 67 (Bestimmung eines zeitweiligen Vertreters eines Mitgliedes durch den Präsidenten). — Auch die Ferienkammern (§ 201) müssen durch einen Beschluß des Präsidiums gebildet werden. RG. 37, 59, 40, 85, Anm. 1 § 203. — **Fernere Funktionen des Präsidiums:** §§ 66 Abs. 1 S. 2, 70, 78 (Bestimmung des regelmäßigen Vertreters für den Vorsitzenden der kleinen Strafkammer, Antrag auf Anordnung der Vertretung eines Mitgliedes, Bezeichnung der Mitglieder der Strafkammern bei Amtsgerichten). **Preußen:** Bestätigung der zu Schiedsmännern Gewählten (§ 4 Schiedsmannsordnung in d. Fass. v. 3./12. 24 [GS. 751] u. Nr. II AusfVerf. v. 20./12. 24 [JMBl. 1925 S. 9]).

² Der Halbsatz 2 ist dem Satz 1 auf Grund des § 5 S. 2 VO. v. 4./1. 24 durch die Text-Bek. v. 22./3. 24 hinzugefügt worden. Vgl. § 59 Abs. 1 Satz 2 (kleine Landgerichte).

65. (64.) **Der Präsident kann bestimmen, daß einzelne Untersuchungen von dem Untersuchungsrichter, dessen Bestellung mit dem Ablauf des Geschäftsjahrs erlischt, zu Ende geführt werden, sowie daß in einzelnen Sachen, in welchen während des Geschäftsjahrs eine Verhandlung bereits stattgefunden hat, die Kammer in ihrer früheren Zusammensetzung auch nach Ablauf des Geschäftsjahrs verhandle und entscheide.**[1]

¹ Ausnahmen von der Regel des § 63 Abs. 1 im Interesse der Geschäftserleichterung. RG. 71, 80. Die Vorschrift betrifft Fälle, in denen es die Beschaffenheit des in das neue Geschäftsjahr mithinübergehenden Rechtsstreits oder Straf-

verfahrens sehr wünschenswert erscheinen läßt, daß die Richter nicht wechseln, daß namentlich in weitläufigen Sachen das Verfahren von den durch die früheren Verhandlungen vollständig informierten Richtern durchgeführt wird. RJA. 14, 89, (KGJ. 47, 2, OLG. 31, 257). — So kann ein Richter, der (z. B. zufolge Beförderung zum Direktor) zur Zeit Mitglied einer anderen Kammer ist, zum **Beisitzer** in seiner **früheren Kammer** für eine dort verhandelte Zivilprozeßsache behufs Fortsetzung der Verhandlung in dieser Sache vor dem früheren Richterkollegium durch den Präsidenten bestimmt werden. JW. 05, 501[23]. Die Bestimmung gilt auch für die Fälle, in denen die Verhandlung nicht in dem Jahre, in dem die Bestimmung des Präsidenten ergeht, sondern in einem früheren Jahre stattgefunden hat. RG. 71, 79. Ferner gilt sie nicht bloß für ein Geschäftsjahr, sondern für die ganze Dauer des Rechtsstreites. RG. 71, 81. Weiter ist sie auch auf Fälle der Aenderung der Geschäftsverteilung im Laufe des Geschäftsjahres, sowie auf die Besetzung der Ferienkammern entsprechend anzuwenden. RJA. 14, 89, (KGJ. 47, 2, OLG. 31, 257). Ebenso auf die freiwillige Gerichtsbarkeit; vgl. Vorbem. vor § 59.

66. (65.) Im Falle der Verhinderung des ordentlichen Vorsitzenden[1] führt den Vorsitz in der Kammer das[2] Mitglied der Kammer, welches dem Dienstalter nach und bei gleichem Dienstalter der Geburt nach das älteste[3] ist.[4] **Für den Vorsitzenden der kleinen Strafkammer bestimmt das Präsidium den regelmäßigen Vertreter vor Beginn des Geschäftsjahrs.**[4a]

Der Präsident wird in seinen übrigen durch dieses Gesetz[5] bestimmten Geschäften, wenn ein Direktor zu seinem ständigen Vertreter ernannt ist, durch diesen, sonst[6] durch den Direktor vertreten, welcher dem Dienstalter nach und bei gleichem Dienstalter der Geburt nach der älteste ist. **Ist kein Direktor ernannt, so wird der Präsident, wenn nicht ein Mitglied**

des Landgerichts zu seinem ständigen Vertreter ernannt ist, durch das Mitglied vertreten, welches dem Dienstalter nach und bei gleichem Dienstalter der Geburt nach das älteste ist.[4a]

[1] Vgl. Anm. 2 § 62 (Präsident oder Direktor). — Als Grund der **Verhinderung** des ordentlichen Vorsitzenden kommt nicht nur Krankheit, Beurlaubung oder dergleichen in Betracht, sondern jede rechtliche oder tatsächliche Unmöglichkeit, als Vorsitzender tätig zu werden, RG. 54, 299, 56, 64, auch: Ueberlastung mit anderweiten Dienstgeschäften, RG. 54, 299, 55, 237, Unkenntnis des Inhalts der Prozeßakten, RG. 56, 63. **Keine Nachprüfung** in der Revisionsinstanz, ob ein Fall der Verhinderung vorlag. RG. 8, 8, 236, 40, 268, 55, 237, W. 12, 338, auch Anm. 1 § 67. **Es kann schon** bei Beginn des Geschäftsjahrs angenommen werden, daß der gesetzliche Vertreter des ordentlichen Vorsitzenden verhindert sein werde, in bestimmten, unter seiner Mitwirkung abzuhaltenden Sitzungen der Kammer den Vorsitz zu führen. RG. 54, 298.

[2] **Ständiges**, RG. 1, 238, **dienstlich verfügbares** (nicht z. B. in einer anderen Kammer tätiges), RG. 25, 390, und welches **wirkliches Mitglied** des Gerichts ist (nicht Hilfsrichter, selbst wenn sie zu ständigen Mitgliedern der Kammer bestellt sind), RG. 18, 307. Es kann also ein bei einem Landgericht beschäftigter, sei es auch der Strafkammer als ständiges Mitglied zugeteilter Hilfsrichter (Mitglied eines anderen Landgerichts, Amtsrichter oder Gerichtsassessor) im Fall der Verhinderung des ordentlichen Vorsitzenden nicht den Vorsitz führen, mag er auch im gegebenen Fall das dienstälteste der anwesenden Kammermitglieder sein. RG. 54, 252. Dies gilt auch für die **Ferienstrafkammer**. RG. 54, 253.

[3] Ist der älteste Beisitzer an der Uebernahme des Vorsitzes verhindert, so kommt er dem nächstältesten zu usw. RG. 28, 100, 25, 390, 41, 184.

[4] Der **Vorsitzende**, der den Vorsitz wegen Behinderung abgegeben hat, darf als **Beisitzer** fungieren. RG. 10, 318, 18, 302, 28, 100, JW. 89, 60[1], 226[1]. Ebenso das zur Vertretung des Vorsitzenden berufene Mitglied, wenn es ebenfalls an der Wahrnehmung des Vorsitzes verhindert ist. RG. 18, 302, 28,

100, 25, 390. — Ueber Unzulässigkeit des Vorsitzes des **dienstältesten Mitgliedes** nicht der Kammer (des Senats, § 117), sondern **einer der mehrerern Abteilungen**, aus denen die Kammer (der Senat) unzulässig sich zusammensetzt, vgl. Anm. 1 § 63.

4a Die zweiten Sätze sind den Absätzen 1 u. 2 auf Grund des § 11 Abs. 3 (kleine Strafkammer: § 76 Abs. 2) bezw. § 5 (kleine Landgerichte: § 59 Abs. 1 Satz 2) sowie der Ermächtigung im § 43 Abs. 1 u. 2 VO. v. 4./1. 24 hinzugefügt worden.

5 Vgl. § 62 (Vorsitz im Plenum), § 77 (Zusammenstellung der Jahresliste und Auslosung der Hauptschöffen für die Strafkammer), § 83 (Bestimmung der richterlichen Mitglieder des Schwurgerichts), §§ 84, 86, 87, 88 (Zusammenstellung der Jahresliste und Auslosung der Hauptgeschworenen, Benachrichtigung der Geschworenen von der Auslosung, Bestimmung des Zeitpunktes des Zusammentritts des Schwurgerichts, Anordnung der Einberufung der Hauptgeschworenen, Entscheidung über die von Geschworenen vorgebrachten Ablehnungsgründe). Bezüglich der Vertretung des Präsidenten in den ihm durch andere Gesetze oder Verordnungen, z. B. Disziplinargesetze, übertragenen Geschäften ist im GVG. nichts bestimmt.

6 Die Worte „wenn ein Direktor zu seinem ständigen Vertreter ernannt ist, durch diesen, sonst" sind durch das Ges. z. weiteren Entlastung der Gerichte v. 8./7. 22 eingefügt worden.

67. (66.) **Im Falle der Verhinderung des regelmäßigen Vertreters eines Mitglieds[1] wird ein zeitweiliger Vertreter durch den Präsidenten bestimmt.[2]**

1 Bzw. des Vorsitzenden. RG. 16, 416. — Ob die **Verhinderung** vorlag, entscheidet lediglich die Justizverwaltung; ihre Entscheidung entzieht sich der Nachprüfung durch die Gerichte, auch im Rechtsmittelverfahren. RG. 2, 51, 196, 311, 8, 9, 241, 28, 169, 40, 268, JW. 18, 222[12], auch RG. 25, 390, Anm. 1 § 66. — § 67 bezieht sich auch auf die Besetzung des Schwurgerichts. RG. in JMBl. 94 S. 325, RG. 40, 268, Anm. 2 § 83.

2 **Nicht durch** den **Vorsitzenden** der Kammer. Es kann dem Vorsitzenden auch vom Präsidium im Geschäftsplane nicht die Befugnis übertragen werden, im Falle plötzlicher Ver-

hinderung eines Mitgliedes der Kammer bis zum Eintreffen des regelmäßigen Vertreters einen anderen Richter des Landgerichts vorbehaltlich der Genehmigung des Präsidenten zur Teilnahme an der Sitzung heranzuziehen. RG. 41, 184. — Im Falle der **Verhinderung mehrerer Mitglieder** einer Kammer (z. B. infolge Ablehnung) ist diese so lange beschlußfähig, als noch durch Heranziehung der regelmäßigen Vertreter, nötigenfalls auch weiterer Mitglieder des Gerichts als zeitweiliger Vertreter, die für die Besetzung des Gerichts vorgeschriebene Zahl von Mitgliedern hergestellt werden kann. RG. 16, 413, JW. 88, 405[1], 01, 33[1], 10, 25[41], RG. 40, 436. Wenn also der regelmäßige Vertreter aller Mitglieder der Kammer im Falle der Verhinderung sämtlicher Mitglieder ein Mitglied vertritt und dadurch behindert wird, die übrigen zu vertreten, können für diese zeitweilige Vertreter bestimmt werden. RG. 40, 438, JW. 88, 405[1], W. 10, 42. — Zum zeitweiligen Vertreter kann ein anderer bestimmt werden als derjenige, der für den regelmäßigen Vertreter zum Vertreter in dessen Kammer bestellt ist. RG. 42, 298.

68. (67.) **Die Bestimmungen der §§ 62 bis 67[1] finden auf die Kammern für Handelssachen[2] keine Anwendung**

[1] Die Worte „§§ 62 bis 67" sind auf Grund der Ermächtigung im § 43 Abs. 1 VO. v. 4./1. 24 durch die Text-Bek v. 22./3. 24 an die Stelle der Worte „61—66" gesetzt worden.

[2] §§ 93ff. Vgl. f. **Preußen** § 46 AG. v. 24./4. 78 (GS. 230), § 4 Verf., betr. die Errichtung der Kammern für Handelssachen, v. 26./7. 79 (JMBl. 210) (der Vorsitzende wird vom Präsidenten des Landgerichts ernannt).

69. (68.) **Innerhalb der Kammer verteilt der Vorsitzende die Geschäfte[1] auf die Mitglieder.**

[1] Die Leitung der Verhandlung für einzelne Sachen den Gerichtsmitgliedern zu übertragen, ist der Vorsitzende nicht befugt; ausgeschlossen ist aber nicht die Uebertragung einzelner Befugnisse, z. B. der Zeugenvernehmung, an einen der Beisitzer. Prot. z. ZPO. 52, 53, 137.

70. (69.) **Soweit die Vertretung eines Mitglieds nicht**

urch ein Mitglied desselben Gerichts möglich ist,[1] wird e auf den Antrag des Präsidiums durch die Landes- ıstizverwaltung geordnet.

Die Beiordnung[2] eines nichtständigen Richters darf, renn sie auf eine bestimmte Zeit erfolgte, vor Ablauf ieser Zeit, wenn sie auf unbestimmte Zeit erfolgte, olange das Bedürfnis, durch welches sie veranlaßt ourde, fortdauert, nicht widerrufen werden.[3] Ist mit er Vertretung eine Entschädigung verbunden, so ist iese für die ganze Dauer im voraus festzustellen.

Unberührt bleiben die landesgesetzlichen Bestimmungen, nach welchen richterliche Geschäfte nur von ständig ngestellten Richtern[4] wahrgenommen werden können, owie die, welche die Vertretung durch ständig angestellte Richter regeln.[5]

[1] Nach Maßgabe der §§ 63, 67. — Zu den Mitgliedern es Landgerichts, die bei Behinderung eines Mitgliedes als Stellvertreter einberufen werden können, gehören **auch** der **Präsident und die Direktoren.** Sie müssen also dienstlich verhindert sein, wenn die Einberufung eines Nichtmitgliedes zulässig sein soll. RG. 36, 379, (JW. 04, 21[1]). — Die Entscheidung über die **Möglichkeit der Vertretung** durch ein Mitglied esselben Gerichts steht nur der Justizverwaltung zu; die Gerichte haben diese Entscheidung auch im Rechtsmittelverfahren **nicht nachzuprüfen.** RG. 3, 241, 23, 119. Die Vertretung ines Mitgliedes durch einen der Kammer nicht zugeteilten Richter, der die Vertretung freiwillig und ohne Anordnung der Landesjustizverwaltung übernimmt, ist unstatthaft. RG. 3, 241, 23, 119, RG. 29, 228.

[2] Ob ein **Bedürfnis** zur **Beiordnung** wirklich vorhanden ist, unterliegt nicht der Nachprüfung in der Revisionsinstanz. RG. 3, 232, 23, 119. Die Beiordnung umfaßt sowohl den Fall der Vertretung eines Mitgliedes als auch den der allgemeinen Aushilfe. RG. 22, 168. Sie erfolgt durch die Justizverwaltung; die Zuteilung zu einer bestimmten Kammer durch

das Präsidium. RG. 23, 120, 167. Ueber die **Befähigung zu Tätigkeit eines Hilfsrichters** entscheidet gemäß § 10 GVG. di **Landesgesetzgebung**. Sie hat insbesondere auch zu bestimmen ob zu Hilfsrichtern nur ständig angestellte Richter oder auc andere Personen mit Richterqualität (§§ 2ff. GVG., z. B Rechtsanwälte) berufen werden dürfen. RG. 2, 311, 22 134, 42, 296. — Erfolgt die Bestellung erst nach der Sitzung so ist in dieser die Kammer nicht ordnungsmäßig besetzt ge wesen; die spätere Bestellung zum Hilfsrichter hat keine rück wirkende Kraft. RG. 55, 225.

3 D. h. der **Widerruf** ist nicht ohne Zustimmung de Vertreters zulässig. Pr. 651, 759. — Weiteren Beschränkunge ist die Beiordnung **nicht** ständiger Richter nicht unterworfen insbesondere ist sie nicht auf den Fall des Abs. 1 beschränk RG. 23, 120. Der Hilfsrichter kann **nicht bloß zur Vertretun desjenigen Richters**, zu dessen Vertretung er ernannt ist, ver wendet werden, sondern es kann auch gemäß §§ 63, 64 ode § 67 über seine Verwendung anderweit bestimmt werden. RG 42, 297.

4 **Preußen**: §§ 4, 5 AG. v. 24./4. 78 (GS. 230). – **Assessoren**, welche Amtsrichter vertreten, dürfen in Preuße in dieser Eigenschaft nicht auch als Hilfsrichter beim Lan gericht zugezogen werden. RG. 8, 236, 22, 134, 168, JW. 9(65. Mitglieder einer bei dem Amtsgerichte gebildeten Stra kammer (§ 78) sind sie nur, wenn sie bei dieser ausdrückli zu Hilfsrichtern bestellt sind. RG. 22, 203, (JW. 92, 144

5 **Preußen**: § 33 AG. v. 24./4. 78 (GS. 230), bet die **Vertretung der Landrichter durch Amtsrichter**. — Es kan nachdem die Zuziehung im allgemeinen durch Beschluß de Präsidiums angeordnet ist, die Ausführung dieser Anordnu für den einzelnen Fall dem Präsidenten überlassen werde RG. 40, 87. — Die Amtsrichter dürfen aber durch den Lan gerichtspräsidenten nicht für längere Zeit einer Kammer a deren ständiges Mitglied zugewiesen, sondern nur zu einzeln Sitzungen herangezogen werden. RG. 40, 86. Vgl. jedo § 59 Abs. 2 u. Anm. 3 dazu. — Auf solche nach landesg setzlicher Vorschrift zur Aushilfe herangezogene, ständig ang stellte Richter finden die Vorschriften der Abs. 1 u. 2 keine A wendung. RG. 22, 134, 26, 94, 32, 283, 40, 87. — Die lande

gesetzlich gestattete aushilfsweise Einberufung von Amtsrichtern zu einzelnen Sitzungen des Landgerichts erstreckt sich nicht auf die mit der Verwaltung einer Amtsrichterstelle beauftragten, jedoch nicht ständig als Richter angestellten Beamten. RG. 32, 283. — Wo (wie in Bayern) landesgesetzlich bestimmt ist, daß im Bedarfsfalle ausnahmsweise der Landesgerichtspräsident einen Amtsrichter des Landgerichtsbezirks zur Aushilfe beiziehen kann, muß der Präsident den betreffenden Richter selbst bestimmen, nicht darf er die Bestimmung dem Amtsgerichtsvorstand überlassen. RG. 57, 269.

2. Zuständigkeit.

Ferner in Angelegenheiten der freiwilligen Gerichtsbarkeit: FGG. §§ 5, 194 (Bestimmung des örtlich zuständigen Gerichts), § 19 (Entscheidung über Beschwerden), §§ 46, 194 (Entscheidung über Abgabe der Vormundschaft an ein anderes Vormundschaftsgericht), § 148 (Löschung einer Eintragung im Handelsregister), § 197 (Aufbewahrung der Standesamts-Nebenregister); in Grundbuchsachen: §§ 72, 81 GBO. (Entscheidung über Beschwerden).

Zivilkammern.

71. (70.) Vor die Zivilkammern, einschließlich der Kammern für Handelssachen,[1] gehören alle bürgerlichen Rechtsstreitigkeiten, welche nicht den Amtsgerichten zugewiesen sind.[2]

Die Landgerichte sind ohne Rücksicht auf den Wert des Streitgegenstandes ausschließlich[3] zuständig:

1. für die Ansprüche, welche auf Grund des **Reichsbeamtengesetzes**[4] gegen den Reichsfiskus erhoben werden;
2. für die Ansprüche gegen Reichsbeamte[5] wegen Ueberschreitung ihrer amtlichen Befugnisse oder wegen pflichtwidriger Unterlassung von Amtshandlungen.[6]

Der Landesgesetzgebung bleibt überlassen,[7] Ansprüche der Staatsbeamten[8] gegen den Staat aus ihrem

Dienstverhältnisse[9], Ansprüche gegen den Staat wegen Verfügungen der Verwaltungsbehörden,[10] wegen Verschuldung von Staatsbeamten[11] und wegen Aufhebung von Privilegien, Ansprüche gegen Beamte [6, 12] wegen Ueberschreitung ihrer amtlichen Befugnisse oder wegen pflichtwidriger Unterlassung von Amtshandlungen[13] sowie Ansprüche in betreff öffentlicher Abgaben[14] ohne Rücksicht auf den Wert des Streitgegenstandes den Landgerichten ausschließlich zuzuweisen.[15]

[1] Zuständigkeit dieser Kammern: §§ 94, 95.

[2] §§ 23, 27 (Zuständigkeit der Amtsgerichte).

[3] Ferner: ZPO. §§ 606, 642 (**Ehe- und Kindschaftssachen**), §§ 665, 679, 684, 686 (Anfechtungs- und Wiederaufhebungsklagen in **Entmündigungssachen**), § 957 (Anfechtungsklage im **Aufgebotsverfahren**, s. RG. 78, 377); HGB. §§ 271, 272, 320 Abs. 2 (Anfechtung eines Generalversammlungsbeschlusses einer **Aktiengesellschaft** oder einer Kommanditgesellschaft auf Aktien); §§ 51, 109, 112 RGes., betr. die Erwerbs- und Wirtschafts-**Genossenschaften**, v. 1./5. 89 in d. Fass. v. 20./5. 98 (RGBl. 810) (Anfechtung eines Generalversammlungsbeschlusses bzw. der Vollstreckbarkeitserklärung einer Nachschußberechnung); §§ 61, 62 RGes., betr. die **Gesellschaften mit beschr. H.**, v. 20./4. 92 in d. Fass. v. 20./5. 98 (RGBl. 846) (Klage auf Auflösung der Gesellschaft); § 49 **Börsenges.** v. 22./6. 96 in d. Fass. v. 27./5. 08 (RGBl. 215); § 110 **Reichsstempelges.** v. 3./7. 13 (RGBl. 544), jetzt ist jedoch für einen Streit über Verpflichtung zur Entrichtung von Reichsstempelabgaben der Rechtsweg ausgeschlossen, s. Anm. 25 § 95; § 5 Abs. 3 RGes., betr. d. Entschädigung der im **Wiederaufnahmeverfahren** freigesprochenen Personen, v. 20./5. 98 (RGBl. 345) u. § 6 RGes., betr. Entschädigung f. unschuldig erlittene **Untersuchungshaft**, v. 14./7. 04 (RGBl. 321) (Höhe der Entschädigung); § 55 **Gewerbegerichtsges.** v. 29./7. 90 in d. Fass. v. 29./9. 01 (RGBl. 353), 12./5. 20 (RGBl. 958), 14./1. 22 (RGBl. 155), 6./6. 24 (RGBl. I 645) u. § 16 RGes., betr. die Kaufmannsgerichte, v. 6./7. 04 (RGBl. 266) in d. Fass. v. 12./5. 20 (RGBl. 958), 14./1. 22 (RGBl. 155),

6./6. 24 (RGBl. I 645) (Berufung u. Beschwerde gegen Entscheidungen der Gewerbegerichte, der Kaufmannsgerichte); § 19 **Beamtenhinterbliebenenges.** v. 17./5. 07 (RGBl. 208), der nach § 1 **Kolonialbeamtenges.** v. 8./6. 10 auch für die Hinterbliebenen der Kolonialbeamten gilt (hinsichtlich der Kolonialbeamten selbst s. Anm. 5); früher § 35 Militärhinterbliebenengesetz v. 17./5. 07 (RGBl. 214), § 89 Offizierpensionsges. v. 31./5. 06 (RGBl. 565) u. § 42 Ges. über Versorgung der Personen der Reichsheerunterklassen v. 31./5. 06 (RGBl. 593), jetzt vgl. § 1 Ges. über das Verfahren in Versorgungssachen (Anm. 4 § 13) u. § 32 Abs. 5 **Reichswehrges.** v. 23./3. 21 (RGBl. 329). — Vgl. auch ZPO. § 40 Abs. 2 (Unzulässigkeit der Vereinbarung über die Zuständigkeit eines anderen Gerichts), § 511a Abs. 4, § 547 Nr. 2 (Statthaftigkeit der Berufung, der Revision ohne Rücksicht auf den Wert des Beschwerdegegenstandes).

4 Früher lautete die Nr. 1: „für die Ansprüche, welche auf Grund des Gesetzes vom 1. Juni 1870 über die Abgaben von der Flößerei oder auf Grund des Gesetzes über die Rechtsverhältnisse der Reichsbeamten vom 31. März 1873 gegen den Reichsfiskus erhoben werden;" Durch die Text-Bek. v. 22./3. 24 sind auf Grund der Ermächtigung im § 43 Abs. 1 VO. v. 4./1. 24 die Worte „auf Grund des Gesetzes vom 1. Juni 1870 über die Abgaben von der Flößerei oder" wegen § 451 der Reichsabgabenordnung v. 13./12. 19 gestrichen und an die Stelle der Worte „Gesetzes über die Rechtsverhältnisse der Reichsbeamten vom 31. März 1873" die Worte „Reichsbeamtengesetzes" gesetzt worden. Vgl. §§ 144, 149 ff. des Ges. v. 18./5. 07 (RGBl. 245) in d. Fass. des Art. 1 Personal-Abbau-VO. v. 27./10. 23 (RGBl. I 999). — Gilt entsprechend für die Ansprüche der **Kolonialbeamten** aus ihrem Dienstverhältnis auf Grund Kolonialbeamtenges. v. 8./6. 10. RG. 82, 408 (hinsichtlich der Ansprüche der Hinterbliebenen der Kolonialbeamten s. Anm. 3). — Durch § 3 RGes. über die Haftung des Reichs für seine Beamten v. 22./5. 10 (RGBl. 798) sind die Landgerichte auch für die Ansprüche, welche auf Grund dieses Gesetzes gegen das Reich erhoben werden (auf Grund der dort bestimmten Haftung des Reichs für schuldhafte Amtspflichtverletzungen der Reichsbeamten an Stelle dieser), ohne

Rücksicht auf den Wert des Streitgegenstandes für ausschließlich zuständig erklärt.

[5] Auch wenn die Beamten **zur Zeit der Klagerhebung nicht mehr die Beamteneigenschaft besitzen.** RG. 88, 244.

[6] § 154 Reichsbeamtenges. (vgl. Anm. 4). — **Ueberschreitung der amtlichen Befugnisse** liegt auch dann vor, wenn der Reichsbeamte innerhalb seiner Zuständigkeit, aber mit Verletzung der erforderlichen Sorgfalt handelt. RG. 40, 202. — Da nach § 1 RGes. v. 22./5. 10 (s. Anm. 4), jetzt (vgl. RG. 102, 166, 393) Art. 131 Abs. 1 Reichsverfassung v. 11./8. 19 (RGBl. 1383) das Reich an Stelle der Beamten für deren schuldhafte Amtspflichtverletzungen haftet, kommen nun die Ersatzansprüche des Reichs gegen die betreffenden Beamten nach § 2 jenes Gesetzes, Art. 131 Abs. 1 S. 2 Reichsverfassung hier in Betracht.

[7] Durch den **Vorbehalt im Abs. 3** soll es den Landesgesetzgebungen für die darin aufgeführten wichtigen Grenzgebiete des öffentlichen und des Privatrechts ermöglicht werden, die Zuständigkeit des Reichsgerichts zu begründen. RG. 92, 174.

[8] Oder ihrer Hinterbliebenen. RG. 14, 367, 82, 119, 89, 255. — **Gleichviel ob das Amt auf Lebenszeit oder auf bestimmte Zeit** übertragen oder einer Kündigung unterworfen ist. JW. 93, 381[1]. — Daß der Beamte als Kläger auftritt, ist nicht erforderlich. Vielmehr gilt Abs. 3 auch für **Kondiktionen des Fiskus** gegen den Beamten. RG. 82, 121, 40, 245.

[9] Nach der früheren Rechtsprechung sollte für Ansprüche der Reichsbeamten aus ihrem Dienstverhältnisse gegen den **Reichsfiskus** lediglich Abs. 2 Nr. 1 gelten. RG. 38, 411, 84, 420, JW. 95, 61[7], 181[1]. In RG. 89, 253 ist jedoch diese Rechtsprechung mit Rücksicht auf Art. 77 EG. z. BGB. als nicht mehr aufrechterhaltbar erklärt und **von dem Worte „Staat“ auch das „Reich“** als mit umfaßt erachtet worden. Danach fand früher schon § 71 Abs. 3 Anwendung, wenn ein Offizier, der nicht Reichsbeamter im Sinne des RBeamtenGes. war, seine materiell gegen das Reich, nicht gegen den einzelnen Bundesstaat (Land) gerichteten Gehaltsansprüche gegen die einzelne bundesstaatliche Kontingentsverwaltung als Vertreterin des Reichsmilitärfiskus geltend machte. Jetzt bestimmt die Zuständigkeit der Landgerichte für vermögensrechtliche Ansprüche aller Angehörigen der Wehrmacht aus ihrem Dienstverhältnisse

gegen den **Reichsfiskus ausdrücklich** § 32 Abs. 5 Reichswehrges. v. 23./3. 21 (RGBl. 329). — Eine **Stadtgemeinde** aber steht in dieser Hinsicht dem Staate **nicht** gleich. JW. 98, 341[1], 02, 133[44], auch RG. 107, 61. Vgl. jedoch Anm. 15.

10 D. h. alle wegen **Verfügungen staatlicher Verwaltungsbehörden** gegen diese selbst oder gegen den Staat zu erhebenden Klagen, soweit diese nach der betreffenden Landesgesetzgebung überhaupt im Rechtswege verfolgt werden können. JW. 88, 83. Gemeint sind aber nur solche Klagen, die sich gegen die Verfügung wenden, sie **angreifen** und daraus Ansprüche gegen den Staat ableiten (nicht z. B. Klagen, mit denen nur eine höhere Entschädigung verlangt, die Verfügung selbst aber nicht angefochten wird). RG. 92, 175. — Vgl. wegen Klagen auf Feststellung der Ungültigkeit einer polizeilichen Verfügung JW. 97, 176[11]. — Vgl. ferner für **Preußen:** KabOrder v. 4./12. 31 (GS. 255), Ges. v. 11./5. 42 (GS. 192), Ges. v. 24./5. 61 (GS. 241).

11 Vgl. § 12 GVO. — **Verschuldung** eines Staatsbeamten in dieser Eigenschaft liegt nur vor, wenn das Verschulden zu dem Inhalte **des öffentlich-rechtlichen Dienstverhältnisses in Beziehung** steht. Daher gehören **nicht** hierher Ansprüche: **aus** privatrechtlichen, für den Staat durch Beamte abgeschlossenen **Verträgen,** RG. 18, 169, z. B. aus Verträgen, die von Angestellten bei einem staatswirtschaftlichen Unternehmen abgeschlossen sind, JW. 96, 300[1], Gr. 41, 708; wegen Verschuldung bei Wahrnehmung solcher Funktionen, die lediglich den Gegenstand eines privatrechtlichen Dienstverhältnisses zum Fiskus bilden (z. B. des vertraglich angenommenen Führers eines fiskalischen Dampfers), RG. 40, 399, oder wegen Verabsäumung einer dem Staat in seiner privatrechtlichen Stellung als Grundeigentümer obliegenden Verpflichtung seitens der Beamten, RG. 29, 421, JW. 87, 92, 16, 750[16]. Ferner auch **nicht Schadensersatzansprüche wegen Verschuldens des Fiskus selbst** (d. h. der Organe, deren schuldhafte Handlungen dem Fiskus als eigene angerechnet werden), nicht der zu seiner Vertretung nicht berufenen Staatsbeamten (z. B. wegen Vertragsverletzung, mangelhafter Aufbewahrung, Verwendung ungeeigneter Transportmittel oder wegen Verletzung der der Zollverwaltung obliegenden Verpflichtung zur Rücklieferung zollpflichtiger Gegenstände [nach der zollamtlichen

Behandlung] durch den Beamten als einen Erfüllungsgehilfen [§ 278 BGB.] bezüglich der Verpflichtung). RG. 42, 415, Gr. 50, 1042, JW. 06, 223[6], 11, 990[29], 13, 149[28], 16, 751[16]. — Vgl. für Preußen auch Anm. 15. — Für Ansprüche gegen den **Reichsfiskus** wegen Verschuldens von Reichsbeamten bestand früher kein besonderer Gerichtsstand. Es war ausgeschlossen, für solche Ansprüche, wenn sie z. B. in Preußen erhoben wurden, die landesrechtliche Vorschrift des § 39 Nr. 2 PrAG. (s. Anm. 15) entsprechend anzuwenden. W. 09, 377. Vgl. jetzt § 3 RGes. v. 22./5. 10 in Anm. 4.

12 Auch Ansprüche gegen **Gerichtsvollzieher** wegen pflichtwidriger Ausführung des **Zwangsvollstreckungsauftrags**. RG. 17, 332, Gr. 31, 1166, 41, 1190, JW. 88, 418[32], 97, 287[8], 99, 575[9], 02, 433[52], 06, 174[22]. In Preußen auch Schadensersatzansprüche wegen pflichtwidriger Erledigung von Aufträgen zu freiwilligen Versteigerungen (§ 74 Abs. 1 Nr. 2 PrAG. z. GVG.). Gr. 46, 1085 (JW. 02, 269[1]). — Ferner in Preußen Entschädigungsansprüche gegen **Notare** wegen **pflichtwidriger** Unterlassung von **Amtshandlungen**, RG. 95, 216, Gr. 33, 457, oder wegen Nichtbeobachten der Formvorschriften, JW. 00, 671[36], oder wegen versehentlicher Beglaubigung gefälschter Unterschriften, Gr. 43, 1043, oder wegen unrichtiger Auskunftserteilung oder Verletzung der amtlichen Aufklärungspflicht bei der Beurkundung, wenn Zweifel über den Willen der Erschienenen und den Zweck der Urkundenerrichtung bestehen oder sonst ein besonderer Anlaß zur Erforschung des Willens der Erklärenden gegeben ist, W. 14, 120, auch RG. 95, 217, W. 13, 195, (JW. 13, 490[12]). — Dagegen **nicht** Ansprüche gegen **Gerichtsvollzieher**, die lediglich auf dem **zivilrechtlichen Auftragsverhältnisse** beruhen (z. B. Herausgabe des behufs Vollstreckung übergebenen Schuldtitels, des zur Präsentation und Protesterhebung übergebenen Wechsels, oder sonst eines Gegenstandes, den der Gerichtsvollzieher zufolge des Auftrages hinter sich haben soll, Rückzahlung eines Vorschußrestes), RG. 20, 388, 32, 374, Gr. 35, 1197, 46, 1085, JW. 91, 89[7], 02, 269[1], 06, 174[22], oder die von seiten desjenigen erhoben werden, der eine vollstreckbare Forderung seines Schuldners vorgepfändet hat, zu deren Beitreibung vom Drittschuldner der Gerichtsvollzieher Auftrag seitens des Schuldners hatte, Gr. 43, 1031. Auch **nicht** Ansprüche gegen den **Notar** wegen Versehen bei **Abfassung** einer von ihm entworfenen und demnächst **beglaubigten Urkunde.** RG. 49, 269 (vgl. jedoch RG. 40, 314, JW. 99, 318[45]). — Vgl. für **Preußen** wegen der Entschädigungsansprüche: gegen **Gemeindevorsteher:** JW. 91, 67[7]; der Gemeindejagdinteressenten gegen die **Jagdvorsteher** (früher Gemeindevertreter) (früher Preuß. JagdpolizeiGes. v. 7./3. 50, jetzt Jagdordnung v. 15./7. 07): RG. 88, 253, auch 40, 270; gegen **Schiedsmänner:** JW. 05, 345[21]. — In Preußen gehören zu den Beamten im Sinne des § 71 Abs. 3 auch die Mitglieder des **Vorstandes** einer **katholischen Kirchengemeinde.** JW. 02, 405[58]. — In **Preußen** haftet nach § 1 Ges. v. 1./8. 09 (GS. 691), ergänzt durch Ges. v. 14./5. 14 (GS. 117) (§ 4a: §§ 1—3 finden auch auf Lehrer und Lehrerinnen Anwendung), jetzt (RG. 102, 166, 393) Art. 131 Abs. 1 Reichsverfassung v. 11./8. 19 (RGBl. 1383) der Staat für schuldhafte Amtspflichtverletzungen seiner Beamten an Stelle dieser. Es kommen daher Ersatzansprüche des Staates gegen die betreffenden Beamten gemäß § 3 jenes Gesetzes, Art. 131 Abs. 1 S. 2 Reichsverfassung hier in Betracht. Dagegen nicht Ersatzansprüche nach §§ 1, 4 des Gesetzes gegen einen Kommunalverband wegen Amtspflichtverletzungen seiner Beamten: Anm. 15.

13 Umfaßt das ganze Gebiet des Verschuldens im amtlichen Verhalten. RG. 40, 203, JW. 06, 174[22]. Daher auch das **Verschulden des Richters** bei einer in Ausübung der streitigen Gerichtsbarkeit erlassenen **rechtsirrigen Entscheidung.** RG. 40, 203. — Eine Amtshandlung steht nicht in Frage und findet daher Abs. 3 keine Anwendung z. B., wenn auf Schadensersatz in Anspruch genommen wird: ein staatlicher Revierjäger, weil er einen im Jagdgebiet umherstreifenden Hund getötet hat, JW. 11, 990[30]; ein bei einem staatswirtschaftlichen Unternehmen Angestellter, weil er einen Unfall verschuldet haben soll, JW. 11, 990[30]. Vgl. für Preußen im übrigen Anm. 15.

14 Unter **öffentlichen Abgaben** sind die zur Bestreitung öffentlichen Aufwandes vom Staate oder sonstigen öffentlichen Verbänden kraft der Finanzhoheit erhobenen Geldbeträge zu verstehen, die sich in **allgemeine** als Steuern bezeichnete und in **besondere** als Gebühren bezeichnete Abgaben scheiden. RG. 92, 176. Damit werden umfaßt: **alle an öffentlich-rechtliche Verbände** (Staat, Kommunalverband, Gemeinden, Kirchen,

Schulen) zu entrichtenden **Leistungen** von Geld oder anderen Vermögenswerten, zu denen die Angehörigen eines Staats oder einer öffentlichen Körperschaft **auf Grund** einer dem **öffentlichen Rechte** angehörenden Norm verpflichtet sind, die durchweg **steuerartigen Charakter** haben und sich nicht als Gegenleistung für eine spezielle, dem einzelnen gemachte Leistung darstellen. RG. 36, 182, 42, 359, 83, 208, JW. 90, 401, 781, 06, 2834. Auch **Gebühren** des Gerichts und anderer Behörden (z. B. Gerichtskosten, Kanalisationsgebühren einer Stadtgemeinde). RG. 21, 46, 28, 86, 83, 208 (im § 61 Nr. 2 KO. dagegen haben öffentliche Abgaben den engeren Sinn von Steuern und steuerähnlichen Abgaben), 92, 176. Auch Beiträge an gewerbliche Innungen. RG. 42, 358. — **Nicht** aber fallen darunter: **öffentliche Lasten**, die sich von den öffentlichen Abgaben dadurch unterscheiden, daß sie für die Finanzbedürfnisse eines bestimmten Unternehmens, nicht für die des Staates usw. im allgemeinen bestimmt sind, so z. B. nicht Militärlasten, Kriegsleistungen, RG. 92, 176; **Bezüge** der Gemeinden **aus gewerblichen Betrieben**, aus privatwirtschaftlichen Unternehmungen, wie Gasanstalten, Anlagen für elektrische Beleuchtung, Straßenbahnen, RG. 83, 213. — **Es macht jedoch keinen Unterschied, ob die Abgaben auf Landesgesetz beruhen oder von den Organen der Länder des Reichsgebiets zu erhebende Reichsabgaben sind.** RG. 11, 77, 97, 89, 255. — **Unter „Abgaben" sind auch diejenigen Ansprüche einbegriffen, deren Rechtsbeständigkeit von der Frage der Verpflichtung zur Entrichtung der Abgaben unmittelbar abhängt** (z. B. Zinsen). JW. 92, 27213. — **Die Vorschrift bezieht sich sowohl auf Ansprüche auf Feststellung der Nichtverpflichtung zur Entrichtung als auch auf Rückforderungen gezahlter Abgaben.** JW. 92, 27213.

15 Vgl. § 11 EG. (landesgesetzliche Vorschriften über die Voraussetzungen für die Verfolgung öffentlicher Beamten wegen Amtshandlungen). — **Preußen:** § 39 AG. v. 24./4. 78 (GS. 230) in d. Fass. d. Art. 130 Pr. FGG. v. 21./9. 99 (GS. 249) (nach Art. 130 Pr. FGG. sind die Landgerichte **auch** in **Landesstempelprozessen** ausschließlich zuständig, s. Verf. v. 2./5. 00 [JBl. 275], RG. 40, 385). **Unter die Ansprüche im Sinne des § 39 AG. fallen im wesentlichen alle Fälle der Verletzung einer Amtspflicht** (§ 839 BGB.). RG. 60, 323, Gr. 48, 929. Vgl.

RG. 42, 415, Gr. 50, 1042 (Ansprüche gegen den Landesfiskus wegen Verschuldung von Staatsbeamten, nicht auch wegen Verschuldung des Fiskus selbst, s. Anm. 11 a. E.), RG. 46, 340, 50, 397, JW. 01, 394[1], W. 09, 377 (nicht unter § 71 GVG. auf Grund § 89 AG. fallen Schadensersatzansprüche wegen Verschuldens der Beamten als Betriebsgehilfen in einem Gewerbebetriebe des Fiskus), RG. 56, 358 (unter § 89 AG. fällt die Klage des Fiskus gegen einen Staatsbeamten auf Rückerstattung nicht zustehender Bezüge), RG. 59, 329 (Mitglieder des evangelischen Gemeindekirchenrats sind öffentliche Beamte im Sinne des § 89 AG.), RG. 60, 321 (Ansprüche gegen Schiedsmänner wegen fahrlässig falscher Beglaubigung fallen nicht unter § 89 AG.), JW. 10, 830[63] (desgl. Ansprüche gegen Beamte einer Hinterlegungsstelle wegen Verschuldens bei Auszahlung an einen Unberechtigten), W. 12, 74 (desgl. Ansprüche gegen einen Postassistenten wegen schuldhafter Schadenszufügung bei Herstellung einer Telephonlinie). Nach OLG. 28, 319, JW. 20, 571[2] gilt § 39 Nr. 3 AG. nur für Ansprüche gegen öffentliche Beamte wegen Ueberschreitung ihrer amtlichen Befugnisse, gestattet er keine Ausdehnung auf Ansprüche gegen Gemeinden, wenn diesen Ansprüchen auch Amtspflichtverletzungen von öffentlichen Beamten zugrunde liegen, und gilt er danach nicht für Ersatzansprüche, die auf Grund der §§ 1, 4 pr. Ges. v. 1./8. 09 (s. Anm. 12) gegen einen Kommunalverband erhoben werden. In RG. 107, 61 ist jedoch das Gegenteil ausgesprochen, weil der Kommunalverband nur an Stelle des Beamten hafte; vgl. auch RG. 107, 258. — Abs. 8 bezieht sich nur auf die **sachliche, nicht** auf die **örtliche Zuständigkeit.** Es ist also die Landesgesetzgebung dadurch nicht ermächtigt, in Abweichung von den Vorschriften der §§ 12 ff. ZPO. für die in Frage stehenden Ansprüche (z. B. gegen Landesbeamte wegen Verschuldens) die Landgerichte des betreffenden Staats, unter Ausschluß der nach den §§ 12 ff. ZPO. örtlich zuständigen Landgerichte eines anderen Staats, ausschließlich für sachlich und örtlich zuständig zu erklären. Gr. 39, 1084, JW. 95, 321[1], auch Gr. 48, 1086. — Ueber **Ersatzansprüche** des für schuldhafte Amtspflichtverletzungen seiner Beamten an Stelle dieser haftenden **Staates gegen** die betreffenden **Beamten** vgl. Anm. 12.

72. (71.) Die Zivilkammern, einschließlich der Kammern für Handelssachen,[1] sind die Berufungs- und Beschwerdegerichte in den vor den Amtsgerichten[2] verhandelten bürgerlichen Rechtsstreitigkeiten.[3]

[1] Die K. f. HS. sind hinzugefügt durch die Nov. v. 1./6. 09. Sie sind danach jetzt auch zuständig für Berufungen und Beschwerden in amtsgerichtlichen Handelssachen (§ 94), während sie früher als Gerichte zweiter Instanz nur in Angelegenheiten der freiwilligen Gerichtsbarkeit (§ 30 FGG.) entschieden.

[2] Und Gewerbegerichten: § 55 GewerbegerGes. v. 29./7. 90 in d. Fass. v. 29./9. 01 (RGBl. 353), § 16 RGes., betr. die Kaufmannsgerichte, v. 6./7. 04 (RGBl. 266), beide abgeändert durch VO. v. 12./5. 20 (RGBl. 958), Ges. v. 14./1. 22 (RGBl. 155), VO. v. 6./6. 24 (RGBl. I 64).

[3] Berufung: §§ 511 ff. ZPO. Beschwerde: §§ 567 ff. ZPO., auch §§ 4, 18, 39 GKG. in d. Fass. v. 21./12. 22, § 25 GO. f. GV. in d. Fass. v. 14./12. 22, § 17 GO. f. Z. u. S., §§ 85, 86 RAO., §§ 12, 53 GO. f. RA., §§ 95 ff. ZVG., § 30 FGG. — Ferner **Preußen**: §§ 25, 33 Pachtschutzordnung v. 2./4. 22 (GS. 257) (Rechtsbeschwerde in Pachtschutzsachen). — Dagegen: §§ 159, 181 GVG., wonach zur Entscheidung über Beschwerden in Sachen der Rechtshilfe bzw. der Sitzungspolizei das Oberlandesgericht zuständig ist.

Strafkammern

a) **außerhalb des Hauptverfahrens.**

73. (72.) Die Strafkammern sind zuständig[1] für die die Voruntersuchung und deren Ergebnisse betreffenden Entscheidungen, welche nach den Vorschriften der Strafprozeßordnung von dem Gerichte zu erlassen sind;[2] sie entscheiden über Beschwerden gegen Verfügungen des Untersuchungsrichters und des Amtsrichters[3] sowie gegen Entscheidungen **des Amtsrichters und**[3a] der Schöffengerichte.[4] Die Bestimmungen über die Zuständigkeit **der Oberlandesgerichte und**[3a] des Reichsgerichts[5] werden hierdurch nicht berührt.

Die Strafkammern erledigen außerdem die in der Strafprozeßordnung den Landgerichten zugewiesenen Geschäfte.[6]

[1] **Außerhalb eines Hauptverfahrens. Als erkennende Gerichte:** § 74. Ueber den Begriff „Entscheidungen des erkennenden Gerichts" vgl. Anm. 4 § 82. — Vgl. auch §§ 82 Abs. 2, 83 Abs. 4, 91 Abs. 1, 92 Abs. 2 hinsichtlich der Zuständigkeit in Schwurgerichtssachen.

[2] StPO. n. F. § 124 Abs. 2 (Antrag des Untersuchungsrichters auf Aufhebung des Haftbefehls), 180 (Ablehnung des Antrags der Staatsanwaltschaft auf Eröffnung der Voruntersuchung), 197 (Ablehnung des Antrags der Staatsanwaltschaft auf Ergänzung der Voruntersuchung), 198, 202, 203, 204, 206, 207 Abs. 2 (Entscheidung über die Eröffnung des Hauptverfahrens oder Einstellung oder Anordnung weiterer Aufklärung, Entscheidung über Fortdauer der Untersuchungshaft, falls eine Voruntersuchung stattgefunden hat). — § 56 GVG. (Ordnungsstrafe gegen ausgebliebene Schöffen und Vertrauensmänner des Ausschusses). — Ferner § 4 GKG., § 17 GO. f. Z. u. S.

[3] § 304 StPO. n. F. — Jedoch §§ 159, 181 GVG. (Zuständigkeit des Oberlandesgerichts in Sachen der Rechtshilfe bzw. Sitzungspolizei).

[3a] Auf Grund der Ermächtigung im § 48 Abs. 1 VO. v. 4./1. 24 sind durch die Text-Bek. v. 22./3. 24 im Abs. 1 zwischen dem Wort „Entscheidungen" und den Worten „der Schöffengerichte" die Worte „des Amtsrichters und" mit Rücksicht auf die Fälle, in denen der Amtsrichter allein (ohne Zuziehung von Schöffen) entscheidet (§§ 25, 26), eingefügt und sind zwischen den Worten „Zuständigkeit" und „des Reichsgerichts" die Worte „der Oberlandesgerichte und" mit Rücksicht auf die Zuständigkeitsbestimmungen für die Oberlandesgerichte in § 120 (erste und letzte Instanz), § 121 Nr. 2 (Beschwerdeinstanz) eingefügt worden.

[4] §§ 304, 305 StPO. n. F. [5] § 137.

[6] Damit soll zum Ausdruck gebracht werden, daß das GVG. die **Funktionen** der Strafkammer **nicht erschöpfend** aufzählt. Begr. 96. — Vgl. StPO. n. F. §§ 27 Abs. 3 (Ab-

lehnung des Untersuchungsrichters oder Amtsrichters), 185 (Uebertragung der Voruntersuchung an einen Amtsrichter), ferner die außerhalb der Hauptverhandlung zu erlassenden Entscheidungen in den Berufungssachen, in denen die Strafkammern als erkennende Gerichte zuständig sind (§ 74).

b) **als erkennende Gerichte.**

Die früheren §§ 73, 74, betreffend die Zuständigkeit der Strafkammern als erkennende Gerichte erster Instanz, sind durch die Text-Bek. v. 22./3. 24 auf Grund der Ermächtigung im § 48 Abs. 1 VO. v. 4./1. 24 gestrichen worden, weil die Strafkammern jetzt nur noch in der Berufungsinstanz erkennende Gerichte sind und für sie als erkennende Gerichte erster Instanz die Schwurgerichte (große Schöffengerichte) getreten sind (§ 80). Der § 75 war bereits durch Art. I 8 Ges. zur Entlastung der Gerichte v. 11./3. 21 gestrichen worden.

Die früheren §§ 73—75 lauteten:

§ 73. Die Strafkammern sind als erkennende Gerichte zuständig:

1. für die Vergehen, welche nicht zur Zuständigkeit der Schöffengerichte gehören;
2. für diejenigen Verbrechen, welche mit Zuchthaus von höchstens fünf Jahren, allein oder in Verbindung mit anderen Strafen bedroht sind. Diese Bestimmung findet nicht Anwendung in den Fällen der §§ 86, 100 und 106 des Strafgesetzbuchs;
3. für die Verbrechen der Personen, welche zur Zeit der Tat das achtzehnte Lebensjahr noch nicht vollendet hatten;
4. für das Verbrechen der Unzucht im Falle des § 176 Nr. 3 des Strafgesetzbuchs;
5. für die Verbrechen des Diebstahls in den Fällen der §§ 243 und 244 des Strafgesetzbuchs;
6. für das Verbrechen der Hehlerei in den Fällen der §§ 260 und 261 des Strafgesetzbuchs;
7. für das Verbrechen des Betruges im Falle des § 264 des Strafgesetzbuchs.

§ 74. Die Strafkammern sind als erkennende Gerichte ausschließlich zuständig:

1. für die nach § 145a des Strafgesetzbuchs strafbaren Handlungen;
(2. für Zuwiderhandlungen gegen das Gesetz vom 25. Oktober 1867, betreffend die Nationalität der Kauffahrteischiffe usw.);
3. für Zuwiderhandlungen gegen die Bestimmungen der §§ 1, 2 und 8 des Gesetzes vom 8. Juni 1871, betreffend die Inhaberpapiere mit Prämien;
4. für die nach § 67 und § 69 des Gesetzes vom 6. Februar 1875, betreffend die Beurkundung des Personenstandes usw., strafbaren Handlungen;
5. für die nach § 59 des Bankgesetzes vom 14. März 1875 strafbaren Handlungen.

§ 75. Die Strafkammer kann bei Eröffnung des Hauptverfahrens wegen der Vergehen:
1. des Widerstandes gegen die Staatsgewalt in den Fällen der §§ 113, 114, 117 Abs. 1 und des § 120 des Strafgesetzbuchs;
2. wider die öffentliche Ordnung im Falle des § 137 des Strafgesetzbuchs;
3. wider die Sittlichkeit in den Fällen der §§ 180 und 183 des Strafgesetzbuchs;
4. der Beleidigung in den Fällen der nur auf Antrag eintretenden Verfolgung;
5. der Körperverletzung in den Fällen des § 223a und des § 230 Abs. 2 des Strafgesetzbuchs;
5a) der Nötigung im Falle des § 240 des Strafgesetzbuchs;
6. des Diebstahls im Falle des § 242 des Strafgesetzbuchs;
7. der Unterschlagung im Falle des § 246 des Strafgesetzbuchs;
8. der Begünstigung;
9. der Hehlerei in den Fällen des § 258 Nr. 1 und des § 259 des Strafgesetzbuchs;
10. des Betrugs im Falle des § 263 des Strafgesetzbuchs;
11. des strafbaren Eigennutzes in den Fällen des § 286 Abs. 1 und der §§ 288 und 289 des Strafgesetzbuchs;
12. der Sachbeschädigung in den Fällen der §§ 303 und 304 des Strafgesetzbuchs;

12a) der Bestechung im Falle des § 333 des Strafgesetzbuchs

und

13. wegen der gemeingefährlichen Vergehen in den Fällen der §§ 309, 316, 318, 318a, des § 327 Abs. 1 und des § 328 Abs. 1 des Strafgesetzbuchs;

ferner

14. wegen derjenigen Vergehen, welche nur mit Gefängnisstrafe von höchstens sechs Monaten oder Geldstrafe von höchstens eintausendfünfhundert Mark, allein oder neben Haft oder in Verbindung miteinander oder in Verbindung mit Einziehung bedroht sind, mit Ausnahme der in den §§ 128, 271, 296a, 301, 320, 331 und 347 des Strafgesetzbuchs und der im § 74 dieses Gesetzes bezeichneten Vergehen;

14a) wegen der Vergehen derjenigen Personen, welche zur Zeit der Tat das achtzehnte Lebensjahr noch nicht vollendet hatten;

sowie

15. wegen solcher Zuwiderhandlungen gegen die Vorschriften über die Erhebung öffentlicher Abgaben und Gefälle, deren Strafe in dem mehrfachen Betrag einer hinterzogenen Abgabe oder einer anderen Leistung besteht;

auf Antrag der Staatsanwaltschaft die Verhandlung und Entscheidung dem Schöffengerichte, soweit dieses nicht schon zuständig ist, überweisen, wenn nach den Umständen des Falles anzunehmen ist, daß wegen des Vergehens auf keine andere und höhere Strafe als auf eine Gefängnisstrafe von höchstens sechs Monaten oder eine Geldstrafe von höchstens eintausendfünfhundert Mark allein oder neben Haft oder in Verbindung miteinander oder in Verbindung mit Einziehung und auf keine höhere Buße als eintausendfünfhundert Mark zu erkennen sein werde.

Beschwerde findet nicht statt.

Hat im Falle der Nr. 15 die Verwaltungsbehörde die öffentliche Klage erhoben, so steht ihr der Antrag auf Ueberweisung an das Schöffengericht in gleicher Weise wie der Staatsanwaltschaft zu.

74 (76.) Die Strafkammern sind als erkennende Gerichte **zuständig**[1] für die Verhandlung und Entscheidung über das Rechtsmittel der Berufung[2] gegen die Urteile **des Amtsrichters und** des Schöffengerichts.[3]

[1] Früher „ferner zuständig". Durch die Text-Bek. v. 22./3. 24 ist das Wort „ferner" gestrichen worden, weil die §§ 73 bis 75 a. F. fortgefallen und die Strafkammern jetzt nur noch in der Berufungsinstanz erkennende Gerichte sind (s. oben).

[2] § 312 StPO. n. F.

[3] Schon früher auch gegen die vom Amtsrichter ohne Zuziehung der Schöffen nach § 211 Abs. 2 StPO. a. F. (gegen den vorgeführten geständigen Beschuldigten, der nur wegen Uebertretung verfolgt wurde) erlassenen Urteile. Durch die Text-Bek. v. 22./3. 24 sind auf Grund des § 11 Abs. 1, 2 VO. v. 4./1. 24, wonach die Berufung gegen die Urteile, die der Amtsrichter allein, ohne Zuziehung der Schöffen erlassen hat (vgl. §§ 25, 26), an die (kleine) Strafkammer geht (§ 76), hinter dem Wort „Urteile" die Worte „des Amtsrichters und" eingefügt worden.

3. Besetzung der Kammern.

Der frühere, die Besetzung der Zivilkammern in erster und zweiter Instanz (stets drei Mitglieder) und der Strafkammern in erster Instanz (außerhalb der Hauptverhandlung drei, in der Hauptverhandlung fünf Mitglieder) und in der Instanz der Berufung (außerhalb der Hauptverhandlung drei, in der Hauptverhandlung fünf, aber bei Uebertretungen und in den Fällen der Privatklage nur drei Mitglieder) betreffende § 77: „Die Kammern entscheiden in der Besetzung von drei Mitgliedern mit Einschluß des Vorsitzenden. Die Strafkammern sind in der Hauptverhandlung mit fünf Mitgliedern, in der Berufungsinstanz bei Uebertretungen und in den Fällen der Privatklage aber mit drei Mitgliedern einschließlich des Vorsitzenden zu besetzen," ist durch die Text-Bek. v. 22./3. 24 in die zwei §§ 75 und 76 geteilt. Der § 75 bestimmt, wie früher § 77, daß die Zivilkammern mit drei Mitgliedern (sowohl in erster wie in zweiter Instanz) besetzt sind. Jedoch ist mit Rücksicht darauf, daß in dem in den §§ 348 ff. ZPO. neu geregelten „Verfahren vor dem Einzelrichter" diesem die im § 349 Abs. 1 unter Nr. 1—5 und im Abs. 2 aufgeführten Entscheidungen zustehen, auf Grund des Art. I Nr. 1 VO. v. 13./2. 24 und der Ermächtigung im § 43 Abs. 1 VO. v. 4./1. 24 der Halbsatz: „soweit nicht nach den Vorschriften der Prozeßgesetze an Stelle der Kammer der Einzelrichter zu entscheiden hat" eingefügt. Die Mitglieder der Zivilkammern sind, wie früher, stets Richter. Dagegen sind nach § 76 die Strafkammern, die jetzt als erkennende Gerichte nicht auch in der ersten, sondern nur in der Berufungsinstanz zu entscheiden haben, mit einem Richter (dem Vorsitzenden) und zwei Schöffen (kleine Strafkammer) oder mit drei Richtern und zwei Schöffen (große Strafkammer) in der Hauptverhandlung besetzt, je nachdem sich die Berufung gegen ein Urteil des Amtsrichters (wenn dieser in den Fällen der §§ 25, 26 allein, ohne Zuziehung der Schöffen, entschieden hat) oder gegen ein Urteil des Schöffengerichts (§ 28) richtet; § 76 beruht auf § 11 Abs. 2 VO. v. 4./1. 24.

75. (77.)[1] **Die Zivilkammern sind, soweit nicht nach den Vorschriften der Prozeßgesetze an Stelle der Kammer der Einzelrichter zu entscheiden hat,[2] mit drei Mitgliedern einschließlich des Vorsitzenden besetzt.**

[1] S. Vorbm. [2] §§ 348 ff. ZPO.

76. (77.)[1] Die **Strafkammern** entscheiden **außerhalb der Hauptverhandlung** in der Besetzung von drei Mitgliedern mit Einschluß des Vorsitzenden.[2]

In der Hauptverhandlung ist die Strafkammer besetzt:[3]

mit dem Vorsitzenden und zwei Schöffen (kleine Strafkammer), wenn sich die Be-

rufung gegen ein Urteil des Amtsrichters[4] richtet:

mit drei Richtern mit Einschluß des Vorsitzenden[5] und zwei Schöffen (große Strafkammer), wenn sich die Berufung gegen ein Urteil des Schöffengerichts[6] richtet.

1 S. Vorbm. vor § 75.

2 Der **Untersuchungsrichter** darf bei den Entscheidungen der Strafkammer nicht mitwirken: § 23 Abs. 2 StPO. — In **Preußen** darf ein **Gerichtsassessor**, dem nur vertretungsweise die Verwaltung eines Amtsgerichts übertragen ist, nicht an den Sitzungen der Strafkammer des Landgerichts teilnehmen. JW. 90, 65.

3 Hat ein von der Ausübung des Richteramts (z. B. nach § 22 Nr. 4 StPO. weil er in der Sache als Beamter der Staatsanwaltschaft tätig gewesen ist) ausgeschlossener Richter an dem Eröffnungsbeschlusse (§§ 198, 199, 203 StPO. n. F.) teilgenommen, so bildet dieser keine genügende gesetzliche Grundlage für das Hauptverfahren und unterliegt das ergangene Urteil der Aufhebung in der Rechtsmittelinstanz; es ist das Verfahren wegen Mangels einer notwendigen Prozeß- (Urteils-) Voraussetzung einzustellen und über die Eröffnung des Hauptverfahrens in gesetzlicher Besetzung anderweit zu entscheiden. Vgl. RG. 55, 113.

4 §§ 25, 26.

5 Früher durften an dem Hauptverfahren vor der mit 5 Richtern besetzten Strafkammer (s. Vorbem. vor § 75) nicht mehr als 2 von denjenigen Richtern, die bei der Entscheidung über die Eröffnung des Hauptverfahrens (vgl. Anm. 2) mitgewirkt hatten, nicht teilnehmen. Diese Beschränkung (§ 23 Abs. 3 StPO. a. F.) ist fortgefallen (§ 23 StPO. n. F.).

6 § 28. — Ist die Berufung darauf gestützt, daß ein die Zuständigkeit des Amtsrichters (§§ 25, 26) überschreitendes Verbrechen oder Vergehen vorliege, oder ergibt sich dies erst im Laufe der Hauptverhandlung in der Berufungsinstanz, so ist die Strafkammer mit 3 Richtern und 2 Schöffen zu besetzen. Vgl. RG. 6, 315.

77. (neu.)[1] **Für die Schöffen der Strafkammer gelten entsprechend die Vorschriften über die Schöffen des Schöffengerichts[2] mit folgender Maßgabe:**

Die Landesjustizverwaltung verteilt die Zahl der erforderlichen Hauptschöffen[3] auf die zum Bezirke des Landgerichts gehörenden Amtsgerichtsbezirke. Die Hilfsschöffen[4] wählt der Ausschuß[5] bei dem Amtsgericht, in dessen Bezirk das Landgericht seinen Sitz hat. Hat das Landgericht seinen Sitz außerhalb seines Bezirkes,[6] so bestimmt die Landesjustizverwaltung, welcher Ausschuß der zum Bezirke des Landgerichts gehörigen Amtsgerichte die Hilfsschöffen wählt. Die Namen der gewählten Hauptschöffen und der Hilfsschöffen werden von dem Amtsrichter dem Landgerichtspräsidenten mitgeteilt. Der Landgerichtspräsident stellt die Namen der Hauptschöffen zur Jahresliste der Hauptschöffen[7] zusammen.

An die Stelle des Amtsrichters tritt für die Auslosung der Reihenfolge, in der die Hauptschöffen an den einzelnen ordentlichen Sitzungen der Strafkammer teilnehmen,[8] und für die Streichung eines Schöffen von der Jahresliste des Landgerichts[9] der Landgerichtspräsident; im übrigen tritt an die Stelle des Amtsrichters der Vorsitzende der Strafkammer.[10]

Niemand soll für dasselbe Geschäftsjahr zugleich als **Schöffe für das Schöffengericht und für die Strafkammer** bestimmt werden. Ist dies dennoch geschehen, oder ist jemand für dasselbe Geschäftsjahr in mehreren Bezirken zu diesen Aemtern bestimmt worden, so hat der Einberufene das Amt zu übernehmen, zu welchem er zuerst einberufen wird.

[1] Eingefügt durch die Text-Bek. v. 22./3. 24. Die Abs. 1, 2 u. 3 entsprechen den Abs. 1, 2, 3 des § 18 VO. v. 4./1. 24; sie geben Sonderbestimmungen für die Auswahl und die Reihenfolge der Einberufungen der Haupt- und Hilfsschöffen der Strafkammern. Der Abs. 4 gibt den früheren, den Umfang der Einberufungen als Geschworener und als Schöffe während eines Geschäftsjahrs betreffenden § 97 wieder; nur ist an Stelle von „Geschworener" gesetzt worden „Schöffe für die Strafkammer" und zu „Schöffe" hinzugefügt „für das Schöffengericht". Der frühere § 97 ist aber auch wörtlich, also für Geschworene und Schöffen allgemein, in dem jetzigen § 90 beibehalten, so daß die Bestimmung des früheren § 97 doppelt jetzt erscheint, einmal für Schöffengericht-Schöffen und Strafkammer-Schöffen und sodann für Geschworene und alle Schöffen. [2] §§ 29 bis 56. [3] Vgl. § 42 Nr. 1.
[4] Vgl. § 42 Nr. 2. [5] Vgl. §§ 40 bis 42.
[6] Vgl. Anm. 1 § 59. [7] Vgl. § 44.
[8] Vgl. §§ 45 Abs. 2, 48. [9] Vgl. § 52.
[10] Vgl. §§ 46, 47, 53, 54.

Strafkammern bei Amtsgerichten.

78. Durch Anordnung der Landesjustizverwaltung[1] kann wegen großer Entfernung des Landgerichtssitzes bei einem Amtsgerichte für den Bezirk eines oder mehrerer Amtsgerichte eine Strafkammer gebildet und ihr für diesen Bezirk die gesamte Tätigkeit der Strafkammer des Landgerichts[2] oder ein Teil dieser Tätigkeit[3] zugewiesen werden.[4]

Die Besetzung einer solchen Strafkammer erfolgt aus Mitgliedern des Landgerichts oder Amtsrichtern[5] des Bezirkes, für welchen die Kammer gebildet wird. Der Vorsitzende[6] wird ständig, die Amtsrichter werden auf die Dauer des Geschäftsjahrs[7] durch die Landesjustizverwaltung berufen, die übrigen Mitglieder werden nach Maßgabe des § 63[8] durch das Präsidium des Landgerichts bezeichnet.[9]

[10]Die Landesjustizverwaltung verteilt die Zahl der erforderlichen Hauptschöffen auf die zum Bezirke der Strafkammer gehörenden Amtsgerichtsbezirke.[11] Die Hilfsschöffen wählt der Ausschuß bei dem Amtsgerichte, bei dem die auswärtige Strafkammer gebildet worden ist.[12] Die im § 77 dem Landgerichtspräsidenten zugewiesenen Geschäfte[13] nimmt der Vorsitzende der Strafkammer wahr.

[1] **Preußen:** Verf. betr. die Bildung von Strafkammern bei Amtsgerichten v. 25./7. 79 (JMBl. 207), v. 19./8. 82 (JMBl. 274) (Sondershausen), v. 14./1. 85 (JMBl. 32) (Siegen), v. 1./2. 89 (JMBl. 46) (Wetzlar), v. 19./3. 01 (JMBl. 72) (Geestemünde), v. 9./9. 05 (JMBl. 283) (Naugard), v. 20./6. 06 (JMBl. 240) (Brandenburg, Erweiterung des Bezirks), v. 31./3. 19 (JMBl. 196) (Kempen), v. 12./10. u. 18./11. 21 (JMBl. 528, 578) (Sondershausen, Eisleben, Aenderung des Bezirks), v. 25./7. 23 (JMBl. 570) (Kirchen), v. 7./4. 24 (JMBl. 162) (Meppen); vgl. Nr. 2 Verf. v. 24./1. 24 (JMBl. 45) (die auf Grund des § 78 gebildeten Kammern bleiben bestehen). — Im übrigen kann auch die Strafkammer des Landgerichts aus Zweckmäßigkeitsgründen die Abhaltung einzelner ihrer Sitzungen an einem anderen Orte des Landgerichtsbezirks beschließen. RG. 11, 352.

[2] Nicht auch die in §§ 82, 91 (Entscheidungen in Schwurgerichtssachen) den Strafkammern übertragene Tätigkeit. Begr. 101.

[3] In Preußen ist den auswärtigen Strafkammern nur die Tätigkeit des erkennenden Gerichts zugewiesen. Vgl. Anm. 1. — Deshalb hat in Preußen über ein gegen einen erkennenden Richter der Strafkammer bei dem Amtsgericht gerichtetes, außerhalb der Hauptverhandlung gestelltes Ablehnungsgesuch nicht

die **Strafkammer bei dem Amtsgericht**, sondern die **Strafkammer des Landgerichts** zu entscheiden. RG. 41, 117, JW. 18, 831[8].

[4] Diese Strafkammern sind im Sinne des § 354 StPO. n. F. (Zurückverweisung der Sache durch aufhebendes Urteil des Revisionsgerichts) **selbständige**, hinsichtlich der örtlichen Zuständigkeit von den Strafkammern des Landgerichts verschiedene **Gerichtskörper**. RG. 17, 230, 50, 160.

[5] Die der Landesjustizverwaltung im § 70 allgemein **übertragene** Befugnis, **im Notfalle** die Vertretung eines Mitgliedes **auch durch** einen dem **Bezirk** der Strafkammer **nicht** angehörigen Amtsrichter anzuordnen, wird dadurch nicht berührt. JW. 90, 233[1]. Vgl. auch Anm. 1 § 70.

[6] Ihm stehen die dem Vorsitzenden der erkennenden Strafkammer zugewiesenen Verrichtungen zu, nämlich: §§ 124 Abs. 3, 141, 144, 213, 219, 221, 270 StPO. n. F. (Untersuchungshaft in dringenden Fällen, Bestellung eines Verteidigers, Anberaumung des Hauptverhandlungstermins, Erledigung von Beweisanträgen, Herbeischaffung von Beweismitteln, Entscheidung über Beweisanträge nach Verweisung der Sache an das zuständige Gericht.)

[7] Vgl. Anm. 1 § 20 EG.

[8] Früher „§ 62". Aenderung der Text-Bek. v. 22./3. 24, weil der frühere § 62 die Nummer 63 erhalten hat.

[9] In **Preußen** kann die Justizverwaltung dem **Vorsitzenden** für Behinderungsfälle **generell** einen **Vertreter** bestellen, so daß das älteste Mitglied der Kammer erst bei Verhinderung auch des Vertreters als Vorsitzender eintritt. RG. 9, 387 (JW. 89, 226[1]). — In **Preußen** ist ein mit der Verwaltung nur einer Amtsrichterstelle beauftragter **Gerichtsassessor** zur Teilnahme an den Sitzungen der bei dem Amtsgerichte gebildeten Strafkammer **nicht** ermächtigt, es sei denn, daß er auch zum Hilfsrichter bei der Strafkammer bestellt ist. RG. 22, 203, (JW. 92, 144[1]), auch Anm. 4 § 70. Eine nachträgliche Bestellung zum Hilfsrichter hat keine rückwirkende Kraft. RG. 55, 225.

[10] Der Abs. 3 ist auf Grund von Abs. 4, 5 des § 18 VO. v. 4./1. 24 durch die Text-Bek. v. 22./3. 24 hinzugefügt worden.

11 Abweichung von § 77 Abs. 2 S. 1.
12 Abweichung von § 77 Abs. 2 S. 2.
13 Vgl. § 77 Abs. 2 S. 4 u. Abs. 3.

Sechster Titel.

Schwurgerichte.

79. Für die Verhandlung und Entscheidung von Strafsachen treten bei den Landgerichten **nach Bedarf**[1] Schwurgerichte zusammen.

1 Die Worte „nach Bedarf" sind durch die Text-Bek. v. 22./3. 24 an die Stelle des Worts „periodisch" gesetzt worden. — Die jährliche Zahl, die Dauer und den Beginn der Sitzungsperioden bestimmt die Landesjustizverwaltung, die Termine zur Hauptverhandlung der Vorsitzende. Pr. 652, § 218 StPO. n. F. — **Preußen:** § 2 Verf., betr. die Vorbereitungen zur Bildung der Schöffengerichte und Schwurgerichte, v. 22./7. 79 (JMBl. 195) und, betr. die Dauer der Sitzungsperioden der Schwurgerichte, v. 22./5. 82 (JMBl. 146).

1. Zuständigkeit.

80. Die Schwurgerichte sind zuständig für die Verbrechen, welche nicht [1]**vor das Reichsgericht**[2] **oder vor das Amtsgericht**[3] gehören.[4]

1 Die Worte „vor das Reichsgericht oder vor das Amtsgericht" sind auf Grund des § 14 VO. v. 4./1. 24 durch die Text-Bek. v. 22./3. 24 an die Stelle von „zur Zuständigkeit der Strafkammern oder des Reichsgerichts" gesetzt worden, weil jetzt die Strafkammern als erkennende Gerichte nur noch in der Berufungsinstanz zuständig sind (§ 74). Danach ist jetzt das Schwurgericht zuständig für die Verbrechen aus den §§ 81, 83, 84, 92 (falls der Hochverrat oder der Landesverrat nicht gegen das Reich gerichtet ist), 153, 154, 155, 157, 158, 178, 211, 212, 214, 215, 217, 220, 221 Abs. 3 Halbs. 2, 226, 229 Abs. 2, 234, 239 Abs. 3, 251, 252 u. 255 (falls die Strafe aus dem § 251 zu entnehmen ist, vgl. § 24 Nr. 3b), 306, 307, 312, 313 Abs. 1, 315 Abs. 2, 321

Abs. 2 Halbs. 2, 322 Abs. 2, 323, 324 letzt. Halbs., 334, 341 (im Falle des § 239 Abs. 3), 344, 345 Abs. 1 StGB., § 5 Abs. 2 u. 3 SprengstoffGes. v. 9./6. 84 (RGBl. 61). Für das Verbrechen des Meineids ist das Schwurgericht auch dann zuständig, wenn bei der Eröffnung des Hauptverfahrens angenommen wird, daß die Voraussetzungen des § 157 Abs. 1 StGB. vorliegen. RG. 8, 177, (JW. 89, 226[2]).

[2] § 134. [3] § 24.

[4] Für die durch die Presse verübten strafbaren Handlungen gemäß § 6 EG.

2. Besetzung.

81. Das Schwurgericht besteht aus drei **Richtern**[1] mit Einschluß des Vorsitzenden und **sechs**[2] Geschworenen.

[1] Das Wort „Richtern" ist durch die Text-Bek. v. 22./3. 24 an die Stelle der Worte „richterlichen Mitgliedern" gesetzt worden.

[2] Das Wort „sechs" ist auf Grund des § 12 Abs. 1 VO. v. 4./1. 24 durch die Text-Bek. v. 22./3. 24 an die Stelle der Worte „aus zwölf zur Entscheidung der Schuldfrage berufenen" gesetzt worden. Ueber die Art und Weise der Entscheidungen der vor die Schwurgerichte gehörenden Sachen vgl. § 82.

82.[1] Die Richter und die Geschworenen entscheiden über die Schuld- und Straffrage gemeinschaftlich; während der Hauptverhandlung üben die Geschworenen das Richteramt im gleichen Umfang wie die Schöffen aus.[2]

[3]Außerhalb der Hauptverhandlung entscheiden während der Tagung die richterlichen Mitglieder des Schwurgerichts; außerhalb der Tagung[4] entscheidet die Strafkammer des Landgerichts.[5]

[1] Der § 82 lautete früher: „Die Entscheidungen, welche nach den Vorschriften dieses Gesetzes oder der Strafprozeßordnung von dem erkennenden Gerichte zu erlassen sind, erfolgen in den bei den Schwurgerichten anhängigen Sachen durch die richterlichen Mitglieder des Schwurgerichts. Werden diese Ent-

scheidungen außerhalb der Dauer der Sitzungsperiode erforderlich, so erfolgen sie durch die Strafkammern der Landgerichte". Die neue Fassung durch die Text-Bek. v. 22./3. 24 entspricht dem § 12 Abs. 2, 3 VO. v. 4./1. 24. Danach sind die jetzt mit drei Richtern und sechs als Geschworene bezeichneten Schöffen besetzten großen Schöffengerichte, die von den früheren mit drei richterlichen Mitgliedern und zwölf Geschworenen besetzten Schwurgerichten diesen Namen überkommen haben, als erstinstanzliche Gerichte für die Strafsachen (Verbrechen) zuständig, welche nicht vor die Amtsgerichte (§ 24) oder das Reichsgericht (§ 134) in erster Instanz gehören, während die jetzt mit einem oder drei Richtern und zwei Schöffen besetzten Strafkammern (kleine und große Strafkammern) als erkennende Gerichte nur in der Berufungsinstanz (über Urteile des Amtsrichters bzw. des Schöffengerichts) zu entscheiden haben, und haben bei den jetzigen Schwurgerichten die richterlichen Mitglieder und die sechs Geschworenen (wie bei den Schöffengerichten und Strafkammern die Richter und Schöffen) gemeinschaftlich über die Schuld- und Straffrage zu entscheiden, während bei den früheren Schwurgerichten die zwölf Geschworenen über die Schuldfrage, die richterlichen Mitglieder über die Straffrage getrennt voneinander zu entscheiden hatten; außerhalb der Hauptverhandlung entscheiden über die vor die Schwurgerichte gehörenden Sachen während der Tagung („Sitzungsperiode" früher genannt) des Schwurgerichts dessen richterliche Mitglieder, außerhalb der Tagung die Strafkammer (in der Besetzung von drei Richtern, s. § 76 Abs. 2).

² § 30 Abs. 1. Danach nehmen die Geschworenen, soweit nicht das Gesetz Ausnahmen bestimmt, nicht nur an den die Schuld- oder Straffrage betreffenden Entscheidungen teil (Anm. 1), sondern auch an denjenigen, im Laufe der Hauptverhandlung zu erlassenden Entscheidungen, die in keiner Beziehung zu der Urteilsfällung stehen, und die auch ohne vorgängige mündliche Verhandlung erlassen werden können. — Ueber solche Entscheidungen, die nicht die Schuld- oder Straffrage betreffen, vgl. z. B. §§ 172, 177, 178 (Ausschließung der Oeffentlichkeit, Sitzungspolizei), ferner StPO. n. F. §§ 51 (Bestrafung eines ausgebliebenen Zeugen), 70 (Zeugnisverweigerung), 77 (Bestrafung eines Sachverständigen), 223

(Anordnung der Vernehmung eines Zeugen durch beauftragte oder ersuchte Richter), 228 Abs. 1 (Antrag auf Aussetzung der Hauptverhandlung), 231 Abs. 2 (Sichentfernen des Angeklagten aus der Hauptverhandlung), 242 (Entscheidung über Zulässigkeit einer Frage), 244—247 (Entscheidung über Beweisanträge), 251 (Verlesung früherer Aussagen von Zeugen und Mitschuldigen). Ausnahme z. B.: über Ablehnung eines richterlichen Mitgliedes oder eines Geschworenen entscheiden allein die richterlichen Mitglieder des Schwurgerichts (§§ 27 Abs. 2, 32 StPO. n. F.).

[3] Vgl. den entsprechenden § 30 Abs. 2.

[4] Nach Ablauf der Dauer der Tagung kann die Einlegung der **Revision** oder Anbringung der Revisionsanträge **nicht mehr bei dem Vorsitzenden** des Schwurgerichts erfolgen. RG. 13, 156.

[5] Aus § 82 ist zu folgern, daß **Entscheidungen des erkennenden Gerichts** (die z. B. nach § 305 StPO. n. F. nicht der Beschwerde unterliegen) namentlich alle erstrichterlichen Entscheidungen sind, die in der Zeit von dem Eröffnungsbeschlusse bis zum Urteil ergehen, gleichviel ob sie von dem Gericht in seiner für die Hauptverhandlung vorgeschriebenen Besetzung oder von der Beschlußkammer oder von dem Vorsitzenden getroffen werden. RG. 43, 181.

83.[1] **Vor Beginn des Geschäftsjahrs ernennt der Präsident des Oberlandesgerichts für jede Tagung des Schwurgerichts aus der Zahl der Mitglieder des Oberlandesgerichts oder der in seinem Bezirk angestellten Richter einen Vorsitzenden des Schwurgerichts.**[2]

In gleicher Weise ernennt der Präsident des Landgerichts für jede Tagung des Schwurgerichts aus der Zahl der Mitglieder des Landgerichts[3] **und der in seinem Bezirk angestellten Amtsrichter**[4] **einen Stellvertreter des Vorsitzenden, die übrigen richterlichen Mitglieder und ihre Stellvertreter.**[5]

Wird im Laufe des Geschäftsjahrs eine Schwurgerichtstagung erforderlich, für die richterliche Mitglieder nicht ernannt worden sind, so können sie nachträglich ernannt werden. Ebenso können nachträglich Stellvertreter ernannt werden, wenn eine Vertretung erforderlich wird und die regelmäßigen Vertreter verhindert sind.

Solange **noch nicht bestimmt ist, wann das Schwurgericht zusammentritt**[6], erledigt der Vorsitzende der Strafkammer des Landgerichts die **in diesem Gesetze**[7] **und** in der Strafprozeßordnung[8] dem Vorsitzenden zugewiesenen Geschäfte. **Das gleiche gilt, nachdem die Tagung geschlossen ist.**

[1] Der § 83 lautete früher:

„Der Vorsitzende des Schwurgerichts wird für jede Sitzungsperiode von dem Präsidenten des Oberlandesgerichts ernannt. Die Ernennung erfolgt aus der Zahl der Mitglieder des Oberlandesgerichts oder der zu dem Bezirke des Oberlandesgerichts gehörigen Landgerichte.

Der Stellvertreter des Vorsitzenden und die übrigen richterlichen Mitglieder werden von dem Präsidenten des Landgerichts aus der Zahl der Mitglieder des Langerichts bestimmt.

Solange die Ernennung des Vorsitzenden nicht erfolgt ist, erledigt der Vorsitzende der Strafkammer des Landgerichts die in der Strafprozeßordnung dem Vorsitzenden des Gerichts zugewiesenen Geschäfte."

Die jetzige Fassung durch die Text-Bek. v. 22./3. 24 entspricht dem § 13 VO. v. 4./1. 24. Die früheren und die jetzigen Abs. 1, 2 stimmen darin überein, daß die Ernennung des Schwurgerichtsvorsitzenden durch den Oberlandesgerichtspräsidenten, die Bestellung des stellvertretenden Vorsitzenden und der übrigen richterlichen Mitglieder durch den Landgerichtspräsidenten erfolgt. Während aber früher die Ernennungen für jede Sitzungsperiode des Schwurgerichts zu erfolgen hatten, enthalten die jetzigen Abs. 1, 2 auf Grund des § 13 Abs. 1 Satz 1

VO. v. 4./1. 24 die Bestimmung, daß die Ernennungen schon vor Beginn des Geschäftsjahrs für jede Tagung des Schwurgerichts vorzunehmen sind. Ferner konnten früher nur Mitglieder des Oberlandesgerichts oder Mitglieder der Landgerichte im Oberlandesgerichtsbezirk zu Vorsitzenden und nur Mitglieder des betreffenden Landgerichts zu stellvertretenden Vorsitzenden und Beisitzern ernannt werden; jetzt ist auf Grund des § 13 Satz 2 VO. v. 4./1. 24 bestimmt, daß auch Amtsrichter im Oberlandesgerichtsbezirk zu Vorsitzenden und Amtsrichter im Bezirke des Schwurgerichts zu stellvertretenden Vorsitzenden und zu Beisitzern ernannt werden können. Weiter ist vor dem früheren Abs. 3, der nun zum Abs. 4 geworden ist, auf Grund des § 13 Abs. 2 VO. v. 4./1. 24 ein neuer Abs. 3 eingefügt, wonach Bestimmung über die Ernennung der Mitglieder und Stellvertreter für den Fall getroffen ist, daß im Laufe des Geschäftsjahrs eine Schwurgerichtstagung erforderlich wird, für die noch nicht richterliche Mitglieder (vor Beginn des Geschäftsjahrs) bestellt worden sind. Endlich sind auf Grund der Ermächtigung im § 43 Abs. 2 VO. v. 4./1. 24 im jetzigen Abs. 4 die Worte „in diesem Gesetze und" eingefügt und ihm der Satz: „Das gleiche gilt, nachdem die Tagung geschlossen ist." bezüglich der Befugnisse des Vorsitzenden der Strafkammer hinzugefügt.

2 **Preußen:** Verf. über Berichte des Schwurgerichtsvorsitzenden v. 20./1. 80 (JMBl. 18), 23./4. 24 (JMBl. 184).

3 **Auch Direktoren können zu Beisitzern ernannt werden.** RG. 8, 310.

4 In Preußen konnten schon früher auch Amtsrichter des Bezirks, falls Beisitzer und Stellvertreter verhindert waren und weitere Stellvertretung durch Mitglieder des Landgerichts nicht möglich war, bestimmt werden. § 38 AG. v. 24./4. 78 (GS. 230), RG. 26, 96.

5 Bei tatsächlicher Verhinderung des Schwurgerichtsvorsitzenden und auch seines für die Dauer der Sitzungsperiode bestimmten Stellvertreters kann der **Landgerichtspräsident** gemäß § 67 entsprechend dem jeweiligen Bedürfnis einen **anderen Stellvertreter** ernennen. RG. 40, 268, auch Anm. 1 § 67. Ob der vom Präsidenten als gegeben erachtete Hinderungsgrund tatsächlich vorhanden war, ist der Nachprüfung

in der Revisionsinstanz nicht unterworfen. RG. 40, 268, Anm. 1 § 67.

[6] Vgl. Anm. 1 § 79.

[7] §§ 77 Abs. 3 (vgl. Anm. 10 dort), 78 Abs. 3.

[8] StPO. n. F. §§ 124 Abs. 3 (Entscheidung über die Untersuchungshaft in dringenden Fällen), 144 (Auswahl des Verteidigers), 201 (Mitteilung der Anklage), 213 (Anberaumung des Termins), 219—221 (Ladung von Zeugen usw.).

3. Amt der Geschworenen.

Die früheren §§ 84—94, 96, betreffend das Richteramt der Geschworenen, ihre Befähigung hierzu, die Urliste, die Vorschlagsliste und die Spruchliste für sie, ihre Geltendmachung von Ablehnungs- und Hinderungsgründen sowie ihre Vergütung der Reisekosten und Tagegelder und ihre Bestrafung wegen unentschuldigten Ausbleibens, sind auf Grund der Abs. 1—5 des § 19 VO. v. 4./1. 24 ersetzt durch die §§ 84—88, von denen der § 84 Abs. 1 die auf die Schöffen bezüglichen Vorschriften der §§ 31—57 und des § 77 auf die Geschworenen für entsprechend anwendbar erklärt mit den Maßgaben, die sich aus dem Abs. 2 des § 84 und den §§ 85—88 sowie den §§ 89, 90 ergeben. Danach werden die Hauptgeschworenen von den Ausschüssen bei den Amtsgerichten des Landgerichtsbezirks, die Hilfsgeschworenen von dem Ausschusse bei dem Amtsgericht, in dessen Bezirk das Landgericht seinen Sitz hat, oder, falls das Landgericht seinen Sitz außerhalb seines Bezirks hat, von dem durch die Landesjustizverwaltung bestimmten Ausschuß gewählt. Die Amtsrichter teilen die Namen der gewählten Hauptgeschworenen und Hilfsgeschworenen dem Landgerichtspräsidenten mit. Dieser stellt die Namen der Hauptgeschworenen zur Jahresliste der Hauptgeschworenen zusammen und bestimmt durch Auslosung die Reihenfolge, in der die Hauptgeschworenen an den Tagungen des Schwurgerichts teilnehmen, für das ganze Geschäftsjahr im voraus. Sodann setzt er die Geschworenen von der Auslosung gemäß § 86 Halbs. 2 in Kenntnis. Er entscheidet auch über die von den Geschworenen angebrachten Ablehnungsgründe (§ 35) sowie darüber, ob ein Geschworener ferner zur Dienstleistung heranzuziehen ist (§ 88).

Die früheren §§ 84—94, 96 lauteten:

§ 84. Das Amt eines Geschworenen ist ein Ehrenamt. Dasselbe kann nur von Deutschen versehen werden.

§ 85. Die Urliste für die Auswahl der Schöffen dient zugleich als Urliste für die Auswahl der Geschworenen.

Die Vorschriften der §§ 32—35 über die Berufung zum Schöffenamte finden auch auf das Geschworenenamt Anwendung.

§ 86. Die Zahl der für jedes Schwurgericht erforderlichen Geschworenen und die Verteilung dieser Zahl auf die einzelnen Amtsgerichtsbezirke wird durch die Landesjustizverwaltung bestimmt.

§ 87. Der alljährlich bei dem Amtsgerichte für die Wahl der Schöffen zusammentretende Ausschuß (§ 40) hat gleichzeitig diejenigen Personen aus der Urliste auszuwählen, welche er zu Geschworenen für das nächste Geschäftsjahr vorschlägt. Die Vorschläge sind nach dem dreifachen Betrage der auf den Amtsgerichtsbezirk verteilten Zahl der Geschworenen zu bemessen.

§ 88. Die Namen der zu Geschworenen vorgeschlagenen Personen werden in ein Verzeichnis aufgenommen (Vorschlagsliste).

§ 89. Die Vorschlagsliste wird nebst den Einsprachen, welche sich auf die in dieselbe aufgenommenen Personen beziehen, dem Präsidenten des Landgerichts übersendet.

Der Präsident bestimmt eine Sitzung des Landgerichts, an welcher fünf Mitglieder mit Einschluß des Präsidenten und der Direktoren teilnehmen. Das Landgericht entscheidet endgültig über die Einsprachen und wählt sodann aus der Vorschlagsliste die für das Schwurgericht bestimmte Zahl von Hauptgeschworenen und Hilfsgeschworenen.

Als Hilfsgeschworene sind solche Personen zu wählen, welche an dem Sitzungsorte des Schwurgerichts oder in dessen nächster Umgebung wohnen.

§ 90. Die Namen der Haupt- und Hilfsgeschworenen werden in gesonderte Jahreslisten aufgenommen.

§ 91. Spätestens zwei Wochen vor Beginn der Sitzungen des Schwurgerichts werden in öffentlicher Sitzung des Landgerichts, an welcher der Präsident und zwei Mitglieder teilnehmen, in Gegenwart der Staatsanwaltschaft dreißig Hauptgeschworene ausgelost. Das Los wird von dem Präsidenten gezogen.

Auf Geschworene, welche in einer früheren Sitzungsperiode desselben Geschäftsjahres ihre Verpflichtung erfüllt haben, erstreckt die Auslosung sich nur dann, wenn dies von ihnen beantragt wird.

Ueber die Auslosung wird von dem Gerichtsschreiber ein Protokoll aufgenommen.

§ 92. Das Landgericht übersendet das Verzeichnis der ausgelosten Hauptgeschworenen (Spruchliste) dem ernannten Vorsitzenden des Schwurgerichts.

§ 93. Die in der Spruchliste verzeichneten Geschworenen werden auf Anordnung des für das Schwurgericht ernannten Vorsitzenden zur Eröffnungssitzung des Schwurgerichts unter Hinweis auf die gesetzlichen Folgen des Ausbleibens geladen.

Zwischen der Zustellung der Ladung und der Eröffnungssitzung soll tunlichst die Frist von einer Woche, jedoch mindestens von drei Tagen liegen.

§ 94. Ueber die von Geschworenen geltend gemachten Ablehnungs- und Hinderungsgründe erfolgt die Entscheidung nach Anhörung der Staatsanwaltschaft durch die richterlichen Mitglieder und, solange das Schwurgericht nicht zusammengetreten ist, durch den ernannten Vorsitzenden des Schwurgerichts. Beschwerde findet nicht statt.

An Stelle der wegfallenden Geschworenen hat der Vorsitzende, wenn es noch geschehen kann, aus der Jahresliste durch Auslosung andere Geschworene auf die Spruchliste zu bringen und deren Ladung anzuordnen. Ueber die Auslosung wird von dem Gerichtsschreiber ein Protokoll aufgenommen.

§ 96. Die Bestimmungen der §§ 55, 56 finden auch auf Geschworene Anwendung.

Die im § 56 bezeichneten Entscheidungen werden in bezug auf Geschworene von den richterlichen Mitgliedern des Schwurgerichts erlassen.

84 (neu).[1] Für die Geschworenen gelten die auf die Schöffen bezüglichen Vorschriften der §§ 31 bis 57, 77 entsprechend mit den sich aus dem Abs. 2 und den §§ 85 bis 90 ergebenden Maßgaben.

Mindestens die Hälfte der zu einer Tagung heranzuziehenden Geschworenen müssen Männer sein.[2]

[1] Entsprechend dem § 19 Abs. 1 VO. v. 4./1. 24 eingefügt durch die Text-Bek. v. 22./3. 24. Vgl. die Vorbem.
[2] Entspricht dem § 29 Abs. 1 S. 2.

85 (neu).[1] **Die Zahl der Hauptgeschworenen ist so zu bestimmen, daß voraussichtlich jeder Hauptgeschworene nur zu einer Tagung des Schwurgerichts**[2] **im Geschäftsjahr**[3] **herangezogen wird.**

[1] Entsprechend dem § 19 Abs. 2 VO. v. 4./1. 24 eingefügt durch die Text-Bek. v. 22./3. 24.
[2] Anders bei den Schöffen (§§ 48 Abs. 2, 77).
[3] Anm. 1 § 20 EG.

86 (neu).[1] **Die Reihenfolge, in der die Hauptgeschworenen an den Tagungen des Schwurgerichts teilnehmen, wird für das ganze Geschäftsjahr im voraus durch Auslosung bestimmt;**[2] **der Präsident des Landgerichts setzt die Geschworenen von der Auslosung mit dem Hinzufügen in Kenntnis, daß ihnen darüber, ob und zu welchem Tage sie einberufen werden, eine weitere Nachricht zugehen werde**[3]**.**

[1] Entsprechend dem § 19 Abs. 3 VO. v. 4./1. 24 eingefügt durch die Text-Bek. v. 22./3. 24.
[2] Die Auslosung erfolgt durch den Landgerichtspräsidenten (§§ 45 Abs. 2, 77 Abs. 3, 84 Abs. 1).
[3] Abweichung von § 46.

87 (neu).[1] **Der Präsident des Landgerichts bestimmt, wann das Schwurgericht zusammentritt, und ordnet die Einberufung der Hauptgeschwo-**

renen für die einzelne Tagung der Reihenfolge ihrer Auslosung an;[2] zwischen der Zustellung der Ladung und dem Beginne der Tagung soll eine Frist von zwei Wochen[3] liegen.

[1] Ensprechend dem § 19 Abs. 4 VO. v. 4./1. 24 eingefügt durch die Text-Bek. v. 22./3. 24.

[2] Früher ordnete der Vorsitzende des Schwurgerichts die Ladungen an (§ 93 Abs. 1 a. F.).

[3] Früher tunlichst die Frist von einer Woche, jedoch mindestens von drei Tagen (§ 93 Abs. 2 a. F.).

88 (neu).[1] **Der Präsident des Landgerichts entscheidet über die von den Geschworenen vorgebrachten Ablehnungsgründe[2] sowie darüber, ob ein Geschworener ferner zur Dienstleistung heranzuziehen ist.**

[1] Entsprechend dem § 19 Abs. 5 VO. v. 4./1. 24 eingefügt durch die Text-Bek. v. 22./3. 24. Früher entschieden die richterlichen Mitglieder des Schwurgerichts oder, solange das Schwurgericht nicht zusammengetreten war, der Vorsitzende des Schwurgerichts (§ 94 a. F.).

[2] Ablehnungsgründe: § 35. Die Geltendmachung der Ablehnungsgründe ist an eine Frist von einer Woche geknüpft, nachdem der Geschworene von seiner Auslosung in Kenntnis gesetzt ist (§ 86); sind sie später entstanden oder bekannt geworden, so ist die Frist erst von diesem Zeitpunkt zu berechnen. §§ 53, 84 Abs. 1. — Für die Ablehnung der Geschworenen wegen Besorgnis der Befangenheit gelten die Bestimmungen der §§ 22 bis 30 StPO. n. F. Die Entscheidungen treffen die richterlichen Mitglieder des Schwurgerichts. §§ 31, 32 StPO. n. F.

4. Allgemeine Bestimmungen.

89. (95.) Erstreckt sich eine **Tagung**[1] des Schwurgerichts über den Endtermin des Geschäftsjahrs hinaus, so bleiben die Geschworenen, welche dazu einberufen sind,

bis zum Schlusse der Tagung[1] zur Mitwirkung verpflichtet.

[1] Das Wort „Tagung" ist auf Grund der Ermächtigung im § 43 Abs. 1 VO. v. 4./1. 24 durch die Text-Bek. v. 22./3. 24 an die Stelle des Wortes „Sitzungsperiode" (hinter „Erstreckt sich eine") und des Wortes „Sitzungen" (hinter „bis zum Schlusse der") gesetzt worden.

90. (97.) **Niemand soll für dasselbe Geschäftsjahr als Geschworener und als Schöffe bestimmt werden[1].**

Ist dies dennoch geschehen, oder ist jemand für dasselbe Geschäftsjahr in mehreren Bezirken zu diesen Aemtern bestimmt worden, so hat der Einberufene das Amt zu übernehmen, zu welchem er zuerst einberufen[2] wird.

[1] Vgl. § 77 Abs. 4: Niemand für dasselbe Geschäftsjahr zugleich als Schöffe für das Schöffengericht (§ 29 Abs. 1) und für die Strafkammer (§ 76 Abs. 2).

[2] Als Schöffen: §§ 46, 77 Abs. 8 (Benachrichtigung von den im Geschäftsjahre wahrzunehmenden Sitzungen), — als Geschworener: § 87 (Einberufung für die einzelne Tagung).

91. (98.) **Die Strafkammer des Landgerichts kann bestimmen, daß einzelne Sitzungen des Schwurgerichts nicht am Sitze des Landgerichts, sondern an einem anderen Orte innerhalb des Schwurgerichtsbezirkes abzuhalten seien.[1]**

[2]**Wird in einem solchen Falle die Zuziehung anderer als der zunächst berufenen Geschworenen erforderlich, so werden die Hilfsschöffen des für den Sitzungsort zuständigen Schöffengerichts nach Maßgabe des § 49 herangezogen.**[3]

[1] Ob von der Befugnis des Abs. 1 Gebrauch zu machen ist, bestimmt das Landgericht nach seinem pflichtmäßigen Ermessen; das Revisionsgericht kann die Zweckmäßigkeit der in

dieser Ermessensfrage getroffenen Entscheidung nicht nachprüfen, auch nicht, wenn geltend gemacht ist, daß die Verlegung des Schwurgerichtssitzes nach dem anderen Orte nach den obwaltenden Umständen geeignet gewesen sei, die Unbefangenheit der Geschworenen zu beeinträchtigen. RG. 51, 122.

[2] Der Abs. 2 lautete früher: „In diesem Falle wird für diese Sitzungen von dem Landgerichte eine besondere Liste von Hilfsgeschworenen gebildet“. Die jetzige Fassung hat der Abs. 2 auf Grund des § 19 Abs. 7 S. 3 VO. v. 4./1. 24 durch die Text.-Bek. v. 22./3. 24 erhalten.

[3] Auch abgesehen von den Voraussetzungen des § 91 ist es nicht unzulässig, den Ort der Hauptverhandlung, namentlich der Beweisaufnahme, von der ordentlichen Gerichtsstelle fortzuverlegen. RG. 11, 352, 22, 396, 39, 348, JW. 95, 121[4].

92. (99.) **Die Landesjustizverwaltung kann bestimmen, daß die Bezirke mehrerer Landgerichte zu einem Schwurgerichtsbezirke zusammengelegt und die Sitzungen des Schwurgerichts bei einem der Landgerichte abgehalten werden.**[1]

In diesem Falle hat das Landgericht, bei welchem die Sitzungen des Schwurgerichts abgehalten werden, und dessen Präsident die ihnen in den §§ 82—91[2] **zugewiesenen Geschäfte für den Umfang des Schwurgerichtsbezirkes wahrzunehmen.**

Die Mitglieder des Schwurgerichts mit Einschluß des Stellvertreters des Vorsitzenden können aus der Zahl der im Bezirke des Schwurgerichts angestellten Richter[2] **bestimmt werden.**

[2]**Die Zahl der erforderlichen Hauptgeschworenen wird auf sämtliche Amtsgerichte des Schwurgerichtsbezirkes verteilt.**

[1] **Preußen:** Staatsverträge mit anderen Bundesstaaten (jetzt Ländern) vgl. Anm. 6 § 12 GVG. u. Verf. betr. Schwurgericht in Weimar v. 15./11. 09 (JMBl. 361). — Verf. v.

22./7. 79 (JMBl. 195), v. 3./2. 90 (JMBl. 73), v. 14./9. 92 (JMBl. 290), v. 6./7. 95 (JMBl. 241) u. v. 1./7. 98 (JMBl. 179).

² Auf Grund der Ermächtigung im § 43 Abs. 1 VO. v. 4./1. 24 ist durch die Text-Bek. v. 22./3. 24 im Abs. 2 an die Stelle der Zahl „98" die entsprechende Zahl „91", sind im Abs. 3 entsprechend § 13 Abs. 1 S. 2 VO. (vgl. § 83 Abs. 2 n. F.) an die Stelle der Worte „der Mitglieder der im Bezirke des Schwurgerichts belegenen Landgerichte" die Worte „der im Bezirke des Schwurgerichts angestellten Richter" gesetzt worden, so daß jetzt auch Amtsrichter bestimmt werden können, und ist entsprechend dem § 19 Abs. 7 S. 1 VO. der Abs. 4 hinzugefügt worden.

Siebenter Titel.

Kammern für Handelssachen.

93. (100.) Soweit die Landesjustizverwaltung ein Bedürfnis als vorhanden annimmt, können bei den Landgerichten für deren Bezirke oder für örtlich abgegrenzte Teile davon Kammern für Handelssachen gebildet werden.[1]

Solche Kammern können ihren Sitz innerhalb des Landgerichtsbezirkes auch an Orten haben, an welchen das Landgericht seinen Sitz nicht hat.[2]

¹ **Sitze der Kammern: Preußen:** Verf., betr. die Errichtung der Kammern für Handelssachen, v. 26./7. 79 (JMBl. 210), Bek., betr. die Kammern für Handelssachen, v. 30./12. 91 (JMBl. 1892 S. 8); Verzeichnis: Bek. v. 22./4. 04 (JMBl. 104); dazu: Verf. v. 18./7. 92 (JMBl. 273) (Halle), v. 17./7. u. 24./7. 93 (JMBl. 191, 192) (Cassel, Hannover), v. 26./6., 22./7., 5./12. 94 (JMBl. 173, 252, 341) (Wiesbaden, Bonn, Kiel), v. 14./5. 95 (JMBl. 154) (Koblenz), v. 17./5., 9./7. u. 5./8. 98 (JMBl. 112, 198, 206) (Bonn, Köln, Halberstadt), v. 10./5., 28./6. u. 9./8. 99 (JMBl. 155, 183, 253) (Stettin, Elbing, Frankfurt a. M.), v. 8./6., 25./7., 18./9., 27./11. 00 (JMBl. 434, 512, 565, 641) (Berlin, Bielefeld, Beuthen, Gleiwitz), v. 3./6., 16./10. 01 (JMBl. 136, 247) (Dortmund,

Görlitz, [Bromberg], Düsseldorf), v. 28./1., 29./4., 26./8. 02 (JMBl. 26, 90, 225) (Berlin, Frankfurt a. M., Duisburg, Bochum, Magdeburg, Posen, Danzig, Halle, Breslau, Köln, Gleiwitz), v. 8./6. 03 (JMBl. 125) (Flensburg, Erfurt, Kiel, Görlitz), v. 14./4. 05 (JMBl. 125) (Frankfurt a. M.), v. 17./5. 05 (JMBl. 213) (Berlin, Köln), v. 9./2. 06 (JMBl. 38) (Berlin), v. 8./6. 06 (JMBl. 169) (Wiesbaden), v. 16./6. 06 (JMBl. 172) (Aachen, Crefeld, Düsseldorf, M.-Gladbach), v. 19./10. 06 (JMBl. 386) (Berlin), 14./2., 2./12. 07 (JMBl. 37, 594) (Berlin), 28./1. 08 (JMBl. 28) (Frankfurt a. M.), 25./2., 9. u. 26./3. 09 (JMBl. 37, 57, 69) (Hannover, Tilsit, Stralsund), 10./10., 2./12. 19 (JMBl. 520, 599) (Köln, Düsseldorf), 7. u. 10./1., 24./3., 17./4., 10. u. 17./5., 17. u. 26./8., 1. u. 27./9., 2., 7. u. 20./10., 11./12. 20 (JMBl. 16, 19, 131, 162, 202, 205, 440, 441, 453, 454, 455, 457, 526, 534, 544, 546, 564, 718) (Berlin, Elberfeld, Köln, Frankfurt a. M., Stettin, Düsseldorf, Hagen, Duisburg, Frankfurt a. M., Hannover, Aachen, Köln, Dortmund, Berlin, Düsseldorf, Elberfeld, Breslau, Magdeburg, Berlin), 10./3., 5. u. 6./4., 4./8., 12./10., 22./11. 21 (JMBl. 202, 251, 252, 439, 528) (Stettin, Naumburg a. S., München-Gladbach, Barmen, Breslau, Sondershausen, Königsberg i. Pr.), 15./2. 22 (JMBl. 50) (Hannover), 9./12. 22 (JMBl. 563) (Berlin I), 14./3. 23 (JMBl. 210) (Hechingen), 24./9. 23 (JMBl. 642) (Meiningen), 11./4. 23 (JMBl. 326) (Schweidnitz), 22./10. 23 (JMBl. 677) (Rudolstadt), 15./7. 24 (JMBl. 280) (Landsberg a. W.), 2./1. 25 (JMBl. 22) (Cottbus), ferner Verf. über Aufhebung v. Kammern v. 14./12. 10 (JMBl. 425) (Berlin), 15./5. u. 21./7. 11 (JMBl. 200, 314) (Stettin, Magdeburg), 16./12. 12 (JMBl. 413) (Frankfurt a. M.)

[2] In diesem Fall sind die Kammern (z. Zt. in Preußen: Barmen, Siegen, Stralsund) als besondere Gerichtskörper anzusehen. Wird statt ihrer die Kammer für Handelssachen am Sitze des Landgerichts angerufen, so kann die Einrede der Unzuständigkeit des Gerichts (§ 274 ZPO.) erhoben werden. RG. 23, 377, 48, 27, auch Anm. 5 § 101. Vgl. auch Anm. 4 § 78 (Selbständigkeit der Strafkammern bei Amtsgerichten). — Ein Amtsrichter kann Vorsitzender sein. § 106.

94. (101a.) [1]Ist bei einem Landgericht eine Kammer für Handelssachen gebildet, so tritt für Handelssachen[2] diese Kammer an die Stelle der Zivilkammern nach Maßgabe der folgenden Vorschriften.[3]

[1] Durch die Nov. v. 1./6. 09 eingefügt.

[2] Jetzt auch in 2. Instanz. Vgl. Anm. 1 § 72. — Ferner: §§ 30, 143, 144, 147 RFGG. (Beschwerden in Angelegenheiten der fr. Gerichtsbarkeit, betr. Handelssachen), dazu RG. 48, 27 (Entscheidung einer Zivilkammer auf Beschwerden in Handelssachen der fr. Gerichtsbarkeit unwirksam; s. dagegen Anm. 5 § 101). — Die K. f. HS. sind auch zur Anordnung von Arresten und einstweiligen Verfügungen vor Erhebung der Klage zuständig (Kammergericht, Bl. f. Rechtspfl. 1896 S. 95, Beschl. Q 12./99 HK. 12 Berlin I).

[3] §§ 95—104.

95. (101.) Handelssachen im Sinne dieses Gesetzes sind die[1] bürgerlichen Rechtsstreitigkeiten, in welchen durch die Klage ein Anspruch geltend gemacht wird:

1. gegen einen Kaufmann[2] im Sinne des Handelsgesetzbuchs[3] aus Geschäften, welche für beide Teile[4] Handelsgeschäfte sind;
2. aus einem Wechsel im Sinne der Wechselordnung[5] oder aus einer der im § 363 des Handelsgesetzbuchs bezeichneten Urkunden;[6]
3. **auf Grund des Scheckgesetzes;**[6a]
4. aus einem der nachstehend bezeichneten Rechtsverhältnisse:
   a) aus dem Rechtsverhältnisse zwischen den Mitgliedern einer Handelsgesellschaft[7] oder zwischen dieser und ihren Mitgliedern[8] oder zwischen dem stillen Gesellschafter[9] und dem Inhaber des Handelsgeschäfts,[10] sowohl während des Bestehens als auch nach Auflösung des Gesell-

schaftsverhältnisses,[11] ingleichen aus dem Rechtsverhältnisse zwischen den Vorstehern[12] oder den Liquidatoren[13] einer Handelsgesellschaft und der Gesellschaft oder deren Mitgliedern;

b) aus dem Rechtsverhältnisse, welches das Recht zum Gebrauche der Handelsfirma[14] betrifft;

c) aus den Rechtsverhältnissen, welche sich auf den Schutz der Warenbezeichnungen,[15] Muster und Modelle[16] beziehen;

d) aus dem Rechtsverhältnisse, welches durch den Erwerb eines bestehenden Handelsgeschäfts unter Lebenden zwischen dem bisherigen Inhaber und dem Erwerber[17] entsteht;

e) aus dem Rechtsverhältnisse[18] zwischen einem Dritten und dem, welcher wegen mangelnden Nachweises der Prokura[19] oder Handlungsvollmacht[20] haftet;[21]

f) [22]aus den Rechtsverhältnissen des Seerechts[23] oder des Rechtes der Binnenschiffahrt,[24] insbesondere aus denen, welche sich auf die Reederei, auf die Rechte und Pflichten des Reeders oder Schiffseigners,[24] des Korrespondentreeders und der Schiffsbesatzung, auf die Bodmerei und die Haverei, auf den Schadensersatz im Falle des Zusammenstoßes von Schiffen, auf die Bergung und Hilfeleistung und auf die Ansprüche der Schiffsgläubiger beziehen;[25]

5. [25]auf Grund des Gesetzes **gegen den** unlauteren Wettbewerb **vom 7. Juni 1909 (Reichsgesetzbl. S. 499);**

6. [25]aus den §§ 45 bis 48 des Börsengesetzes (Reichsgesetzbl. 1908 S. 215).[26]

[1] Durch die Nov. v. 1./6. 09 an die Stelle von:

„Vor die Kammer für Handelssachen gehören nach Maßgabe der folgenden Vorschriften diejenigen den Landgerichten in erster Instanz zugewiesenen"

gesetzt. Früher gehörten vor die K. f. HS. nur die „den Landgerichten in erster Instanz zugewiesenen" Rechtsstreitigkeiten des § 95. Jetzt umfaßt der Ausdruck „Handelssachen" erst- und **zweitinstanzliche** Sachen. Vgl. Anm. 1 § 72.

[2] Zur Zeit der Erhebung der Klage. **Nicht** gegen einen **früheren Kaufmann**, auch wenn er noch zur Zeit der Entstehung der Verbindlichkeit Kaufmann gewesen ist. — Ist einer von **mehreren Beklagten** nicht Kaufmann, so gehört die Sache vor die Zivilkammer. — Eine **Widerklage** ist nur zulässig, wenn sie ebenfalls einen der in § 95 aufgeführten Ansprüche zum Gegenstande hat. Anm. 2 § 97, Anm. 1 § 99.

[3] Der **Begriff des Kaufmanns** bestimmt sich nach den §§ 1—7 HGB. Auch die **Minderkaufleute** gehören dazu: § 4 HGB. Nach § 6 HGB. ferner die **Handelsgesellschaften** (und zwar die Aktiengesellschaften ohne Rücksicht auf den Gegenstand des Unternehmens, §§ 210 Abs. 2, 320 Abs. 3 HGB.), die eingetragenen **Genossenschaften** (§ 17 Abs. 2 des Genossenschaftsges. v. 1./5. 89 in d. Fass. v. 20./5. 98, RGBl. 810) und die **Gesellschaften mit beschr. H.** (§ 13 Abs. 3 RGes. v. 20./4. 92 in d. Fass. v. 20./5. 98, RGBl. 846).

[4] Vor der Nov. v. 17./5. 98: „auf seiten beider Kontrahenten Handelsgeschäfte (Art. 271—276 des Handelsgesetzbuchs)". Seitdem müssen stets **beide Parteien** oder, wenn diese mit den Vertragsschließenden nicht identisch, z. B. deren Rechtsnachfolger sind, beide Vertragschließende **Kaufleute** sein, da nach § 343 HGB. nur die Geschäfte eines Kaufmanns Handelsgeschäfte sind und das neue HGB. absolute Handelsgeschäfte im Sinne des Art. 271 des früheren HGB. nicht kennt.

[5] Art. 4, 96 WO. in d. Fass. v. 3./6. 08 (RGBl. 326). Auch Ansprüche aus Wechseln, die im Auslande in fremder Sprache ausgestellt sind. RG. 64, 164. — Gleichviel ob im **Urkundenprozeß oder** im **ordentlichen Prozesse** geklagt wird. RG. 64, 164, 78, 317, W. 10, 188. — Auf die **Kaufmannseigenschaft** der Parteien **kommt** es **nicht** an.

[6] Die im § 368 HGB. bezeichneten kaufmännischen An-

weisungen und Verpflichtungsscheine, Konnossemente, Ladescheine, Lagerscheine, Bodmereibriefe und Transportversicherungspolicen sind hier bezüglich der sachlichen Zuständigkeit den Wechseln gleichgestellt.

6a Die Nr. 3 ist auf Grund des § 28 Scheckges. v. 11./3. 08 (RGBl. 71) und der Ermächtigung im § 43 Abs. 1 VO. v. 4./1. 24 eingefügt durch die Text-Bek. v. 22./3. 24. Die früheren Nr. 3–5 sind daher zu Nr. 4—6 geworden.

7 Die **offene Handelsgesellschaft** (§§ 105 ff. HGB.), die **Kommanditgesellschaft** (§§ 161 ff. HGB.), die **Aktiengesellschaft** (§§ 178 ff. HGB.) und die **Kommanditgesellschaft auf Aktien** (§§ 320 ff. HGB.) sowie nach § 13 Abs. 3 RGes. v. 20./4. 92 i. d. Fass. v. 20./5. 98 (RGBl. 846) die **Gesellschaften mit beschr. H.** Dagegen sind die eingetr. **Genossenschaften** zwar **Kaufleute** (s. Anm. 3), aber **keine Handelsgesellschaften:** § 17 Abs. 2 RGes. v. 1./5. 89 in d. Fass. v. 20./5. 98 (RGBl. 810).

8 Die Streitigkeiten zwischen einer Handelsgesellschaft und ihren Mitgliedern sind durch die Nov. v. 17./5. 98 hinzugefügt.

9 Vgl. §§ 335—342 HGB.

10 Vor der Nov. v. 17./5. 98: „eines Handelsgewerbes". — Die früher den Kammern für Handelssachen noch zugewiesenen Rechtsverhältnisse „zwischen den Teilnehmern an einer Vereinigung zu einzelnen Handelsgeschäften oder einer Vereinigung zum Handelsbetriebe (Art. 10 HGB.)" sind durch die Nov. v. 17./5. 98 ausgeschieden. Das neue HGB. hat die in den Art. 266—270 des alten HGB. geregelte „Vereinigung zu einzelnen Handelsgesellschaften für gemeinschaftliche Rechnung" als besondere Gesellschaftsform nicht übernommen. Eine solche Vereinigung kann auch, da die absoluten Handelsgeschäfte durch das neue HGB. beseitigt sind (s. Anm. 4), nur noch unter Kaufleuten vorkommen; die daraus entstehenden Streitigkeiten fallen daher bereits unter Nr. 1. Die aus einer **Vereinigung zum** Betriebe eines **Kleingewerbes** (früher Art. 10, jetzt § 4 HGB.) entstehenden Streitigkeiten sind **nicht** mehr der Aburteilung durch die Kammern für Handelssachen unterworfen, sofern sie nicht ebenfalls unter die Nr. 1 fallen. Mot. 80.

11 Vor der Nov. v. 17./5. 98: „geschäftlichen Verhältnisses". — Die Worte beziehen sich auf alle in § 95 Nr. 4a bezeichneten Rechtsverhältnisse. Vgl. §§ 156, 295, 331 HGB.

12 §§ 231 ff. HGB.

13 §§ 145 ff., 294 ff., 331 HGB.

14 §§ 17 ff. HGB.

15 Früher: „Marken". Das Gesetz zum Schutze der Warenbezeichnungen v. 12./5. 94 (RGBl. 441) ist an die Stelle des Gesetzes über den Markenschutz v. 30./11. 74 (RGBl. 143) getreten, neue Fassung v. 7./12. 23 (RGBl. II 445).

16 RGes. v. 11./1. 76 (RGBl. 11); RGes. v. 1./6. 91 (RGBl. 290) in d. Fassung v. 7./12. 23 (RGBl. II 444).

17 Vor der Nov. v. 17./5. 98: „die Veräußerung eines bestehenden Handelsgeschäfts zwischen den Kontrahenten". — Vgl. §§ 22, 25 HGB.

18 Durch die Nov. v. 1./6. 09 sind die Worte „zwischen dem Prokuristen, Handlungsbevollmächtigten, Handlungsgehilfen oder Handlungslehrling und dem Inhaber des Handelsgeschäfts" gestrichen, weil für diese Streitigkeiten in 1. Instanz die Kaufmannsgerichte zuständig sind (§ 1 RGes. v. 6./7. 04) und deshalb die jetzt an sich auch für die Berufung zuständigen (§ 72) K. f. HS. in diesen Streitigkeiten nicht Berufungsgerichte sein sollen, da sie nur mit Prinzipalen als Beisitzern besetzt sind. Für diese Handelssachen sind also die Zivilkammern als Berufungsgerichte zuständig.

19 §§ 54 ff. HGB.

20 §§ 48 ff. HGB.

21 Vor der Nov. v. 17./5. 98: „als Prokurist oder Handlungsbevollmächtigter aus dem Handelsgeschäfte (Art. 55 HGB.)". Die jetzige Fassung entspricht den Vorschriften des § 179 BGB., nach denen sich jetzt die Haftung in den fraglichen Fällen bestimmt. Mot. 80. — Der Dritte braucht nicht notwendig Kaufmann zu sein.

22 Vor der Nov. v. 17./5. 98: Nr. f:

„aus dem Rechtsverhältnisse, welches aus den Berufsgeschäften des Handelsmäklers im Sinne des Handelsgesetzbuchs zwischen diesem und den Parteien entsteht;"

Das neue HGB. kennt amtliche Handelsmäkler im Sinne der Art. 66 ff. des alten HGB. nicht; auf die **Privathandelsmäkler**, die nach § 1 Nr. 7 (vgl. §§ 93 ff.) HGB. Kaufleute sind, findet die Vorschrift der Nr. 1 Anwendung.

23 §§ 474 ff. HGB., **Seemannsordn.** v. 2./6. 02 (RGBl.

175), §§ 39, 44 **Strandungsordn.** v. 17./5. 74 (RGBl. 81) (§§ 25, 43 abgeändert durch Ges. v. 30./12. 01 [RGBl. 02 S. 1], § 45 abgeändert durch Ges. v. 19./7. 24 [RGBl. I 667]).

24 RGes., betr. die **privatrechtlichen Verhältnisse der Binnenschiffahrt**, v. 15./6. 95 in d. Fass. v. 20./5. 98 (RGBl. 868).

25 Die Nr. 5, 6 (früher [vgl. Anm. 6a] 4, 5) und die frühere Nr. 6, die lautete: „aus dem Reichsstempelgesetze (Reichs=Gesetzbl. 1906 S. 695) in Beziehung auf die Verpflichtung zur Entrichtung der in diesem Gesetze festgestellten Abgaben" wurden durch die Nov. v. 1./6. 09 hinzugefügt. — Für die Rechtsstreitigkeiten der Nr. 5 (früher 4) waren die K. f. HS. schon früher nach § 15 UnlWGes. v. 27./5. 96 in 1. Instanz zuständig. Zufolge Einfügung der Nr. 5 ist die Zuständigkeit der K. f. HS. nunmehr nach § 72 GVG. auch als Berufungs= und Beschwerdegerichte für die von den Amtsgerichten entschiedenen Streitigkeiten dieser Art begründet. An die Stelle dieses Gesetzes ist das RGes. gegen den unlauteren Wettbewerb v. 7./6. 09 (RGBl. 499) getreten (vgl. §§ 1, 3, 13, 14, 16, 19, 24, 25, 27 des Ges.). Daher hat die Nr. 5 auf Grund der Ermächtigung im § 43 Abs. 1 VO. v. 4./1. 24 durch die Text=Bek. v. 22./3. 24 die jetzige Fassung an Stelle der früheren („auf Grund des Gesetzes zur Bekämpfung des unlauteren Wettbewerbes vom 27. Mai 1896 [Reichs=Gesetzbl. S. 145]") erhalten. — Die Streitigkeiten der früheren Nr. 5 (jetzt 6) und 6 (Nr. 5: „Ersatzpflicht wegen unrichtiger Wertpapiere u. Prospekte, §§ 45—48 Börsengesetz. in d. Fass. v. 27./5. 08"; Nr. 6 s. oben Reichsstempelgesetz [neue Fassung v. 3./7. 13]) waren schon durch die betreffenden Spezialgesetze vor die K. f. HS. verwiesen worden. Da sie nach diesen Gesetzen ohne Rücksicht auf den Streitwert Landgerichtssachen waren, kamen sie für die K. f. HS. als Berufungssachen nicht in Frage. Sie wurden aber hier doch der Vollständigkeit wegen mit aufgeführt. Jetzt ist die frühere Nr. 6 durch die Text=Bek. v. 22./3. 24 auf Grund der oben erwähnten Ermächtigung gestrichen worden, weil über die Verpflichtung zur Entrichtung der Reichsstempelabgaben nach §§ 7, 8 RGes. über die Errichtung eines Reichsfinanzhofs u. über die Reichsaufsicht für Zölle und Steuern v. 26./7. 18 (RGBl. 959), §§ 227, 451

Reichsabgabenordnung v. 13./12. 19 (RGBl. 1993) der ordentliche Rechtsweg nicht mehr zulässig ist.

26 Eine Klage, die gegen ein von einer Kammer für Handelssachen erlassenes Urteil aus § 767 ZPO. **(Einwendungen gegen den Urteilsanspruch)** erhoben wird, braucht nicht notwendig vor derselben Kammer angebracht zu werden; zuständig sind dafür auch die anderen Abteilungen oder Kammern desselben Gerichts. RG. 45, 343, JW. 00, 182[7] (entgegen RG. 33, 358).

96. (102.) Die Verhandlung des Rechtsstreits erfolgt vor der Kammer für Handelssachen, wenn der Kläger dies in der Klageschrift beantragt hat.

[1] **Ist ein Rechtsstreit nach den Vorschriften der §§ 276, 506 der Zivilprozeßordnung vom Amtsgericht an das Landgericht zu verweisen, so** hat der Kläger den Antrag auf Verhandlung vor der Kammer für Handelssachen in der mündlichen Verhandlung vor dem Amtsgerichte zu stellen.[2]

1 Der Abs. 2 hat durch Art. I Nr. 2 VO. über das Verfahren in bürgerlichen Rechtsstreitigkeiten v. 13./2. 24 (RGBl. I 135) mit Rücksicht darauf, daß der frühere § 505 ZPO. gemäß Art. II der VO. durch § 276 in neuer Fassung ersetzt ist, eine andere Fassung insofern erhalten, als an die Stelle der Worte „In den Fällen der §§ 505, 506 der Zivilprozeßordnung" die Worte „Ist ein Rechtsstreit nach den Vorschriften der §§ 276, 506 der Zivilprozeßordnung an das Landgericht zu verweisen, so" gesetzt worden sind.

2 Widrigenfalls die Verweisung an die Zivilkammer erfolgt (a. M. OLG. 33, 78: das Amtsgericht habe über die Zugehörigkeit zur Kammer für Handelssachen oder zur Zivilkammer nicht zu entscheiden, daher auch im Verweisungsbeschlusse sich nicht darüber auszusprechen; Abs. 2 bestimme nur den Zeitpunkt der Antragstellung auf Verweisung an die Kammer für Handelssachen an Stelle des im Abs. 1 bestimmten Zeitpunkts für den Fall, daß die Klage bei einem Gericht, dem eine Kammer für Handelssachen fehle [Amtsgericht], erhoben sei, mithin die im

Abs. 1 vorgesehene Verbindung des Antrags mit der Klageschrift nicht gefordert werden könne). — Vgl. Anm. 2 § 97 (Widerklage).

97. (103.) **Wird vor der Kammer für Handelssachen eine nicht vor sie gehörige Klage zur Verhandlung gebracht, so ist der Rechtsstreit auf Antrag des Beklagten an die Zivilkammer zu verweisen.**[1]

Gehört die Klage oder die im Falle des § 506 der Zivilprozeßordnung erhobene Widerklage[2] **als Klage nicht vor die Kammer für Handelssachen, so ist diese auch von Amts wegen befugt, den Rechtsstreit an die Zivilkammer zu verweisen, solange nicht eine Verhandlung zur Hauptsache**[3] **erfolgt und darauf ein Beschluß verkündet ist. Die Verweisung von Amts wegen kann nicht aus dem Grunde erfolgen, daß der Beklagte nicht Kaufmann ist.**

[1] Auch wenn bei **objektiver Klagenhäufung** einer der mehreren Ansprüche nicht vor die Kammer für Handelssachen gehört. Bezüglich **subjektiver Klagenhäufung** vgl. Anm. 2 § 95. — **Gebühren** des Gerichts (frei): früher nach § 47 Nr. 8 GKG. a. F., jetzt nach § 1 GKG. in d. Fass. v. 21./12. 22, da besondere Gebühr nicht vorgesehen; des Anwalts ($^3/_{10}$): § 23 (früher Nr. 1, jetzt) Nr. 7, vgl. jedoch auch § 29 Nr. 6 GO. f. RA. in d. Fass. v. 21./12. 22 (durch die Hauptgebühren mitabgegolten). OLG. 15, 190.

[2] Nach §§ 97—99 gilt, wenn **Klage und Widerklage** erhoben sind, folgendes: Die Kammer für Handelssachen ist zuständig, wenn die Klage (auch erweiterte Klage § 268 ZPO., Präjudizialinzidentklage § 280 ZPO.) und die Widerklage (gewöhnliche oder Präjudizialinzidentwiderklage §§ 33, 280 ZPO.) nach § 95 vor sie gehören. Gehört nur die eine **oder** die andere vor die Kammer für Handelssachen, so ist die Zivilkammer zuständig. Die Kammer für Handelssachen und die Zivilkammer **müssen** auf Antrag, die erstere **kann** auch von Amts wegen ihre Unzuständigkeit aussprechen.

[3] Dazu gehört **nicht** die Verhandlung über **prozeßhindernde Einreden**: § 274 ZPO. Vgl. Anm. 2 § 101.

98. (104.) Wird vor der Zivilkammer eine vor die Kammer für Handelssachen gehörige Klage zur Verhandlung gebracht, so ist der Rechtsstreit auf Antrag des Beklagten an die Kammer für Handelssachen zu verweisen. Ein Beklagter, welcher nicht in das Handelsregister eingetragen ist, kann den Antrag nicht darauf stützen, daß er Kaufmann ist.

Der Antrag ist zurückzuweisen, wenn die im Falle des § 506 der Zivilprozeßordnung erhobene Widerklage[1] als Klage vor die Kammer für Handelssachen nicht gehören würde.

Zu einer Verweisung von Amts wegen ist die Zivilkammer nicht befugt.

Die Zivilkammer ist zur Verwerfung des Antrags auch dann befugt, wenn der Kläger ihm zugestimmt hat.[2]

[1] Vgl. Anm. 2 § 97.

[2] Gebühren: Anm. 1 § 97.

99. (105.) Wird in einem bei der Kammer für Handelssachen anhängigen Rechtsstreit die Klage in Gemäßheit des § 280 der Zivilprozeßordnung durch den Antrag auf Feststellung eines Rechtsverhältnisses erweitert oder eine Widerklage[1] erhoben und gehört die erweiterte Klage oder die Widerklage als Klage nicht vor die Kammer für Handelssachen, so ist der Rechtsstreit auf Antrag des Gegners an die Zivilkammer zu verweisen.

Unter der Beschränkung des **§ 97 Abs. 2**[2] ist die Kammer zu der Verweisung auch von Amts wegen befugt. Diese Befugnis tritt auch dann ein, wenn durch eine Klageänderung[3] ein Anspruch geltend gemacht wird, welcher nicht vor die Kammer für Handelssachen gehört.[4]

[1] Gewöhnliche (§ 33 ZPO.) oder Inzidentfeststellungswiderklage (§ 280 ZPO.). Vgl. auch Anm. 2 § 97.

[2] Früher „§ 103 Abs. 2“, abgeändert auf Grund der Ermächtigung im § 48 Abs. 1 VO. v. 4./1. 24 durch die Text-Bek. v. 22./3. 24.

[3] §§ 264, 268, 269 ZPO.

[4] Gebühren: Anm. 1 § 97.

100. (105a.) [1]**Die §§ 96 bis 99**[3] **finden auf das Verfahren in der Berufungsinstanz vor den Kammern für Handelssachen entsprechende Anwendung.**[3]

[1] Durch die Nov. v. 1./6. 09 eingefügt, um die früher nur für die erste Instanz die Frage der Zuständigkeit zwischen den Zivilkammern und den K. f. HS. regelnden Vorschriften der §§ 102—105 (jetzt §§ 96—99), da seitdem nach § 72 GVG. die K. f. HS. auch Berufungsgerichte sind, auf das Verfahren vor den K. f. HS. als Berufungsgerichte zur Anwendung zu bringen.

[2] Früher „§§ 102 bis 105“. Vgl. Anm. 2 § 99.

[3] Danach gestaltet sich das Verfahren auf die Berufung gegen ein amtsgerichtliches Urteil in der Berufungsinstanz folgendermaßen: Der Rechtsstreit wird in der Berufungsinstanz nach § 96 Abs. 1 vor der K. f. HS. verhandelt, wenn der Berufungskläger dies in der Berufungsschrift beantragt. Wird vor die K. f. HS. eine vor die Zivilkammer gehörige Berufung zur Verhandlung gebracht, so ist nach § 97 Abs. 1 nicht etwa die Berufung als unzulässig zu verwerfen, sondern der Rechtsstreit auf Antrag des Berufungsbeklagten an die Zivilkammer zu verweisen. Auch kann in diesem Falle nach § 97 Abs. 2 die Verweisung von Amts wegen erfolgen, solange nicht zur Hauptsache verhandelt und auf die Verhandlung ein Beschluß verkündet ist. Wird umgekehrt die Berufung in einer Handelssache vor die Zivilkammer zur Verhandlung gebracht, so ist nach § 98 Abs. 1 die Berufung ebenfalls nicht als unzulässig zu verwerfen, sondern der Rechtsstreit auf Antrag des Berufungsbeklagten an die K. f. HS. zu verweisen. Dagegen ist die Zivilkammer nach § 98 Abs. 3 zu einer Verweisung von Amts wegen nicht befugt. — Auch die §§ 101, 102 finden auf das Berufungsverfahren Anwendung. Dies ergibt sich aus § 72 und aus § 94. Begr. 28 zur Nov. v. 1./6. 09.

101. (106.) **Der Antrag auf Verweisung des Rechtsstreits an eine andere Kammer ist nur vor der Verhandlung[1] des Antragstellers zur Sache[2] zulässig.[3] Ueber den Antrag ist vorab zu verhandeln[4] und zu entscheiden.[5]**

[1] **Beginn der Verhandlung:** § 137 Abs. 1 ZPO. — Schon die bloße Verlesung der Anträge ist ein Verhandeln, sofern in ihnen eine, wenn auch unvollständige Erwiderung auf die sachlichen Auslassungen des Gegners enthalten ist. RG. 10, 392. Ueberhaupt ist nach dem Inhalt der vom Antragsteller abgegebenen Erklärungen und den sonstigen Umständen des einzelnen Falls zu beurteilen, ob er bereits zur Sache verhandelt hat. RG. 31, 424.

[2] **Gegensatz: „Hauptsache"**, wie im § 97 Abs. 2 GVG. und in den §§ 271 Abs. 1, 274, 504 Abs. 1, 528 Satz 2 ZPO. (Zurücknahme der Klage, Vorbringen prozeßhindernder Einreden beim Landgericht, beim Amtsgericht, in der Berufungsinstanz). — Eine Verhandlung „zur Sache" ist daher auch die über prozeßhindernde Einreden. Der Antrag auf Verweisung muß mithin vor einer solchen Verhandlung gestellt werden. JW. 91, 465[1].

[3] Die zur Sache ergangene Entscheidung der Kammer für Handelssachen kann, abgesehen von dem Falle des § 103 (Hauptintervention bei der Kammer für Handelssachen), nicht aus dem Grunde angefochten werden, daß die Zivilkammer hätte entscheiden müssen.

[4] § 146 ZPO. (Beschränkung der Verhandlung auf diesen Antrag).

[5] **Durch Zwischenurteil:** § 303 ZPO. — **§ 551 Z. 4 ZPO.** (Revision wegen Unzuständigkeit des Gerichts) bezieht sich **nicht** auf das Verhältnis zwischen Zivilkammer und Kammer für Handelssachen, ausgenommen, wenn diese auswärts oder doch für einen besonderen, örtlich abgegrenzten Teil des Landgerichtsbezirks gebildet ist (s. Anm. 2 § 93). RG. 23, 371, 48, 28, Gr. 37, 765 (anders in Angel. d. fr. Gerichtsb., s. Anm. 2 § 94).

102. (107.) **Gegen die Entscheidung über Verweisung[1] eines Rechtsstreits an die Zivilkammer oder an die Kammer für Handelssachen findet kein Rechtsmittel statt.**

Erfolgt die Verweisung an eine andere Kammer, so ist diese Entscheidung für die Kammer, an welche der Rechtsstreit verwiesen wird, bindend.[2] Der Termin zur weiteren mündlichen Verhandlung wird von Amts wegen[3] bestimmt und den Parteien bekanntgemacht.[4]

[1] Auch nicht gegen die Ablehnung des Verweisungsantrages. JW. 86, 225.

[2] Diese Bestimmung betrifft nur die von einer Kammer des Landgerichts ausgesprochene Verweisung, dagegen nicht einen die Verweisung an eine bestimmte Kammer des Landgerichts aussprechenden Beschluß des Amtsgerichts (§§ 276, 506 ZPO.), dessen Anfechtbarkeit (trotz der §§ 276 Abs. 2, 506 Abs. 2 ZPO.) also der § 102 nicht entgegensteht. OLG. 33, 78. — Ferner können durch Erweiterung der Klage (§ 268 ZPO.), Erhebung einer Präjudizialinzidentklage (§ 280 ZPO.), Widerklage (§§ 33, 280 ZPO.) neue Momente eintreten, die eine Zurückverweisung seitens der Kammer für Handelssachen an die Zivilkammer nötig machen.

[3] Ausnahme von § 216 ZPO. Vgl. § 7 Abs. 3 EG. z. ZPO.

[4] Ueber Unanwendbarkeit des § 102 auf Angelegenheiten der freiwilligen Gerichtsbarkeit vgl. Anm. 1 § 104.

103. (108.) **Bei der Kammer für Handelssachen kann ein Anspruch in Gemäßheit des § 64 der Zivilprozeßordnung nur dann geltend gemacht werden, wenn der Rechtsstreit nach den Bestimmungen der §§ 94, 95[1] vor die Kammer für Handelssachen gehört.[2]**

[1] Durch die Nov. v. 1./6. 09 ist „des § 101" durch „der §§ 100a, 101" ersetzt mit Rücksicht auf die Einfügung des früheren § 100a (jetzt 94). Vgl. Anm. 1 § 94. Durch die Text-Bek. v. 22./3. 24 ist dann weiter „§§ 100a, 101" ersetzt durch „§§ 94, 95". Vgl. Anm. 2 § 99

[2] Eine Hauptintervention kann also vor der Kammer für Handelssachen nur dann geltend gemacht werden, wenn hinsichtlich des Hauptprozesses eine der Voraussetzungen des § 95 vorliegt, insbesondere in dem Falle des § 95 Nr. 1 beide

Parteien des Hauptprozesses Kaufleute sind. — Dies bezieht sich jedoch nur auf die Hauptintervention bis zur rechtskräftigen Entscheidung des Rechtsstreits. Hinsichtlich der Klagen aus § 771 ZPO. (Widerspruch Dritter gegen die Zwangsvollstreckung) kommt § 95 zur Anwendung.

104. (108a.) [1]Wird die Kammer für Handelssachen als Beschwerdegericht mit einer vor sie nicht gehörigen Beschwerde befaßt,[2] so ist die Beschwerde von Amts wegen an die Zivilkammer zu verweisen. Ebenso hat die Zivilkammer, wenn sie als Beschwerdegericht in einer Handelssache mit einer Beschwerde befaßt[2] wird, diese von Amts wegen an die Kammer für Handelssachen zu verweisen. Die Vorschriften des § **102**[2a] Satz 1, 2 finden entsprechende Anwendung.[3]

Eine Verweisung der Beschwerde an eine andere Kammer findet nicht statt, wenn bei der Kammer, welche mit der Beschwerde befaßt wird, die Hauptsache anhängig ist, oder diese Kammer bereits eine Entscheidung in der Hauptsache erlassen hat.[4]

[1] Der durch die Nov. v. 1./6. 09 eingefügte frühere § 108a regelt die Zuständigkeit zwischen den Zivilkammern und den K. f. HS. für die Beschwerdeinstanz in der Weise, daß, wenn eine Kammer mit einer vor sie nicht gehörigen Beschwerde befaßt wird, die Kammer die Beschwerde nicht als unzulässig zu verwerfen, sondern an die zuständige Kammer zu verweisen hat. § 108a (jetzt 104) ist den §§ 103—105a (jetzt §§ 97—99) angepaßt (vgl. Anm. 3 § 100); die Verweisung muß jedoch hier, abgesehen von Abs. 2, von Amts wegen erfolgen. — Auf Angelegenheiten der freiwilligen Gerichtsbarkeit nach dem FGG. finden die §§ 102, 104 keine Anwendung (verweist daher z. B. die Zivilkammer die in einer solchen Angelegenheit eingelegte Beschwerde an die Kammer für Handelssachen, so ist diese Entscheidung nicht nach § 104 Abs. 1 S. 3, § 102 S. 1 der Anfechtung durch Beschwerde und weitere Beschwerde entzogen). RJA. 14, 249, KGJ. 49, 242).

[2] Zufolge des Ausdruckes: „wird die Kammer mit einer Beschwerde befaßt" gilt § 104 sowohl für den Fall, daß die Beschwerde bei der Kammer eingelegt ist (§ 569 Satz 2 ZPO.), als auch für den Regelfall, daß das Amtsgericht die Beschwerde der Kammer vorlegt (§ 569 Satz 1 ZPO.).

[2a] Früher „§ 107". Vgl. Anm. 2 § 99.

[3] Danach ist der Ueberweisungsbeschluß für die andere Kammer bindend.

[4] Abs. 2 betrifft den Fall, daß in erster oder in zweiter Instanz eine Handelssache vor die Zivilkammer oder umgekehrt eine Sache, die keine Handelssache ist, vor die K. f. HS. zur Entscheidung in der Hauptsache gebracht worden ist (was nach §§ 97, 98, 100 zulässig ist, wenn die Parteien einig sind), und daß nun eine Beschwerde in der Sache eingeht. Dann soll die betreffende Kammer auch das Beschwerdegericht bilden und soll die Verweisung an eine andere Kammer nicht stattfinden. Begr. 24.

Besetzung der Kammern.

105. (109.) Die Kammern für Handelssachen[1] entscheiden in der Besetzung mit einem Mitglied des Landgerichts als Vorsitzenden[1a] und zwei Handelsrichtern, **soweit nicht nach den Vorschriften der Prozeßgesetze an Stelle der Kammer der Einzelrichter zu entscheiden hat.**[1b]

Sämtliche Mitglieder der Kammer für Handelssachen haben gleiches Stimmrecht.

In Streitigkeiten, welche sich auf das Rechtsverhältnis zwischen Reeder[2] oder Schiffer[3] und Schiffsmannschaft[4] beziehen, kann die Entscheidung in erster Instanz[5] durch den Vorsitzenden allein erfolgen.[6]

[1] Geschäftsverteilung unter mehrere Kammern: §§ 62—68.

[1a] Preußen: Die ständigen Vertreter der Vorsitzenden werden vom Justizminister, im Falle ihrer Verhinderung ein zeitweiliger vom Landgerichtspräsidenten bestellt. Verf. v. 13./8. 21 (JMBl. 441).

[1b] Der Nebensatz „soweit .... zu entscheiden hat" ist durch

Art. I Nr. 1 VO. über das Verfahren in bürgerlichen Rechtsstreitigkeiten v. 13./2. 24 (RGBl. I 135) mit Rücksicht darauf, daß in dem in den §§ 348 ff. ZPO. neu geregelten, auch in den vor die Kammern für Handelssachen gehörigen Sachen Anwendung findenden „Verfahren vor dem Einzelrichter“ diesem die im § 349 Abs. 1 unter Nr. 1—5 und im Abs. 2 aufgeführten Entscheidungen zustehen, hinzugefügt worden.

2 § 493 HGB.

3 § 520 HGB., §§ 2, 12, 27 Seemannsordn. v. 2./6. 02 (RGBl. 175).

4 §§ 2, 27 ff. Seemannsordnung.

5 Die Worte „in erster Instanz“ sind durch die Nov. v. 1./6. 09 hinzugefügt, weil die K. f. HS. jetzt nach § 72 auch Berufungs- und Beschwerdegerichte sind, Abs. 3 des Paragraphen aber nur für die 1. Instanz paßt.

6 Die Zuziehung der Handelsrichter hängt vom Ermessen des Vorsitzenden ab. Pr. 522, Pr. z. ZPO. 495. Die Verhandlung erfolgt, auch wenn sie vor dem Vorsitzenden allein stattfindet, nach den §§ 253 ff. ZPO., nicht nach den für das Verfahren vor den Amtsgerichten geltenden (§§ 495 ff. ZPO.) Vorschriften; daher auch Anwaltszwang: § 78 ZPO.

106. (110.) Im Falle des § 93[1] Abs. 2 kann ein Amtsrichter Vorsitzender der Kammer für Handelssachen sein.[2]

1 Früher „§ 100 Abs. 2“. Vgl. Anm. 2 § 99.

2 Vgl. Anm. 2 § 93.

Amt der Handelsrichter.

107. (111.) Das Amt der Handelsrichter ist ein Ehrenamt.[1]

[1]Die Handelsrichter, die weder ihren Wohnsitz noch ihre gewerbliche Niederlassung am Sitze der Kammer für Handelssachen haben, erhalten Tage- und Uebernachtungsgelder sowie Ersatz der verauslagten Fahrkosten nach den für die Reichsbeamten der Stufe III (§ 2 Abs. 2 der Reisekostenverordnung für die Reichsbeamten, Reichs-

gesetzbl. 1921 S. 1345, 1923 I S. 981) geltenden Vorschriften.

[1]Handelsrichtern, die ihren Wohnsitz oder ihre gewerbliche Niederlassung am Sitze der Kammer für Handelssachen haben, werden die notwendigen Fahrkosten erstattet, wenn ihr Weg zum Gerichte mehr als zwei Kilometer beträgt.

[1] Die Abs. 2 u. 3 sind durch das RGes. über die Erstattung von Reisekosten an Handelsrichter v. 13./12. 23 (RGBl. I 1185) hinzugefügt worden.

108. (112.) Die Handelsrichter werden auf gutachtlichen Vorschlag des zur Vertretung des Handelsstandes berufenen Organs[1] für die Dauer von drei Jahren ernannt;[2] eine wiederholte Ernennung ist nicht ausgeschlossen.

[1] **Preußen:** § 1 Ges. über die Handelskammern (jetzt „Industrie- und Handelskammern" Art. IV VO. v. 1./4. 24) v. 24./2. 70, neue Fass. v. 22./8. 97 (GS. 354), 1./4. 24 (GS. 194), Verf., betr. die Errichtung der Kammern für Handelssachen, v. 26./7. 79 (JMBl. 210), Anm. 1 § 93, betr. die Ernennung der Handelsrichter v. 15./6. 85 (JMBl. 185) u. betr. die gutachtlichen Vorschläge zur Ernennung der Handelsrichter v. 10./12. 08 (JMBl. 291), 3./3. 21 (JMBl. 174), Nr. 3 Verf. v. 11./1. 21 (JMBl. 42) (Berücksichtigung des Alters bei den Vorschlägen zur Ernennung) u. Verf. v. 14./6. 21 (JMBl. 345) (Amtsbezeichnungen: „Handelsgerichtsrat" und für die Stellvertreter „Handelsrichter"), Verf. über die Ernennung von Handelsrichtern u. stellvertr. Handelsrichtern beim gemeinschaftl. Landgericht in Meiningen v. 4. u. 8./8. 23 (JMBl. 642), dazu Verf. v. 12./3. 04 (JMBl. 65) u. 17./7., 9./12. 05 (JMBl. 214, 368), 12./2., 9./6., 19./6., 20./10. 06 (JMBl. 39, 169, 173, 387), 27./6. u. 2./12. 07 (JMBl. 414, 595), 29./1. 08 (JMBl. 29), 26./2., 10./3., 15./4., 14./7. 09 (JMBl. 37, 57, 91, 265), 21./2. 11 (JMBl. 86), 16./12. 12 (JMBl. 414), 9./11. 14 (JMBl. 803), 5./11. 15

(JMBl. 261), 24./3. 17 (JMBl. 112), 4. u. 21./6., 20./9., 10./10., 15./11. 19 (JMBl. 314, 346, 441, 521, 576), 12./1., 3./2., 25./3., 17. u. 19./4., 18./5., 18. u. 28./8., 2., 4., 15., 28. u. 30./9., 4., 8., 11., 12. u 26./10., 30./11., 13., 27. u. 31./12. 20 (JMBl. 1920 S. 20, 50, 131, 161, 162, 206, 440, 442, 453, 455, 456, 457, 458, 486, 527, 532, 534, 544, 545, 547, 548, 562, 563, 590, 703, 718, 720, 769, 1921 S. 55), 4., 5. u. 26./1., 5. u 8./2., 1. u. 11./3., 6. u. 7./4., 14./9., 23./11. 21 (JMBl. 20, 36, 77, 96, 97, 132, 202, 251, 252, 481, 584), 20./2., 20./5., 31./5., 9./12. 22 (JMBl. 54, 193, 362, 564), 29./1., 15./3., 21./3., 23./3., 28./3., 12./4., 20./4., 14./5., 21./7., 19./8. 23 (JMBl. 68, 210, 294, 308, 309, 326, 343, 372, 556, 602), 16./7., 26./8. 24 (JMBl. 280, 353), 3./1., 27./3. 25 (JMBl. 22, 138) (Zahl der vorzuschlagenden Personen), v. 11./3. 05 (MBl. i. V. 59) (Wahlen zu Handelsrichtern). Vgl. Verf. v. 11./3., 8./4., 14./4., 15./4. 05 (JMBl. 90, 121, 125, 126), v. 8./6., 19./10. 06 (JMBl. 169, 386), 14./2. 07 (JMBl. 37), 28./1. 08 (JMBl. 28), 25./2., 15./4., 14./7. 09 (JMBl. 37, 91, 265), 5./12. 10 (JMBl. 421), 19./6. 11 (JMBl. 254), 20./6., 10./10., 2. u. 3./12. 19 (JMBl. 346, 520, 599, 600), 10./1., 2./2., 24./3., 16. u. 17./4., 17./5., 17. u. 26./8., 1., 3., 14., 27. u. 29./9., 2., 7., 11. u. 25./10., 30./11., 11., 24. u. 30./12. 20 (JMBl. 1920 S. 19, 50, 131, 160, 162, 205, 440, 441, 453, 454, 455, 457, 458, 487, 526, 532, 534, 544, 545, 546, 548, 562, 563, 590, 703, 718, 719, 768, 1921 S. 55), 3., 4. u. 25./1., 7. u. 28./2., 10./3., 6./4., 13./9., 22./11. 21 (JMBl. 20, 35, 77, 96, 132, 202, 252, 481, 538), 19./5., 31./8., 9./12. 22 (JMBl. 193, 362, 563), 28./1., 22. u. 23./3., 19./4., 14./5., 21./7., 18./8. 23 (JMBl. 68, 296, 308 u. 309, 343, 372, 556, 602), 25./8. 24 (JMBl. 353), 26./3. 25 (JMBl. 138) (Erhöhung der Zahl der Handelsrichter). Vgl. auch Bek. v. 13./2. 06 (JMBl. 44) (Verzeichnis der gesetzlichen Handelsvertretungen).

[2] **Preußen:** früher § 7 AG. z. GVG. v. 24./4. 78 (GS. 230) (Ernennung durch den König), jetzt Art. 82 Abs. 1 Pr. Verfassung v. 30./11. 20 (GS. 543) (Ernennung durch das Staatsministerium). — **Reichsgesetzlich besteht kein Zwang zur Annahme dieses Amtes.**

109. (113.) Zum Handelsrichter kann jeder Deutsche ernannt werden, welcher das dreißigste Lebensjahr vollendet hat und als Kaufmann, als Vorstand einer Aktiengesellschaft, als Geschäftsführer einer Gesellschaft mit beschränkter Haftung oder als Vorstand einer sonstigen juristischen Person in das Handelsregister eingetragen ist oder eingetragen war.[1]

Zum Handelsrichter soll nur ernannt werden, wer in dem Bezirke der Kammer für Handelssachen wohnt oder, wenn er als Kaufmann in das Handelsregister eingetragen ist, dort eine Handelsniederlassung hat; bei Personen, die als Vorstand einer Aktiengesellschaft, als Geschäftsführer einer Gesellschaft mit beschränkter Haftung oder als Vorstand einer sonstigen juristischen Person in das Handelsregister eingetragen sind, genügt es, wenn die Gesellschaft oder juristische Person eine Niederlassung in dem Bezirke hat.

Personen, welche infolge gerichtlicher Anordnung[2] in der Verfügung über ihr Vermögen beschränkt sind, können nicht zu Handelsrichtern ernannt werden.

[1] An die Stelle der früher folgenden Worte: „und in dem Bezirke der Kammer für Handelssachen wohnt" hat das RGes. v. 20./3. 05 (RGBl. 179) den jetzigen Abs. 2 gesetzt. — Nach Art. I Abs. 2 RGes. über die Zulassung der Frauen zu den Aemtern und Berufen der Rechtspflege v. 11./7. 22 (RGBl. I 573) können auch Frauen zu Handelsrichtern ernannt werden.

[2] Z. B. Entmündigung, Konkurseröffnung. Vgl. auch §§ 31, 33—35 StGB.

110. (114.) An Seeplätzen können Handelsrichter auch aus dem Kreise der Schiffahrtskundigen[1] ernannt werden.

[1] Vgl. § 2 Seemannsordn. v. 2./6. 02 (RGBl. 175).

111. (115.) **Die Handelsrichter sind vor ihrem Amtsantritt auf die Erfüllung der Obliegenheiten des ihnen übertragenen Amtes eidlich zu verpflichten.**[1]

[1] **Preußen:** Verf., betr. die eidliche Verpflichtung der Handelsrichter u. stellvertretenden Handelsrichter, v. 21./12. 18 (JMBl. 533). — Reihenfolge der Heranziehung zu den einzelnen Sitzungen: § 5 Abs. 2, 8 Verf., betr. die Errichtung der Kammern für Handelssachen, v. 26./7. 79 (JMBl. 210).

112. (116.) **Die Handelsrichter haben während der Dauer ihres Amtes in Beziehung auf dasselbe alle Rechte und Pflichten richterlicher Beamten.**[1]

[1] Sowohl bezüglich ihres amtlichen, als ihres außeramtlichen Verhaltens unterliegen sie den für die Richter gegebenen Disziplinarvorschriften (vgl. Anm. 5 § 8). Begr. 187. Dienstliche Aufsicht in Preußen: § 78 AG. z. GVG. v. 24./4. 78 (GS. 230). — Auch die §§ 41—48 ZPO. (Ausschließung und Ablehnung) finden auf sie Anwendung.

113. (117.) **Ein Handelsrichter ist seines Amtes zu entheben, wenn er eine der für die Ernennung erforderlichen Eigenschaften nachträglich verliert.**[1]

Die Enthebung erfolgt durch den ersten Zivilsenat des Oberlandesgerichts nach Anhörung des Beteiligten.

[1] Ferner, wenn er die in § 112 ihm auferlegten Pflichten verletzt. Pr. z. ZPO. 495, auch Anm. 1 § 112. — Ein Rechtsmittel gegen die Entscheidung ist nicht gegeben.

114. (118.) **Ueber Gegenstände, zu deren Beurteilung eine kaufmännische Begutachtung genügt,**[1] **sowie über das Bestehen von Handelsgebräuchen**[2] **kann die Kammer für Handelssachen auf Grund eigener Sachkunde und Wissenschaft entscheiden.**[3]

[1] Z. B. darüber: ob die Ausstattung einer Ware infolge von langjähriger Mitbenutzung durch die Konkurrenten eine allgemein übliche geworden ist, RG. 79, 293; was unter der Abrede „prompte Verladung" zu verstehen ist, OLG. 38, 205.

[2] Handelsgewohnheitliche Rechtssätze oder tatsächliche Gebräuche, nach denen sich der Vertragsinhalt bestimmt. RG. 44, 31, JW. 94, 20[52].

[3] Den **Berufungsrichter bindet** eine solche Entscheidung **nicht**, vielmehr ist er berechtigt, das Bestehen oder Nichtbestehen des Handelsgebrauchs (Handelssitte, Usance) nachzuprüfen. RG. 10, 92, 44, 34. Er darf aber, wenn der betreffende Handelsgebrauch für die Entscheidung wesentlich ist, den Ausspruch der Kammer nicht unbeachtet lassen, vielmehr muß er ihn auf seine Begründetheit prüfen. JW. 94, 20[52]. Wenn er die Richtigkeit der Feststellung der Kammer nicht bezweifelt, kann er von einer Beweisaufnahme über den behaupteten Handelsgebrauch absehen. RG. 2, 384, 10, 92. — Er kann auch überhaupt ohne Verletzung des § 286 ZPO. seine Entscheidung auf die Sachkunde der Handelsrichter gründen. RG. 90, 104. — Wird vor dem Berufungsgericht ein Beweis über das Bestehen eines Handelsbrauchs (z. B. durch Bezugnahme auf das Gutachten einer Handelskammer oder eines Sachverständigen) neu angetreten, so kann das Berufungsgericht nicht lediglich deshalb den Beweis ablehnen und den Handelsbrauch für nicht bestehend erklären, weil dieser noch nicht zu seiner amtlichen Kenntnis gelangt sei. W. 15, 282.

Achter Titel.

Oberlandesgerichte.

115. (119.) **Die Oberlandesgerichte werden mit einem Präsidenten und der erforderlichen Anzahl von Senatspräsidenten und Räten besetzt.**[1]

[1] Vgl. für **Preußen: Ausführungsbestimmungen:** §§ 47—50, 57 AG. z. GVG. v. 24./4. 78 (GS. 230) u. Art. 130 I, VII, VIII PrFGG. v. 21./9. 99 (GS. 249); **Sitze der Oberlandesgerichte:** § 1 Ges. v. 4./3. 78 (GS. 109); Ges. (betr. OLG. Düsseldorf) v. 2./1. 05 (GS. 5) und dazu VO. v. 3./1. 06 (GS. 2); Staatsvertrag, betr. OLG. Celle zugleich OLG. für Schaumburg-Lippe, v. 24./2. 08 (GS. 181). — Ueber vorläufige Zulegung der Landgerichtsbezirke Schneidemühl und Meseritz zum OLG. Marienwerder anläßlich der Ausführung

des Friedensvertrags vgl. Ges. v. 19./7. 19, §§ 3 ff. VO. v. 4./9. 19 (GS. 115, 145).

Geschäftsleitung.

116. (120.) Bei den Oberlandesgerichten werden Zivil- und Strafsenate gebildet.[1]

[1] Deren Zahl bestimmt die Landesjustizverwaltung. Vgl. Anm. 1 § 60.

117. (121.) Die Bestimmungen der §§ **62—69**[1] finden mit der Maßgabe Anwendung,[2] daß zu dem Präsidium stets die beiden ältesten Mitglieder des Gerichts zuzuziehen sind.

[1] Früher „§§ 61—68". Die Zahlen sind gemäß der jetzigen Reihenfolge der Paragraphen geändert durch die Text-Bek. v. 22./3. 24.

[2] Vgl. die Bemerkungen in den Anm. zu §§ 62—69, die entsprechend für die Besetzung der Senate der Oberlandesgerichte gelten.

118. (122.) Zu Hilfsrichtern dürfen nur ständig angestellte Richter[1] berufen werden.

[1] Die als Hilfsrichter berufenen Landrichter oder Amtsrichter können einem oder mehreren Senaten als Mitglieder zugewiesen werden. Gr. 49, 397, auch Anm. 2 § 63.

Zuständigkeit.

119. (123.) [1]Die Oberlandesgerichte sind **in bürgerlichen Rechtsstreitigkeiten**[1] zuständig[2] für die Verhandlung und Entscheidung über die Rechtsmittel:

1. der Berufung gegen die Endurteile der **Landgerichte**,[1, 3]
2. der Beschwerde gegen Entscheidungen der **Landgerichte**,[1, 4]

[1] Der frühere § 123 bestimmte die Zuständigkeit der Oberlandesgerichte in bürgerlichen Rechtsstreitigkeiten und in Strafsachen insgesamt, und zwar in ersterer Hinsicht unter

Nr. 1 und Nr. 4 (jetzt Nr. 2), in letzterer Hinsicht für die Verhandlung und Entscheidung der Rechtsmittel unter Nr. 2 („der Revision gegen Urteile der Strafkammern in der Berufungsinstanz"), Nr. 3 („der Revision gegen Urteile der Strafkammern in erster Instanz, sofern die Revision ausschließlich auf die Verletzung einer in den Landesgesetzen enthaltenen Rechtsnorm gestützt wird;") und Nr. 5 („der Beschwerde gegen strafrichterliche Entscheidungen erster Instanz, soweit nicht die Zuständigkeit der Strafkammer begründet ist, und gegen Entscheidungen der Strafkammern in der Beschwerdeinstanz und Berufungsinstanz.") Jetzt sind durch die Text-Bek. v. 22./3. 24 die Zuständigkeitsbestimmungen in drei gesonderten Paragraphen gegeben. Der § 119 gibt die bisherigen Bestimmungen über die Zuständigkeit in bürgerlichen Rechtsstreitigkeiten wieder. Deshalb sind die Worte „in bürgerlichen Rechtsstreitigkeiten" in den Nummern 1 und 2 (früher 4) hinter dem Worte „Landgerichte" gestrichen und hinter den Eingangsworten „die Oberlandesgerichte sind" eingefügt worden. Die Zuständigkeitsbestimmungen für Strafsachen sind in den neuen §§ 120, 121 enthalten.

2 **Ferner: GVG.** §§ 113 Abs. 2 (Enthebung eines Handelsrichters vom Amte), 159 (Rechtshilfe), 181 Abs. 3 (Sitzungspolizei-Ordnungsstrafen); **ZPO.** §§ 36 (Bestimmung des zuständigen Gerichts), 45 (Ablehnung); **KO.** §§ 72, 73; **ZVG.** §§ 95 ff. (Entscheidung über weitere Beschwerden). — Auch §§ 9, 10, 12, 47, 59, 61, 69, 89 **RAO.** — Weiterhin in **Angelegenheiten der freiwilligen Gerichtsbarkeit:** FGG. §§ 27, 28, 30, 194 (Entscheidung über weitere Beschwerden), § 64 (Beschwerde über eine die Entlassung eines Mitgliedes des Familienrats betreffende Verfügung des Landgerichts), § 143 (Entscheidung über die sofortige Beschwerde gegen die einen Widerspruch gegen eine Eintragung im Handelsregister zurückweisende Verfügung des Landgerichts); in Grundbuchsachen: GBO. §§ 79, 81 (Entscheidung über weitere Beschwerden). Jedoch kann nach § 199 des ersteren und nach § 102 des letzteren Gesetzes die Entscheidung über das Rechtsmittel der weiteren Beschwerde durch Landesgesetz einem der mehreren Oberlandesgerichte oder dem obersten Landesgericht zugewiesen werden. §§ 8, 10 EG. Vgl. **Preußen:** Art. 7, 8 Pr. FGG. v. 21./9. 99 (GS. 249) (Zuständigkeit des Kammergerichts in Angel. d. fr. Gerichtsb.);

ferner (früher § 28 Pr. GKG. v. 6./8. 10 jetzt) § 27 PrGKG. v. 31./10. 22 (Zuständigkeit d. Kammerger. in Kostensachen), §§ 49 Nr. 8, 50 AG. z. GVG. (Rechtsmittel in Angel. d. AG.), § 9 Schiedsmannsordn. (früher v. 29./3. 79, jetzt) v. 3./12. 24 (GS. 751) (Enthebung eines Schiedsmannes von seinem Amte).

[3] Welche von den Landgerichten in erster Instanz erlassen sind: § 511 ZPO.

[4] §§ 567, 568 ZPO., §§ (früher 4, 16, 47, 48 GKG. a. F., jetzt) 4, 18, 39 GKG. in d. Fass. v. 21./12. 22, § (früher 22, jetzt) 25 GO. f. GV. in d. Fass. v. 14./12. 22, § 17 GO. f. Z. u. S. in der Fass. v. 18./8. 22, §§ 12, 53 GO. f. RA.

120 (neu.[1]) **Die Oberlandesgerichte sind zur Verhandlung und Entscheidung in erster und letzter Instanz in den Strafsachen**[2] **zuständig, die gemäß § 134 Abs. 2 von dem Oberreichsanwalt an die Landesstaatsanwaltschaft abgegeben werden, oder in denen das Reichsgericht gemäß § 134 Abs. 3 bei Eröffnung des Hauptverfahrens die Verhandlung und Entscheidung dem Oberlandesgericht überweist. In den von dem Oberreichsanwalt an die Landesstaatsanwaltschaft abgegebenen Sachen trifft das Oberlandesgericht auch die im § 73 Abs. 1 bezeichneten Entscheidungen.**[3]

Für den Gerichtsstand gelten in diesen Fällen die allgemeinen Vorschriften.[4] **Sind jedoch in einem Lande mehrere Oberlandesgerichte errichtet, so können die im Abs. 1 den Oberlandesgerichten zugewiesenen Aufgaben durch die Landesjustizverwaltung einem oder einigen der Oberlandesgerichte oder dem Obersten Landesgericht übertragen werden.**[5] **Durch Vereinbarung der beteiligten Landesjustizverwaltungen können diese**

Aufgaben dem hiernach zuständigen Gericht eines Landes auch für das Gebiet eines anderen Landes übertragen werden.

[1] Der § 120 ist entsprechend dem § 15 VO. v. 4./1. 24 durch die Text-Bek. v. 22./3. 24 eingefügt.

[2] In Landesverratssachen und bei Verbrechen gegen die §§ 1, 3 Ges. gegen den Verrat militärischer Geheimnisse v. 3./6. 14 (RGBl. 195).

[3] Die Voruntersuchung und deren Ergebnisse betreffende Entscheidungen, die nach den Vorschriften der StPO. von den Gerichten zu erlassen sind (vgl Anm. 2 § 78), Entscheidungen über Beschwerden gegen Verfügungen des Untersuchungsrichters (§ 304 StPO. n. F.). — Gegen die im § 305 S. 2 StPO. n. F. bezeichneten Entscheidungen des Oberlandesgerichts, die der Urteilsfällung vorausgehen, findet nach § 304 Abs. 3 StPO. n. F., wie überhaupt gegen Beschlüsse und Verfügungen der Oberlandesgerichte, eine Beschwerde nicht statt.

[4] §§ 7—21 StPO.

[5] **Preußen**: Nr. 1 Verf. v. 10./1., 7./2., 26./3. 24 (JMBl. 17, 63, 145).

121. (123.)[1] Die Oberlandesgerichte sind **in Strafsachen ferner**[2] zuständig für die Verhandlung und Entscheidung über die Rechtsmittel:

1.[1] der Revision[3] gegen

a) **die mit der Berufung nicht anfechtbaren Urteile des Amtsrichters;**[4]

b) **die Urteile der kleinen Strafkammer**[5]**;**

c) **die Urteile der großen Strafkammer, wenn in erster Instanz das mit einem Richter und zwei Schöffen besetzte Schöffengericht entschieden hat;**[6]

d) **die Urteile der großen Strafkammer**[7] **und der Schwurgerichte,**[8] **wenn die Revision ausschließlich**[9] **auf die Verletzung einer in**

den Landesgesetzen enthaltenen Rechtsnorm gestützt wird;[10]

2.[1] der **Beschwerde**[11] gegen strafrichterliche **Entscheidungen**, soweit nicht die Zuständigkeit der Strafkammer[12] **oder des Reichsgerichts** begründet ist.

[1] Ueber den Inhalt des früheren § 123 vgl. Anm. 1 § 119. Der § 121 in der Fassung der Text-Bek. v. 22./3. 24 beruht auf den §§ 16, 33 Abs. 2 S. 3 VO. v. 4./1. 24. Er bestimmt die Zuständigkeit der Oberlandesgerichte für die Rechtsmittel der Revision und der Beschwerde in Strafsachen. Die Nr. 1 ersetzt die Nr. 2 und 3, die Nr. 2 ersetzt die Nr. 5 des früheren § 123.

[2] Weiter: StPO. n. F. §§ 4 (Trennung oder Verbindung mehrerer Strafsachen), 12, 15, 19 (Bestimmung des zuständigen Gerichts), 172 (Entscheidung über den Antrag auf gerichtliche Entscheidung nach Ablehnung der Erhebung der öffentlichen Klage).

[3] § 338 StPO. n. F. Früher waren die Oberlandesgerichte zur Verhandlung und Entscheidung über die Rechtsmittel der Revision zuständig a) „gegen Urteile der Strafkammern in der Berufungsinstanz" (§ 123 Nr. 2 a. F.), b) „gegen Urteile der Strafkammern in erster Instanz, sofern die Revision ausschließlich auf die Verletzung einer in den Landesgesetzen enthaltenen Rechtsnorm gestützt wird" (§ 123 Nr. 3 a. F.). Zur Entscheidung über die Revision gegen ein Urteil der Strafkammer, durch das diese in verbundenen Strafsachen teils in erster Instanz, teils als Berufungsgericht erkannt und eine Gesamtstrafe ausgesprochen hatte, war das Reichsgericht im ganzen Umfange allein zuständig. RG. 31, 125. Auch wenn in verbundenen Sachen gegen mehrere Mittäter die Strafkammer, nachdem die Angeklagten vom Schöffengericht verurteilt worden waren und Berufung eingelegt hatten, gegen den einen Angeklagten als Berufungsgericht, gegen den andern (z. B. weil gegen diesen die Voraussetzungen des Rückfalls als gegeben erachtet wurden) als Gericht erster Instanz erkannt hatte, war nach § 136 Abs. 1 Nr. 2 GVG. a. F. (jetzt § 135), § 5 StPO. das Reichsgericht (nicht das Oberlandesgericht) auch zur Entscheidung über

die Revision des zuerst genannten Angeklagten zuständig. RG. 48, 93. Jetzt ist die Strafkammer nur noch Berufungsgericht (§ 74), so daß es nicht mehr vorkommen kann, daß sie gleichzeitig als Gericht erster Instanz erkennt. Vgl. auch Anm. 4 § 185 (Oberlandesgericht trotz mangelnder Zuständigkeit erkannt).

4 §§ 313, 334 StPO. n. F. (Urteile, die ausschließlich Uebertretungen oder im Privatklageverfahren die im § 374 Nr. 1 bis 6 StPO. bezeichneten Vergehen zum Gegenstande haben und durch die der Angeklagte entweder freigesprochen oder ausschließlich zu Geldstrafe verurteilt worden ist, es sei denn, daß die Privatklage wegen einer durch die Presse begangenen Beleidigung erhoben worden ist).

5 Auf Berufung gegen Urteile des Amtsrichters allein §§ 25, 26, 76 Abs. 2 Halbs. 1 GVG., §§ 312, 333 StPO. n. F.

6 Auf Berufung gegen Urteile des nur mit einem Richter und zwei Schöffen besetzten Schöffengerichts: §§ 29 Abs. 1, 76 Abs. 2 Halbs. 2 GVG., §§ 312, 333 StPO. n. F.

7 Auf Berufung gegen Urteile des mit zwei Richtern und zwei Schöffen besetzten Schöffengerichts bei Verletzung einer landesgesetzlichen Rechtsnorm: §§ 29 Abs. 2, 76 Abs. 2 Halbs. 2 GVG., §§ 312, 333 StPO. n. F. Wird die Revision nicht ausschließlich auf die Verletzung einer landesgesetzlichen Rechtsnorm gestützt, so ist das Reichsgericht für die Revision zuständig (§ 135).

8 §§ 80, 81 GVG., § 333 StPO. n. F. Wird die Revision nicht ausschließlich auf die Verletzung einer landesgesetzlichen Rechtsnorm gestützt, so ist das Reichsgericht für die Revision zuständig (§ 135).

9 Ist die Revision auf Verletzung **sowohl** eines **Landesgesetzes** als auch eines **Reichsgesetzes** gestützt, so ist das Reichsgericht zuständig. RG. 33, 110, 57, 88. Dies gilt auch, wenn das verletzte Reichsgesetz nur prozessualer Natur ist. RG. 33, 110.

10 Mag sie dem Strafrecht oder dem Privatrecht oder dem Staatsrecht usw. angehören. — § 344 StPO. n. F. (Revisionsbegründung). — Für **Preußen**: § 50 AG. v. 24./4. 78 (GS. 280) (Zuständigkeit des Kammergerichts).

11 §§ 304, 305, 310 StPO. n. F., § 56 GVG., § 9 EG., § 4 GKG., § 17 GO. f. Z. u. S. (vgl. Anm. 4 § 119). — Früher lautete die jetzige Nr. 2 (§ 123 Nr. 5 a. F.): „der

Beschwerde gegen strafrichterliche Entscheidungen erster Instanz, soweit nicht die Zuständigkeit der Strafkammer begründet ist, und gegen Entscheidungen der Strafkammer in der Beschwerdeinstanz und Berufungsinstanz." Die neue Fassung der Text-Bek. v. 22./3. 24 bedeutet keine sachliche Aenderung. — Ueber den Begriff „Entscheidungen des erkennenden Gerichts", gegen die nach § 305 StPO. eine Beschwerde unstatthaft ist, vgl. Anm. 5 § 82. [12] § 73.

Besetzung der Senate.

122. (124.) Die Senate der Oberlandesgerichte entscheiden, **soweit nicht nach den Vorschriften der Prozeßgesetze an Stelle des Senats der Einzelrichter zu entscheiden hat,**[1] in der Besetzung von **drei**[2] Mitgliedern mit Einschluß des Vorsitzenden.

[2] **Die Strafsenate sind in der Hauptverhandlung erster Instanz mit fünf Mitgliedern einschließlich des Vorsitzenden zu besetzen.**

[1] Der Nebensatz „soweit . . . zu entscheiden hat," ist durch Art. I Nr. 1 VO. über das Verfahren in bürgerlichen Rechtsstreitigkeiten v. 13./2. 24 (RGBl. I 135) dem Abs. 1 zugesetzt und auf Grund der Ermächtigung im § 43 Abs. 1 VO. v. 4./1. 24 durch die Text-Bek. v. 22./3. 24 eingefügt mit Rücksicht darauf, daß in dem in den §§ 348ff. ZPO. neu geregelten, auch in der Berufungsinstanz vor den Oberlandesgerichten Anwendung findenden „Verfahren vor dem Einzelrichter" diesem die in § 349 Abs. 1 unter Nr. 1—5 und im Abs. 2 aufgeführten Entscheidungen zustehen.

[2] Durch die Text-Bek. v. 22./3. 24 ist auf Grund des § 1 S. 1 VO. v. 4./1. 24 die Zahl „fünf" durch die Zahl „drei" ersetzt, wonach die Senate jetzt nur noch in der Besetzung mit drei Mitgliedern entscheiden, und auf Grund des § 1 S. 2 VO. der neue Abs. 2 hinzugefügt, wonach die Strafsenate ausnahmsweise mit fünf Mitgliedern zu besetzen sind, wenn in der Hauptverhandlung erster Instanz verhandelt und entschieden werden soll (s. § 120).

Neunter Titel.
Reichsgericht.

Staatsanwaltschaft bei dem Reichsgericht: § 142 Nr. 1. — Gerichtsschreiber: § 153. — Gerichtsvollzieher: § 154. — Rechtsanwälte: §§ 98 bis 102 RAO.; deren Gebühren: § 52 GO. f. RA. — **Gerichtskosten**: früher §§ 1, 49, 65 GKG. a. F., jetzt §§ 1, 28, 55 GKG. in d. Fass. v. 21./12. 22; deren Einziehung: früher Dienstanw. v. 21./6. 79 u. 7./7. 87, dazu Preuß. Verf. v. 19./8. 87 (JMBl. 206), dann Dienstanw. v. 13./3. 13 (ZBl. 309), dazu Preuß. Verf. v. 27./3. 13 (JMBl. 104), jetzt Dienstanw., betr. die Einziehung und Verrechnung der für die Geschäfte des Reichsgerichts in Ansatz kommenden Kosten v. 31./3. 22 (ZBl. 155). — **Gebührenfreiheit**: früher § 98 Abs. 1, 3 GKG. a. F., jetzt § 90 Abs. 1, 3 GKG. in d. Fass v. 21./12. 22, VO., betr. die Gebührenfreiheit in dem Verfahren vor dem Reichsgericht, v. 24./12. 83 (RGBl. 84 S. 1), dazu Gr. 39, 1063, JW. 95, 168[20] (die Gemeinde- und Landarmenverbände haben in den die Armenpflege betreffenden Angelegenheiten vor dem Reichsgericht nicht Gebührenfreiheit), auch JW. 94, 173[8] (nicht Gebührenfreiheit vor dem Reichsgericht, wenn der Rechtsweg für unzulässig erklärt wird), RG. 109, 90 (die Deutsche Reichsbahngesellschaft ist von der Gebührenzahlung nicht befreit).

123. (125.) Der Sitz des Reichsgerichts wird durch Gesetz bestimmt.[1]

[1] Gesetz über den Sitz des Reichsgerichts. **Vom 11. April** 1877 (RGBl. 415):

§ 1. Auf denjenigen Bundesstaat, in dessen Gebiet das Reichsgericht seinen Sitz hat, findet § 8 des Einführungsgesetzes zum Gerichtsverfassungsgesetz keine Anwendung.

§ 2. Das Reichsgericht erhält seinen Sitz in Leipzig.

124. (126.) Das Reichsgericht wird mit einem Präsidenten und der erforderlichen Anzahl von Senatspräsidenten und Räten besetzt.[1]

[1] Ursprünglich 7 Senatspräsidenten und 60 Räte.

Anstellung und Dienstverhältnisse der Richter.[1]

[1] Vgl. §§ 3, 6, 23—26 BGes. v. 12./6. 69 (BGBl. 201).

125. (127.) Der Präsident, die Senatspräsidenten und Räte werden auf Vorschlag des **Reichsrats**[1] von dem **Reichspräsidenten**[1] ernannt.[2]

Zum Mitglied des Reichsgerichts kann nur ernannt werden, wer die Fähigkeit zum Richteramt in einem **deutschen Lande**[1] erlangt[3] und das fünfunddreißigste Lebensjahr vollendet hat.

[4]Das Dienstalter der Mitglieder des Reichsgerichts richtet sich nach der Ernennung. Auf das Dienstalter ist die Zeit anzurechnen, die das Mitglied als Reichsanwalt, als Rechtsanwalt beim Reichsgericht oder als ordentlicher öffentlicher Lehrer des Rechtes an einer deutschen Universität tätig gewesen ist.

[1] Auf Grund der Ermächtigung im § 43 Abs. 2 VO. v. 4./1. 24 und der §§ 3, 4 Reichsübergangsges. v. 4./3. 19 (RGBl. 285), Art. 179 Verfassung des Deutschen Reichs vom 11./8. 19 (RGBl. 1383) sind durch die Text-Bek. v. 22./3. 24 im Abs. 1 die Worte „des Bundesrats von dem Kaiser" durch die Worte „des Reichsrats von dem Reichspräsidenten" und im Abs. 2 das Wort „Bundesstaate" durch die Worte „deutschen Lande" ersetzt worden.

[2] Diensteinkommen: RBesoldungsges., früher v. 15./7. 09 (RGBl. 573), jetzt v. 30./4. 20 nebst Besoldungsordnung I B 1, 2, 5 i. d. Fass. v. 26./10. 22 (RGBl. I 811), 18./6. 23 (RGBl. I 385), (Art. 9 Pers.-Abbau-VO. v.) 27./10. 23 (RGBl. I 999), 12./12. 23 (RGBl. I 1181), 18./2., 20./3., 24./5., 30./6., 23./10. 24 (RGBl. 31, 63, 153, 193, RPABl. 603). AusfBestimmungen (Besoldungsvorschriften) v. 21./3., 25./8. 21 (RGBl. 257, 1244, 1247), 6./10. 22 (RGBl. I 777), 3./9. 23 (RGBl. I 853), Bek. über Notstandsbeihilfen für Reichsbeamte v. 30./1. 25 (RPABl. 33).

[3] §§ 2, 4, 5.

[4] Der Abs. 3 ist durch Art. I 4 des zweiten RGes. zur weiteren Entlastung der Gerichte v. 27./3. 23 (RGBl. I 217) hinzugefügt.

126. (128.) Ist ein Mitglied zu einer Strafe wegen einer entehrenden Handlung[1] oder zu einer Freiheitsstrafe von längerer als einjähriger Dauer rechtskräftig verurteilt, so kann es durch Plenarbeschluß des Reichsgerichts seines Amts und seines Gehalts für verlustig erklärt werden.[2]

Vor der Beschlußfassung sind das Mitglied und der Oberreichsanwalt[3] zu hören.

[1] Voraussetzung ist nicht, daß auf eine entehrende Strafe, Verlust der bürgerlichen Ehrenrechte, erkannt sei. Begr. 145.

[2] Außerdem Verlust des Amts kraft Gesetzes: §§ 32—37, 358 StGB. — Die Vorschriften des Reichsbeamtenges. v. 31./3. 73, neue Fass. v. 18./5. 07 (RGBl. 245), finden, soweit sie disziplinärer Natur sind oder sich auf die Versetzung in den Ruhestand beziehen, auf die Mitglieder des Reichsgerichts keine Anwendung. Vgl. aber Anm. 1 § 128 über den § 60a RBGes. in d. Fass. der PAB. v. 27./10. 23.

[3] § 142 Nr. 1.

127. (129.) Ist wegen eines Verbrechens oder Vergehens das Hauptverfahren[1] gegen ein Mitglied eröffnet, so kann seine vorläufige Enthebung vom Amte nach Anhörung des Oberreichsanwalts[2] durch Plenarbeschluß des Reichsgerichts ausgesprochen werden.

Wird gegen ein Mitglied die Untersuchungshaft[3] verhängt, so tritt für ihre Dauer die vorläufige Enthebung von Rechts wegen ein.

Durch die vorläufige Enthebung wird das Recht auf den Genuß des Gehalts nicht berührt.

[1] § 203 StPO. n. F. [2] § 142 Nr. 1.

[3] §§ 112—124 StPO.

128. (180.) Wenn ein Mitglied durch ein körperliches Gebrechen oder durch Schwäche seiner körperlichen oder geistigen Kräfte zur Erfüllung seiner Amtspflichten dauernd unfähig wird, so tritt seine Versetzung in den Ruhestand gegen Gewährung eines Ruhegehalts ein.[1] Dienstunfähigkeit ist nicht Vorbedingung des Anspruchs auf Ruhegehalt, wenn das aus dem Dienste scheidende Mitglied das fünfundsechzigste Lebensjahr vollendet hat.[2]

[3]**Das Ruhegehalt beträgt bei vollendeter zehnjähriger oder kürzerer Dienstzeit $^{35}/_{100}$ und steigt nach vollendetem zehnten Dienstjahr mit jedem weiter zurückgelegten Dienstjahr bis zum vollendeten fünfunddreißigsten Dienstjahr um $^{2}/_{100}$ und von da ab bis zum vollendeten fünfzigsten Dienstjahr um $^{1}/_{100}$ des Diensteinkommens.**

Bei Berechnung der Dienstzeit wird die Zeit mitgerechnet, während welcher das Mitglied sich im Dienste des Reichs oder im Staats- oder Gemeindedienst eines **deutschen Landes**[4] befunden oder in einem **deutschen Lande** als Anwalt, Advokat, Notar, Patrimonialrichter oder als öffentlicher Lehrer des Rechtes an einer deutschen[5] Universität fungiert hat.

[1] Nach § 60a des Reichsbeamtengesetzes v. 31./3. 73, 18./5. 07 in d. Fass. des Art. 1 VI der Personal-Abbau-VO. v. 27./10. 23 (RGBl. I 943) treten die Mitglieder des Reichsgerichts mit Ablauf des Monats in den Ruhestand, der auf den Monat folgt, in dem sie das 68. Lebensjahr vollendet haben.

[2] Der Satz 2 ist durch die Nov. v. 22./5. 10 hinzugefügt worden. Er soll den Mitgliedern des Reichsgerichts, die das 65. Lebensjahr vollendet haben, die Befugnis geben, auch dann ihre Versetzung in den Ruhestand zu beantragen, wenn sie ihre Dienstunfähigkeit nicht nachzuweisen vermögen. Vgl. § 84a Reichsbeamtengesetz.

[3] Der Abs. 2 lautete früher: „Das jährliche Ruhegehalt beträgt bis zur Vollendung des zehnten Dienstjahres $^{20}/_{60}$ des Gehalts; es erhöht sich mit der Vollendung eines jeden folgenden Dienstjahres und bis zur Vollendung des fünfzigsten Dienstjahres um je $^{1}/_{60}$ des Gehalts." Die jetzige Fassung beruht auf Art. 6 der neunten Ergänzung des Besoldungsgesetzes v. 18./6. 23 (RGBl. I 385). Vgl. ferner Pensionsergänzungsges. v. 21./12. 20 (RGBl. 2109), Art. 2 RGes. v. 6./4., Art. 1 RGes. v. 7./4. 22 (RGBl. 328, 331) u. AusfBest. v. 9./7. 21 (RGBl. 886).

[4] Auf Grund der RVerf. v. 11./8. 19 und der Ermächtigung im § 43 Abs. 2 VO. v. 4./1. 22 sind durch die Text-Bek. v. 22./3. 24 in Abs. 3 das Wort „Bundesstaates" durch die Worte „deutschen Landes", das Wort „Bundesstaate" durch die Worte „deutschen Lande" ersetzt.

[5] Anm. 4 § 2.

129. (131.) Wird die Versetzung eines Mitglieds in den Ruhestand nicht beantragt, obgleich ihre Voraussetzungen vorliegen, so hat der Präsident die Aufforderung zu erlassen, binnen einer bestimmten Frist den Antrag zu stellen. Wird dieser Aufforderung nicht Folge geleistet, so ist die Versetzung in den Ruhestand durch Plenarbeschluß des Reichsgerichts auszusprechen.

Vor der Beschlußfassung sind das Mitglied und der Oberreichsanwalt[1] zu hören.

[1] § 142 Nr. 1.

Geschäftsverteilung.

130. (132.) Bei dem Reichsgerichte werden Zivil- und Strafsenate gebildet.[1] Ihre Zahl bestimmt der **Reichsminister der Justiz.**[2]

[1] Das Plenum entscheidet in den Fällen der §§ 126, 127, 129, 140, die vereinigten Zivilsenate oder die vereinigten Strafsenate oder das Plenum in den Fällen des § 136.

[2] Auf Grund der RVerf. v. 11./8. 19 und der Ermächtigung im § 43 Abs. 2 VO. v. 4./1. 24 ist durch die Text-Bek.

v. 22./3. 24 das Wort „Reichskanzler" durch die Worte „Reichsminister der Justiz" ersetzt. — Jetzt 6 Zivilsenate und 4 Strafsenate.

131. (133.) **Die Bestimmungen der §§ 62—69[1] finden mit der Maßgabe Anwendung, daß zu dem Präsidium[2] die vier ältesten Mitglieder des Gerichts zuzuziehen sind.**

[1] Die Zahlen „61—68" sind auf Grund der Ermächtigung im § 43 Abs. 1 VO. v. 4./1. 24 durch die Text-Bek. v. 22./3. 24 durch die Zahlen „62—69" ersetzt.

[2] Fernere Geschäfte des Präsidiums: § 90 Abs. 3, § 99 RAO.

132. (134.) **Die Zuziehung von Hilfsrichtern ist unzulässig.[1]**

[1] Vgl. jedoch früher Art. XII RGes., betr. die Zuständigkeit des Reichsgerichts, v. 22./5. 10 (RGBl. 767). Zur Zeit ist die Einberufung von Hilfsrichtern zulässig nach Art. II RGes. zur Ergänzung des Gesetzes zur Verfolgung von Kriegsverbrechen und Kriegsvergehen v. 24./3. 20 (RGBl. 341).

Zuständigkeit.[1]

[1] **Weitere Zuständigkeit:** Vgl. die in Anm. 3, 4 § 8 EG. aufgeführten Gesetze. Ferner: § 1 RGes., betr. Uebergang der Geschäfte auf das Reichsgericht, v. 16./6. 79 (RGBl. 187); RGes., betr. die Zuständigkeit des Reichsgerichts für Streitfragen zwischen dem Senat und der Bürgerschaft der freien und Hansestadt Hamburg, v. 14./3. 81 (RGBl. 37); § 91 **Reichsbeamtengesetzes** v. 31./3. 73 in d. Fass. v. 18./5. 07 (RGBl. 245) u. 19./7. 21 (RGBl. 938) (Reichsdisziplinarhof); § 90 **RAO.** (Ehrengerichtshof für Rechtsanwälte); früher § 110 **Reichsstempelgesetzes** v. 3./7. 13 (RGBl. 639), jetzt Rechtsweg ausgeschlossen, s. Anm. 25 § 95; § 14 des RGes. über die **Konsulargerichtsbarkeit** v. 7./4. 00 (RGBl. 218) sowie früher § 2 RGes., betr. die Rechtsverhältnisse der deutschen **Schutzgebiete**, v. 15./8. 88 in d. Fass. v. 10./9. 00 (RGBl. 812), dazu VO. v. 9./11. 00 (RGBl. 1005); § 38 **Patentges.** (früher v. 7./4. 91, jetzt) v. 7./12. 23 (RGBl. II 437); §§ 9, 12 Abs. 2, 18 Abs. 2, 3, 14, 15, 19 StPO., § 36 ZPO. u. § 9 EG. z. ZPO. **(Bestimmung des zuständigen Gerichts)**; §§ 3 Abs. 2, 11 Nr. 2, 14, 15, 17 Abs. 1 EG.

z. GVG. (Zuständigkeit infolge **landesgesetzlicher Bestimmung** oder auf Grund von Verordnungen des Reichspräsidenten mit Zustimmung des Reichsrats); § 159 GVG. (**Rechtshilfe**); § 1 Ges. z. **Ausführung des** Art. 13 Abs. 2 **Verf. des Deutschen Reichs**, v. 8./4. 20 (RGBl. 510) (**Entscheidung darüber, ob eine landesrechtliche Vorschrift mit dem Reichsrecht vereinbar** ist); §§ 1, 2 VO. v. 29./3. 22 (RGBl. 334) (**Disziplinarhof f. richterliche Militärjustizbeamte**). — Sodann für die weitere Beschwerde in **Angelegenheiten der freiwilligen Gerichtsbarkeit** und in **Grundbuchsachen**, falls das mit der Beschwerde zunächst befaßte Oberlandesgericht von einer Entscheidung eines anderen Oberlandesgerichts oder des Reichsgerichts abweichen will: §§ 28, 30 FGG., §§ 79, 81 GBO. — Ferner: Art. 166, 172 Verfassung des Deutschen Reichs v. 11./8. 19 (RGBl. 1383), §§ 1, 31 RGes. über den **Staatsgerichtshof** v. 9./7. 21 (RGBl. 905); § 7 RGes. z Sicherung der einheitlichen Regelung der **Beamtenbesoldung** v. 21./12. 20 (RGBl. 2117), dazu Bek. über das Verfahren v. 25./4. 21 (RGBl. 491); (früher Nr. III VO. v. 26./6. 22 u. VO. v. 30./6. 22 [RGBl. I 521, 534], jetzt) Nr. II RGes. v. 21./7. 22 (RGBl. I 585) über den **Staatsgerichtshof zum Schutze der Republik**, dazu VO. über das Verfahren v. 1./8. 22 (RGBl. I 675); besonderes Gericht zur Entscheidung von Streitfällen zwischen der Reichsregierung und der Reichsbahngesellschaft nach § 44 **Reichsbahngef.** v. 30./8. 24 (RGBl. II 272).

133. (135.)[1] In bürgerlichen Rechtsstreitigkeiten ist das Reichsgericht zuständig für die Verhandlung und Entscheidung über **die Rechtsmittel**

1. der Revision gegen die Endurteile der Oberlandesgerichte[2] **sowie gegen die Endurteile der Landgerichte im Falle des § 566a der Zivilprozeßordnung,**[1], [3]
2. **der Beschwerde gegen Entscheidungen der Oberlandesgerichte in dem Falle des § 519b Abs. 2 der Zivilprozeßordnung.**[1]

[1] Ursprünglich lautete die Nr. 1: „der Revision gegen die Endurteile der Oberlandesgerichte", die Nr. 2: „der Beschwerde

gegen Entscheidungen der Oberlandesgerichte". Durch die Nov. v. 22./5. 1910 wurde die Nr. 2 gestrichen, weil die Zuständigkeit des Reichsgerichts für die Entscheidung über Beschwerden gegen Entscheidungen der Oberlandesgerichte beseitigt wurde (§ 567 Abs. 2 ZPO. in d. damaligen Fassung). Durch Art. I Nr. 3 VO. über das Verfahren in bürgerlichen Rechtsstreitigkeiten v. 13/2. 24 (RGBl. I 135) erhielt der damalige § 135 wieder folgende Nr. 2: „der Beschwerde gegen Entscheidungen der Oberlandesgerichte in den Fällen des § 160 Abs. 1 und des § 519b Abs. 2 der Zivilprozeßordnung." Wegen des Falls des § 160 Abs. 1 vgl. den jetzigen § 159 Abs. 1 GVG. Der Fall des neuen § 519b Abs. 2 ZPO. ist aufgenommen, weil danach und nach dem neuen § 567 Abs. 3 S. 2 ZPO. nun die (sofortige) Beschwerde (mit der dort bezeichneten Einschränkung) zulässig ist gegen einen Beschluß des Oberlandesgerichts, durch den es gemäß § 519b Abs. 1 die bei ihm eingelegte Berufung als unzulässig verworfen hat. Auf Grund der Ermächtigung im § 43 Abs. 1 VO. v. 4./1. 24 hat sodann der § 133 die jetzige Fassung erhalten. In der Nr. 1 ist die Revision gegen die Endurteile der Landgerichte im Falle des § 566a ZPO. mit Rücksicht darauf hinzugefügt, daß nach dieser neuen Vorschrift unter bestimmten Voraussetzungen die Revision gegen landgerichtliche Urteile unter Ueberspringung der Berufungsinstanz zulässig ist.

[2] § 545 ZPO. [3] Das Reichsgericht ist auch zuständig zur Verhandlung und Entscheidung über die Nichtigkeits- oder Restitutionsklage gegen ein Revisionsurteil (§§ 579, 580 Nr. 4, 5, 584 ZPO.). RG. 57, 234. — Vgl. über Rechtsungültigkeit der Verordnungen des Internationalen Ausschusses für Oberschlesien über die Aufhebung der Zuständigkeit des Reichsgerichts RG. 99, 235.

134. (136.) [1] In Strafsachen ist das Reichsgericht zuständig für die Untersuchung und Entscheidung in erster und letzter Instanz in den Fällen des Hochverrats, des Landesverrats[2] **und des Kriegsverrats[3] gegen das Reich sowie der Verbrechen gegen die §§ 1, 3**

des Gesetzes gegen den Verrat militärischer Geheimnisse vom 3. Juni 1914[4] (Reichsgesetzbl. S. 195).[5]

[6]In Landesverratssachen sowie bei Verbrechen gegen die §§ 1, 3 des Gesetzes gegen den Verrat militärischer Geheimnisse kann der Oberreichsanwalt die Strafverfolgung an die Landesstaatsanwaltschaft abgeben. Es sollen nur Strafsachen von minderer Bedeutung abgegeben werden.

[6]Das Reichsgericht kann in den im Abs. 2 bezeichneten Sachen bei der Eröffnung des Hauptverfahrens die Verhandlung und Entscheidung dem Oberlandesgericht überweisen, wenn der Oberreichsanwalt es bei der Einreichung der Anklageschrift beantragt; auf den Antrag findet Abs. 2 Satz 2 entsprechende Anwendung.

[1] Der frühere § 136 lautete: „In Strafsachen ist das Reichsgericht zuständig: 1. für die Untersuchung und Entscheidung in erster und letzter Instanz in den Fällen des Hochverrats und des Landesverrats, insofern diese Verbrechen gegen den Kaiser oder das Reich gerichtet sind, 2. für die Verhandlung und Entscheidung über die Rechtsmittel der Revision gegen Urteile der Strafkammern in erster Instanz, insoweit nicht die Zuständigkeit der Oberlandesgerichte begründet ist, und gegen Urteile der Schwurgerichte." (Abs. 1). „In Strafsachen wegen Zuwiderhandlungen gegen die Vorschriften über die Erhebung öffentlicher in die Reichskasse fließender Abgaben und Gefälle ist das Reichsgericht auch für die Verhandlung und Entscheidung über das Rechtsmittel der Revision gegen Urteile der Strafkammern in der Berufungsinstanz zuständig, sofern die Entscheidung des Reichsgerichts von der Staatsanwaltschaft bei der Einsendung der Akten an das Revisionsgericht beantragt wird." (Abs. 2).

Der jetzige § 134, der die vor das Reichsgericht als Gericht erster Instanz gehörenden Strafsachen betrifft, ist durch die Text-Bek. v. 22./3. 24 an die Stelle des Abs. 1 Nr. 1 des früheren § 136 gesetzt worden. Dabei sind in Abs. 1 auf Grund der Ermächtigung im § 43 Abs. 1, 2 VO. v. 4./1. 24 mit Rücksicht darauf, daß durch § 4 Abs. 3 RGes., betr. Aufhebung der Militärgerichtsbarkeit, v. 17./8. 20 (RGBl. 1579) das Reichsgericht für das Verbrechen des gegen das Reich gerichteten Kriegsverrats für zuständig erklärt war, die Worte „und des Kriegsverrats gegen das Reich" hinzugefügt, mit Rücksicht auf die RVerf. v. 11./8. 19 die Worte „den Kaiser oder" gestrichen und mit Rücksicht darauf, daß durch § 18 RGes. gegen den Verrat militärischer Geheimnisse v. 3./6. 14 (RGBl. 195) das Reichsgericht bei Verbrechen gegen die §§ 1, 3 Ges. für zuständig erklärt worden war, die Worte „sowie der ...... (RGBl. S. 195)" hinzugefügt worden. Die Nr. 2 des Abs. 1 und der Abs. 2 des früheren § 136, welche die Zuständigkeit des Reichsgerichts für das Rechtsmittel der Revision betrafen, sind durch die neue Fassung des § 135 ersetzt worden.

² §§ 80—93 StGB., §§ 89, 90 in d. Fass. d. § 11 d. RGes. v. 3./7. 93 gegen den Verrat militärischer Geheimnisse (RGBl. 205). Vgl. Anm. 4.

³ §§ 57—61 MilStrGB.

⁴ Vgl. Anm. 1. Das RGes. v. 3./6. 14 ist an die Stelle des früheren Ges. gegen den Verrat milit. Geheimnisse v. 3./7. 93 (mit Ausnahme des § 11) getreten (§ 19 Ges. v. 3./6. 14).

⁵ Vgl. auch § 1 RGes. zur Verfolgung von **Kriegsverbrechen** und **Kriegsvergehen** v. 18./12. 19 (RGBl. 2125). — Ein Rechtsmittel gegen die Entscheidung findet nicht statt (§§ 304 Abs. 3, 312, 333 StPO. n. F.). — **Strafvollstreckung** durch den Oberreichsanwalt: § 451 StPO. n. F. Mitwirkung der Staatsanwaltschaften der Länder hierbei: § 146 Abs. 2 GVG. — **Begnadigungsrecht** für diese Sachen: §§ 452, 453 StPO. n. F. Vgl. dazu Art. 49 Abs. 1 Verfassung d. Deutschen Reichs v. 11./8. 19 (RGBl. 1383): Für das Reich übt der Reichspräsident das Begnadigungsrecht aus.

⁶ Die Abs. 2 u. 3 sind entsprechend der VO. v. 12./12. 23 (RGBl. I 1197) und den Abs. 1 u. 3 des § 15 VO. v. 4./1. 24 auf Grund der Ermächtigung im § 43 Abs. 1 VO. durch die Text-Bek. v. 22./3. 24 hinzugefügt worden. Vgl. § 120 (für die nach Abs. 2 an die Landesstaatsanwaltschaft abgegebenen sowie für die nach Abs. 3 an das Oberlandes-

gericht überwiesenen Strafsachen sind die Oberlandesgerichte zur Entscheidung in erster und letzter Instanz zuständig).

135. (136.) [1]In Strafsachen ist das Reichsgericht **ferner zuständig zur Verhandlung und Entscheidung über das Rechtsmittel der Revision[2] gegen die Urteile der Schwurgerichte[3] und der großen Strafkammer,[4] soweit nicht die Zuständigkeit der Oberlandesgerichte begründet ist.[5]**

[1] Der § 135 ist an die Stelle des Abs. 1 Nr. 2 und des Abs. 2 des früheren § 136 getreten. Vgl. Anm. 1 § 134.

[2] § 333 StPO. n. F. — Für die Entscheidung über die Beschwerde in Strafsachen sind die Oberlandesgerichte in letzter Instanz zuständig: § 121 Abs. 2 GVG., §§ 304 Abs. 3, 310 Abs. 2 StPO. n. F. Pr. 719, 720. Auch wenn die Beschwerde gegen einen Beschluß, durch den die Revision als unzulässig verworfen worden ist, vom Oberlandesgericht zurückgewiesen worden ist, wiewohl nach § 135 (früher § 136 Abs. 1 Nr. 2) das Reichsgericht zur Entscheidung zuständig war, ist die Entscheidung des Oberlandesgerichts nach § 304 (früher § 346) Abs. 3 StPO. unanfechtbar. RG. 55, 100.

[3] §§ 79, 80. [4] §§ 74, 76 Abs. 2 Halbs. 2.

[5] § 121 Nr. 1 c u. d: Oberlandesgerichte für die Revision zuständig, a) allgemein gegen Urteile der großen Strafkammer, wenn diese auf die Berufung gegen Urteile des nur mit einem Richter und zwei Schöffen besetzten Schöffengerichts erkannt hat; b) gegen Urteile der großen Strafkammer, wenn diese auf Berufung gegen Urteile des mit zwei Richtern und zwei Schöffen besetzten Schöffengerichts erkannt hat, sowie gegen Urteile des Schwurgerichts, sofern die Revision lediglich auf die Verletzung einer landesgesetzlichen Rechtsnorm gestützt wird. Trifft letztere Voraussetzung nicht zu, so ist für die Revision gegen Urteile des Schwurgerichts sowie gegen Urteile der zu b genannten großen Strafkammer das Reichsgericht zuständig. — Läßt die Revisionsbegründung erkennen, daß die Rüge der Verletzung von Vorschriften des Reichsrechts nur zum Schein erhoben ist, so ist das Reichsgericht als Revisionsgericht unzuständig. RG. 40, 221. Wenn ein Oberlandesgericht trotz mangelnder Zuständigkeit als

Revisionsgericht erkannt hat, darf das Reichsgericht über die an sich nach § 135 zu seiner Zuständigkeit gehörige Revision nicht entscheiden. RG. 22, 113, auch 9, 20, 531.

136. (137.) [1] Will in einer Rechtsfrage ein Zivilsenat [2] von der Entscheidung [3] eines anderen Zivilsenats [4] oder der vereinigten Zivilsenate oder ein Strafsenat [2] von der Entscheidung [3] eines anderen Strafsenats [4] oder der vereinigten Strafsenate abweichen, so ist über die streitige Rechtsfrage [5] im ersteren Falle eine Entscheidung der vereinigten Zivilsenate, im letzeren Falle eine solche der vereinigten Strafsenate einzuholen.

Einer Entscheidung der Rechtsfrage durch das Plenum bedarf es, wenn ein Zivilsenat [2] von der Entscheidung [3] eines Strafsenats oder der vereinigten Strafsenate oder ein Strafsenat [2] von der Entscheidung [3] eines Zivilsenats oder der vereinigten Zivilsenate oder ein Senat von der früher eingeholten Entscheidung des Plenums abweichen will.[6]

Die Entscheidung der Rechtsfrage [7] durch die vereinigten Senate oder das Plenum ist in der zu entscheidenden Sache bindend. Sie erfolgt in allen Fällen ohne vorgängige mündliche Verhandlung.

Vor der Entscheidung der vereinigten Strafsenate oder der des Plenums sowie in Ehe- und Entmündigungssachen und in Rechtsstreitigkeiten, welche die Feststellung des Rechtsverhältnisses zwischen Eltern und Kindern oder die Anfechtung einer Todeserklärung [8] zum Gegenstande haben, ist der Oberreichsanwalt mit seinen schriftlichen Anträgen zu hören.

Soweit die Entscheidung der Sache eine vorgängige mündliche Verhandlung erfordert, erfolgt sie durch den

erkennenden Senat auf Grund einer erneuten mündlichen Verhandlung, zu welcher die Prozeßbeteiligten von Amtswegen unter Mitteilung der ergangenen Entscheidung der Rechtsfrage zu laden sind.

[1] Die jetzige Fassung beruht auf den RGes. v. 17./3. 86 (RGBl. 61) u. 17./5. 98 (RGBl. 369).

[2] **Oder der Feriensenat** (§ 201), je nachdem er an Stelle eines Zivilsenats oder Strafsenats in Wirksamkeit tritt. RG. 19, 414.

[3] **Auch Beschlüsse.** — Vorausgesetzt wird immer, daß die abweichende **Rechtsansicht zur wesentlichen Grundlage** der früheren bzw. jetzigen Entscheidung gehört, es sich also nicht bloß um beiläufige Bemerkungen handelt. RG. 26, 431, 433, 31, 153, 154, 44, 263, 73, 387, 76, 145, 105, 90, RG. 47, 381, 48, 84, 200, 229, 49, 50, 386, 57, 241, 58, 425. — Eine abweichende rechtliche Ansicht bei Anwendung des § 31 Nr. 2 KO. gibt keinen Anlaß zur Anrufung der Entscheidung der Vereinigten Zivilsenate bei Anwendung des § 3 Nr. 2 des Anfechtungsgesetzes, da es sich um zwei verschiedene Gesetze handelt. RG. 45, 23. Um die gleiche Rechtsfrage handelt es sich z. B. auch nicht, wenn die entsprechende Anwendung des § 830 Abs. 1 S. 2 BGB. (Verantwortlichkeit mehrerer an einer unerlaubten Handlung Beteiligter) auf einen Bereicherungsanspruch gegen Mehrere durch eine frühere Entscheidung abgelehnt worden ist und nun die entsprechende Anwendung jener Vorschrift auf einen Schadensersatzanspruch gegen mehrere Bergwerksbesitzer aus § 148 PrABG. in Frage kommt. RG. 102, 319. — Nach RG. 90, 14, 93, 144, 107, 60, 109, 371, RG. 48, 400, 55, 230, 261, 57, 349 bedarf es, wenn der früher entscheidende Zivilsenat oder Strafsenat, von dessen Entscheidung über die streitige Rechtsfrage der jetzt entscheidende Zivilsenat oder Strafsenat abweichen will, **auf Anfrage** des letzteren **erklärt** hat, **an der** in dem früheren Urteile dargelegten **Rechtsauffassung** in dem jetzt in Betracht kommenden Punkte **nicht festzuhalten,** der Anrufung der Vereinigten Zivilsenate oder Strafsenate nicht.

[4] Nicht auch, wenn ein Senat von einer früheren Entscheidung desselben Senats abweichen will, oder von einer früheren Entscheidung eines anderen Senats, nachdem dieser

Senat in einer späteren Entscheidung sich auf den von dem jetzt erkennenden Senat eingenommenen Standpunkt gestellt hat. RG. 87, 283, RG. 58, 24. Ferner nicht, wenn der Senat, von dessen Entscheidung der jetzt erkennende Senat abweichen will, aufgehoben ist. RG. 107, 59, RG. 58, 425.

5 Nicht mehr, wie früher (s. Anm. 1), Verhandlung und Entscheidung der ganzen Sache. — Liegen die Tatbestände hinsichtlich der rechtlichen Beurteilung an sich gleich, hat aber der früher entscheidende Senat seine Entscheidung über die maßgebende Frage, ob eine öffentlich-rechtliche Verwaltungshandlung oder eine privatrechtliche Handlung vorliege, auf das damals, vor Inkrafttreten des BGB., geltende Recht gegründet, während der jetzt entscheidende Senat seiner Entscheidung das Recht des BGB. zugrunde zu legen hat, so kann dieser Senat ohne Anrufung der Vereinigten Senate von jener Entscheidung abweichen. RG. 84, 91, auch JW. 13, 1047[16]. Hat die Frage, ob ein Gesellschaftsgläubiger, der zugleich Gesellschafter ist, die anderen Gesellschafter gesamtschuldnerisch in Anspruch nehmen kann, der früher erkennende Senat für die offene Handelsgesellschaft entschieden, während es sich für den jetzt erkennenden Senat um eine Gesellschaft des bürgerlichen Rechts handelt, so kann dieser Senat die Frage anders wie jener entscheiden, ohne daß es einer Anrufung der Vereinigten Zivilsenate bedarf. RG. 85, 162. — Ist ein Senat in seinem Urteil von der Rechtsauffassung anderer Senate abgewichen, so liegt für den Senat, der sich jener Rechtsprechung anschließen will, keine Veranlassung vor, die Entscheidung der Vereinigten Senate anzurufen. RG. 44, 192, 197, 45, 97, 355, 55, 181, 57, 136, 304, RG. 85, 163.

6 Nämlich in der Rechtsfrage. RG. 22, 104. — Die Anrufung des Plenums ist nicht erforderlich, wenn hinsichtlich Zuerkennung eines Schmerzensgeldes ein Zivilsenat bei Anwendung des § 847 BG. und ein Strafsenat bei der Entscheidung über die Voraussetzungen einer im Strafverfahren zuzusprechenden Buße voneinander abweichen. RG. 74, 32. Desgleichen nicht, wenn ein Zivilsenat die Uebertragung des Eigentums trotz Verstoßes des Kausalgeschäftes gegen die guten Sitten nach BGB. für gültig, ein Strafsenat auf Grund besonderer strafrechtlicher Bestimmung (z. B. § 184 StGB.)

nicht nur das Kausalgeschäft, sondern auch die Eigentumsübertragung wegen des Verstoßes für nichtig erklärt. RG. 75, 75.

7 Die Entscheidung der Rechtsfrage ist abzulehnen, wenn eine Abweichung von der früheren Entscheidung nicht für vorliegend erachtet wird.

8 Die Feststellung des Rechtsverhältnisses zwischen Eltern und Kindern und die Anfechtung einer Todeserklärung sind mit Rücksicht auf die jetzigen Vorschriften der abgeänderten ZPO. in den §§ 640ff., 690ff. durch das Ges. v. 17./5. 98 hinzugefügt.

137. (138.)[1] **Einer der Strafsenate, der durch den Geschäftsverteilungsplan bestimmt wird, erledigt alle richterlichen Geschäfte in den Strafsachen, die zur Zuständigkeit des Reichsgerichts in erster und letzter Instanz[2] gehören, mit Einschluß der Geschäfte, die im § 73 Abs. 1 der Strafkammer des Landgerichts zugewiesen sind.**[3]

1 Der frühere § 138 lautete: „Der erste Strafsenat des Reichsgerichts hat bei den im § 136 Nr. 1 bezeichneten Verbrechen diejenigen Geschäfte zu erledigen, welche im § 72 Abs. 1 der Strafkammer des Landgerichts zugewiesen sind." (Abs. 1.) „Das Hauptverfahren findet vor dem vereinigten zweiten und dritten Strafsenate statt." (Abs. 2.) Durch das Ges. z. weiteren Entlastung der Gerichte v. 8./7. 22 wurden in Abs. 2 an Stelle der Worte „dem vereinigten zweiten und dritten Strafsenat" die Worte „einem der übrigen Strafsenate des Reichsgerichts" gesetzt. Die jetzige Fassung erhielt der frühere § 138 durch Art. I 5 des zweiten Ges. z. weiteren Entlastung der Gerichte v. 27./3. 23 (RGBl. I 217). Durch die Text-Bek. v. 22./3. 24 ist die frühere Zahl „72" entsprechend der Aenderung der Paragraphenzahlen in die Zahl „73" abgeändert worden. — Vgl. auch § 18 Abs. 2 S. 2 RGes. gegen den **Verrat militärischer Geheimnisse** v. 3./6. 14 (RGBl. 195), wonach bei Verbrechen gegen die §§ 1, 3 d. Gesetzes das Hauptverfahren vor dem zweiten Strafsenate (nicht dem vereinigten zweiten und dritten Strafsenate) stattfand. Durch Art. IV RGes. z. Entlastung der Gerichte v. 11./3. 21

(RGBl. 229) wurde der § 18 Abs. 2 S. 2 Ges. v. 3./6. 14 dahin geändert, daß das Hauptverfahren vor einem der übrigen Strafsenate des Reichsgerichts stattfand. Sodann hat der § 18 Abs. 2 durch Art. IV Ges. v. 27./3. 23 die Fassung erhalten: „die §§ 138, 140 Abs. 2 des Gerichtsverfassungsgesetzes finden entsprechende Anwendung", so daß nunmehr auch in diesen Sachen ein durch den Geschäftsverteilungsplan bestimmter Strafsenat alle richterlichen Geschäfte erledigt. — Vgl. ferner § 4 Abs. 2 RGes. zur Verfolgung von **Kriegsverbrechen** und **Kriegsvergehen** v. 18./12. 19 (RGBl. 2125), wonach bei diesen Verbrechen und Vergehen das Hauptverfahren **vor einem der übrigen Strafsenate** (außer demjenigen Strafsenat, der die im § 73 [früher 72] Abs. 1 GVG. der Strafkammer zugewiesenen Geschäfte erledigt) stattfindet. Vgl. hierzu Ergänzungs-Ges. v. 24./3. 20 (RGBl. 341), 12./5. 21 (RGBl. 508).

2 § 134 Abs. 1.

3 Entscheidungen, betr. die Voruntersuchung und deren Ergebnisse, sowie Beschwerden über Verfügungen des Untersuchungsrichters (§§ 186 Abs. 1, 2, 304 Abs. 1 StPO. n. F.). — Ist in der Voruntersuchung gegen ein Mitglied der zweiten württembergischen Kammer wegen eines der im § 134 bezeichneten Verbrechen die Untersuchungshaft angeordnet, so ist das Verlangen der Kammer, die Untersuchungshaft wegen der Zugehörigkeit des Beschuldigten zu der Kammer aufzuheben, nicht begründet. RG. 50, 425. — Ueber die **Besetzung** des Senats außerhalb der Hauptverhandlung vgl. § 139 S. 2.

138. (139.) [1]Zur Fassung von Plenarentscheidungen und von Entscheidungen der vereinigten Zivil- oder Strafsenate[2] ist die Teilnahme von mindestens zwei Dritteilen aller Mitglieder mit Einschluß des Vorsitzenden erforderlich.

Die Zahl der Mitglieder, welche eine entscheidende Stimme führen, muß eine ungerade sein.

[3]Ist die Zahl der anwesenden Mitglieder eine gerade,

so hat der Rat, welcher **dem Dienstalter nach**[4] und bei gleichem Dienstalter der, welcher der Geburt nach der jüngere ist, oder, wenn dieser Berichterstatter ist, der nächstältere kein Stimmrecht.

[1] § 7 BGes. v. 12./6. 69 (BGBl. 201).

[2] Durch das Ges. z. weiteren Entlastung d. Gerichte v. 8./7. 22 sind hinter dem Worte „Strafsenate" die Worte „sowie der beiden vereinigten Strafsenate" gestrichen. Vgl. Anm. 1 § 137.

[3] Der Abs. 3 gehörte früher als Satz 2 zum Abs. 2. Die Aenderung beruht auf der Text-Bek. v. 22./3. 24.

[4] Die Worte „dem Dienstalter nach" sind in Einklang mit § 125 Abs. 3 (vgl. dort Anm. 4) durch Art. I 6 des zweiten Ges. z. weiteren Entlastung der Gerichte v. 27./3. 23 (RGBl. I 217) an die Stelle der Worte „zuletzt ernannt ist" gesetzt worden.

139. (140.) Die Senate des Reichsgerichts entscheiden in der Besetzung von **fünf**[1] Mitgliedern mit Einschluß des Vorsitzenden. [1]**Der Strafsenat, dem die erstinstanzlichen Sachen zugewiesen sind,**[2] **entscheidet außerhalb der Hauptverhandlung in einer Besetzung von drei Mitgliedern mit Einschluß des Vorsitzenden.**

[1] Auf Grund der Ermächtigung im § 43 Abs. 1 VO. v. 4./1. 24 ist durch die Text-Bek. v. 22./3. 24 entsprechend dem § 2 S. 1 VO. v. 4./1. 24 das Wort „sieben" in Satz 1 durch das Wort „fünf" ersetzt und entsprechend dem § 2 S. 2 VO. v. 4./1. 24 der Satz 2 hinzugefügt.

[2] §§ 134 Abs. 1, 137.

Geschäftsordnung.

140. (141.) [1]Der Geschäftsgang wird durch eine Geschäftsordnung geregelt, welche das Plenum auszuarbeiten und dem **Reichsrat**[2] zur Bestätigung vorzulegen hat.[3]

[1] § 11 BGes. v. 12./6. 69 (BGBl. 201).

[2] Das Wort „Reichsrat" ist auf Grund der RVerf. v.

11./8. 19 und der Ermächtigung im § 43 Abs. 2 VO. v. 4. 1. 24 an die Stelle des Wortes „Bundesrat" gesetzt worden.

[3] Geschäftsordnung v. 8./4. 80 (ZBl. 190), abgeändert laut Bek. v. 25./7. 86 (ZBl. 300).

Zehnter Titel.

Staatsanwaltschaft.

Mitwirkung im Zivilprozeß: in Ehesachen §§ 607, 632 ZPO.; in Rechtsstreitigkeiten betr. die Feststellung des Rechtsverhältnisses zwischen Eltern und Kindern §§ 640, 641 ZPO.; in Entmündigungssachen §§ 646, 652, 663, 666, 675, 676, 678, 679, 684 ff. ZPO.; Anfechtung einer Todeserklärung § 974 ZPO. — **Mitwirkung im Strafprozeß:** §§ 52, 53, 56, 120, 134 GVG.; §§ 4, 13, 24, 33, 36, 41, 74, 98, 100, 105, 108, 110, 122, 124—127, 131, 152, 153, 154, 158 bis 163, 167, 169—175, 178, 179, 183, 185, 191—193, 196 bis 199, 208—210, 212, 214, 219, 222, 224—227, 233, 239 bis 241, 245, 246, 248, 255, 258, 259, 266, 296, 301, 302, 309, 320, 321, 325, 326, 339, 347, 348, 351, 354, 369, 371, 373, 376, 377, 382, 383, 389, 390, 396, 401, 407, 408, 411, 414, 420, 423—425, 427, 430, 432, 451, 454, 457, 461, 462, 469 StPO. n. F., in **Jugendsachen:** §§ 21, 27, 28, 31, 32 Jugendgerichtsges. v. 16./2. 23 (RGBl. I 135). — Im **ehrengerichtlichen Verfahren:** §§ 66, 69, 74, 92 RAO. — In **Konsularsachen:** §§ 15, 55 RGes. v. 7./4. 00 (RGBl. 213) (nur in den zur Zuständigkeit des Reichsgerichts oder der Schwurgerichte gehörigen Sachen). — In **Militärgerichtssachen:** Mitwirkung bei Beschlagnahmen und Durchsuchungen auf Ersuchen der Militärgerichte bei Gefahr im Verzuge: § 239 MilitStrGerichtsordn. v. 1./12. 98 (RGBl. 1189). Vgl. aber jetzt § 1 Ges., betr. Aufhebung der Militärgerichtsbarkeit, v. 17./8. 20 (RGBl. 1579). — Vgl. für **Preußen:** §§ 58—67 AG. v. 24./4. 78 (GS. 230), §§ 62, 63, 64 abgeändert durch Ges. betr. die Dienstverhältnisse der Beamten der **Amtsanwaltschaft** v. 24./2. 13 (GS. 25); Verf. über die Ernennung und Kündigung von Amtsanwälten v. 16./6. 23 (JMBl. 442); Verf. über die Zulassung, Ausbildung und Beschäftigung von Anwärtern des Amtsanwaltsdienstes v. 26./9. 23 (JMBl.

643); Verf. über die hauptamtlichen Amtsanwaltschaften sowie die Dienstverhältnisse u. Dienstbezüge der hauptamtlichen Amtsanwälte v. 9./12. 24 (JMBl. 410); Verf. über die Wahrnehmung der nebenamtlichen Amtsanwaltsgeschäfte und die Vergütungen der nebenamtlichen Amtsanwälte v. 30./10. 22 (JMBl. 464), v. 6./7. 20 (JMBl. 365) (Hilfsamtsanwälte); Verf., betr. die Geschäftsanw. f. d. Amtsanwälte v. 28./8. 79 (JMBl. 260), v. 16./12. 06 (JMBl. 561), v. 9./5. 11 (JMBl. 195), v. 1./8. 12 (JMBl. 279), v. 17./3. 13 (JMBl. 99) (Amtstracht der Amtsanwälte), v. 18./2. 14 (JMBl. 139) Nr. III (Art. 125a GeschAnw. abgeänd.), v. 9./7. 21 (JMBl. 383) (Art. 117 Gesch.-Anw. abgeänd.), v. 29./5. 22 (JMBl. 202) (Art. 120 Gesch.-Anw. abgeänd.); Verf. v. 5./12. 22 (JMBl. 553) (Geschäftsübersichten). Vgl. ferner für Preußen: Verf., betr. die von der Staatsanwaltschaft und den Strafvollstreckungsbehörden an andere Behörden zu machenden Mitteilungen, v. 29./4. 07 (JMBl. 359), 2./4. 09 (JMBl. 78), 11./4. 10 (JMBl. 140), 13./4. 10 (MBl. i. V. 81), 24./5. 10 (MBl. i. V. 225), 16./3. 14 (JMBl. 285), 14./3. 17 (JMBl. 85), 18./2. 19 (JMBl. 46), 28./5., 12./6. u. 23./9. 20 (JMBl. 263, 294, 508), 8./10. 20 (JMBl. 549, 550) (Strafverfahren wegen Zuwiderhandlungen gegen Vorschriften, die den Viehhandel betreffen, und gegen das Ges. über die Entwaffnung der Bevölkerung v. 7./8. 20), 27./1. 21 (JMBl. 89) u. 17./5. 21 (JMBl. 312) (in Versorgungsangelegenheiten), 5./12. 24 (JMBl. 414), auch § 27 Jugendgerichtsges. v. 16./2. 23 (RGBl. I 135). — Vgl. weiter: Reichs-Strafregisterverordnung v. 12./6. 20 (RZBl. 909, PrJMBl. 321), 2./6. 22 (RZBl. 325), 17./5. 23 (RMBl. 364), 24./11. 23 (RMBl. 1091, Pr. JMBl. 1924 S. 30), dazu pr. Ausf.-Verf. v. 21./6. 20 (JMBl. 340), 15./6. 21 (JMBl. 348) (Anm. 3 zu Ziff. 8 abgeänd.), 25./7. 22 (RMBl. 280), 13./11. 22 (JMBl. 483), 19./1. 24 (JMBl. 34), Verf. v. 6./3. 20 (Führung der Strafregister über diejenigen Personen, deren Geburtsort auf Grund des Friedensvertrags abgetreten oder einem anderen LGBezirke zugelegt ist) u. v. 15./6. 21 (JMBl. 348) (Ergänzung der Strafregister über solche Personen), Bek. über die Strafregisterbehörden v. 20./8. 20 (JMBl. 443), 21./1. 21 (JMBl. 71), Verf. über die Bestimmung von Behörden u. Stellen, denen Auskunft aus dem Strafregister zu erteilen ist, v. 3./9. 20 (RZBl. 1415), 9./9. 21 (RZBl. 810), Bek., betr. die Behörden und Stellen, denen Auskunft zu erteilen ist, v. 3./12. 23 (RMBl. 1093, PrJMBl. 1924 S. 30), Ges. über die beschränkte Auskunft aus dem Strafregister und Tilgung von Strafvermerken v. 9./4. 20 (RGBl. 507), Verf. betr. Anhörung der Landespolizeibehörden bei d. Prüfung v. Gesuchen um Anordnung der beschränkten Auskunft, v. 28./6. 21 (JMBl. 368), Verf. zur Aenderung und Ergänzung der Vorschriften über die Strafregister v. 17./7. 23 (JMBl. 542), Verf. betr. Auskunft aus dem Strafregister im Verkehr mit Polen, v. 12./3. 23 (JMBl. 211).

141. (142.) Bei jedem Gerichte soll eine Staatsanwaltschaft bestehen.[1]

[1] Ein Staatsanwalt kann auch bei mehreren Gerichten gleicher oder verschiedener Ordnung bestellt werden, und diese Bestellung kann auch nur für einen Teil der zu der Zuständigkeit der Staatsanwaltschaft gehörigen Dienstgeschäfte erfolgen. RG. 58, 105.

Aeußere Organisation.

142. (143.) Das Amt der Staatsanwaltschaft wird ausgeübt:

1. bei dem Reichsgerichte durch einen Oberreichsanwalt[1] und durch einen oder mehrere Reichsanwälte;
2. bei den Oberlandesgerichten, den Landgerichten und den Schwurgerichten durch einen oder mehrere Staatsanwälte;[2]
3. bei den Amtsgerichten und den Schöffengerichten durch einen oder mehrere **Staatsanwälte oder**[3] Amtsanwälte.

Die Zuständigkeit der Amtsanwälte erstreckt sich nicht auf das amtsrichterliche Verfahren zur Vorbereitung der öffentlichen Klage[4] in den Strafsachen, welche zur Zu-

ständigkeit anderer Gerichte als der Amtsgerichte[3] **gehören.**

[1] §§ 126, 127, 129.

[2] Daraus, daß nach § 226 StPO. n. F. die Hauptverhandlung in Gegenwart der Staatsanwaltschaft erfolgt, ist kein Verbot für den Staatsanwalt zu entnehmen, bei einer Amtshandlung während der Hauptverhandlung sich der Hilfe eines bei der Staatsanwaltschaft beschäftigten Beamten zu bedienen (z. B. eines Referendars zu Ausführungen und zur Stellung von Anträgen). RG. 48, 237. — Die Pflicht der Staatsanwälte zur Amtsverschwiegenheit bestimmt sich nicht nach Reichsrecht, sondern nach Landesrecht (was z. B. bei Ansprüchen wegen Verletzung dieser Pflicht für die Frage der Revisibilität nach § 549 ZPO., § 6 EG. z. ZPO. u. VO. v. 28./9. 79 von Bedeutung ist). RG. 92, 354.

[3] Auf Grund der Ermächtigung im § 43 Abs. 1 VO. v. 4./1. 24 sind durch die Text-Bek. v. 22./3. 24 im Abs. 1 Nr. 2 hinter dem Wort „mehrere" die Worte „Staatsanwälte oder" eingefügt und ist im Abs. 2 das Wort „Schöffengerichte" durch das Wort „Amtsgerichte" ersetzt wegen der Erweiterung der Zuständigkeit der Amtsgerichte (§ 24) und des Wegfalls der Zuständigkeit der Strafkammer in erster Instanz (§ 74). **Preußen:** Nr. II Verf. v. 24./1. 24 (JMBl. 45).

[4] §§ 158 ff. StPO. n. F.

143. (144.) **Die örtliche Zuständigkeit der Beamten der Staatsanwaltschaft wird durch die örtliche Zuständigkeit des Gerichts bestimmt, für welches sie bestellt sind.**[1]

Ein unzuständiger Beamter der Staatsanwaltschaft hat sich den innerhalb seines Bezirkes vorzunehmenden Amtshandlungen zu unterziehen, bei denen Gefahr im Verzug obwaltet.

Können die Beamten der Staatsanwaltschaft verschiedener Länder[2] **sich nicht darüber einigen, wer von ihnen die Verfolgung zu übernehmen hat, so entscheidet der ihnen gemeinsam vorgesetzte Beamte der Staatsanwalt-**

schaft[3] und in Ermangelung eines solchen der Oberreichsanwalt.

[1] Vgl. Anm. 1 § 141. — Sind **mehrere Gerichte zuständig**, so haben nach §§ 151 ff. StPO., § 143 GVG. die staatsanwaltschaftlichen Behörden zu entscheiden, bei welchem Gericht die öffentliche Klage erhoben werden soll. Sie können auch, solange noch nicht ein Eröffnungsbeschluß erlassen ist, die öffentliche Klage zurücknehmen und sie bei einem anderen zuständigen Gericht erheben. RG. 45, 175. — Der **in der Hauptverhandlung** als **Vertreter der Staatsanwaltschaft** auftretende Beamte muß **zu derjenigen** Staatsanwaltschaft gehören und ihr in zulässiger Weise überwiesen sein, die nach § 143 **die örtlich zuständige** ist. RG. 44, 77. Jedoch kann auch ein solcher staatsanwaltlicher Beamte die Anklage in der Hauptverhandlung vertreten, der zwar bei der Staatsanwaltschaft des erkennenden Gerichts nicht ständig angestellt ist, der aber mit der Vertretung der Anklage in der betreffenden einzelnen Sache durch die Landesjustizverwaltung beauftragt ist. RG. 44, 76.

[2] Das Wort „Länder" ist auf Grund der RVerf. v. 11./8. 19 und der Ermächtigung im § 43 Abs. 2 VO. v. 4./1. 24 durch die Text-Bek. v. 22./3. 24 an die Stelle des Wortes „Bundesstaaten" gesetzt worden.

[3] Wenn nämlich Teile verschiedener Länder zu einem Land- oder Oberlandesgerichtsbezirk vereinigt sind. — Gehören die Beamten der Staatsanwaltschaft, die sich nicht einigen können, demselben Lande an, so entscheidet der ihnen gemeinsam vorgesetzte Beamte der Staatsanwaltschaft und in Ermangelung eines solchen die Landesjustizverwaltung. § 147 Nr. 2, 3.

Innere Organisation.

144. (145.) Besteht die Staatsanwaltschaft eines Gerichts aus mehreren Beamten, so handeln die dem ersten Beamten beigeordneten Personen als dessen Vertreter; sie sind, wenn sie für ihn auftreten, zu allen Amtsverrichtungen desselben ohne den Nachweis eines besonderen Auftrags berechtigt.[1]

[1] Die Voraussetzungen, unter denen die beigeordneten

Beamten als zur Vertretung berechtigte Mitglieder der Staatsanwaltschaft anzusehen sind, bestimmt das Landesrecht. RG. 20, 40. — Vgl. für Preußen wegen der unentgeltlich beschäftigten Assessoren: Verf. v. 17./5. 82 (JMBl. 140).

145. (146.) **Die ersten Beamten der Staatsanwaltschaft bei den Oberlandesgerichten und den Landgerichten sind befugt, bei allen Gerichten ihres Bezirkes die Amtsverrichtungen der Staatsanwaltschaft selbst zu übernehmen oder mit ihrer Wahrnehmung einen anderen[1] als den zunächst zuständigen Beamten zu beauftragen.**

Amtsanwälte können das Amt der Staatsanwaltschaft nur bei den Amtsgerichten und den Schöffengerichten versehen.[2]

[1] In den aus Gebietsteilen verschiedener Länder sich zusammensetzenden Bezirken ohne Rücksicht auf die Staatsangehörigkeit des zu beauftragenden Beamten. RG. 8, 369.

[2] Die Bestimmung des Abs. 2, der eine Einschränkung des in Abs. 1 für die ersten Beamten der Staatsanwaltschaft bei den Oberlandesgerichten und den Landgerichten begründeten Ersetzungsrechts (Substituierungsrechts) enthält, beruht auf der Erwägung, daß das Amt der Amtsanwälte wenigstens bei einem großen Teil der Amtsgerichte Verwaltungsbeamten oder anderen Personen anvertraut werden müsse, denen die juristische Bildung abgehe. Sie schließt aber nicht aus, daß ein Amtsanwalt, der die Fähigkeit zum Richteramt erlangt hat (§ 2), also die allgemeine Voraussetzung des § 148 Abs. 2 für die Wahrnehmung von Geschäften der Staatsanwaltschaft bei den Oberlandesgerichten und den Landgerichten erfüllt, mit der einstweiligen Wahrnehmung von Geschäften der Staatsanwaltschaft bei einem Landgericht (wofür es an einer reichsrechtlichen Bestimmung fehlt, in Preußen nach § 67 AG. z. GVG., vgl. Anm. 2 § 148), auch im Sitzungsdienst (in der Hauptverhandlung vor der Strafkammer), beauftragt wird. RG. 51, 222.

146. (147.) **Die Beamten der Staatsanwaltschaft haben den dienstlichen Anweisungen ihres Vorgesetzten nachzukommen.**

In den Sachen, für welche das Reichsgericht in erster und letzter Instanz zuständig ist,[1] haben alle Beamte der Staatsanwaltschaft den Anweisungen[2] des Oberreichsanwalts Folge zu leisten.

[1] § 134 Abs. 1 und Anm. 2 dort.

[2] Auch bezüglich der Zuständigkeit des Reichsgerichts.

147. (148.) Das Recht der Aufsicht und Leitung steht zu:

1. dem **Reichsminister der Justiz**[1] hinsichtlich des Oberreichsanwalts[2] und der Reichsanwälte;
2. der Landesjustizverwaltung hinsichtlich aller staatsanwaltschaftlichen Beamten des betreffenden **Landes**;[1]
3. den ersten Beamten der Staatsanwaltschaft bei den Oberlandesgerichten und den Landgerichten hinsichtlich aller Beamten der Staatsanwaltschaft ihres Bezirkes.[3]

[1] Auf Grund der RVerf. v. 11./8. 19 und der Ermächtigung im § 48 Abs. 2 VO. v. 4./1. 24 ist durch die Text-Bek. v. 22./3. 24 in Nr. 1 das Wort „Reichskanzler" durch die Worte „Reichsminister der Justiz", in Nr. 2 das Wort „Bundesstaates" durch das Wort „Landes" ersetzt worden.

[2] Der Reichsminister der Justiz (früher Staatssekretär im Reichsjustizamt in Stellvertretung des Reichskanzlers) ist amtlicher Vorgesetzter des Oberreichsanwalts im Sinne des § 196 StGB. RG. 57, 420.

[3] Auch der Amtsanwälte und der Staatsanwälte bei den auswärtigen Strafkammern.

Befähigung und Ernennung.

148. (146.) Der Oberreichsanwalt und die Reichsanwälte sind nichtrichterliche Beamte.

Zu diesen Aemtern sowie **zu dem Amte eines Staatsanwalts**[1] können nur zum Richteramte[2] befähigte Beamte ernannt werden.[3]

1 Auf Grund der Ermächtigung im § 43 Abs. 1 VO. v. 4./1. 24 sind durch die Text-Bek. v. 22./3. 24 wegen der Aenderung des § 142 Abs. 1 Nr. 3 (vgl. Anm. 3 dort) die Worte „den Aemtern der Staatsanwaltschaft bei den Oberlandesgerichten und den Landgerichten" durch die Worte „zu dem Amte eines Staatsanwalts" ersetzt worden. — Die Amtsanwälte brauchen nicht zum Richteramte befähigt zu sein (s. Vorbem. vor § 141).

2 §§ 2, 4, 5. — Eine reichsrechtliche Regelung der **vorübergehenden Beschäftigung** bei der Staatsanwaltschaft fehlt. Nach § 67 Pr. AG. z. GVG. (s. Vorbem. vor § 141) können in Preußen mit der einstweiligen Wahrnehmung von Geschäften der Staatsanwaltschaft bei den Oberlandesgerichten und den Landgerichten nur zum Richteramte befähigte Personen beauftragt werden, also nicht Referendare. JW. 22, 1329[9]. Dagegen kann ein Amtsgerichtsrat oder Landgerichtsrat oder Oberlandesgerichtsrat als Beamter der Staatsanwaltschaft verwendet werden. JW. 22, 1394[4]. Ueber einstweilige Wahrnehmung von Geschäften der Staatsanwaltschaft durch Amtsanwälte mit Richterqualität vgl. Anm. 2 § 145.

3 Nach Art. I Ges. über die Zulassung der Frauen zu den Aemtern und Berufen der Rechtspflege v. 11./7. 22 (RGBl. 573) können auch Frauen Staatsanwälte und Amtsanwälte werden.

149. (150.) Der Oberreichsanwalt und die Reichsanwälte werden auf Vorschlag des **Reichsrats vom Reichspräsidenten**[1] ernannt. Für die Versetzung in den Ruhestand und das zu gewährende Ruhegehalt finden die Vorschriften des § 128[1] entsprechende Anwendung.[2]

Der Oberreichsanwalt und die Reichsanwälte[1] können durch **Verfügung des Reichspräsidenten**[1] jederzeit mit Gewährung des gesetzlichen Wartegeldes[3] einstweilig in den Ruhestand versetzt werden.[4]

1 Auf Grund der §§ 3, 4 Reichsübergangsges. v. 4./3. 19 (RGBl. 285), Art. 179 Verfassung des Deutschen Reichs v. 11./8. 19 und der Ermächtigung im § 43 Abs. 1 u. 2 VO. v. 4./1. 24 sind durch die Text-Bek. v. 22./3. 24 im Abs. 1 die

Worte „Bundesrats vom Kaiser" durch die Worte „Reichsrats vom Reichspräsidenten", die Zahl „130" wegen der Aenderung der Reihenfolge der Paragraphen durch die Zahl „128", im Abs. 2 die Worte „dieselben" durch die Worte „Der Oberreichsanwalt und die Reichsanwälte" und die Worte „Kaiserliche Verfügung" durch die Worte „Verfügung des Reichspräsidenten" ersetzt worden.

2 Satz 2 angefügt durch Art. I 9 Ges. z. Entlastung der Gerichte v. 11./3. 21 (RGBl. 229). Die Bestimmung stellt den Oberreichsanwalt und die Reichsanwälte bezüglich ihrer Ruhegehaltsverhältnisse den Mitgliedern des Reichsgerichts gleich. Dadurch soll eine größere Stetigkeit in dem Bestande der Reichsanwaltschaft und eine wesentliche Erleichterung ihres Geschäftsbetriebes gewährleistet werden. Begr. zu Art. 1 Nr. 7 (richtig: 8).

3 §§ 26 ff. RBeamtenGes. v. 31./3. 73, neue Fass. v. 18./5. 07 (RGBl. 245), Art. 1 Nr. II PersonalabbauVO. v. 27./10. 23 (RGBl. I 999).

4 Nach § 60a RBeamtenges. in d. Fass. des Art. 1 Nr. VI PersonalabbauVO. (s. Anm. 3) treten der Oberreichsanwalt und die Reichsanwälte mit dem Ablaufe des Monats in den Ruhestand, der auf den Monat folgt, in dem sie das 65. Lebensjahr vollendet haben. Jedoch kann aus dringenden dienstlichen Rücksichten die Reichsregierung auf Antrag des Reichsministers der Justiz die Versetzung in den Ruhestand im Einzelfalle hinausschieben.

Verhältnis zu den Gerichten.

150. (151.) **Die Staatsanwaltschaft ist in ihren Amtsverrichtungen von den Gerichten unabhängig.**[1]

1 Jedoch Anm. 1 § 176 (Ausübung der Sitzungspolizei durch den Vorsitzenden). Pr. 428. — §§ 175, 208 StPO. n. F. (Einreichung einer dem Beschluß auf Erhebung der öffentlichen Klage bzw. auf Eröffnung des Hauptverfahrens entsprechenden Anklageschrift).

151. (152.) **Die Staatsanwälte dürfen richterliche Geschäfte nicht wahrnehmen. Auch darf ihnen eine Dienstaufsicht über die Richter nicht übertragen werden.**

Verhältnis zu den Beamten der gerichtlichen Polizei.

152. (153.) **Die Beamten des Polizei- und Sicherheitsdienstes sind Hilfsbeamte der Staatsanwaltschaft[1] und sind in dieser Eigenschaft verpflichtet, den Anordnungen der Staatsanwälte[2] ihres Bezirkes und der diesen vorgesetzten Beamten[3] Folge zu leisten.[4]**

Die nähere Bezeichnung der Beamtenklassen, auf welche diese Bestimmung Anwendung findet, erfolgt durch die Landesregierungen.[5]

[1] Jedoch nicht ohne weiteres, sondern nur dann, wenn sie von der Landesregierung gemäß Abs. 2 als Hilfsbeamte der Staatsanwaltschaft bezeichnet worden sind. JW. 17, 170[10] (s. Anm. 6). — Sie sind nicht **Beamte** der Staatsanwaltschaft in dem Sinne, daß sie als Mitglieder oder Vertreter der Staatsanwaltschaft als Behörde betrachtet werden könnten. RG. 8, 55. Vgl. Anm. 5 § 34 (sie können zum Schöffenamt berufen werden). Jedoch sind sie verpflichtet, in der Eigenschaft als Hilfsbeamte der Staatsanwaltschaft zwecks Ermittelung des Tatbestandes und zwecks Verfolgung von Gesetzesübertretungen alsbald und selbständig vorzugehen. JW. 12, 1068[10].

[2] Nicht der Amtsanwälte. Vgl. § 13 Pr. GeschAnw. für Amtsanwälte v. 28./8. 79 (JMBl. 261). Dagegen des Ober-Reichsanwalts in den zur Zuständigkeit des Reichsgerichts gehörigen Sachen. § 146 Abs. 2. — Auf Grund der Ermächtigung im § 43 Abs. 1 VO. v. 4./1. 24 sind durch die Text-Bek. v. 22./3. 24 hinter dem Worte „Staatsanwälte" die Worte „bei dem Landgerichte" mit Rücksicht auf die Aenderung des § 142 Nr. 3 (vgl. Anm. 3 dort) gestrichen worden.

[3] §§ 146 Abs. 2, 147.

[4] § 161 StPO. n. F. (Ermittelungen im Auftrage der Staatsanwaltschaft). — Vgl. **Preußen:** Verf., betr. die Mitwirkung der Polizeibehörden bei Verhaftungen u. Vorführungen, v. 28./2. 13 (JMBl. 58); Verf., betr. die Inanspruchnahme der Polizeibehörden durch die Gerichte u. Staatsanwaltschaften, v. 12./2. 17 (JMBl. 57).

[5] Vgl. aber § 8 **Reichskriminalges.** v. 21./7. 22 (RGBl. I 593): Vollzugsbeamte des Reichskriminalpolizeiamts und

der Landeskriminalbehörden üben im ganzen Reichsgebiete die Befugnisse von Hilfsbeamten der Staatsanwaltschaft aus. — **Preußen:** Verf., betr. die Bestellung zu **Hilfsbeamten der Staatsanwaltschaft**: von Beamten des Polizei- und Sicherheitsdienstes v. 15./9. 79 (JMBl. 349), v. 20./12. 79 (MBl. i. V. 80 S. 28); von Beamten der staatlichen Polizei v. 15./6. 23 (JMBl. 445), von Beamten der kommunalen Polizei v. 24./2. 24 (MBl. i. V. 411), beide abgeändert durch Verf. v. 10./11. 24 (JMBl. 390). Zu Hilfsbeamten der Staatsanwaltschaft sind ferner bestellt: (Kgl.) Forstschutzbeamte: Verf. v. 9./10. 82 (JMBl. 312), v. 31./8. 96 (JMBl. 303), v. 16./8. 06 (JMBl. 76), v. 15./12. 06 (JMBl. 560); städtische Forstschutzbeamte: Erl. v. 8./1. 83 (MBl. i. V. 24), Verf. v. 2./2. 83 (JMBl. 28), Zirk. v. 28./7. 83 (MBl. i. V. 181); Gemeinde-Forstschutzbeamte u. -Forsthilfsaufseher: Verf. v. 3./1. u. 31./10. 99 (JMBl. 9, MBl. i. V. 204); jetzt alle Forstschutzbeamten der Gemeinden und der weiteren Kommunalverbände: Verf. v. 17./7. 11 (JMBl. 319); Fischereiaufseher: Verf. v. 26./3. 86 (JMBl. 78); (Herzogl.) Anhaltische Forstbeamte: Verf. v. 13./7. 97 (JMBl. 211); Aufsichtsbeamte der Weichselstrombauverwaltung: Verf. v. 7./7. 98 (JMBl. 198); entsendete Kriminalbeamte: Verf. v. 25./4. 01 (JMBl. 99); Vorsteher von Zoll- und Steuerstellen: Verf. v. 5./9. 03 (JMBl. 285); die zu Wasserpolizeibeamten ernannten Wasserbauwarte, Strommeister und Schleusenmeister der Dortmund-Ems-Kanalverwaltung: Verf. v. 15./11. 20 (JMBl. 615); Eisenbahnfahndungsbeamte: Verf. v. 31./8. 28 (JMBl. 312). — Vgl. auch Erl. betr. die **Beschwerden** gegen die von den Polizeibehörden als Organe der **gerichtlichen Polizei** erlassenen Verfügungen, v. 9./5. 96 (MBl. i. V. 79) und Verf., betr. die gegen **Hilfsbeamte** der Staatsanwaltschaften festzusetzenden **Ordnungs- u. Disziplinarstrafen**, v. 15./10. 79 (MBl. i. V. 80 S. 2). — Die Gendarmen, jetzt **Landjäger** (VO. v. 21./6. 20 [GS. 357]), waren früher nicht Hilfsbeamte der Staatsanwaltschaft. RG. 11, 175, JW. 06, 255[2]. Seit der Verf. v. 6./8. 19 (JMBl. 69) gehören sie aber zu den Hilfsbeamten der Staatsanwaltschaft im Sinne des § 152. RG. 54, 244, 55, 165. Jetzt vgl. I B. Verf. v. 15./6. 23 (JMBl. 445), dazu Verf., betr. Durchsuchungen durch Landjäger als Hilfsbeamte der

Staatsanwaltschaft, v. 16./8. 22 (JMBl. 357). Vgl. hinsichtlich ihrer Rechtsstellung früher VO. v. 30./12. 1820 (GS. 1821 S. 1), Instr. v. 30./12. 1820 (GS. 1821 S. 10), VO. v. 28./5. 67 (GS. 777), jetzt VO. v. 10./3. 19 (GS. 37) u. AusfVerf. v. 3./5. 19 (MBl. i. V. 198).

Elfter Titel.

Gerichtsschreiber.

Tätigkeit im **Zivilprozeß**: ZPO. §§ 44, 406 (Ablehnungsgesuch), 103 ff. (Kostenfestsetzung), 109 (Rückgabe einer Sicherheit), 118 (Bewilligung des Armenrechts), 118a (Vergleich bei Anhörung über ein Armenrechtsgesuch) 133, 159, 163, 163a (Protokoll), 166—169, 190, 196, 508, 699, 829 (Vermittelung der Zustellung), 204 (öffentliche Zustellung), 209 (Zustellung von Amts wegen), 216, 261 (Einreichung zur Terminsbestimmung), 248 (Aussetzung des Verfahrens), 299 (Erteilung von Ausfertigungen und Abschriften), 315 (Vermerk der Urteilsverkündung), 377 (Ladung der Zeugen), 381 (Entschuldigung ausgebliebener Zeugen), 386 (Zeugnisverweigerung), 466 (Eidesabnahme nach Versäumnis), 486 (Sicherung des Beweises), 496, 497 (Zustellungen, Klage, Ladungen beim Amtsgericht), 569, 573 (Beschwerde), 647, 680 (Antrag auf Entmündigung), 693, 699 (Mahnverfahren), 706 (Rechtskraftzeugnis, Notfristzeugnis), 724, 725, 797 (Erteilung der Vollstreckungsklausel), 753 (Mitwirkung bei der Zwangsvollstreckung), 915 (Offenbarungseidregister), 920 (Arrestgesuch), 924 (Widerspruch gegen Arrest beim Amtsgericht), 947 (Aufgebotsantrag), 952 (Ausschlußurteil). Vgl. auch § 78 ZPO. (Prozeßhandlungen, welche vor dem Gerichtsschreiber vorgenommen werden können, unterliegen nicht dem Anwaltszwange). Vgl. ferner Art. VI § 1 I, II Ges. z. Entlastung der Gerichte v. 11./3. 21 (RGBl. 229) (Uebertragung richterlicher Geschäfte zur selbständigen Erledigung); dazu Preußen: Nr. I, III Entlastungsverfügung v. 28./5. 23, auch Verf. v. 28./5. 23 (JMBl. 410); Verf. v. 5./2. 23 (JMBl. 88) (Zahlungsanweisungen). — In **Zwangsversteigerungs- und Zwangsverwaltungssachen**: **Preußen**: Ges. v. 15./12. 23 (GS. 552). — Im **Strafprozeß**: GVG. §§ 45 (Auslosung der Schöffen), 51

(Beeidigung der Schöffen), StPO. §§ 26 (Ablehnungsgesuch), 37 (Zustellungen), 168, 187, 188, 226, 271 (Zuziehungen zu den Verhandlungen und Aufnahme der Protokolle), 275 (Ausfertigung der Urteile), 299, 306, 314, 317, 320, 341, 345, 347 (Einlegung und Begründung der Rechtsmittel und der Beschwerde, 366 (Wiederaufnahmeantrag), 381, 385 (Privatklage), 409, 414 (Einspruch gegen richterlichen Strafbefehl, gegen polizeiliche Strafverfügung), 451 (Vollstreckbarkeitsattest), 454 (Anwesenheit bei Vollstreckung der Todesstrafe). Vgl. ferner Art. VI § 1 III, § 3 Abs. 1 Ges. v. 11./3. 21 (oben) (Uebertragung der Strafvollstreckung); dazu Preußen: Nr. I, II EntlVerf. v. 28./5. 23 (oben). — Im **Konkursverfahren:** KO. §§ 111 (Bekanntmachung des Eröffnungsbeschlusses), 112 (Mitteilung des Eröffnungsbeschlusses an Behörden), 116, 163, 190, 205 (Bekanntmachung der Aufhebung des Verfahrens), 122 (Schließung der Geschäftsbücher), 139 (Entgegennahme der Anmeldung einer Konkursforderung), 140 (Eintragung der Anmeldungen in die Tabelle), 198 (Bekanntmachung der Wiederaufnahme des Verfahrens). — Weiter **Preußen:** Verf. über Entlastung der höheren (und mittleren) Justizbeamten v. 9./11. 10 (JMBl. 393), 6./7. 15 (JMBl. 129) (Nr. 10 abgeänd.), v. 21./7. 20 (JMBl. 407) (Heranziehung zur Hilfeleistung bei richterlichen u. staatsanwaltschaftlichen Geschäften), Verf. über die Entlastung der Beamten des höheren und des Bureau- (Kassen-) Dienstes durch Justizbureauassistenten sowie Kanzleibeamte und -angestellte v. 9./4. 24 (JMBl. 156). — Bei der **Rechtshilfe:** § 161 GVG. — Als **Dolmetscher:** § 190 GVG. — **Beim Kostenwesen:** § 4 Abs. 3, §§ 16, 18 Abs. 2, 39 Abs. 2 GKG. in d. Fass. v. 21./12. 22, § 25 GO. f. GV. in d. Fass. v. 14./12. 22, § 17 Abs. 2 GO. f. Z. u. S. in d. Fass. v. 13./3. 22. — Im **ehrengerichtlichen Verfahren:** § 81 RAO. — **Ablehnung:** § 49 ZPO., § 31 StPO. — **Verurteilung in Kosten:** § 102 ZPO.

In Angelegenheiten der **freiwilligen Gerichtsbarkeit:** FGG. §§ 11, 31, 169ff., 182 (Aufnahme von Anträgen und Erklärungen, Zeugnis der Rechtskraft für Verfügungen, Zuziehung bei der Beurkundung gewisser Rechtsgeschäfte, Ausfertigung der Beurkundungsprotokolle). Vgl. ferner Art. VI §§ 2, 3 Abs. 2 Ges. v. 11./3. 21 (oben) (Beauftragung mit der selbständigen Erledigung richterlicher Geschäfte). Preußen: FGG. Art. 36, 60 Abs. 4 i. d. Fass. v. 21./9. 99 (GS. 249), 18./3. 14 (GS. 35) (öffentliche Beglaubigung einer Unterschrift, Beurkundungen behufs Sicherstellung der Zeit, zu welcher eine Privaturkunde ausgestellt ist), dazu Verf. v. 31./3. 14 (JMBl. 475); Nr. I, IV, VI, VII EntlVerfügung v. 28./5. 23 (oben). — In **Grundbuchsachen**: GBO. § 73 (Entgegennahme der Beschwerde). Preußen: Ges., betr. die Uebertragung richterlicher Geschäfte in Grundbuchsachen auf die Gerichtsschreiber, v. 14./12. 20 (GS. 21 S. 75), dazu Nr. I, V EntlVerfügung v. 28./5. 23 (oben). — In **Konsularsachen**: § 16 RGes. über die Konsulargerichtsbarkeit v. 7./4. 00 (RGBl. 213).

153. (154.) **Bei jedem Gerichte wird eine Gerichtsschreiberei eingerichtet. Die Geschäftseinrichtung bei dem Reichsgerichte wird durch den Reichsminister der Justiz[1a], bei den Landesgerichten durch die Landesjustizverwaltung bestimmt.[1]**

[1a] Auf Grund der RVerf. v. 11./8. 19 und der Ermächtigung im § 43 Abs. 2 VO. v. 4./1. 24 ist durch die Text-Bek. v. 22./3. 24 das Wort „Reichskanzler" durch die Worte „Reichsminister der Justiz" ersetzt worden.

[1] **Preußen: Ausführungsbestimmungen**: §§ 68, 70—72 AG. v. 24./4. 78 (GS. 230) u. Art. 130 AG. z. FGG. v. 21./9. 99 (GS. 249). Ges., betr. die **Dienstverhältnisse** der Gerichtsschreiber, v. 3./3. 79 (GS. 99), abgeändert (§§ 4 bis 7) durch Verf. über die Dienstverhältnisse der Justizsekretäre, der Dolmetschersekretäre und der Registraturassistenten (Registratoren) v. 6./7. 21 (JMBl. 374), 11./4. 22 (JMBl. 126), dazu Ges. z. Ergänzung der Vorschriften über die Dienstverhältnisse v. 16./12. 20 (GS. 131), Ges. betr. Einführung einer Altersgrenze v. 15./12. 20 (GS. 621), Verf. über die Geschäfsverhältnisse der Justizamtmänner und der Verwaltungsreferenten v. 16./3. 23 (JMBl. 285), Verf. über die Dienstverhältnisse der Justizsekretäre v. 6./7. 21 (JMBl. 375), 12./9. 28 (JMBl. 630), Verf. über Zulassung der Registraturassistenten zur Justizsekretärprüfung v. 4./6. 21 (JMBl. 338), 16./4. 28 (JMBl. 335), Verf. über die Dienstverhältnisse der

Registraturassistenten v. 6./7. 21 (JMBl. 376), Verf. über die Ausbildung und die sachliche Fortbildung v. 2./6. 24 (JMBl. 246). — **Gerichtsschreiberordn.** v. 5./6. 13 (JMBl. 179), abgeänd.: durch Verf. über den Vorbereitungsdienst f. d. Gerichtsschreiberprüfung v. 14./7. 19 (JMBl. 369) u. (§§ 16 u. 24) durch Verf. v. 28./10. 19 (JMBl. 527), 10./11. 20 (JMBl. 615), (§ 32) durch Verf. v. 8./5. 23 (JMBl. 367), (§ 13) durch Verf. v. 21./1. 24 (JMBl. 28); ferner Verf. v. 3./7. 17 (JMBl. 210) (Abkürzung des Vorbereitungsdienstes bei Kriegsteilnehmern), v. 28./11. 18 (JMBl. 450) u. 30./4. 19 (JMBl. 280) (Prüfungen von Kriegsteilnehmern), v. 28./4. 19 (JMBl. 271) (Notprüfungen der Angehörigen freiwilliger Truppen), obige Verf. über den Vorbereitungsdienst f. d. Gerichtsschreiberprüfung v. 14./7. 19; Verf. v. 28./2. 28 (JMBl. 162) (Sonderprüfung für Justizsekretäre), Verf. v. 16./8. 23 (JMBl. 599), 26./3. 25 (JMBl. 136) (erl. Vorbereitung der Justizsekretäre zur Justizobersekretärprüfung); Verf. v. 1./1. 99 (JMBl. 2), v. 8./6. 06 (JMBl. 165) u. v. 6./7. 20 (JMBl. 365) (Amtstitel der Gerichtsschreiber), v. 21./4. 13 (JMBl. 129) (ständige Hilfsarbeiter), v. 13./8. 15 (JMBl. 188) (Zulassung von kriegsbeschädigten Offizieren zum Vorbereitungsdienst), v. 3./4. 16 (JMBl. 70) (Verwendung der Gerichtsvollzieher in einem anderen Zweige des Justizdienstes), BundesratsVO. (auf Grund des § 3 des ErmächtGes. v. 4./8. 14) v. 14./12. 16 (RGBl. 1362) (Verwendung weiblicher Hilfskräfte im Gerichtsschreiberdienst); Verf. v. 21./7. 20 (JMBl. 407), 8./5. 23 (JMBl. 367), 9./4. 24 (JMBl. 156) (Entlastung der höheren und mittleren Justizbeamten sowie einstweilige Wahrnehmung von Gerichtsschreibergeschäften; vgl. auch Vorbem. Abs. 1); Verf. v. 14./6. 19 (JMBl. 338), 18./5. 20 (JMBl. 222); 18./1. 22 (JMBl. 24) (Amtstracht). — **Geschäftsordnung** für die Gerichtsschreibereien der **Amtsgerichte**: v. 18./2. 14 (JMBl. 197), 3./3. 15 (JMBl. 47) (§ 33 abgeänd.), 8./6. 15 (JMBl. 113) (§ 64 Abs. 2 abgeänd.), 3./5. 20 (JMBl. 180) (§ 55 abgeänd.), 30./3. 21 (JMBl. 234) (§ 37 abgeänd.), 7./2. 23 (JMBl. 94) (§§ 5, 7, 14, 16, 24—27 abgeändert), 21./6. 23 (JMBl. 456) (§§ 36, 37, 38 abg., 38a), 15./5. 24 (JMBl. 214) (§§ 12, 14, 16, 21, 23—29, 34 abgeänd.), 24./11. 24 (JMBl. 399) (§ 37 abgeänd.), 22./12. 24

(JMBl. 1925 S. 3) (§§ 17, 23, 25—27 abgeänd.); der **Landgerichte:** v. 22./10. 06 (JMBl. 393), 11./8. 22 (JMBl. 346) (§ 23 abg.), 7./2. 23 (JMBl. 94) (§§ 5, 13, 15, 21, 24, 25 abgeänd.), 21./6. 23 (JMBl. 456) (Kalender), 5./12. 24 (JMBl. 414) (§ 23 abgeänd.); der **Oberlandesgerichte:** v. 22./10. 06 (JMBl. 435), 7./2. 23 (JMBl. 94) (§§ 5, 15, 21, 22 abgeänd.), v. 15./5. 24 (JMBl. 214) (§§ 7, 13, 15, 21, 22, 24—28 abgeänd.); für die **Sekretariate der Staatsanwaltschaften:** bei den Landgerichten v. 12./11. 06 (JMBl. 485), 18./2. 14 (JMBl. 193) (§ 27 abgeänd.), 30./3. u. 30./9. 21 (JMBl. 234, 511), 16./4. 24 (JMBl. 168), 24./11. 24 (JMBl. 399) (§ 23 abgeänd.), bei den Oberlandesgerichten v. 12./11. 06 (JMBl. 519), 15./5. 24 (JMBl. 214) (§§ 7, 11, 13, 15, 21—25 abgeänd.), sämtlich abgeändert durch Verf. v. 29./1. u. 7./11. 10 (JMBl. 20, 391), v. 4./5. 11 (JMBl. 191), v. 1./4. u. 1./8. 12 (JMBl. 139, 279), v. 8./12. 21 (JMBl. 653), v. 23./10. 22 (JMBl. 444); für die **Sekretariate der Amtsanwaltschaften** v. 17./12. 24 (JMBl. 428). Ferner Verf. über die Vollziehung von Schriftstücken bei den Justizbehörden v. 5./2. 24 (JMBl. 54). — Vgl. auch Personal- und Dienstordnung für die bei d. pr. Justizbehörden beschäftigten Kanzleikräfte (**Kanzleiordnung**) v. 18./3. 25 (JMBl. 50). — Nach Art. I Ges. über die Zulassung der Frauen zu den Aemtern und Berufen der Rechtspflege v. 11./7. 22 können auch Frauen zu Gerichtsschreibern ernannt werden.

Zwölfter Titel.

Zustellungs- und Vollstreckungsbeamte.

Tätigkeit im Zivilprozeß: Zustellungen: §§ 166, 167 ZPO.; Zwangsvollstreckung: §§ 753—763 ZPO. — **Tätigkeit im Strafprozeß:** Zustellungen: §§ 37, 38 StPO.; Vollstreckung: § 463 StPO. n. F. — Im **Konkursverfahren:** § 72 KO. — Bei der **Rechtshilfe:** § 161 GVG. — In **Konsularsachen:** § 16 RGes. v. 7./4. 00 (RGBl. 213). — Im **Ausgleichsverfahren** nach § 42 Reichsausgleichsges. v. 24./4. 20 (RGBl. 597), VO. v. 20./2. 22 (RGBl. 215). — **Beitreibung:** von **Reichsabgaben,** Pr.Verf. v 5./2. 23 (JMBl. 92), 15./10. 24 (JMBl. 371); von Geldbeträgen aus dem Bereiche der staatlichen **Kreiskassenverwaltung,**

Pr.Verf. v. 14./6. 23 (JMBl. 439); aus dem Bereiche der **Domänenverwaltung** Pr.Verf. v. 21./7. 24 (JMBl. 282).

Gebührenordnung für Gerichtsvollzieher v. 24./6. 78 in d. Fass. (früher v. 20./5. 98, jetzt) v. 14./12. 22 (RGBl. I 917), 13./12. 23 (RGBl. I 1189). Im Ausgleichsverfahren (s. oben): VO. v. 20./2. 22 (RGBl. 215). Dazu **Preußen**: Verf. über die Gebührenanteile und den Dienstaufwand der Gerichtsvollzieher v. 27./12. 22 (JMBl. 600); Landesgebührenordnung für Rechtsanwälte und Gerichtsvollzieher v. 28./10 22 (GS. 410), abg. (Art. 20) durch Art. V Ges. v. 12./4. 23 (GS. 107) u. §§ 54 ff. Gerichtsvollzieherordn. (Anm. 2 § 154). Vgl. ferner: Verf., betr. die nicht durch Gesetz bestimmten Gebühren der Gerichtsvollzieher usw., v. 8./12. 99 (JMBl. 721), 27./11. 15 (JMBl. 281) (§ 2 abgeänd.), 2./8. 21 (JMBl. 438) (§ 6 abgeänd.); Verf. über die Festsetzung u. Anweisung der den Gerichtsvollziehern zu gewährenden Gebührenanteile usw. v. 26./5. 24 (JMBl. 234); auch Verf. v. 12./2. 01 (JMBl. 85) (Aufträge anderer als Justizbehörden); weiter Verf. v. 15./4. 00 (JMBl. 400), v. 24./3. 01 (JMBl. 75) (Gehalt der geringer besoldeten Gerichtsv.), Verf. v. 16./2. 03 (JMBl. 36), 14./5. 17 (JMBl. 844) (Zusammenstellung von Grundsätzen betr. Gebühren u. Auslagen), sowie Verf. v. 11./10. 20 (JMBl. 552) u. 19./4. 21 (JMBl. 265) (Gutachten des KG. über Gebührenberechnung), Verf. über Reiseentschädigungen v 23./4. 24 (JMBl. 181), Verf. über Dienstaufwandsentschädigung bei der Erhebung von Kosten, Geldstrafen usw. v. 21./5. 24 (JMBl. 227).

154. (155.) Die Dienst- und Geschäftsverhältnisse der mit den Zustellungen, Ladungen und Vollstreckungen zu betrauenden Beamten (Gerichtsvollzieher) werden bei dem Reichsgerichte durch den **Reichsminister der Justiz**,[1] bei den Landesgerichten durch die Landesjustizverwaltung[2] bestimmt.[3]

[1] Auf Grund des § 5 Reichsübergangsges. v. 4./3. 19, Art. 179 RVerf. v. 11./8. 19 und der Ermächtigung im § 43 Abs. 2 VO. v. 4./1. 24 ist durch die Text-Bek. v. 22./3. 24 das Wort „Reichskanzler“ durch die Worte „Reichsminister der Justiz“ ersetzt worden.

² **Preußen: Ausführungsbestimmungen:** §§ 73, 74, 76 AG. v. 24./4. 78 (GS. 230), Art. 38, 84, 130 PrFGG. v. 21./9. 99 (GS. 249), Ges. betr. Einführung einer Altersgrenze v. 15./12. 20 (GS. 621). — **Gerichtsvollzieherordn.** v. 23./3. 14 (JMBl. 289), 27./11. 15 (JMBl. 281) (§ 17b abgeänd.), 14./5. 17 (JMBl. 166) (§ 67 abgeänd.), 28./10. 19 (JMBl. 527) u. 10./11. 20 (JMBl. 615) (§ 10 abgeänd.), 2./7. 20 (JMBl. 364) (§§ 62, 63, 65 abgeänd.), 2./8. 21 (JMBl. 438) (§§ 54, 56, 61 abgeänd.), 23./6 22 (JMBl. 236) (§ 58 abgeänd.), 24./10. 22 (JMBl. 446) (§§ 54, 56 abgeänd.), 11./11. 22 (JMBl. 483) (§ 47 abgeänd.), 26./2. u. 20./6. 23 (JMBl. 160, 454) (§§ 54, 56 abgeänd.), 20./8. 23 (JMBl. 608) (§§ 61, 62 abgeänd.), 17./11. 23 (JMBl. 717) (§ 61 abgeänd.), 9./1. 24 (JMBl. 12) (§§ 59, 69 abgeänd.), 5./2. 24 (JMBl. 57) (§§ 30, 56, 61, 69 abgeänd.), 23./4. 24 (JMBl. 181) (§§ 59, 64, 65, 68, 69, 70 abgeänd.); dazu Verf. v. 22./4. 06 (JMBl. 125) (Zuständigkeit der Gerichtsvollzieher in Berlin u. Umgebung); ferner v. 15./3., 30./6., 19./11. u. 7./12. 10 (JMBl. 91, 269, 405, 422), v. 7./3. 16 (JMBl. 51) (Vereinigung v. Gerichtsvollzieherbezirken), v. 3./4. 16 (JMBl. 70) (Verwendung der Gerichtsv. i. einem anderen Zweige des Justizdienstes), v. 3./7. 17 (JMBl. 210) (Abkürzung des Vorbereitungsdienstes bei Kriegsteilnehmern). — **Geschäftsanw. für d. Gerichtsv.** v. 24./3. 14 (JMBl. 343), 23./6. 22 (JMBl. 236) (§§ 98, 102 abgeänd.), 11./3. 24 (JMBl. 122), (§ 103 abgeänd.), dazu Einführungs-Verf. v. 25./3. 14 (JMBl. 287) u. 17./4. 15 (JMBl. 76) (Muster für Pfändungsprotokolle); ferner Verf. v. 4./3. 94 (JMBl. 58) und v. 15./12. 99 (JMBl. 303) (Frankierung der Postsendungen zur Erledigung amtlicher Aufträge), Verf. v. 12./8. 04 (JMBl. 191) (Beitreib. v. Geldbetr. d. Forstverw.); weiter Verf. v. 31./3. 08 (JMBl. 190) (Scheckprotest durch Gerichtsvollzieher), v. 15./3. 10 (JMBl. 91), v. 3./12. 17 (JMBl. 377) (Dienstregister u. Reisetagebücher), v. 4./6. 17 (JMBl. 187) (Beteiligung am Postscheckverkehr). — Vgl. auch: Verf. über die Dienstverhältnisse der **Gerichtskostenerheber** v. 8./1. 21 (JMBl. 47); §§ 13, 14 der **Dienstordn. für die Gerichtsdiener** v. 21./12. 99 (JMBl. 862), 28./1. 13 (JMBl. 33) (Vornahme von Geschäften eines Gerichtsvollziehers durch Gerichtsdiener).

[3] Ueber Zuständigkeit für Schadensersatzklagen gegen ihn: s. Anm. 12 § 71. — Ueber die Verpflichtung zur Amtsverschwiegenheit s. RG. 35, 403.

155. (156.) Der Gerichtsvollzieher ist von der Ausübung seines Amts kraft Gesetzes ausgeschlossen:

I. in bürgerlichen Rechtsstreitigkeiten:
1. wenn er selbst Partei oder gesetzlicher Vertreter[1] einer Partei ist, oder zu einer Partei in dem Verhältnis eines Mitberechtigten, Mitverpflichteten oder Schadensersatzpflichtigen steht;
2. wenn sein Ehegatte[2] Partei ist, auch wenn die Ehe nicht mehr besteht;
3. wenn eine Person Partei ist, mit welcher er in gerader Linie verwandt, verschwägert oder durch Annahme an Kindes Statt verbunden, in der Seitenlinie bis zum dritten Grade verwandt oder bis zum zweiten Grade verschwägert ist, auch wenn die Ehe, durch welche die Schwägerschaft begründet ist, nicht mehr besteht;

II. in Strafsachen:[3]
1. wenn er selbst durch die strafbare Handlung verletzt ist;
2. wenn er der Ehegatte des[2] Beschuldigten oder Verletzten ist oder gewesen ist;
3. wenn er mit dem Beschuldigten oder Verletzten in dem vorstehend unter Nr. I 3 bezeichneten Verwandtschafts- oder Schwägerschaftsverhältnisse steht.

[1] § 51 ZPO. [2] Durch das Ges. über die Zulassung der Frauen zu den Aemtern und Berufen der Rechtspflege v. 11./7. 22, nach dessen Art. II auch Frauen zu Gerichtsvollziehern ernannt werden können, sind in I Nr. 2 „seine Ehe-

frau" durch „sein Ehegatte" und in II Nr. 2 „Ehemann der" durch „Ehegatte des" ersetzt worden. [3] Und im ehrengerichtlichen Verfahren. § 66 RAO.

Dreizehnter Titel.
Rechtshilfe.

Dieser Titel ist nur auf die gegenseitige Rechtshilfe der **Gerichte in Sachen der ordentlichen streitigen Gerichtsbarkeit** anwendbar, sofern nicht eine noch anderweitige Anwendung durch Reichs- oder Landesgesetze bestimmt ist. § 2 EG. z. GVG., RG. 102, 368, RG. 19, 438, 20, 101, JW. 96, 145[1], OLG. 40, 171. Er ist **nicht** anwendbar auf die **Beistandsleistung**, die auf dem allgemeinen Grundsatze beruht, daß sich **Gerichte und Verwaltungsbehörden** innerhalb ihrer Geschäftsbereiche gegenseitig zu unterstützen haben, und die im Art. 7 Nr. 3 Reichsverfassung v. 11./8. 19 „**Amtshilfe**" genannt wird. OLG. 40, 171. So z. B. nicht: wenn eine **Landesdisziplinarbehörde** gerichtliche Rechtshilfe in Anspruch nimmt, RG. 19, 438, 22, 111, JW. 91, 294[1], OLG. 35, 384 Anm.; auf das Ersuchen eines auf Grund des Art. 34 Reichsverfassung v. 11./8. 19, Art. 25 preuß. Verfassung v. 30./11. 20 eingesetzten **Untersuchungsausschusses**, OLG. 40, 171. Jedoch zufolge besonderer gesetzlicher Vorschrift sind die §§ 156—159, 165 **anzuwenden**: auf das von dem **Ehrengericht** gestellte Ersuchen, § 86 RAO.; auf dasjenige des **Patentamts**, § 32 RGes. (früher v. 7./4. 91, jetzt) v. 7./12. 23 (RGBl. II 437), dazu RG. 33, 423, 102, 369, JW. 06, 716[14], Gr. 50, 1044 (Zeugenvernehmung), auch Anm. 2 § 157; der **Seeämter und des Reichs-Ober-Seeamts**, §§ 20, 30 RGes. v. 27./7. 77 (RGBl. 549); der **Gewerbegerichte**, § 61 Gewerbeger.-Ges. v. 29./7. 90 in d. Fass. v. 29./9. 01 (RGBl. 353), § 16 RGes., betr. die **Kaufmannsgerichte**, v. 6./7. 04 (RGBl. 266). Ueber die an die Amtsgerichte zu richtenden Ersuchen der **Berufsgenossenschaften** und der **Versicherungsämter** um Vernehmung von Zeugen und Sachverständigen vgl. §§ 1571 Abs. 2, 4, 1652 Abs. 3 **ReichsversichOrdn.** (früher v. 19./7. 11, jetzt) v. 15./12. 24 (RGBl. I 779); dazu OLG. 27, 5 (dem Amtsgericht steht eine Nachprüfung der Entscheidung des um eine eidliche Vernehmung ersuchenden Versicherungsträgers [Berufsgenossenschaft] nicht zu, es kann daher die Vernehmung nicht aus dem Grunde ablehnen, weil es die Voraussetzungen dafür nach § 1571 Abs. 2 Satz 2 ReichsversichOrdn. nicht für gegeben erachtet). Gleiche Ersuchen: der **Rentenausschüsse, Schiedsgerichte** und **Oberschiedsgerichte** nach §§ 241, 274, 291, 322 **Versicherungsges. f. Angestellte** v. 20./12. 11 (RGBl. 989); der Kriegshilfsausschüsse f. d. Provinz Ostpreußen nach § 3 VO. v. 28./7. 15 (GS. 121), Bek. v. 19./2. 16 (GS. 10); des Reichsausschusses f. d. Wiederaufbau d. Handelsflotte nach d. Verf. v. 12./4. 18 (JMBl. 126); der Kommission oder des Kommissars der Landesregierung zur Feststellung der Vergütung nach Abschn. VII Ziff. 16, 1 Abs. 5 VO. betr. Ausf. des Kriegsleistungsges. v. 13./6. 73, v. 1./4. 76 i. d. Fass. v. 18./7. 18 (RGBl. 751); der Spruchkommissionen f. d. Zuwendung v. Reichsmitteln an Deutsche f. Schäden im Ausland nach § 8 Bek. v. 15./11. 19 (RGBl. 1891), s. dazu RG. 102, 368 u. Anm. 5 § 159; des **Reichsausgleichamts** nach § 7 Abs. 3 Ges. v. 24./4. 20 (RGBl. 597); des **Reichswirtschaftsgerichts** oder der Vorsitzenden der Senate nach § 34 Abs. 4 VO. v. 21./5. 20 (RGBl. 1167); der **gemischten Schiedsgerichte** u. der bei diesen bestellten Vertreter des Deutschen Reichs nach Art. I § 2 Ges. v. 10./8. 20 (RGBl. 1569), vgl. dazu RG. 106, 417; des **Wahlprüfungsgerichts** beim Reichstag oder des Reichsbeauftragten nach § 10 Reichstags-Wahlprüfungsordnung v. 8./10. 20 (RGBl. 1773); der Reichsregierung nach § 2 Abs. 3 Ges. z. Durchführung der Art. 177, 178 des Friedensvertrags v. 22./3. 21 (RGBl. 235); der Dienststellen nach § 101 **Wehrmachtversorgungsges.** v. 4./8. 21 (RGBl. 993); des **Berichterstatters des Staatsgerichtshofs** nach § 4 Geschäftsordnung v. 6./12. 21 (RGBl. 1535); des **Staatsgerichtshofes zum Schutze der Republik** nach Ziff. III VO. v. 1. 8. 22 (RGBl. I 675); der **Mieteinigungsämter** nach § 10 Abs. 3 Bek. v. 19./9. 23 (RGBl. I 889). Vgl. ferner für **Preußen**: § 18 Abs. 3 Pachtschutzordnung v. 27./9. 22 (GS. 287) (Ersuchen der Einigungsämter).

Es findet der Titel aber auch Anwendung: auf die Rechtshilfe in Angelegenheiten der **freiwilligen Gerichtsbarkeit**, §§ 2, 194 FGG.; in den zur **Konsulargerichtsbarkeit** gehörigen Angelegenheiten (an Stelle des Amtsgerichts tritt der Konsul), §§ 7, 18 RGes. über die Konsulargerichtsbarkeit, v. 7./4. 00 (RGBl. 213) (Verzeichnis der mit Konsulargerichtsbarkeit ausgestatteten

Konsuln s. unten). — Vgl. ferner: §§ 184 Abs. 2, 191 **Reichsabgabenordnung** v. 13./12. 19 (RGBl. 1993) (Ersuchen der Finanzämter um Beeidigung von Zeugen und um Hilfeleistung), dazu Pr.Verf. v. 19./1. 23 (JMBl. 43); § 176 **RKnappschaftsges.** v. 23./6. 23 (RGBl. I 431) (Ersuchen von Knappschaftsvereinen).

Das **BGes., betr. die Gewährung der Rechtshilfe,** v. 21./6. 69 (BGBl. 305), findet nur noch Anwendung für die Rechtshilfe, die in den vorstehend nicht erwähnten Fällen von seiten anderer als der ordentlichen Gerichte (§§ 12, 13), z. B. der Sondergerichte (§ 14), nachgesucht wird oder die von anderen Gerichten zu gewähren ist. Begr. 189, Pr. 1. — **Einziehung von Gerichtskosten:** § 91 GKG. in d. Fass. v. 21./12. 22, Anw. v. 23./4. 80 (Pr. JMBl. 128, 144) nebst Bek. v. 18./9. 05 (JMBl. 284), v. 28./4. 06 (JMBl. 129), v. 18./9. 07 (JMBl. 509) u. 15./8. 11 (JMBl. 324); dazu Pr.Verf. v. 4./6. 87 (JMBl. 158) u. v. 3./5. 06 (JMBl. 138) (Beistand unter den Bundesstaaten), v. 5./5. 23 (JMBl. 367) (Einziehung von Gerichtskosten im Ausland). Vgl. auch RGes. über den Beistand bei Einziehung von Abgaben und Vollstreckung von **Vermögensstrafen,** v. 9./6. 95 (RGBl. 256). Vgl. ferner Preußen: Verf. v. 12./3. 01 (JMBl. 62) u. v. 14./4. 03 (JMBl. 88) (Einziehung von Kosten in Angel. d. fr. Gerichtsb. auf Ersuchen eines anderen Bundesstaates). — **Vollstreckung der Urteile ausländischer** Gerichte **im Inlande:** §§ 328, 722, 723 ZPO. Vollstreckung **inländischer** Urteile **im Auslande:** § 791 ZPO.; III. Abschn. RGes. v. 6./3. u. 15./4. 24 (RGBl. II 55, 91) nebst AusfVO. v. 26./4. 24 (RGBl. II 91), auch Pr.Verf. über Vollstreckbarkeit von Auszügen aus d. Liquidierungsprotokoll v. 15./12. 24 (JMBl. 431) (Oesterreich), Verf. betr. die Vollstreckung von Entscheidungen in Jugoslawien v. 17./2. 22 (JMBl. 52), in Griechenland v. 7./4. 22 (JMBl. 119), v. 27./10. 00 (JMBl. 624) u. v. 3./3. 05 (JMBl. 85). — Im **Auslande** zu erledigende **Ersuchungsschreiben:** Art. 8 ff. des Haager Abkommens über den Zivilprozeß, v. 17./7. 05 (RGBl. 09 S. 410) (Ersuchungsschreiben in Zivil- u. Handelssachen an die zuständige Behörde eines anderen Vertragsstaates durch Konsuln oder auf diplomatischem Wege) u. §§ 3, 4 AusfGes. v. 5./4. 09 (RGBl. 430), s. dazu OLG. 20, 97 (Beitreibung von Gerichtskosten). Vgl. weiter die Bek., betr. Vereinfachung des Rechtshilfeverkehrs: mit Belgien v. 12./1. 10 (MBl. i. V. 15), mit Bulgarien v. 29./9. 11 u. 1./7. 13 (RGBl. 13 S. 457, 487) u. AusfGes. v. 29./11. 12 (RGBl. 13 S. 492), mit Dänemark v. 3./6. 10 (RGBl. 871) u. 6./6. 14 (RGBl. 205), mit Frankreich v. 6./4. 11 (RGBl. 161) u. 12./3. 12 (JMBl. 96), mit Griechenland v. 22./10. 24 (RGBl. II 419), mit Luxemburg, den Niederlanden u. Norwegen v. 16./8. 09 (RGBl. 907), mit den Niederlanden ferner v. 9./11. 09 (JMBl. 357), mit Oesterreich v. 6./3. 24 (RGBl. II 55), mit d. Osmanischen Reich v. 11./1. 17, 12./4. 18 (RGBl. 18 S. 244, 354) (vgl. aber Art. 290 Friedensvertrag v. 28./6. 19), mit Schweden v. 9./2. 10 (RGBl. 454), mit der Schweiz v. 7./5. 10 (RGBl. 674), mit der Tschechoslowakei v. 20./1. 22 u. 7./2. 23 (RGBl. 23 II S. 57) nebst AusfVO. v. 25./6. 24 (RGBl. II 133, 144), mit den an Italien abgetretenen früheren österreichischen Gebieten v. 27./10. 20 (Pr. JMBl. 585), mit Rumänien v. 13./2. 22 (Pr. JMBl. 46). Sodann **Preußen**: Verf., betr. die Ersuchen nach dem Auslande, soweit sie nicht auf Auslieferung oder Festnahme gerichtet sind, v. 16./6. 10 (JMBl. 189), abgeänd. durch Verf. v. 16./6. 11 (JMBl. 247), 2./11. 11 (JMBl. 410), 20./10. 13 (JMBl. 412), Verf., betr. die Beschaffung der den Ersuchen beizugebenden Uebersetzungen, v. 22./3. 22 (JMBl. 98) u. Verf. v. 7./4. 23 (JMBl. 317) über die Beigabe von Uebersetzungen bei Kostenfestsetzungsbeschlüssen u. Beschlüssen gemäß § 9 RGes. v. 5./4. 09, Verf. v. 6. u. 29./7. 22 (JMBl. 256, 288), Verf. betr. Zeugenvernehmungen im Ausland auf Grund des Haager Abkommens, v. 19./1. 23 (JMBl. 43), Verf. über die Prüfung der Staatsangehörigkeit der Beschuldigten bei der Gewährung und bei der Inanspruchnahme der zwischenstaatlichen Rechtshilfe in Strafsachen v. 25./6. 24 (JMBl. 264). Dazu: Verf. v. 16./6. 10 (JMBl. 189), 16./6. 11 (JMBl. 247), 12./3. 12 (JMBl. 96), 29./12. 13 (JMBl. 14 S. 4), 6. u. 30./8. 21 (JMBl. 437, 459), betr. den Rechtshilfeverkehr mit Frankreich in bürgerlichen Sachen bzw. in Strafsachen; Verf. über Rechtshilfeverkehr mit Lettland in Strafsachen v. 5./4. 24 (JMBl. 165); Verf. v. 2./11. 20 (JMBl. 600), betr. den Rechtshilfeverkehr mit dem Memelgebiet; Verf. v. 27./9. 15 (JMBl. 215), betr. den Rechtshilfeverkehr in Strafsachen mit

Paraguay; Verf. über **Rechtshilfeersuchen nach Polen** v. 27./2. 23 (JMBl. 167); Verf. über Rechtshilfeverkehr in bürgerlichen Rechtsangelegenheiten mit Rumänien v. 15./5. 23 (JMBl. 376); Verf. über Rechtshilfeersuchen in Strafsachen im Verkehr mit Schweden v. 4./4. 23 (JMBl. 313) u. mit der Tschechoslowakei v. 28./3. u. 25./6. 24 (JMBl. 153, 265); Verf. über den Rechtshilfeverkehr mit Ungarn v. 10./12. 24 (JMBl. 417). Ferner Verf. über die oberschlesischen Justizbehörden und den Verkehr mit diesen v. 4./7. 22 (JMBl. 244). Verzeichnisse: der **schweizerischen Behörden** v. 21./5. 06 (JMBl. 152), 7./4 23 (RMBl. i. V. 287); der mit **Konsulargerichtsbarkeit** ausgestatteten oder zur Abhörung von Zeugen und zur Abnahme von Eiden allgemein ermächtigten **Konsuln** v. 18./12. 23 (JMBl. 758). — **Ersuchen um Auslieferung** von Verbrechern: Auslieferungsverträge zwischen dem Reiche und ausländischen Staaten: v. 24./12. 74 (RGBl. 75 S. 73), 28./11. 00 (RGBl. 01 S. 203), dazu Nr. 4, 12 Bek. v. 30./6. 20 (RGBl. 1397), pr. Verf. v. 24./11. 20 (JMBl. 664) (Belgien); v. 17./9. 77 (RGBl. 78 S. 293), dazu Bek. v. 14./5. u. 25./7. 13 (RGBl. 312, JMBl. 297) (Brasilien); Bek. v. 29./9. 11, 1./7. 13 (RGBl. 13 S. 468, 487) (Bulgarien); Bek. v. 28./7. 92 (RGBl. 94 S. 471) (Columbien); Verf. v. 27./5. u. 26./8. 10 (JMBl. 166, 327) (Dänemark); Verf. v. 20./2. 09 (MBl. i. V. 80), 11./3. 10 (JMBl. 88), 19./3. 10 (MBl. i. V. 110), 19./5. 11 (JMBl. 198) (Frankreich); v. 12./3. 07 (RGBl. 545) [wieder in Kraft getreten gemäß Bek. v. 5./8. 20 (RGBl. 1544), pr. Verf. v. 17./8. 20 (JMBl. 439)] (Griechenland); v. 14./5. 72 (RGBl. 229), v. 30./1. 11 (RGBl. 175) u. v. 17./8. 11 (RGBl. 12 S. 153) [wieder in Kraft getreten gemäß Bek. v. 5./8. 20 (RGBl. 1543, pr. Verf. v. 17./8. 20 (JMBl. 439)] (Großbritannien usw.); v. 31./10. 71 (RGBl. 446), Bek. v. 15./8. 20 (RGBl. 1577), Verf. v. 25./9. 91 (JMBl. 243), 10./2. 23 (JMBl. 104) (Italien); v. 9./3. 76 (RGBl. 223) u. 6./5. 12 (RGBl. 491) (Luxemburg); v. 31./12. 96 (RGBl. 97 S. 731), dazu Verf. v. 16./6. 09 (JMBl. 218) (Niederlande); v. 16./6. 52 (GS. 53 S. 645) (Nordamerika), dazu Verf. v. 5./5. 13 (JMBl. 147) (Panamakanalzone); Bek. v. 27./2. 14 (JMBl. 177) (Panama); Bek. v. 26./11. 09 (RGBl. 15 S. 571) (Paraguay); v. 11./1. 17, 12./4. 18 (RGBl. 18 S. 462, 354) (Türkei) (vgl. aber Art. 290 Friedensvertrag v. 28./6. 19); Verf. v. 27./5. 10 (JMBl. 166), v. 11./9. 12 (MBl. i. V. 294) (Rumänien) (vgl. aber Art. 292 Friedensvertrag v. 28./6. 19); v. 19./1. 78 (RGBl. 110) u. v. 7./3. 07 (RGBl. 239) (Schweden u. Norwegen); v. 24./1. 74 (RGBl. 113), Verf. v. 18./5. 10 (MBl. i. V. 216), v. 26./8. u. 23./9. 10 (JMBl. 327, 352), v. 26./3. u. 29./3. 12 (JMBl. 130, 134), Bek. v. 1./8. 19 (JMBl. 384) (Schweiz); Verf. v. 2./5. 78 (RGBl. 213), v. 16./11. 09 (JMBl. 362) (Spanien); v. 8./5. 22, 27./1. u. 5./10. 23 (RGBl. 1923 II 48, 396) (Tschechoslowakei); v. 12./2. 80 (RGBl. 83 S. 287) (Uruguay). Vgl. auch: Art. 6 Internat. Uebereinkommen zur Bekämpfung des Mädchenhandels v. 4./5. 10 (aufrechterhalten durch Art. 282 Nr. 17 Friedensvertrag v. 28./6. 19) (Uebermittelung der Ersuchungsschreiben, die sich auf die in dem Uebereinkommen bezeichneten strafbaren Handlungen beziehen) u. § 1 AusfGes. v. 14./8. 12 (RGBl. 13 S. 31, 44), nebst Bek. über die Wirksamkeit der im § 1 AusfGes. erwähnten Abrede v. 11./1. 24 (RGBl. II S. 34), Pr.Verf. v. 28./2. 23 (JMBl. 167) (Danzig), Bek. v. 7./2. 13 (RGBl. 45) (Großbritannien, Niederlande, Spanien), v. 19./2. 13 (JMBl. 50) (Frankreich, Oesterreich-Ungarn, aufrechterhalten gemäß Bek. v. 8./11. 20 [JMBl. 606], 4./10. 24 [RGBl. II 381], Rußland), v. 27./11. 13 (RGBl. 764) (Niederländisch Indien), v. 22./8. u. 5./9. 21 (RGBl. 1237 u. 1262) (Polen), v. 22./10. u. 11./12. 21 (RGBl. 1332 u. 1586) (Uruguay u. Bulgarien), v. 10./12. 23 (RGBl. II 491) (Belgien, Tschechoslowakei, Monako, Danzig, Siam, Norwegen, Finnland, Cuba), 23./2. 24 (RGBl. II 43) (britische Inseln), 10./11. 24 (RGBl. II 425) (Italien, Brasilien, britische Inseln), 16./12. 24 (RGBl. II 455) (Ungarn), 16./1 25 (RGBl. II 4) (Marokko); Verf. über den Schriftverkehr in Strafsachen wegen Mädchenhandels v. 18./3. 24 (JMBl. 127) (britische Kolonien, Surinam, Curaçao). Ferner für **Preußen**: Verf. über das von den Justizbehörden behufs Erwirkung von Auslieferungen zu beobachtende Verfahren v. 29./5. 05 (JMBl. 159), 7./6. 07 (JMBl. 402) u. 8./3. 12 (JMBl. 95). Weiter Verf., betr. die vorläufige Festnahme flüchtiger Verbrecher im Auslande u. deren Auslieferung: v. 29./8. 23 (JMBl. 619) (Danzig); v. 25./1. 05 (MBl. i. V. 88), 10./2. 06 (MBl. i. V. 35), 8./6. 10 (JMBl. 169), 17./4.

u. 16./6. 20 (JMBl. 158, 299) (Frankreich); v. 27./9. 98 (JMBl. 294) u. 2./6. 06 (MBl. i. V. 218) (Italien); v. 7./8. 99 (MBl. i. V. 144), v. 4./3. 07 (JMBl. 48) u. v. 25./9. 08 (MBl. i. V. 227) (Niederlande); v. 8./2. 21 (MBl. i. V. 61) (Oesterreich); v. 18./10. 96 (JMBl. 332) (Rußland) (vgl. aber Art. 292 Friedensvertrag v. 28./6. 19); v. 25./9. 08 (JMBl. 351) (Schweden); v. 27./1. 98 (MBl. i. V. 37) nebst Bek. v. 20./6. 03 (ZBl. 193), v. 26./10. 05 (JMBl. 318) u. 31./5. 07 (JMBl. 394) u. Verf. v. 24./1. u. 29./1. 08 (MBl. i. V. 49), v. 26./8. 08 (MBl. i. V. 192), v. 28./8. 08 (MBl. i. V. 331), v. 25./9. 08 (JMBl. 351), v. 30./3. 09 (MBl. i. V. 112), v. 4./8. 22 (JMBl. 303) (Schweiz); v. 28./2. 20 (JMBl. 86), 24./1. 21 (MBl. i. V. 32), 11./7. 24 (MBl. i. V. 750) (Tschechoslowakei); v. 10./12. 24 (JMBl. 417) (Ungarn). — **Ersuchen ausländischer Behörden:** um **Auslieferung** strafrechtlich verfolgter Ausländer: Pr. Erlaß v. 29./10. 97 (MBl. i. V. 214), Pr. Verf. v. 15./11. 00 (MBl. i. V. 01 S. 25) u. v. 31./12. 07 (MBl. i. V. 08 S. 12); um **vorläufige Festnahme** von Ausländern: Pr. Verf. v. 17./11. 81 (JMBl. 277), 25./10. 97 (JMBl. 272), 29./10. 97 (MBl. i. V. 214), 9./6. 98 (MBl. i. V. 130) u. Bek. v. 29./6. 05 (JMBl. 197); um **Zustellungen** in bürgerlichen Rechtsangelegenheiten: Pr. Verf. v. 11./3. 22 (JMBl. 83), 31./7. 22 (JMBl. 303).

156. (157.) **Die Gerichte[1] haben sich in bürgerlichen Rechtsstreitigkeiten[2] und in Strafsachen Rechtshilfe zu leisten.[3]**

1 Bezüglich **anderer Behörden** vgl. d. Vorbem. — Zwischen den **Staatsanwaltschaften** untereinander, sowie zwischen den Staatsanwaltschaften und den Gerichten besteht eine unbedingte Verpflichtung zur Gewährung der Rechtshilfe nicht. Ausnahme: §§ 146, 161, 163 (Anweisungen der Vorgesetzten, Beauftragung eines Gerichtsvollziehers durch Vermittelung des Gerichtsschreibers des Amtsgerichts, Vollstreckung einer Freiheitsstrafe in dem Bezirke eines anderen Gerichts); vgl. auch §§ 161, 162 n. F. StPO. (Ersuchen an Behörden und Beamte des Polizei- und Sicherheitsdienstes sowie an die Amtsgerichte um Vornahme von Untersuchungshandlungen) u. § 152 GVG. (Hilfsbeamte der Staatsanwaltschaft). — Die Vollstreckung eines vom Gericht

angeordneten Haftbefehls gehört auch nicht hierher. Die Gerichte können mit den Polizei- und Sicherheitsbehörden deswegen in unmittelbare Verbindung treten. JW. 95, 98[1]. [2] § 13.

[3] **Auch wenn** die Gerichtsbezirke **verschiedenen Ländern** des Reichsgebiets angehören. Ausnahmen: §§ 162, 164, 167 (Vollstreckung einer Freiheitsstrafe von mehr als sechs Wochen, Einziehung der Kosten durch die ersuchende Behörde, Verfolgung eines Flüchtigen auf das Gebiet eines anderen Landes). — Der **Grundgedanke der §§ 156 ff.** ist: die Gerichtsgewalt eines jeden deutschen ordentlichen Gerichts erstreckt sich auf alle im Deutschen Reiche sich aufhaltenden Personen. Ohne Folgeleistungsbefehl müssen die Gebote und Verbote (Ladungen, Urteile, Beschlagnahmen usw.) eines jeden deutschen Gerichts auch von Personen, die sich in einem anderen Lande aufhalten, befolgt werden. Begr. 189.

157. (158.) **Das Ersuchen um Rechtshilfe[1] ist an das Amtsgericht[2] zu richten, in dessen Bezirk die Amtshandlung vorgenommen werden soll.[3]**

[1] Die von der **Staatsanwaltschaft** zu erlassenden Ersuchen fallen im allgemeinen **nicht** darunter (s. Anm. 1 § 156). Ausnahmen nur für die Strafvollstreckung: §§ 162, 163. Das Amtsgericht hat daher die Zulässigkeit des Ersuchens der Staatsanwaltschaft nach den Bestimmungen der Prozeßordnung zu prüfen. — Vgl. im übrigen über den Begriff der Rechtshilfe Vorbem. vor § 156.

[2] **Ausschließlich**, nicht auch an das Landgericht. — Das Amtsgericht des Wohnortes des Schuldners ist auch zuständig zur Erledigung von Ersuchen des Patentamtes um Erteilung der Vollstreckungsklausel für einen Kostenfestsetzungsbeschluß. JW. 06, 716[14], auch Vorbem. vor § 156. — **Preußen:** Verf., betr. Rechtshilfeersuchen an die Gerichte in Berlin und den Vororten, v. 29./11. 10 (JMBl. 413), 6./1. 13 (JMBl. 28).

[3] **In welchem Bezirk** die Amtshandlung vorzunehmen ist, ergibt sich aus den Umständen des einzelnen Falles. Gr. 56, 1016, (JW. 12, 305[25]). Ueber Vernehmung von Zeugen, die außerhalb des Bezirks des ersuchten Amtsgerichts wohnen, s. Anm. 3 § 158. — Benachrichtigung der Parteien von einem

Beweistermin: Pr. Verf. v. 31./10. 95 (JMBl. 327) (erst nach Zustellung der Ladung an die Zeugen).

158. (159.)[1] **Das Ersuchen darf nicht abgelehnt werden.**

Das Ersuchen eines nicht im Instanzenzuge vorgesetzten[2] Gerichts ist jedoch abzulehnen, wenn dem ersuchten Gerichte die örtliche Zuständigkeit mangelt[3] oder die vorzunehmende Handlung nach dem Rechte des ersuchten Gerichts verboten[4] ist.[5]

[1] Vgl. §§ 1 Abs. 2, 37 RechtshGes. v. 21./6. 69 (BGBl. 305).

[2] Reichsgericht, Oberlandesgericht und Landgericht. — Das Ersuchen eines **vorgesetzten Gerichts** darf niemals abgelehnt werden, auch wenn es in dem gegebenen Falle nicht als Gericht höherer Instanz funktioniert. § 134 Abs. 1. — Der deutsche Staatsvertreter bei dem gemischten Schiedsgericht (s. Vorbem. Abs. 1 vor § 156) ist gleich zu behandeln einem im Instanzenzuge nicht vorgesetzten Gericht. RG. 106, 419.

[3] D. i. gemäß § 157: wenn die **Amtshandlung nicht in seinem Bezirke vorgenommen** werden soll. Die **örtliche Zuständigkeit mangelt** daher dem ersuchten Gericht nicht, wenn Personen, um deren Vernehmung (z. B. als Zeugen oder Sachverständige) ersucht worden ist, zwar sich außerhalb seines Bezirks aufhalten, ihre Vernehmung aber an der Gerichtsstelle (z. B. behufs Gegenüberstellung mit anderen Zeugen oder im Zusammenhang mit der Vernehmung von Gerichtseingesessenen) oder an Ort und Stelle im Bezirke des ersuchten Gerichts erfolgen soll. Gr. 56, 1045, (W. 12, 141, JW. 12, 305[25], OLG. 25, 272, Pr. JMBl. 13, 24) (a. M. bezüglich Vernehmung eines Entmündigten im Wiederaufhebungsverfahren OLG. 17, 42). Jedoch kann das ersuchte Amtsgericht die Vernehmung von Zeugen, die nicht gerichtseingesessen sind, ablehnen, wenn kein anderer Grund für das Ersuchen vorliegt, als daß die Zeugen vom Sitze ihres Amtsgerichts weiter entfernt wohnen. Gr. 56, 1045, (W. 12, 141, JW. 12, 305[25], OLG. 25, 272, Pr. JMBl. 13, 24). Ebenso kann das ersuchte Amtsgericht das Ersuchen, zur Besichtigung eines in seinem Bezirke befindlichen Gegenstandes einen Sachverständigen auszuwählen und ihn dann zu

vernehmen, ablehnen, wenn in seinem **Bezirke kein geeigneter** Sachverständiger vorhanden ist; zur Auswahl und Vernehmung eines nicht gerichtseingesessenen Sachverständigen ist es nicht verpflichtet. OLG. 25, 271. — Ist das Amtsgericht örtlich unzuständig, so kann es die Sache an das zuständige Gericht abgeben oder beim ersuchenden Gericht vorstellig werden. — Wegen **sachlicher Unzuständigkeit** kann das Ersuchen nicht abgelehnt werden. RG. 71, 306, auch Anm. 5.

4 Bei der zweiten Alternative des Abs. 2 ist hauptsächlich der Fall ins Auge gefaßt, daß hinsichtlich der vorzunehmenden Handlung **in dem Bezirke des ersuchten Gerichts** ein **anderes Recht** als in dem Bezirke des ersuchenden besteht. Mot. 91, KGJ. 43, 17. Gleichwohl ist eine solche Verschiedenheit des Rechtes **nicht notwendige Voraussetzung** für die Ablehnung des Ersuchens; vielmehr kann die Ablehnung ihren Grund darin haben, daß die beteiligten Gerichte über die Auslegung der nämlichen Gesetzesvorschrift verschiedener Ansicht sind, z. B. das ersuchte Gericht im Gegensatze zu dem ersuchenden die Ansicht vertritt, daß nur das letztere selbst die fragliche Amtshandlung vornehmen darf. JW. 09, 21[17], KGJ. 43, 18. — Verboten ist dem ersuchten Gericht die vorzunehmende Handlung, wenn sie **ausdrücklich untersagt oder nach Reichs- oder Landesrecht unzulässig** ist (z. B. die Vernehmung eines gesetzlichen Vertreters als Zeugen, die nochmalige Vernehmung eines Zeugen, der bereits sein Zeugnis verweigert hat). JW. 86, 113, OLG. 18, 380. Vgl. auch: JW. 96, 365[60], OLG. 2, 393, sowie Gr. 56, 123, W. 17, 31 (Unzulässigkeit des Ersuchens des Vormundschaftsgerichts um Vernehmung von Zeugen behufs Ermittelung des Vaters eines unehelichen Kindes); JW. 21, 474[10] (Unzulässigkeit des Ersuchens des Vormundschaftsgerichts um Vernehmung eines Zeugen, wenn damit eine bloße Ermittlung bezweckt wird, die dazu bestimmt ist, dem Vormund einen Anhalt zur Erhebung von Ansprüchen des Mündels gegen den Zeugen zu geben); RG. 84, 318, 87, 426 (offenbare Ungültigkeit des Rechtsgeschäfts, das beurkundet werden soll, in Angelegenheiten der freiwilligen Gerichtsbarkeit [Art. 40 Abs. 2 pr. FGG.], z. B. Anerkennung der Vaterschaft und der Unterhaltungspflicht durch den minderjährigen Erzeuger eines unehelichen Kindes [über Ersuchen um Vernehmung eines volljährigen Erzeugers vgl. Anm. 5]; jedoch zulässig Ersuchen

um Beurkundung rein tatsächlicher Angaben des minderjährigen angeblichen Erzeugers über die Abstammung des unehelichen Kindes, vgl. auch OLG. 40, 8). Dazu gehört auch eine Amtshandlung, die **nur von dem ersuchenden Gericht selbst** vorgenommen werden kann. Daher ist ein zulässiger Fall der Rechtshilfe z. B. nicht gegeben, wenn auf Ersuchen des Prozeßgerichts das persönliche Erscheinen der Parteien vor dem ersuchten Richter zur Aufklärung des Sachverhalts (§ 141 ZPO.) herbeigeführt werden soll (anders in Ehesachen nach § 619 und für den Fall des Sühneversuchs nach § 296 ZPO.). JW. 09, 21[17], (W. 09, 157), vgl. RG. 106, 288. Auch auf Grund des § 619 ZPO. kann in einem Ehescheidungsprozesse ein Ersuchen um Rechtshilfe nicht darauf gerichtet werden, daß der ersuchte Richter einen Sachverständigen über den Geisteszustand des beklagten Ehegatten vernehme und diesen zum Termin behufs Untersuchung vorführen lasse. Gr. 62, 651, (W. 18, 99, JW. 18, 433[1]). Vgl. auch: RG. 58, 94 (unzulässig Rechtshilfeersuchen des Registergerichts um gerichtliche Beurkundung einer Anmeldung aus § 12 HGB. [a. M. OLG. 25, 272, 40, 2; s. auch Anm. 5]); KGJ. 49, 86 (unzulässig Rechtshilfeersuchen des Nachlaßgerichts um Abhaltung des Verhandlungstermins im Erbauseinandersetzungsverfahren [§ 89 FGG.] durch das ersuchte Gericht, da für diese Tätigkeit das Nachlaßgericht ausschließlich zuständig ist). — Das Verbot muß sich aus einer Rechtsnorm ergeben. Verbot durch eine aus Zweckmäßigkeitsgründen getroffene Verwaltungsordnung (z. B. der Vernehmung eines in einem anderen deutschen Lande wohnenden Sachverständigen durch mündliche Erklärung vor Gericht [statt schriftlicher Begutachtung]) genügt nicht zur Ablehnung des Ersuchens. RG. 69, 371, JW. 09, 22[20], auch RG. 106, 344.

5 Das örtlich zuständige Amtsgericht kann, wenn die Vornahme einer Handlung verlangt wird, für welche **die ordentlichen Gerichte überhaupt zuständig** sind, weder wegen eigener sachlicher Unzuständigkeit, noch wegen sachlicher Unzuständigkeit des ersuchenden Gerichts das Ersuchen ablehnen. Begr. 191, 192, vgl. RG. 67, 419, 69, 271, 106, 419, JW. 08, 683[16], KGJ. 44, 102, 45, 164, OLG. 2, 392, 394, 3, 35, 314, 315, 393, 4, 220, 6, 496, 18, 379 (anders 1, 33, 194, 282, 2, 236, 3, 419, 4, 219, 6, 495, 498). Der ersuchte Richter hat auch die **Richtigkeit des** vom er-

suchenden Richter **eingeschlagenen Verfahrens nicht nachzuprüfen.** RG. 95, 288, 106, 419, OLG. 25, 274. So darf z. B. das in einer Strafsache um eine Zeugenvernehmung ersuchte Gericht (§ 223 StPO. n. F.) das Ersuchen nicht deshalb ablehnen, weil das Erscheinen des Zeugen in der Hauptverhandlung nicht erschwert sei. OLG. 37, 8 Anm. 1. Insbesondere hat das ersuchte Gericht die Zweckmäßigkeit des Ersuchens nicht nachzuprüfen. RG. 67, 420, 69, 274, OLG. 20, 95, 31, 259, 40, 398. Ebensowenig die vom ersuchenden Gericht getroffene Auswahl eines Sachverständigen. OLG. 40, 397. Ferner nicht, ob die Tatsachen, über die der Zeuge vernommen werden soll, vom Beweisführer gemäß dem § 373 ZPO. ausreichend bestimmt angegeben sind. JW. 21, 475[11]. — Der Rechtshilfe unterliegen **alle Prozeßhandlungen,** die der **Durchführung eines** anhängigen **Verfahrens zu dienen bestimmt** sind; **es** besteht kein Grund, sie auf richterliche Vernehmungen zu beschränken und ihr das Gebiet der der **Prozeßleitung** angehörenden **Verfügungen** zu entziehen. RG. 46, 176. **Auch kommt es** nicht darauf an, ob die betreffende Prozeßhandlung durch den **Richter oder** durch den **Gerichtsschreiber** vorzunehmen ist. RG. 46, 176, OLG. 35, 384 (a. M. OLG. 18, 378). **Das Ersuchen kann daher nicht mit der Begründung abgewiesen werden, daß die Handlung dem Gerichtsschreiber zukomme; diesen hat vielmehr der ersuchte Richter seinerseits zu beauftragen.** OLG. 35, 384. **So ist z. B. in einem Strafprozeß das Ersuchen** an das Amtsgericht, in dessen Bezirk der Angeklagte wohnt, um Vernehmung des Angeklagten darüber, ob er nach § 233 StPO. n. F. von der Verpflichtung zum Erscheinen in der Hauptverhandlung entbunden sein wolle, zulässig, auch wenn der ersuchte Richter befugt sein mag, die Ausführung des Ersuchens dem Gerichtsschreiber zu übertragen. RG. 46, 174. Zulässig ist auch das Ersuchen um Vorlegung von Akten an Beteiligte durch die Gerichtsschreiberei. OLG. 35, 384. — Jedoch wird Rechtshilfe im Sinne der §§ 156 ff. nur da gewährt, wo das ersuchte Gericht behilflich sein soll, eine solche richterliche Handlung vorzunehmen, zu deren unmittelbaren Vornahme das ersuchende Gericht an sich berechtigt wäre, deren Vornahme es aber deswegen dem anderen Gericht überträgt, weil sie ihm **durch** die seiner **Gerichtsgewalt gesteckten örtlichen Grenzen unmöglich** gemacht **oder** doch **wesentlich erschwert** ist. RG. 67, 419, RG. 46, 176,

Gr. 57, 1055, (W. 13, 119, JW. 13, 214[31]), KGJ. 43, 35, 44, 103, OLG. 21, 190. Liegt ein solcher Hinderungsgrund für die Selbstvornahme nicht vor, so ist das Ersuchen um Vornahme der richterlichen Handlung durch den ersuchten Richter ungerechtfertigt. RG. 25, 364, RG. 20, 101, 26, 338, OLG. 8, 2, 21, 190. Daher gehören Erlassung oder Bekanntmachung von Entscheidungen oder Erteilung von Rechtsbelehrungen oder die bloße Anregung zur Abgabe einer Erklärung sowie Erteilung von Verwarnungen an eine Person nicht zu den Amtshandlungen, um deren Vornahme ersucht werden kann. RG. 69, 274, OLG. 5, 261, 6, 497, 8, 1, 20, 93, 21, 190. Vgl. auch Anm. 1 § 160. Auch handelt es sich überhaupt nicht um ein Ersuchen um Rechtshilfe im Sinne der §§ 156 ff.: wenn ein Gericht von einem anderen Gericht um eine **Amtshandlung** ersucht wird, die zu seiner **eigenen Zuständigkeit** gehört, vielmehr nur um eine Anregung, über die das ersuchte Gericht nach seinem eigenen, durch § 158 nicht beschränkten sachlichen Ermessen zu befinden hat (z. B. Ersuchen des Prozeßgerichts um Beiordnung eines Armenanwalts für ein Beweisverfahren vor dem ersuchten Gericht), Gr. 57, 1054, (W. 13, 119, JW. 13, 214[31], OLG. 27, 2 Anm., 28, 324 Anm.); wenn ein **Gericht der freiwilligen Gerichtsbarkeit** eine von ihm aufgenommene Urkunde einem anderen Gericht übersendet behufs **Aufnahme einer ergänzenden Erklärung** eines anderen Beteiligten, Gr. 54, 823, (JW. 10, 717[30], W. 10, 306); wenn ein Grundbuchgericht ein anderes Gericht ersucht, von einem Hypothekengläubiger eine Erklärung über Bewilligung der pfandfreien Abschreibung einer Parzelle und den Hypothekenbrief entgegenzunehmen, OLG. 40, 170, vgl. auch 40, 1. — Dagegen ist nach §§ 1, 2 FGG., § 158 GVG.: a) das **Vormundschaftsgericht** befugt: die Unterlagen für eine im Interesse eines Mündels liegende Eintragung in das Grundbuch (z. B. Umschreibung einer Nachlaßhypothek auf Miterben, zu denen der Mündel gehört) dadurch zu beschaffen, daß es die Rechtshilfe eines auswärtigen Amtsgerichts zur Vernehmung eines Beteiligten über die Abgabe einer zu der Eintragung erforderlichen Erklärung in Anspruch nimmt, KGJ. 43, 33; die Rechtshilfe eines auswärtigen Amtsgerichts dafür in Anspruch zu nehmen, daß dieses den außerehelichen Erzeuger eines bevormundeten Kindes vorlädt und ihn über die Anerkennung der Vaterschaft, über die Verpflichtung zur Entrichtung von Unterhaltsbeträgen sowie über seine Unterwerfung unter die sofortige Zwangsvollstreckung vernimmt, RG. 67, 417, auch 106, 344 (unzulässig dagegen, wenn es sich um einen minderjährigen Erzeuger handelt, und Ersuchen um Vernehmung von Zeugen behufs Ermittelung des Vaters eines unehelichen Kindes: vgl. Anm. 4), sowie dafür, daß es einen Zeugen über den Einwand der mehreren Zuhälter (§ 1717 Abs. 1 Satz 1 BGB.) vernimmt, falls bereits eine bestimmte Person als der Erzeuger bezeichnet worden ist, OLG. 35, 382; zum Zwecke der ihm nach § 1843 BGB. obliegenden Nachprüfung der Rechnung des Vormundes (Pflegers) ein anderes Amtsgericht um Vernehmung eines Zeugen über die Höhe der Einnahmen des Vormundes (Pflegers) zu ersuchen, OLG. 31, 258; ein anderes Amtsgericht zu ersuchen, dem Mündel die Schlußrechnung des Vormundes bekanntzugeben, ihn die Rechnung anerkennen und dem Gericht und Vormund Entlastung erteilen zu lassen, OLG. 21, 191 (a. M. KGJ. 51, 42, [OLG. 40, 1], weil dem Vormundschaftsgericht nicht obliege, unabhängig von einer Schlußrechnung eine Erklärung des Mündels über die Entlastung des bisherigen Vormundes herbeizuführen), oder in Fällen, wo der Vormund (Pfleger) nur einzelne Verwaltungshandlungen vorgenommen hat und daher eine formelle Schlußrechnung nicht gelegt ist, eine Abnahmeverhandlung nach § 1892 Abs. 2 BGB. also nicht in Frage kommt, um die Aufnahme einer Entlastungserklärung des Mündels zu ersuchen, OLG. 35, 383, (OLG. 27, 2 Anm.); ein anderes Gericht um die Befragung des Vormundes über die Abgabe der Vormundschaft an ein anderes Gericht zu ersuchen, OLG. 25, 275; b) das Nachlaßgericht befugt: wenn es um Erteilung eines Erbscheins angegangen ist, ein anderes Amtsgericht um die Aufnahme der Erbausweiserklärung von dem Antragsteller, um die Abnahme der vorgeschriebenen eidesstattlichen Versicherung von ihm und um die gleichzeitige Auflage an den Antragsteller zur Beibringung bestimmter Urkunden zu ersuchen, RG. 95, 286, KGJ. 44, 102; ein anderes Amtsgericht um Entgegennahme der Erklärung über die Ausschlagung einer Erbschaft nach § 1945 BGB. zu ersuchen, KGJ. 53, 253; ein auswärtiges Gericht oder eine auswärtige Behörde (Notar) um Aufnahme eines Nachlaßverzeichnisses (§ 2003

BGB.) zu ersuchen, RG. 106, 287; ein anderes Amtsgericht zu ersuchen, eine Tochter der Erblasserin unter Bekanntgabe des Akteninhalts über die Erklärungen, die von anderen Beteiligten zu dem in der Nachlaßsache aufgenommenen Protokoll abgegeben worden sind, über das Alleinerbrecht des Witwers, die Anerkennung der Muttergutsauszeigung und darüber, ob sie auf Hypothekbestellung für ihr Muttergut verzichte, zu vernehmen, OLG. 25, 273; c) das **Registergericht** berechtigt, ein auswärtiges Amtsgericht im Wege der Rechtshilfe darum zu ersuchen, daß dieses von einem infolge Anmeldung seiner Firma zum Handelsregister zur Zeichnung der Firma verpflichteten Kaufmann die Zeichnung zu richterlichem Protokoll entgegennehme, KGJ. 45, 164, OLG. 25, 272, 40, 2 (vgl. jedoch RG. 58, 94 in Anm. 4); d) im Verfahren zur Anlegung des Grundbuchs das **Grundbuch**-(Anlegungs-)**gericht** berechtigt, ein anderes Amtsgericht um die Vornahme einer bestimmten Ermittelungshandlung (nicht allgemein um Vornahme der zur Eintragung des Eigentums erforderlichen Ermittelungen) zu ersuchen, OLG. 27, 6 (vgl. jedoch OLG. 40, 1: Unzulässigkeit des Ersuchens des Grundbuchamts um Vernehmung eines Hypothekengläubigers, weil die Rechtshilfepflicht nur in den Angelegenheiten der freiwilligen Gerichtsbarkeit bestehe, die durch Reichsgesetz den Gerichten übertragen seien [§ 1 FGG.], dazu aber die Grundbuchsachen nicht gehörten). — Der Umstand nur, daß das ersuchende Gericht die verlangte Amtshandlung (z. B. im Falle der Beweiserhebung am Orte seines Amtssitzes) ebensowohl **selbst vornehmen könnte**, begründet noch nicht allein die Statthaftigkeit der Ablehnung (z. B. wenn das Patentamt um Vernehmung von Zeugen in Berlin ersucht), vielmehr kann einem Mißbrauche der Verpflichtung zur Gewährung der Rechtshilfe nur im Aufsichtswege entgegengetreten werden. Gr. 50, 1046, OLG. 20, 95, auch 20, 93. Anders, wenn das ersuchende Gericht die Amtshandlung selbst vornehmen muß. Vgl. Anm. 4. — Bei **Ersuchen um Beweiserhebung** wird vorausgesetzt, daß das ersuchende Gericht den ihm obliegenden Verpflichtungen insoweit genügt hat, daß eine Beweiserhebung auf Grund des Beweisbeschlusses selbst erfolgen kann. Insbesondere muß, wenn es sich um die Vernehmung von Zeugen handelt, der Beweisbeschluß die im § 359 Ziff. 1 ZPO. vorgeschriebene Bezeichnung der streitigen Tatsachen, über die Beweis zu erheben ist, mit solcher Bestimmtheit enthalten, daß er sachgemäß erledigt werden kann. Gr. 44, 1187, (JW. 99, 826[1]), OLG. 13, 1, 305, 28, 325, 35, 85, 40, 375. Desgl. die bestimmte Bezeichnung der zu vernehmenden Personen. OLG. 27, 5. Jedoch wegen unwesentlicher Formmängel darf die Rechtshilfe nicht abgelehnt werden. OLG. 1, 175.

159. (160.)[1] **Wird das Ersuchen abgelehnt[2] oder wird der Vorschrift des § 158 Abs. 2[2a] zuwider dem Ersuchen stattgegeben, so entscheidet das Oberlandesgericht, zu dessen Bezirk das ersuchte Gericht gehört.[3] Eine Anfechtung dieser Entscheidung findet nur statt, wenn sie die Rechtshilfe für unzulässig erklärt und das ersuchende und das ersuchte Gericht den Bezirken verschiedener Oberlandesgerichte angehören.[4] Ueber die Beschwerde[5] entscheidet das Reichsgericht.**

Die Entscheidungen erfolgen auf Antrag der Beteiligten oder des ersuchenden Gerichts ohne vorgängige mündliche Verhandlung.[6]

1 Vgl. § 38 RechtshGes. v. 21./6. 69 (BGBl. 305).

2 Oder entsteht über seine Ausführung Streit, z. B. hinsichtlich der Kosten (§ 164). RG. 24, 2; vgl. OLG. 8, 2, 3.

2a Die Zahl „159 Abs. 2" ist auf Grund der Ermächtigung im § 43 Abs. 1 VO. v. 4./1. 24 durch die Text-Bek. v. 22./3. 24 gemäß der jetzigen Paragraphenfolge durch die Zahl „158 Abs. 2" ersetzt worden.

3 Bezieht sich nur auf Ersuchen **von Gericht zu Gericht** (s. Vorbem. z. 13. Titel) und betrifft auch nur solche Handlungen, die **von dem Gericht als solchem**, nicht in Vertretung der Staatsanwaltschaft, vorzunehmen sind; daher nicht das Ersuchen um Strafvollstreckung, welches an den nach § 451 Abs. 3 StPO. n. F. zuständigen Amtsrichter gerichtet ist oder welches ein Amtsgericht als Strafvollstreckungsbehörde an ein anderes Amtsgericht erläßt. RG. 20, 103, Anm. 1 § 156. Beschwerde hier im Aufsichtswege.

[4] **Ausgeschlossen** ist also die **weitere Beschwerde, wenn das** Oberlandesgericht unter Abänderung des erstinstanzlichen Beschlusses dem Ersuchen stattgibt, JW. 94, 510[9], oder wenn das ersuchende und das ersuchte Gericht unter demselben Oberlandesgericht stehen, RG. 33, 425, oder wenn das Oberlandesgericht den Antrag nicht als unzulässig, sondern als unbegründet abgelehnt hat, JW. 97, 528[2].

[5] Auf diese Beschwerde finden die **Vorschriften** der §§ 567 ff. ZPO. und §§ 304 ff. StPO. n. F. **nicht Anwendung**. Begr. 192, 193, RG. 64, 180, OLG. 40, 175. — Das Reichsgericht ist auch zur Entscheidung über die Beschwerde gegen die Entscheidung eines Oberlandesgerichts zuständig, durch die das Ersuchen des **Patentamtes** um Rechtshilfe abgelehnt wird. RG. 64, 178. Nicht dagegen zur Entscheidung über die Beschwerde einer gemäß Bekanntmachung, betr. das Verfahren über die Zuwendung von Reichsmitteln an Deutsche für Schäden im Ausland, v. 15./11. 19 gebildeten Spruchkommission wegen Verweigerung der Rechtshilfe, da zur Anwendung der §§ 156 ff., die sich nur auf Rechtshilfe in bürgerlichen Rechtsstreitigkeiten und in Strafsachen beziehen, auf die Rechtshilfe gegenüber anderen Behörden als den Gerichten und auf andere Rechtsverhältnisse als die der ordentlichen streitigen Gerichtsbarkeit es einer gesetzlichen Bestimmung bedarf. RG. 102, 368, vgl. Vorbem. Abs. 1 vor § 156.

[6] Die mündliche Verhandlung ist hier unbedingt ausgeschlossen. Abweichung von § 573 Abs. 1 ZPO.

160. (161.) **Die Herbeiführung der zum Zwecke von Vollstreckungen, Ladungen und Zustellungen erforderlichen Handlungen[1] erfolgt nach Vorschrift der Prozeßordnungen ohne Rücksicht darauf, ob die Handlungen in dem Lande,[2] welchem das Prozeßgericht angehört, oder in einem anderen deutschen Lande[2] vorzunehmen sind.**

[1] **Ladungen und Zustellungen** im Auftrage der Parteien, der Gerichte oder Staatsanwälte (§§ 166, 193, 208, 214, 497 ZPO. u. §§ 37, 38 StPO.), **Vollstreckungen** jeder Art (§ 753 ZPO.), auch wegen Geldstrafen gemäß § 463 StPO. n. F., er-

folgen durch unmittelbares Angehen der Gerichtsvollzieher oder der Vollstreckungsgerichte (§§ 828 ff. ZPO.), **ohne** daß es der **Rechtshilfe** bedarf. RG. 25, 364, RG. 26, 338, (JW. 90, 29[1]), OLG. 18, 379, auch Vorbem. vor § 156. Ferner liegt ein Fall der Rechtshilfe dann nicht vor, wenn es sich um Vollstreckung eines vom Gericht erlassenen **Haftbefehls** oder einer angeordneten **Vorführung** oder **Beschlagnahme** oder **Durchsuchung** handelt; das Gericht kann mit den Polizei- und Sicherheitsbehörden, auch anderer Länder des Reichsgebiets (früher: Bundesstaaten), dieserhalb unmittelbar in Verbindung treten. JW. 95, 98[1]. In diesen Fällen kann das Ersuchen abgelehnt werden, und die Beschwerde (über den Gerichtsvollzieher, die Polizeibehörde) geht an die vorgesetzte Dienstaufsichtsbehörde. — Vgl. auch **Preußen**: § 5 VO., betr. das Verwaltungszwangsverfahren wegen Beitreibung von Geldbeträgen, v. 15./11. 99 (GS. 545), abgeändert (§ 46) durch VO. v. 27./8. 17 (GS. 87), v. 11./2. 18 (GS. 8), dazu Art. 16 der Anw. z. Ausf. dieser Verordn. v. 28./11. 99 (ZBl. 00 S. 44); Verf., betr. die Kosten des Strafverfahrens und der Strafvollstreckung, v. 7./5. 00 (MBl. i. V. 171); Verf., betr. die Ersuchen der Justizbehörden um Transport oder Vorführung von Gefangenen, v. 10./2. 11 (JMBl. 72); Verf., betr. die Mitwirkung der Polizeibehörden bei Verhaftungen u. Vorführungen, v. 28./2. 13 (JMBl. 58): Verf., betr. die Inanspruchnahme der Polizeibehörden durch die Gerichte und Staatsanwaltschaften, v. 12./2. 17 (JMBl. 57).

2 Auf Grund der RVerf. v. 11./8. 19 und der Ermächtigung im § 43 Abs. 2 VO. v. 4./1. 24 sind durch die Text-Bek. v. 22./3. 24 an Stelle des Worts „Bundesstaate" an der ersten Stelle das Wort „Lande", an der zweiten Stelle die Worte „deutschen Lande" gesetzt worden.

161. (162.) Gerichte, Staatsanwaltschaften und Gerichtsschreiber[1] können wegen Erteilung eines Auftrags an einen Gerichtsvollzieher die Mitwirkung des Gerichtsschreibers des Amtsgerichts in Anspruch nehmen, in dessen Bezirk der Auftrag ausgeführt werden soll. Der von dem Gerichtsschreiber beauftragte Gerichtsvollzieher gilt als unmittelbar beauftragt.

[1] Parteien: §§ 166 Abs. 2, 753 Abs. 2 ZPO. (Auftrag zu Zustellungen, zu Zwangsvollstreckungen durch Vermittelung des Gerichtsschreibers). — **Preußen:** § 21 Ziff. 6 GeschOrdnung f. d. Gerichtsschr. d. Amtsgerichte v. 18./2. 14 (JMBl. 197) i. d. Fass. v. 15./5. 24 (JMBl. 214).

162. (163.)[1] Eine Freiheitsstrafe,[2] welche die Dauer von sechs Wochen nicht übersteigt, ist in dem **Lande**[3] zu vollstrecken, in welchem der Verurteilte sich befindet.[4]

[1] Vgl. § 33 RechtshGes. v. 21./6. 69 (BGBl. 305).

[2] **Auch** die Strafen der **Haft** in den **Fällen** der ZPO. §§ 380 (gegen ausgebliebene Zeugen), 390 Abs. 1 (wegen Zeugnisverweigerung), 890 (wegen Zuwiderhandlung gegen eine Unterlassungs- oder Duldungspflicht). Dagegen sind **nicht** Freiheitsstrafen, sondern nur **Zwangsmittel** die in den Fällen der §§ 390 Abs. 2, 888, 889, 901 ZPO. angeordneten Haftstrafen (zur Erzwingung der Zeugnisablegung, der Vornahme einer Handlung, der Leistung des Offenbarungseides).

[3] D. h. in einem anderen Land des Reichsgebiets, als in dem des erkennenden Gerichts. — Das Wort „Lande" ist auf Grund der RVerf. v. 11./8. 19 und der Ermächtigung im § 43 Abs. 2 VO. v. 4./1. 24 durch die Text-Bek. v. 22./3. 24 an die Stelle des Wortes „Bundesstaate" gesetzt worden.

[4] Ohne Rücksicht auf Staatsangehörigkeit und Wohnsitz da, wo der Verurteilte betroffen wird.

163. (164.) Soll eine Freiheitsstrafe[1] in dem Bezirk eines anderen Gerichts vollstreckt oder ein in dem Bezirk eines anderen Gerichts befindlicher Verurteilter zum Zwecke der Strafverbüßung ergriffen und abgeliefert werden, so ist die Staatsanwaltschaft bei dem Landgerichte des Bezirkes um die Ausführung zu ersuchen.[2]

[1] Vgl. Anm. 2 § 162. — Geldstrafen: Anm. 1 § 160.

[2] § 451 StPO. n. F. (Beifügung der Urteilsformel mit Vollstreckbarkeitsbescheinigung). — Bei Ablehnung **Beschwerde**

an den Staatsanwalt bei dem Oberlandesgericht: § 147. — Hinsichtlich Vollstreckung der **Gesamtstrafen** bei Festsetzung der Einzelstrafen von Gerichten verschiedener Länder des Reichsgebiets, s. Beschl. d. früh. Bundesrats v. 11./6. 85 (ZBl. 270). Dazu Pr. Verf., betr. die in den Fällen dieses Bundesratsbeschlusses neben der Gesamtstrafe zu vollstreckenden an Stelle einer Geldstrafe tretenden Freiheitsstrafen, v. 22./5. 00 (JMBl. 431).

164. (165.)[1] Im Falle der Rechtshilfe unter den Behörden verschiedener deutscher **Länder**[2] sind die baren Auslagen, welche durch eine Ablieferung oder Strafvollstreckung[3] entstehen, der ersuchten Behörde von der ersuchenden zu erstatten.[4]

Im übrigen werden Kosten[5] der Rechtshilfe von der ersuchenden Behörde nicht erstattet.[6]

Ist eine zahlungspflichtige Partei[7] vorhanden, so sind die Kosten[8] von ihr durch die ersuchende Behörde einzuziehen und der eingezogene Betrag der ersuchten Behörde zu übersenden.

Stempel-, Einregistrierungsgebühren oder andere öffentliche Abgaben, welchen die von der ersuchenden Behörde übersendeten Schriftstücke (Urkunden, Protokolle) nach dem Rechte der ersuchten Behörde unterliegen, bleiben außer Ansatz.

[1] Vgl. § 43 RechtshGes. v. 21./6. 69 (BGBl. 305).

[2] Das Wort „Länder" ist auf Grund der RVerf. vom 11./8. 19 und der Ermächtigung im § 43 Abs. 2 VO. v. 4./1. 24 durch die Text-Bek. v. 22./3. 24 an die Stelle des Wortes „Bundesstaaten" gesetzt. — Ueber den Fall der Rechtshilfe unter den Behörden **desselben Landes** vgl. für **Preußen**: § 14 (vgl. § 103 [früher 105]) PrGKG. (früher v. 25./6. 95 in d. Fass. v. 6./8. 10, jetzt) v. 31./10. 22 (GS. 363) (der Ansatz der Gebühren u. Auslagen erfolgt bei dem ersuchenden Gericht).

[3] Freiheitsstrafen oder Geldstrafen (§§ 160, 163).

[4] Vgl. Uebereinkommen der Länder (früher Bundesstaaten) in dieser Hinsicht in Pr. Verf. v. 7./3. 07 (JMBl. 55), 21./1. 24 (JMBl. 29), betr. die Erstattung von Kosten der Rechtshilfe oder sonstigen Beistandleistung (danach werden im Verkehr unter den Behörden verschiedener Länder u. a. in den Fällen der Ablieferung oder der Strafvollstreckung die dadurch entstandenen baren Auslagen von der ersuchenden Behörde der ersuchten erstattet), nebst Verf. v. 7./4. 08 (JMBl. 193), 28./3. 12 (JMBl. 134) u. 11./12. 14 (JMBl. 826). — Im Streitfall: Anm. 2 § 159.

[5] **Auch nicht Gebühren der Zeugen und Sachverständigen.** OLG. 17, 386. Vgl. bezüglich der letzteren Pr. Verf., betr. das Verfahren bei der Zuziehung von Sachverständigen, die in einem anderen Bundesstaate (jetzt: Land des Reichsgebiets) wohnhaft sind, v. 10./7. 84 (JMBl. 161) und v. 27./9. 04 (JMBl. 655), auch RG. 69, 371.

[6] Anders wenn **keine eigentliche Rechtshilfe** vorliegt; so, wenn die Tätigkeit des ersuchten Gerichts sich auf die Entgegennahme von Schriftstücken (z. B. eines schriftlichen Gutachtens) und deren Weiterbeförderung an das ersuchende Gericht beschränkt. RG. 24, 3. — Die **Fertigung einer Urteilsabschrift** für eine am Gerichtsverfahren nicht beteiligte Behörde oder öffentliche Korporation (z. B. eine Handwerkskammer), für die das Urteil in Ansehung ihres öffentlichen Wirkungskreises von Interesse ist, stellt sich nicht als eine prozessuale Maßnahme dar, auf die das GKG. Anwendung zu finden hätte, sondern als eine Handlung der Justizverwaltung; die dadurch erwachsenen Auslagen sind grundsätzlich zu ersetzen, sofern nichts anderes festgesetzt ist. OLG. 25, 275.

[7] Auch der verurteilte Angeklagte. — Keine Zahlungspflicht bei Armenrecht, § 115 ZPO., auch nicht des Gegners, § 120 ZPO.

[8] Die ganzen: Abs. 1 u. 2.

165. (166.) [1] **Für die Höhe der den geladenen Zeugen und Sachverständigen gebührenden Beträge sind die Bestimmungen maßgebend, welche bei dem Gerichte gelten, vor welches die Ladung erfolgt.**

Sind die Beträge nach dem Rechte des Aufenthaltsorts [2] der geladenen Personen höher, so können die höheren Beträge gefordert werden.

Bei weiterer Entfernung des Aufenthaltsorts der geladenen Personen ist ihnen auf Antrag ein Vorschuß zu bewilligen.[3]

[1] Vgl. § 40 Abs. 2 RechtsHGes. v. 21./6. 69 (BGBl. 305).

[2] Gleichviel, ob in demselben oder in einem anderen Land (früher Bundesstaat).

[3] Dieser Paragraph **gilt allgemein und ohne Einschränkung** auf **Rechtshilfe**, wenn ein Gericht Zeugen oder Sachverständige aus dem Bezirk eines anderen Gerichts, sei es auch desselben Landes des Reichsgebiets (früher Bundesstaates), ladet. Pr. 11, 12.

166. (167.) Ein Gericht darf[1] Amtshandlungen[2] außerhalb seines Bezirkes[3] ohne Zustimmung des Amtsgerichts des Ortes nur vornehmen, wenn Gefahr im Verzug[4] obwaltet. In diesem Falle ist dem Amtsgerichte des Ortes Anzeige zu machen.[5]

[1] Anstatt Rechtshilfe nachzusuchen.

[2] Z. B. Einnahme des Augenscheins: §§ 372, 219 ZPO., §§ 86, 87 ff. StPO.

[3] Gleichviel, ob demselben oder einem anderen Lande des Reichsgebiets (früher Bundesstaat) angehörig.

[4] Z. B. Leichenschau, Leichenöffnung: §§ 87 ff. StPO.

[5] Bei Verweigerung der Zustimmung ist **Beschwerde** an das dem Amtsgericht übergeordnete Oberlandesgericht zulässig, nicht Aufsichtsbeschwerde. OLG. 5, 264, 17, 43 (a. M. 12, 187).

167. (168.)[1] Die Sicherheitsbeamten[2] eines **deutschen Landes**[2a] sind ermächtigt, die Verfolgung[3] eines Flüchtigen auf das Gebiet eines anderen **deutschen Landes**[2a] fortzusetzen und den Flüchtigen[4] daselbst zu ergreifen.[5]

Der Ergriffene ist unverzüglich an das nächste Gericht oder die nächste Polizeibehörde des **Landes**[2a], in welchem er ergriffen wurde, abzuführen.

[1] Vgl. § 30 Abs. 1 RechtshGes. v. 21./6. 69 (BGBl. 305).

[2] Hierzu gehören auch Landjäger (früher Gendarmen, VO. v. 21./6. 20 [GS. 357]) und Strafanstaltsbeamte, letztere wiewohl sie (wie früher auch die Gendarmen) keine Hilfsbeamte der Staatsanwaltschaft sind (vgl. Anm. 5 § 152): § 152 GVG., §§ 98, 105, 127, 161, 163, 189 StPO. n. F.

[2a] Die Worte „deutschen Landes" in Abs. 1 und „Landes" in Abs. 2 sind auf Grund der RVerf. v. 11./8. 19 und der Ermächtigung im § 43 Abs. 2 VO. v. 4./1. 24 durch die Text-Bek. v. 22./3. 24 an die Stelle des Wortes „Bundesstaates" gesetzt worden.

[3] Unter den **Begriff** der **„Verfolgung"** fallen alle Maßnahmen, die auf die Ergreifung der als Täter ins Auge gefaßten Personen abzielen und ihrer Natur nach geeignet sind, diese zu ermöglichen, zu erleichtern, zu sichern. RG. 30, 386.

[4] **Auch** einen **auf frischer Tat Betroffenen.** Anderseits auch einen bereits zu Strafe Verurteilten.

[5] Sei es um ihn zu verhaften oder nur seine Persönlichkeit festzustellen; aber **nicht** bloß zu Zwecken der **Durchsuchung** oder zur **Beschlagnahme** von Sachen. RG. 26, 212.

168. (169.) Die in einem **deutschen Lande**[1] bestehenden Vorschriften über die Mitteilung von Akten einer öffentlichen Behörde an ein Gericht dieses **Landes**[1] kommen auch dann zur Anwendung, wenn das ersuchende Gericht einem anderen **deutschen Lande**[1] angehört.[2]

[1] Früher „Bundesstaate" und „Bundesstaates". Vgl. Anm. 2a § 167.

[2] § 482 ZPO. — Vgl. RG. 42, 291 (Einsicht von Personalakten eines Zeugen seitens des Verteidigers). Vgl. auch § 96 StPO. — Mitteilung von Akten ist keine Rechtshilfe im Sinne der §§ 156, 157, 158. OLG. 9, 147. Daher gegen Ablehnung nur Aufsichtsbeschwerde. OLG. 21, 1.

Vierzehnter Titel.

Oeffentlichkeit und Sitzungspolizei.

Gilt auch: in **Konsularsachen**, § 19 RGes. über die Konsulargerichtsbarkeit, v. 7./4. 00 (RGBl. 213); vor den **Gewerbegerichten**, § 38 RGes. v. 29./7. 90 in d. Fass. v. 29./9. 01 (RGBl. 353), § 16 RGes., betr. die Kaufmannsgerichte, v. 6./7. 04 (RGBl. 266); in dem Verfahren vor den **Seemannsämtern**, § 128 Seemannsordn. v. 2./6. 02 (RGBl. 175); vgl. auch § 21 Nr. 5 **GewO**. in der Fass. v. 26./7. 00 (RGBl. 871), §§ 1660, 1664 **RVersichOrdn**. (früher v. 19./7. 11, jetzt) v. 15./12. 24 (RGBl. I 779), §§ 255, 258 **VersichGes**. f. **Angestellte** v. 20./12. 11 (RGBl. 989). Vgl. ferner f. **Preußen**: § 88 AG. v. 24./4. 78 (GS. 230). — Vgl. dagegen RG. 98, 190 über die Tragweite der in Preußen geltenden Vorschriften über die Oeffentlichkeit der Sitzungen der Stadtverordneten, des Amtsausschusses, des Kreistages, des Provinziallandtages.

Amtstracht der Richter, Staatsanwälte, Rechtsanwälte, Gerichtsschreiber in den öffentlichen Sitzungen: **Preußen**: § 89 AG. v. 24./4. 78 (GS. 230), Order v. 4./7. u. Verf. v. 12./7. 79 (JMBl. 172), Verf. v. 14./6. 19 (JMBl. 338), 18./5. 20 (JMBl. 222), 18./1. 22 (JMBl. 24), sowie Verf. v. 17./3. 13 (JMBl. 99) (Amtstracht der Amtsanwälte).

Oeffentlichkeit.[1]

[1] Nicht öffentlich ist z. B.: die Verhandlung vor dem beauftragten oder ersuchten Richter, Gr. 29, 1092; die Verhandlung vor dem erkennenden Gericht einschließlich der Verkündung der Entscheidungen in **Jugendsachen**, § 23 Abs. 1 Reichs-Jugendgerichtsges. v. 16./2. 23 (RGBl. I 135).

169. (170.) Die Verhandlung vor dem erkennenden Gerichte, einschließlich der Verkündung der Urteile und Beschlüsse, ist öffentlich.[1]

[1] Die **Oeffentlichkeit besteht darin**, daß der Regel nach jedermann aus dem Publikum Zutritt zu den Gerichtssälen haben soll, in denen die Gerichte Recht sprechen. RG. 23, 219. Sie ist **nicht unzulässig beschränkt**, wenn zufolge Anordnung des Vorsitzenden wegen Ueberfüllung oder zur Aufrechterhaltung

und Sicherung des Gerichtsdienstes im Gerichtsgebäude die Türen des Zuhörerraums geschlossen werden oder der Eintritt nur gegen Einlaßkarten gewährt wird. RG. 2, 301, 54, 225, JW. 06, 794[59], [60]. Ueberhaupt findet der Grundsatz des § 169, daß die Verhandlung vor dem erkennenden Gericht öffentlich erfolgt, seine Schranke in der Unmöglichkeit der Befolgung, in der Unausführbarkeit einer geordneten öffentlichen Verhandlung, in der Notwendigkeit der Bewegungsfreiheit der an der Verhandlung Beteiligten. RG. 47, 322, 52, 138. Daher darf z. B. bei einer Einnahme des Augenscheins durch das erkennende Gericht außerhalb der Gerichtsstelle der Vorsitzende wegen der Enge der zu besichtigenden Räumlichkeiten dem Publikum den Eintritt verbieten. RG. 47, 322, 52, 137. — **Dagegen** können einzelne im Sitzungszimmer anwesende Personen nicht ohne besondere Rechtfertigung einer solchen Maßregel aus §§ 175, 177 entfernt werden. RG. 30, 244. Ferner ist eine Anordnung des Vorsitzenden unzulässig, wonach von vornherein der Zutritt nur bestimmten Personen gestattet, andere aber davon ausgeschlossen werden. JW. 06, 794[59]. — Eine Verletzung der Grundsätze über die Oeffentlichkeit des Verfahrens ist aber nur insoweit anzuerkennen, als die **Beschränkung der Oeffentlichkeit auf den Willen des Gerichts oder des Vorsitzenden zurückzuführen** ist. RG. 43, 189, JW. **11**, 247[27] (a. M. RG. 23, 219, aufgegeben). Daher liegt eine solche Verletzung z. B. nicht vor, wenn: beim Beginn der Verhandlung der Zugang zum Zuhörerraum infolge eines Versehens des Gerichtsdieners noch verschlossen gewesen ist, RG. 43, 189; nach Wiederherstellung der Oeffentlichkeit aus Versehen des Gerichtsdieners ein Plakat mit der Aufschrift „Nichtöffentlich" an dem Zugang verblieben ist, JW. **11**, 247[27].

170. (171.) In Ehesachen[1] ist die Oeffentlichkeit auszuschließen, wenn eine der Parteien es beantragt.[2]

[1] §§ 606—639 ZPO.

[2] Ohne Antrag: § 172. — Die Verletzung der Vorschrift begründet die Revision. RG. 16, 393.

171. (172.) In dem auf die Klage wegen Anfechtung oder Wiederaufhebung der Entmündigung einer

Person wegen Geisteskrankheit oder wegen Geistesschwäche eingeleiteten Verfahren (§§ 664, 679 der Zivilprozeßordnung) ist die Oeffentlichkeit während der Vernehmung des Entmündigten auszuschließen,[1] auch kann auf Antrag einer der Parteien die Oeffentlichkeit der Verhandlung überhaupt ausgeschlossen werden.

Das Verfahren wegen Entmündigung oder Wiederaufhebung der Entmündigung[2] (§§ 645 bis 663, 675 bis 678 der Zivilprozeßordnung) ist nicht öffentlich.

[1] Vgl. §§ 654, 671 Abs. 1, 676 Abs. 3 ZPO. — Die **Verletzung** dieser Vorschrift **begründet die Revision**, RG. 16, 393, Gr. 48, 403, (JW. 02, 529[1]), auch wenn das Berufungsgericht zu einer dem seine Entmündigung Anfechtenden günstigen Entscheidung gelangt ist, JW. 05, 5[28]. Dies gilt auch dann, wenn die Vernehmung des Entmündigten nicht vor dem Berufungsgericht, sondern bereits in erster Instanz stattgefunden hat, ohne daß die Vorschrift des § 171 beobachtet worden ist. JW. 04, 209[23].

[2] Bei Entmündigung wegen Verschwendung oder Trunksucht (§§ 680—687 ZPO.) findet diese Vorschrift keine Anwendung.

172. (173.) In allen Sachen kann durch das Gericht für die Verhandlung oder für einen Teil davon die Oeffentlichkeit ausgeschlossen werden, wenn sie eine Gefährdung der öffentlichen Ordnung,[1] insbesondere der Staatssicherheit, oder eine Gefährung[2] der Sittlichkeit besorgen läßt.[3]

[1] Hierher gehört der Fall des Mißbrauchs der Oeffentlichkeit zur Störung der Gerichtsverhandlung und zur Erschwerung der Wahrheitsermittelung, Begr. 197, sowie sonstige Gefährdung des Untersuchungszwecks, RG. 30, 244. Auch zu befürchtende Belästigung und Mißhandlung von Zeugen seitens des Anhanges eines Angeklagten. JW. 96, 511[1].

[2] Die Worte „insbesondere der Staatssicherheit," und die

Worte „eine Gefährdung" vor den Worten „der Sittlichkeit" sind durch Art. I RGes. v. 5./4. 88 (RGBl. 133) eingefügt.

[3] Das Gericht entscheidet **nach freiem Ermessen.** Einer näheren Begründung des Beschlusses bedarf es nicht. RG. 26, 395. Die Worte des Gesetzes brauchen nicht notwendig wiedergegeben zu werden, vielmehr genügen gleichbedeutende Worte. JW. 96, 511[1].

173. (174.) Die Verkündung des Urteils[1] erfolgt in jedem Falle öffentlich.[2]

Durch einen besonderen Beschluß[3] des Gerichts kann für die Verkündung der Urteilsgründe oder eines Teiles davon die Oeffentlichkeit ausgeschlossen werden, wenn sie eine Gefährdung der Staatssicherheit oder eine Gefährdung der Sittlichkeit besorgen läßt.[4]

[1] Die Verkündung der Beschlüsse geschieht gemäß §§ 170—172. Pr. 683. Ausnahme: § 174 Abs. 2.

[2] Ist die Oeffentlichkeit für die Dauer der Verhandlung ausgeschlossen, so muß **vor Verkündung** des Urteils nicht nur die **Oeffentlichkeit** tatsächlich **wiederhergestellt,** sondern es muß diese Tatsache auch im Sitzungsprotokoll bezeugt werden, JW. 04, 373[1], RG. 55, 103, es sei denn, daß ausdrücklich die Oeffentlichkeit nur bis zur Verkündung des Urteils ausgeschlossen worden ist, JW. 04, 373[2]. Ist das Urteil ohne Wiederherstellung der Oeffentlichkeit verkündet, so unterliegt es der Aufhebung in der Rechtsmittelinstanz, jedoch nur insoweit, als die ihm zugrunde liegenden Feststellungen von der Gesetzesverletzung betroffen werden (z. B. war früher in solchem Falle der ordnungsmäßig kundgegebene und verkündete Spruch der Geschworenen bei Aufhebung eines Schwurgerichtsurteils aufrechtzuerhalten). RG. 55, 103.

[3] Der gemäß § 172 erfolgte **Ausschluß der Oeffentlichkeit für die ganze Dauer der Verhandlung** hat diese **Folge noch nicht.** Es darf also nicht der wesentliche Inhalt der Gründe in nichtöffentlicher Sitzung mitgeteilt und nach Wiederherstellung der Oeffentlichkeit nur die Urteilsformel verkündet werden, es sei denn, daß dies durch **besonderen Beschluß** aus einem der

Gründe des Abs. 2 angeordnet ist. RG. 20, 383 (JW. 90, 233[2]). **Ueber** diesen **Beschluß** muß gemäß §§ 173, 174 **besonders verhandelt** werden. RG. 35, 103, (JW. 02, 573[1]). Dem Erfordernis eines besonderen Beschlusses wird auch durch einen bei Beginn der Verhandlung gefaßten, auf Ausschließung der Oeffentlichkeit für die Verhandlung und zugleich die Verkündung der Urteilsgründe gerichteten Beschluß nicht genügt. RG. 43, 300.

[4] Abs. 2 ist durch die Nov. v. 5./4. 88 hinzugefügt (Anm. 2 § 172). — Wegen Gefährdung der öffentlichen Ordnung, die sich nicht als Gefährdung der Staatssicherheit darstellt, kann für die Verkündung der Urteilsgründe (anders nach § 172 für die Verhandlung) die Oeffentlichkeit nicht ausgeschlossen werden. RG. 43, 302.

174. (175.)[1] Die Verhandlung über die Ausschließung der Oeffentlichkeit findet in nicht öffentlicher Sitzung statt,[2] wenn ein Beteiligter es beantragt oder das Gericht es für angemessen erachtet. Der Beschluß, welcher die Oeffentlichkeit ausschließt, muß öffentlich verkündet werden. Bei der Verkündung ist anzugeben,[3] ob die Ausschließung wegen Gefährdung der öffentlichen Ordnung, insbesondere wegen Gefährdung der Staatssicherheit, oder ob sie wegen Gefährdung der Sittlichkeit erfolgt.

Ist die Oeffentlichkeit wegen Gefährdung der Staatssicherheit ausgeschlossen, so kann das Gericht den anwesenden Personen[4] die Geheimhaltung von Tatsachen, welche durch die Verhandlung, durch die Anklageschrift oder durch andere amtliche Schriftstücke des Prozesses zu ihrer Kenntnis gelangen, zur Pflicht machen.[5] Der Beschluß ist in das Sitzungsprotoll aufzunehmen. Gegen ihn findet Beschwerde statt. Die Beschwerde hat keine aufschiebende Wirkung.

[1] Durch die Nov. v. 5./4. 88 (Anm. 2 § 172) ist der Satz 1 (früher „Ueber die Ausschließung der Oeffentlichkeit wird in nicht

öffentlicher Sitzung verhandelt“) neugefaßt, der Satz 3 des Abs. 1 und der Abs. 2 hinzugefügt.

[2] **Den Beteiligten** muß in allen Fällen **Gelegenheit zur Erklärung** darüber gegeben werden. RG. 20, 21, 52, 57, 26, 265, JW. 00, 616[1]. Auch dem Nebenkläger oder seinem Vertreter. RG. 30, 104. Der vorher auf Grund des § 247 StPO. n. F. abgetretene Angeklagte ist in das Sitzungszimmer zurückzuführen und persönlich zu hören. Die Anhörung des Verteidigers genügt in diesem Falle nicht. RG. 1, 50, 10, 92, 18, 138, 20, 21. Hat in Strafsachen jedoch einerseits die Staatsanwaltschaft, anderseits die Verteidigung nach Erteilung des Wortes durch den Vorsitzenden sich zu der Frage der Ausschließung der Oeffentlichkeit geäußert, so ist nicht erforderlich, daß jeder Prozeßbeteiligte noch ausdrücklich aufgefordert wird, Erklärungen abzugeben, namentlich nicht, daß der Angeklagte besonders befragt wird, ob er selbst noch etwas über die Ausschließung zu erklären habe. RG. 37, 437, 47, 342. — Wenn die Oeffentlichkeit **zunächst nur für einen Teil ausgeschlossen** ist, so muß, wenn demnächst auch für die weitere Verhandlung die Ausschließung angeordnet werden soll, zunächst die Wiederherstellung der Oeffentlichkeit erfolgen. JW. 89, 396[1]. Jedoch braucht zur Rechtfertigung der Ausschließung der Oeffentlichkeit für die gesamte Verhandlung nicht ausdrücklich erkennbar gemacht werden, daß über die Ausschließung der Oeffentlichkeit in vollem gesetzlichen Umfange verhandelt werden soll, vielmehr genügt es, wenn nur über einen Antrag auf teilweisen Ausschluß der Oeffentlichkeit verhandelt worden ist. RG. 35, 216. Auch wird ein Verstoß gegen § 174 geheilt, wenn die unter Verletzung des § 174 geschehenen Verhandlungen wiederholt werden. RG. 35, 353. — Die Bestimmung des § 175 Abs. 2 (Gestattung des Zutritts einzelner Personen) findet auch auf diese Verhandlung in nicht öffentlicher Sitzung Anwendung. RG. 33, 311.

[3] **Das Fehlen der Angabe des Grundes** im Sitzungsprotokoll bewirkt Nichtigkeit, selbst wenn der Grund sich aus der Natur der verhandelten Sache erkennen läßt. RG. 1, 50, 10, 92, 25, 248.

[4] Verbot der Veröffentlichung durch die Presse: Art. III RGes., betr. die unter Ausschluß der Oeffentlichkeit stattfindenden Gerichtsverhandlungen, v. 5./4. 88 (RGBl. 133). Vgl. auch

§ 184b StGB. in d. Fass. des RGes., betr. Aenderungen und Ergänzungen des StGB., v. 25./6. 00 (RGBl. 301) (Verbot der Veröffentlichung bei Ausschluß wegen Gefährdung der Sittlichkeit), dazu RG. 21, 136, 398, 24, 4.

5 Strafe der Zuwiderhandlung: Art. II RGes. v. 5./4. 88 (s. Anm. 4).

175. (176.) **Der Zutritt zu öffentlichen Verhandlungen kann unerwachsenen[1] und solchen Personen versagt werden, welche sich nicht im Besitze der bürgerlichen Ehrenrechte befinden, oder welche in einer der Würde des Gerichts nicht entsprechenden Weise erscheinen.[1a]**

Zu nicht öffentlichen Verhandlungen kann der Zutritt einzelnen Personen vom Gerichte[2] gestattet werden.[3] Einer Anhörung der Beteiligten bedarf es nicht.

[2]Die Ausschließung der Oeffentlichkeit steht der Anwesenheit der die Dienstaufsicht führenden Beamten der Justizverwaltung bei den Verhandlungen[4] vor dem erkennenden Gerichte nicht entgegen.

1 Ob eine Person als erwachsen oder unerwachsen zu gelten hat, ist nach dem Sprachgebrauch des täglichen Lebens zu entscheiden; als unerwachsen wird danach nur diejenige Person anzusehen sein, die nach ihrer körperlichen Entwickelung als unerwachsen äußerlich erscheint. RG. 14, 338, RG. 47, 375. Es kann daher z. B. nicht die Entfernung „aller Personen unter 18 Jahren" aus dem Zuhörerraum angeordnet werden, es sei denn, daß die Anordnung nicht lediglich in der Meinung erfolgt, alle Personen unter 18 Jahren seien unerwachsen, was rechtsirrtümlich wäre, sondern, nachdem die im Zuhörerraum anwesenden und sichtbaren Personen nach ihrer äußeren Erscheinung gemustert sind und dabei ermittelt ist, daß die einzelnen danach als unerwachsen zu beurteilenden Zuhörer noch nicht 18 Jahre alt sind. RG. 47, 376. **1a** Vgl. RG. 30, 104, 244.

2 Durch die Nov. v. 5./4. 88 (Anm. 2 § 172) ist in Abs. 2 an die Stelle der Worte „von dem Vorsitzenden" gesetzt worden „vom Gerichte" und ist der Abs. 3 hinzugefügt worden.

[3] Auch, wenn gemäß § 174 Satz 1 über den Antrag auf Ausschließung der Oeffentlichkeit in nicht öffentlicher Sitzung verhandelt werden soll. RG. 33, 311.

[4] Bezüglich der Beratung: § 193.

Sitzungspolizei.

176. (177.) **Die Aufrechthaltung der Ordnung[1] in der Sitzung liegt dem Vorsitzenden[2] ob.[3]**

[1] Gegenüber jeder im Sitzungszimmer anwesenden Person, wie Richter, Rechtsanwalt, Gerichtsschreiber, Schöffe, Geschworener, auch der Staatsanwaltschaft. Pr. 29—38. Vgl. auch RG. 11, 138. — Eine allgemeine Ausweisung des Publikums aus dem Zuhörerraum wegen ungebührlichen Benehmens ist nicht zulässig, sofern nicht wegen zu befürchtender weiterer Störung die Oeffentlichkeit gemäß § 172 ausgeschlossen wird. JW. 91, 450[2], auch 294[15], 00, 616[1], RG. 30, 104.

[2] Nötigenfalls kann er die Sitzung aufheben. Jedoch trifft ihn die Verantwortlichkeit, wenn die Maßnahme unnötig war. RG. 82, 390. — Eine **prozessuale Beschwerde** gegen die Anordnung ist nicht gegeben, auch kann nicht die Entscheidung des Gerichts angerufen werden. Strafbefugnisse aber stehen nur dem Gerichte zu (s. § 177). — **Preußen:** Verf. über die Beteiligung des Staatsanwalts in dem Verfahren zur Aufrechterhaltung der Ordnung in der Sitzung (Anweisung, sich einer Stellung von Anträgen zu enthalten) v. 30./6. 19 (JMBl. 358).

[3] Gilt auch im ehrengerichtlichen Verfahren. § 66 RAO. Ferner im gerichtlichen Verfahren betr. Angelegenheiten der freiwilligen Gerichtsbarkeit. § 8 FGG.

177. (178.) **Parteien, Beschuldigte, Zeugen, Sachverständige oder bei der Verhandlung nicht beteiligte Personen,[1] welche den zur Aufrechthaltung der Ordnung erlassenen Befehlen nicht gehorchen, können auf Beschluß des Gerichts[2] aus dem Sitzungszimmer entfernt,[3] auch zur Haft abgeführt und während einer in dem Beschlusse zu bestimmenden Zeit, welche vierundzwanzig Stunden nicht übersteigen darf, festgehalten werden.[4]**

[1] Auch Militärpersonen. OLG. 1, 352. — Auch an der Verhandlung nicht beteiligte Rechtsanwälte und Verteidiger. JW. 19, 257[8]. Wegen der beteiligten Rechtsanwälte und Verteidiger s. dagegen Anm. 9 § 178.

[2] Anordnung des Vorsitzenden genügt nicht. RG. 20, 274, OLG. 1, 352 Anm. Vgl. auch § 247 Abs. 1 StPO. n. F. (Entfernung des Angeklagten). — Vorgängige Anhörung der Beteiligten: § 33 StPO. Verkündung mit Gründen: §§ 34, 35 StPO. — Preußen: Ueber Beteiligung des Staatsanwalts vgl. Anm. 2 § 176.

[3] Neben Entfernung auch Abführung zur Haft sowie Festsetzung einer Ordnungsstrafe gemäß § 178 zulässig. — Folgen der Entfernung beteiligter Personen: § 158 ZPO. (gleich freiwilliger Entfernung), § 247 StPO. n. F. (Mitteilung des wesentlichen Inhalts der Verhandlung). Eine Hauptverhandlung kann nach Entfernung des Angeklagten wegen widerspenstigen Verhaltens in dessen Abwesenheit zu Ende geführt werden. RG. 35, 433. — Die Entfernung der Zuhörer oder eines Teils derselben aus dem für sie bestimmten Raume des Sitzungszimmers darf nicht zur tatsächlichen Aufhebung und Ausschließung der Oeffentlichkeit führen. Anderenfalls ist die Anordnung nur unter den Voraussetzungen und den Formen der §§ 172, 174 zulässig. Vgl. Anm. 1 § 176.

[4] Eine Beschwerde ist hiergegen nicht gegeben. Insbesondere steht einer Person, die auf Beschluß des Gerichts wegen Ungebühr sofort zur Haft abgeführt wird, nach ihrer Freilassung nicht die Beschwerde gegen diesen Beschluß zu, da § 181 nur in den Fällen der §§ 178 u. 180 die Beschwerde zuläßt. RG. 48, 427.

178. (179.) Das Gericht[1] kann gegen Parteien, Beschuldigte, Zeugen, Sachverständige oder bei der Verhandlung nicht beteiligte Personen,[2] welche sich in der Sitzung[3] einer Ungebühr[4] schuldig machen, vorbehaltlich der strafgerichtlichen Verfolgung,[5] eine Ordnungsstrafe **in Geld**[6] oder bis zu drei Tagen[7] Haft festsetzen[8] und sofort vollstrecken lassen.[9]

[1] Preußen: Ueber Beteiligung des Staatsanwalts vgl. Anm. 2 § 176.

[2] Auch gegen an der Verhandlung **unbeteiligte Rechtsanwälte und Verteidiger.** JW. 19, 257[8]. Wegen der beteiligten Rechtsanwälte und Verteidiger s. dagegen Anm. 9.

[3] „In der Sitzung" ist die Handlung auch dann begangen, wenn sie in der Zwischenzeit von der Entscheidungsverkündung in der einen Sache bis zum Aufruf des nächsten Falles in Gegenwart des Gerichts begangen ist. OLG. 27, 6.

[4] Auch gröbliche Beleidigung der Gegenpartei oder eines Zeugen ist eine Ungebühr, weil dadurch die dem Gerichte geschuldete Achtung verletzt und auch die Ruhe und Ordnung der Sitzung gefährdet wird. OLG. 23, 316, 27, 6. Jedoch ist auch beim Ordnungsstrafrecht die Frage nach der **subjektiven Verschuldung** zu prüfen und eine strafbare Ungebühr nicht anzunehmen, wenn nicht feststeht, daß der Täter bei seinem Bildungsgrad oder bei seinem augenblicklichen Zustande sich bewußt gewesen ist oder bei der von ihm zu fordernden Ueberlegung oder Umsicht sich hat sagen müssen, daß er durch sein Verhalten die dem Gerichte geschuldete Achtung verletze. JW. 19, 1001[7], (OLG. 40, 173).

[5] **Strafe und Ordnungsstrafe** sind **nebeneinander** statthaft. — Vgl. auch Anm. 3 § 177.

[6] Auf Grund der Art. II Abs. 1 und 2, XIV Abs. 2 Nr. 3 VO. über Vermögensstrafen und Bußen v. 6./2. 24 (RGBl. I 44) und der Ermächtigung im § 43 Abs. 1 VO. v. 4./1. 24 sind durch die Text-Bek. v. 22./3. 24 die Worte „bis zu einhundert Mark" durch die Worte „in Geld" ersetzt worden. Danach beträgt die Geldstrafe **mindestens** eine und **höchstens eintausend** Goldmark (jetzt: **Reichsmark** [§ 2 der 2. Durchführungs-VO. z. Münzgesetz v. 12./12. 24, RGBl. I 775]). — Der Geldstrafe kann **nicht** für den Unvermögensfall eine **Haftstrafe substituiert** werden, da eine Vorschrift hierfür fehlt und die §§ 28, 29 StGB. nicht entsprechend anwendbar sind, zumal aus der Anwendung folgen würde, daß die substituierte Haftstrafe höher als drei Tage sein könnte. Vgl. KGJ. 8, 257, 38, C 11, OLG. 20, 98, (21, 192), 28, 328 β, 31, 261. Vom KG. wird jedoch jetzt in KGJ. 51, 442 (JW. 19, 587[4]) unter Aufgabe seiner früheren Entscheidungen ausgesprochen, daß Sinn und Wortlaut des § 178 die Auslegung zuließen, daß es auch an-

gehe, an Stelle einer uneinziehbaren Geldstrafe hilfsweise Haft bis zu 3 Tagen zu verhängen, und daß hierfür auch die praktische Erwägung spreche, daß andernfalls bei der Uneinbringlichkeit einer verhängten Geldstrafe der Täter frei ausgehen würde. Ebenso OLG. 25, 277, 28, 327, 40, 173.

7 Mindestens ein Tag (a. M. OLG. 25, 276: auch eine auf [weniger als 24] Stunden bemessene Strafe sei zulässig). Anders im Falle des § 177.

8 Die Ordnungsstrafe kann nur von dem verhandelnden Gericht und in der Verhandlung, in der die Ungebühr verübt ist, festgesetzt werden; eine **nachträgliche Verhängung** ist **unzulässig.** KGJ. 41, 360, OLG. 11, 336, 12, 190 f., vgl. Anm. 6 § 182. Dies gilt auch, wenn eine Verhandlung vor einem Richter oder Grundbuchbeamten außerhalb einer Sitzung (§ 180) stattgefunden hat. OLG. 27, 7.

9 Durch Art. I 10 Ges. zur Entlastung der Gerichte vom 11./3. 21 (RGBl. 229) ist der frühere § 180, der lautete:

> „Das Gericht kann gegen einen bei der Verhandlung beteiligten Rechtsanwalt oder Verteidiger, der sich in der Sitzung einer Ungebühr schuldig macht, vorbehaltlich der strafgerichtlichen oder disziplinaren Verfolgung, eine Ordnungsstrafe bis zu einhundert Mark festsetzen."

gestrichen worden. Die Streichung ist durch das Plenum des Reichstags erfolgt. Im Reichstagsausschuß war der bereits dort gestellte Beseitigungsantrag mit Stimmengleichheit abgelehnt worden. Für den Antrag war geltend gemacht worden, daß die Beseitigung auch eine Entlastung der Gerichte bedeute, für den Anwaltsstand es etwas Unwürdiges sei, der Verhängung einer Ordnungsstrafe ausgesetzt zu sein, und schlechte Anwälte sich durch die Androhung einer Ordnungsstrafe doch nicht zu anderem Verhalten bestimmen ließen. KommB. Nr. 11. Auch Maßnahmen aus § 177 sind gegen beteiligte Rechtsanwälte oder Verteidiger nicht zulässig. — Vgl. aber darüber, daß gegen einen bei der Verhandlung unbeteiligten Rechtsanwalt oder Verteidiger Entfernung aus dem Sitzungszimmer, sowie Ungebührstrafe angeordnet werden kann, Anm. 1 § 177, Anm. 2 § 178. Vgl. ferner Anm. 1 § 176 (Aufrechterhaltung der Ordnung auch gegenüber einem beteiligten Rechtsanwalt).

179. (181.) **Die Vollstreckung der vorstehend bezeichneten Ordnungsstrafen hat der Vorsitzende unmittelbar**[1] **zu veranlassen.**[2]

[1] D. h. ohne Vermittelung der Staatsanwaltschaft (§ 36 StPO.). RG. 15, 227.

[2] Er ist befugt, erforderlichenfalls persönlich bei der Ausführung der Vollstreckung mitzuwirken. RG. 15, 231.

180. (182.) **Die in den §§ 176 bis 179**[1] **bezeichneten Befugnisse stehen auch einem einzelnen Richter bei der Vornahme von Amtshandlungen außerhalb der Sitzung zu**[2]**.**

[1] Auf Grund der Ermächtigung im § 43 Abs. 2 VO. v. 4./1. 24 ist durch die Text-Bek. v. 22./8. 24 mit Rücksicht auf die neue Reihenfolge der Paragraphen und darauf, daß der frühere § 180 fortgefallen war, an die Stelle von „177—181" gesetzt worden „176 bis 179."

[2] Z. B. dem beauftragten oder ersuchten Richter (§ 165 ZPO.), dem Vollstreckungsrichter (§ 765 ZPO.), dem Untersuchungsrichter (§ 187 StPO. n. F.), dem Amtsrichter im vorbereitenden Verfahren (§§ 165 ff. StPO. n. F.), soweit eine Verhandlung vor ihnen stattfindet. Dagegen gilt der Amtsrichter, vor dem eine mündliche Verhandlung in einer Gerichtssitzung stattfindet, als Vorsitzender oder als Gericht im Sinne der §§ 176—179. — Auf eingereichte Schriftsätze ist § 180 nicht anwendbar. KGJ. 8, 256, auch OLG. 17, 48.

181. (183.) **Ist in den Fällen der §§ 178 und 180**[1] **eine Ordnungsstrafe festgesetzt, so findet binnen der Frist von einer Woche nach der Bekanntmachung**[2] **der Entscheidung Beschwerde**[3] **statt, sofern die Entscheidung nicht von dem Reichsgericht oder einem Oberlandesgerichte**[4] **getroffen ist.**

Die Beschwerde hat in dem Falle des § 178[1] **keine aufschiebende Wirkung, in dem Falle des § 180**[1, 5] **aufschiebende Wirkung.**

Ueber die Beschwerde entscheidet das Oberlandesgericht.[6]

[1] Nicht auch im Falle des § 177, s. dort Anm. 4. — Durch die Text-Bek. v. 22./3. 24 ist in Abs. 1 an die Stelle von „179, 180, 182" gesetzt worden „178 und 180", in Abs. 2 an die Stelle von „179" gesetzt worden „178" und an die Stelle von „in den Fällen des § 180 und des § 182" gesetzt worden „in dem Falle des § 180". Vgl. Anm. 1 § 180.

[2] Die Bekanntmachung erfolgt **regelmäßig** durch **persönliche Eröffnung** an den Bestraften; wenn sich der Bestrafte jedoch vor der Verkündung des Beschlusses entfernt hat, durch Zustellung. KGJ. 7, 259, OLG. 2, 16.

[3] Auf diese Beschwerde finden die **Vorschriften** der §§ 567 ff. **ZPO.** und §§ 304 ff. **StPO.** n. F. **nicht** Anwendung. OLG. 40, 175, Anm. 5 § 159. Daher ist eine **Wiedereinsetzung** in den vorigen Stand gegen die Versäumung der Beschwerdefrist **nicht** gegeben. OLG. 40, 175. Auch sind mangels einer dahingehenden Bestimmung des GVG. dem unterliegenden Beschwerdeführer nicht die **Kosten** aufzuerlegen. OLG. 40, 175 (vgl. aber KGJ. 38, C 10, [OLG. 21, 192] und ferner OLG. 23, 316 Anm., wo angenommen wird, daß die Beschwerde eine sofortige im Sinne der ZPO. [§ 577] und der StPO. [§ 311] sei und daß gegen Versäumung der Frist, die eine Notfrist sei, die Wiedereinsetzung stattfinde).

[4] Oder von dem beauftragten Richter eines Oberlandesgerichts. Es kann auch nicht die Aenderung seiner Entscheidung durch das Prozeßgericht nachgesucht werden, da das GVG. eine dem § 576 Abs. 1 ZPO. entsprechende Vorschrift nicht enthält. OLG. 33, 26.

[5] Die Beschwerde gegen einen vom Amtsrichter in der Sitzung erlassenen Beschluß hat keine aufschiebende Wirkung. Vgl. Anm. 2 § 180.

[6] Auch wenn die Ordnungsstrafe von einem Amtsrichter, einem Schöffengericht oder einem Untersuchungsrichter verhängt ist. Abweichung von §§ 72, 73. — Die Beschwerde kann auch bei dem Gericht eingelegt werden, das die Ordnungsstrafe verhängt hat. OLG. 21, 191, 25, 276 (a. M. OLG. 21, 191 Anm. 3). — Eine **weitere Beschwerde** gegen die vom Ober-

landesgericht in der Beschwerdeinstanz getroffene Entscheidung findet **nicht** statt. RG. 2, 385. — Für die Zurückweisung der Beschwerde ist eine **Gebühr nicht** zu erheben, weil die Vorschriften des GKG. nach dessen § 1 auf die Rechtssachen beschränkt sind, auf welche die ZPO., die StPO. und die KO. Anwendung finden. OLG. 31, 208 (streitig, ob § 68 GKG. a. F., jetzt § 69 GKG. in d. Fass. v. 21./12. 22 entsprechend anwendbar).

182. (184.) **Ist eine Ordnungsstrafe wegen Ungebühr festgesetzt,[1] oder eine Person zur Haft abgeführt,[2] oder eine bei der Verhandlung beteiligte Person entfernt worden,[3] so ist der Beschluß des Gerichts[4] und dessen Veranlassung in das Protokoll[5] aufzunehmen.[6]**

[1] §§ 178, 180. [2] §§ 177, 178, 180. [3] § 177.

[4] Auch des Einzelrichters in den Fällen des § 180.

[5] §§ 159, 160 ZPO., §§ 168, 188, 272, 273 StPO. n. F.

[6] Um der mit der Entscheidung über die Beschwerde befaßten höheren Instanz ein vollständiges Urteil über die getroffene Maßnahme zu ermöglichen. Die Aufnahme der Veranlassung in das Protokoll kann weder durch die Begründung des Beschlusses noch durch nachträgliche Erörterungen des Sachverhalts ersetzt werden. Ist die **Aufnahme unterblieben,** so ist der **Beschluß** auf Beschwerde **aufzuheben.** KGJ. 8, 260, OLG. 1, 352, 3, 315, 25, 276. — Die Feststellung der Vorgänge in dem Sitzungsprotokolle hat unter Mitwirkung des die Verhandlung leitenden Richters und des Gerichtsschreibers zu erfolgen. OLG. 31, 260 Anm. — Aus § 182 folgt, daß eine Ungebührstrafe nur **durch** den Richter verhängt werden darf, vor dem die Ungebühr erfolgte, und nur **vor Abschluß der Verhandlung,** in der sie erfolgte. KGJ. 38, C 11, vgl. Anm. 8 § 178.

183. (185.) **Wird eine strafbare Handlung[1] in der Sitzung begangen, so hat das Gericht den Tatbestand festzustellen und der zuständigen Behörde das darüber aufgenommene Protokoll mitzuteilen. In geeigneten Fällen ist die vorläufige Festnahme[2] des Täters zu verfügen.**

[1] Z. B. Beleidigung, Meineid.

[2] Es ist nicht ein Haftbefehl zu erlassen, sondern wie bei einer außergerichtlichen Festnahme zu verfahren. §§ 127 ff. StPO.

Fünfzehnter Titel.
Gerichtssprache.

Gilt auch: im **ehrengerichtlichen Verfahren**, § 66 RAO.; im Verfahren vor dem **Patentamt**, § 34 RGes. (früher v. 7./4. 91, jetzt) v. 7./12. 23 (RGBl. II 487); vor den **Seeämtern** und dem **Ober-Seeamt**, §§ 19, 30 RGes. v. 27./7. 77 (RGBl. 549); in **Konsularsachen**, § 19 RGes. über die Konsulargerichtsbarkeit, v. 7./4. 00 (RGBl. 213), auch RG. 81, 428, JW. 93, 504[21]; vor den **Gewerbegerichten**, § 38 GewerbegerGes. v. 29./7. 90 in d. Fass. v. 29./9. 01 (RGBl. 358), § 16 RGes., betr. die Kaufmannsgerichte v. 6./7. 04 (RGBl. 266). Ferner auch in dem gerichtlichen Verfahren betr. Angelegenheiten der **freiwilligen Gerichtsbarkeit**, § 8 FGG., ausgenommen die Beurkundung von Rechtsgeschäften, hinsichtlich deren die Vorschriften der §§ 178—180 dieses Ges. gelten.

Ueber die Gerichtssprache im **oberschlesischen Abstimmungsgebiete** vgl. Art. 140 bis 146 des deutschpolnischen Abkommens v. 15./5. 22 (RGBl. II 238), Ges. v. 11./6. 22 (RGBl. II 273) u. Pr. Verf. v. 21./6. 22 (JMBl. 230).

184. (156.) Die Gerichtssprache ist deutsch.[1]

[1] Eingaben der Rechtsuchenden (z. B. auch Rechtsmittelschriften), die in einer **anderen Sprache** als der deutschen abgefaßt sind, bleiben unberücksichtigt und haben **keine rechtliche Wirkung**. Die Bestimmungen sind öffentlich-rechtlich zwingender Natur; sie sind von Amts wegen zu beachten und unterliegen weder der Verfügung noch dem Rügerecht der Parteien. RG. 81, 428. Dies gilt auch in Konsulargerichtssachen. Gr. 44, 1170, (JW. 00, 529[24]). — **Preußen**: Ges., betr. die Geschäftssprache der Behörden, Beamten und politischen Körperschaften des Staates, v. 28./8. 76 (GS. 389). Danach müssen alle schriftlichen Eingaben und Erklärungen, die für den geschäftlichen Verkehr zwischen den Beteiligten und den Gerichtsbehörden bestimmt sind, in deutscher Sprache abgefaßt

sein. RJA. 10, 208, (KGJ. 39, A 133, OLG. 21, 55). Dies gilt auch von Austrittserklärungen der Mitglieder einer eingetragenen Genossenschaft, da sie vom Vorstande dem Amtsgericht einzureichen sind. RJA. 10, 208, (KGJ. 39, A 133, OLG. 21, 55).

185. (187.) Wird unter Beteiligung von Personen[1] verhandelt, welche der deutschen Sprache nicht mächtig[2] sind, so ist ein Dolmetscher[3] zuzuziehen.[4] Die Führung eines Nebenprotokolls in der fremden Sprache findet nicht statt; jedoch sollen Aussagen und Erklärungen in fremder Sprache, wenn und soweit der Richter dies mit Rücksicht auf die Wichtigkeit der Sache für erforderlich erachtet, auch in der fremden Sprache in das Protokoll oder in eine Anlage niedergeschrieben werden. In den dazu geeigneten Fällen soll dem Protokoll eine durch den Dolmetscher zu beglaubigende Uebersetzung[5] beigefügt werden.

Die Zuziehung eines Dolmetschers kann unterbleiben, wenn die beteiligten Personen[6] sämtlich der fremden Sprache mächtig sind.[7]

[1] Auch Schöffen und Geschworene.

[2] Ob Zuziehung eines Dolmetschers geboten ist, unterliegt dem in der Revisionsinstanz nicht nachzuprüfenden richterlichen Ermessen. RG. 1, 137, JW. 94, 540[1].

[3] **Preußen**: Dolmetscherordn. v. 18./12. 99 (JMBl. 856), Verf. über die Vergütungen der Dolmetscher v. 13./7. 20 (JMBl. 380). — Die Befähigung zum Dolmetscher braucht zum Sitzungsprotokoll nicht festgestellt zu werden. RG. 1, 397. — Der Dolmetscher kann zugleich als Zeuge oder Sachverständiger vernommen werden und es besteht auch kein Hindernis, daß er das von ihm Bekundete selbst als Dolmetscher in die fremde Sprache überträgt. RG. 45, 304.

[4] In dem **Protokoll** braucht nur angegeben zu werden, daß die Zuziehung des Dolmetschers erfolgt sei, weil eine der beteiligten Personen der deutschen Sprache nicht mächtig sei; die genaue Angabe, bei welchen einzelnen Vorgängen der Dolmetscher tätig geworden, ist nicht erforderlich. RG. 1, 397,

43, 442. — Jedoch muß im **Protokoll** festgestellt werden, daß dem der deutschen Sprache nicht mächtigen Angeklagten der **Gegenstand der Verhandlung** durch den Dolmetscher **überall bekanntgegeben** sei. JW. 90, 270[6], 02, 574[8]. Und auch tatsächlich müssen die zur Sachleitung und zur Sache selbst von irgendeiner Seite abgegebenen Erklärungen (z. B. auch die Personalien der deutschen Zeugen, die vom Verteidiger gestellten Beweisanträge und die darauf vom Gericht erlassenen Beschlüsse) einem solchen Angeklagten in Uebersetzung zugänglich gemacht werden. RG. 43, 441. Ob dies geschehen ist oder nicht, dafür hat das **Sitzungsprotokoll keine ausschließliche Beweiskraft**, kann vielmehr durch sonstige zuverlässige Erkenntnisquellen dargetan werden. RG. 43, 441, JW. 14, 428[41]. Bei Uebertragung eines **Gutachtens** jedoch braucht dem Angeklagten nur das Endresultat in seiner Muttersprache mitgeteilt zu werden, sofern nicht ein Beteiligter auch die Uebertragung der Begründung verlangt. JW. 95, 572[1]. — Im Falle der Vernehmung eines Zeugen kann der Dolmetscher dem Zeugen den Zeugeneid in der fremden Sprache vorsprechen. Daß der Richter auch noch dem Dolmetscher den Eid in deutscher Sprache vorspricht, ist nicht erforderlich. RG. 45, 304.

[5] Die Mitwirkung eines Dolmetschers ist auch erforderlich, wenn eine **in einer fremden Sprache abgefaßte Schrift** oder eine fremdsprachliche Uebersetzung einer fremdsprachlichen Urschrift als Beweisstück benutzt werden soll. RG. 27, 268, 36, 371, JW. 93, 10[1]. Die Benutzung der Uebersetzung einer als Dolmetscher nicht vereidigten Person ist unzulässig. RG. 9, 51. Dagegen kann die von einem vereidigten Dolmetscher angefertigte Uebersetzung verlesen werden, RG. 7, 388, jedoch muß der Dolmetscher die Richtigkeit der Uebersetzung in der Hauptverhandlung eidlich versichern, RG. 11, 51, 25, 353, 27, 161.

[6] D. i. im Strafprozeß richterliche Mitglieder, Schöffen, Geschworene, Staatsanwalt, Angeklagter, Verteidiger. JW. 93, 10[1].

[7] Bei **Errichtung eines Testaments gemäß § 2238 BGB.** (vgl. Vorbem. vor § 184, § 8 FGG.) kann der Erblasser, wenn alle bei der Beurkundung mitwirkenden Personen sowohl die fremde wie die deutsche Sprache beherrschen, seinen **letzten Willen mündlich** gegenüber der **Urkundsperson in fremder**

Sprache erklären, ohne daß es der Zuziehung eines Dolmetschers bedarf. RG. 85, 308.

186. (188.) **Zur Verhandlung mit tauben[1] oder stummen Personen ist, sofern nicht eine schriftliche Verständigung erfolgt,[2] eine Person als Dolmetscher zuzuziehen, mit deren Hilfe die Verständigung[3] in anderer Weise erfolgen kann.[4]**

[1] Auch bei Schwerhörigen ist die Zuziehung eines Dolmetschers statthaft. RG. 15, 172, 33, 181, (JW. 90, 271[1]).

[2] Bei Taubstummen muß Frage wie Antwort schriftlich geschehen. Pr. 46. Vgl. auch §§ 169, 178 FGG., Art. 41 Pr. FGG. Vgl. jedoch RG. 31, 313, wonach es genügt, wenn der tauben Person, welche die Fähigkeit erlangt hat, sich durch die Sprache verständlich zu machen, schriftliche Fragen zur mündlichen Beantwortung vorgelegt werden. — Wenn es sich um einen tauben Angeklagten handelt, müssen ihm alle Vorgänge der Verhandlung, insbesondere auch die Zeugenaussagen, schriftlich mitgeteilt werden. RG. 36, 355, JW. 96, 511[3], 04, 21[3]. Daran ändert die Anwesenheit des Verteidigers nichts. Auch ist ein Verzicht darauf unzulässig. JW. 04, 21[3].

[3] Eidesleistung Stummer: § 483 ZPO., § 64 StPO. n. F.

[4] Die Zuziehung eines Dolmetschers ist nicht auf die Fälle der §§ 185, 186 beschränkt. Insbesondere ist es, wenn die Fähigkeit einer Person, sich vor Gericht verständlich zu machen, durch einen Fehler der Sprachorgane beeinträchtigt ist, zulässig, zur Vermittelung des Verständnisses eine mit deren Sprechweise vertraute Person als Dolmetscher zuzuziehen. RG. 33, 181.

187. (189.) **Ob einer Partei, welche taub ist, bei der mündlichen Verhandlung der Vortrag zu gestatten sei, bleibt dem Ermessen des Gerichts überlassen.**

Dasselbe gilt in Anwaltsprozessen[1] von einer Partei, die der deutschen Sprache nicht mächtig ist.

[1] § 78 Abs. 1 ZPO. — In amtsgerichtlichen Prozessen ist ein Dolmetscher zuzuziehen. § 185.

188. (190.) **Personen, welche der deutschen Sprache**

nicht mächtig sind[1], leisten Eide in der ihnen geläufigen Sprache.

[1] Stumme u. Taube: § 186, s. dort Anm. 3.

189. (191.) **Der Dolmetscher[1] hat seinen Eid dahin zu leisten:[2]**

daß er treu und gewissenhaft übertragen werde.

Ist der Dolmetscher für Uebertragungen der betreffenden Art[3] im allgemeinen beeidigt, so genügt die Berufung auf den geleisteten Eid.[4]

[1] Der Dolmetscher hat im allgemeinen die **Natur eines Sachverständigen** (vgl. § 191 GVG., § 13 Abs. 3 GO. f. Z. u. S.). Bei der Uebersetzung fremdsprachiger Schriftstücke gilt daher auf dem Gebiete des Strafprozesses ebenso wie für die Vernehmung eines Sachverständigen auch für die Anhörung des Dolmetschers der Grundsatz der Mündlichkeit und Unmittelbarkeit, so daß das mündliche Gehör des Dolmetschers in der Hauptverhandlung die Regel zu bilden hat und er, wenn er nicht ein für allemal für Uebertragungen der fraglichen Art verpflichtet ist (Abs. 2), den im Abs. 1 normierten Eid im Einzelfalle ableisten muß. Dies Gehör vor dem erkennenden Gericht kann sowohl in der Form, daß der Dolmetscher das fremdsprachige Schriftstück in der Hauptverhandlung selbst mündlich überträgt, wie auch in der Weise erfolgen, daß er bei Verlesung einer bereits früher angefertigten und schon bei den Akten befindlichen Uebersetzung deren Richtigkeit beeidigt oder doch unter Berufung auf den ein für allemal geleisteten Eid versichert. Dagegen genügt nicht die Vorlesung von bloßen Uebersetzungen ohne Zuziehung des Dolmetschers, selbst wenn der Dolmetscher unter den Uebersetzungen deren Richtigkeit schriftlich versichert hat. JW. 24, 707[4]. Anders im Zivilprozeß: vgl. §§ 410 Abs. 2, 411 Abs. 1 ZPO.

[2] Für jede neue Verhandlung in derselben Sache von neuem. JW. 94, 349[9]. — Abnahme des Eides: §§ 478 ff. ZPO., §§ 63, 64, 72 StPO. n. F. Vgl. auch Art. 177 Reichsverfassung v. 11./8. 19 (RGBl. 1383) (Weglassung der religiösen Eidesform).

[3] Die Bezugnahme auf einen sonst allgemein geleisteten Sachverständigeneid genügt nicht. JW. 96, 511[3]. — **Preußen:** § 19 Dolmetscherordn. v. 18./12. 99 (JMBl. 856), § 10 Verf., betr. die allgemeine Beeidigung von Sachverständigen, v. 5./2. 00 (JMBl. 48), abgeänd. durch Verf. v. 5./8. 01 (JMBl. 51) und v. 16./6. 02 (JMBl. 126).

[4] Vgl. § 398 Abs. 8 ZPO.

190. (192.) Der Dienst des Dolmetschers kann von dem Gerichtsschreiber[1] wahrgenommen werden.[2] Einer besonderen Beeidigung bedarf es nicht.[3]

[1] Dem in der mündlichen Verhandlung fungierenden. Sonst ist gemäß § 189 zu verfahren. RG. 2, 373.

[2] Nicht bei Verhandlungen über die Errichtung von Testamenten und Erbverträgen: **Preußen:** Verf., betr. die Wahrnehmung des Dolmetscherdienstes durch den bei der Errichtung eines Testaments oder Erbvertrags mitwirkenden Gerichtsschreiber, v. 14./3. 00 (JMBl. 80) (neben dem Dolmetscher ist noch ein Gerichtsschreiber zuzuziehen). — Vgl. Anm. 7 § 185.

[3] Es braucht der Gerichtsschreiber weder im besonderen (§ 189 Abs. 1) noch im allgemeinen (§ 189 Abs. 2) als Dolmetscher vereidigt zu sein. RG. 1, 397.

191. (193.) Auf den Dolmetscher finden die Bestimmungen über Ausschließung und Ablehnung der Sachverständigen[1] entsprechende Anwendung. Die Entscheidung erfolgt durch das Gericht oder den Richter, von welchem der Dolmetscher zugezogen ist.

[1] §§ 41, 42, 406 ZPO., §§ 22, 24, 74 StPO.

Sechzehnter Titel.

Beratung und Abstimmung.

Gilt auch: im **ehrengerichtlichen Verfahren,** § 66 RAO.; im Verfahren vor den **Seeämtern** und dem **Reichs-Ober-Seeamt,** §§ 19, 30 RGes. v. 27./7. 77 (RGBl. 549); vor dem **Konsulargericht,** § 19 RGes. über die Konsulargerichtsbarkeit, v. 7./4. 00

(RGBl. 218); vor den **Gewerbegerichten,** § 53 GewerbegerGes. v. 29./7. 90 in d. Faff. v. 29./9. 01 (RGBl. 353) und § 16 RGes., betr. die Kaufmannsgerichte, v. 6./7. 04 (RGBl. 266); sowie in dem gerichtlichen Verfahren in Angelegenheiten der **freiwilligen Gerichtsbarkeit,** § 8 FGG. Vgl. ferner § 1667 **RVersichOrdn.** (früher v. 19./7. 11 jetzt) v. 15./12. 24 (RGBl. I 779), § 260 **VersGes. f. Angest.** v. 20./12. 11 (RGBl. 989). Dagegen finden die Bestimmungen des GVG. auf das **Schiedsgerichtsverfahren** (§§ 1025 ff. ZPO.) **keine Anwendung.** JW. 21, 1248[17].

192. (194.) Bei Entscheidungen dürfen Richter nur in der gesetzlich bestimmten Anzahl[1] mitwirken.

Bei Verhandlungen von längerer Dauer kann der Vorsitzende die Zuziehung von Ergänzungsrichtern anordnen,[2] welche der Verhandlung beizuwohnen[3] und im Falle der Verhinderung[4] eines Richters für ihn einzutreten haben.

Die vorstehenden Bestimmungen finden auch auf Schöffen[5] und Geschworene[6] Anwendung.

1 Ein Eröffnungsbeschluß der Strafkammer, welcher vier Unterschriften trägt, ist daher ungültig. JW. 92, 201[3]. — Im Falle der Ablehnung eines erkennenden Richters in der Hauptverhandlung vor der Strafkammer konnte früher die Strafkammer unter Unterbrechung der Hauptverhandlung über das Ablehnungsgesuch (§ 26 StPO.) gemäß § 77 S. 1 a. F. in der Besetzung von drei Mitgliedern entscheiden. RG. 21, 250, 22, 135, 49, 11. Wollte die Strafkammer aber die Prozeßbeteiligten über das Ablehnungsgesuch oder über die dienstliche Aeußerung des abgelehnten Richters hören, so konnte, wenngleich diese Verhandlung keinen Teil der eigentlichen Hauptverhandlung bildet (RG. 13, 302), doch (gemäß § 77 S. 2 a. F.) nur eine Besetzung von fünf Mitgliedern bei der Entscheidung in Frage kommen; keinesfalls durfte die Strafkammer dann (unter Ausscheiden des abgelehnten Richters) in der Besetzung von vier Mitgliedern über das Ablehnungsgesuch entscheiden. RG. 49, 11. Jetzt entscheidet bei Ablehnung eines richterlichen

Mitglieds der erkennenden Kammer nach § 27 Abs. 2 S. 1 StPO. n. F. die Strafkammer in der für die Entscheidungen außerhalb der Hauptverhandlung vorgeschriebenen Besetzung von drei Richtern (§ 76 Abs. 1); daher muß auch in der großen Strafkammer (§ 76 Abs. 2 Halbs. 2), deren richterliche Mitglieder die Beschlußkammer bilden, zur Entscheidung über die in der Hauptverhandlung erklärte Ablehnung an Stelle des abgelehnten Richters ein Vertreter zugezogen werden. Ueber die Entscheidung bei Ablehnung eines richterlichen Mitglieds des Schwurgerichts vgl. § 27 Abs. 2 S. 2, eines Schöffen vgl. § 31 Abs. 2, eines Geschworenen vgl. § 32 StPO. n. F.

[2] Wegen der Befugnis des Vorsitzenden zur Zurücknahme dieser Anordnung vgl. RG. 14, 211.

[3] Recht zur Fragestellung usw.: RG. 27, 172.

[4] Die Konstatierung der Verhinderung seitens des Gerichts genügt. Eine förmliche Verhandlung darüber unter Anhörung der Parteien ist nicht vorgeschrieben. RG. 7, 284, 30, 226, 38, 44. [5] §§ 49, 77.

[6] §§ 84, 91 Abs. 2. — Ueber den Fall der Verhinderung eines Geschworenen und die Notwendigkeit des Eintritts eines Ergänzungsgeschworenen entschied früher das Gericht, nicht der Vorsitzende, RG. 13, 162, und zwar nach freiem Ermessen und ohne daß es darauf ankam, ob die Verhinderung eine verschuldete oder unverschuldete, eine dauernde oder zeitweilige, eine längere oder kürzere war, RG. 30, 226. Jetzt entscheidet (abgesehen von dem Falle der Ablehnung, s. Anm. 1) darüber, ob ein Geschworener ferner zur Dienstleistung heranzuziehen ist, der Präsident des Landgerichts (§ 88). Entbindet er den Geschworenen von der ferneren Dienstleistung, so tritt für ihn der Ergänzungsgeschworene ein (§ 192 Abs. 2 u. 3).

193. (195.)[1] **Bei der Beratung[2] und Abstimmung[3] dürfen außer den zur Entscheidung berufenen Richtern[3a] nur die bei demselben Gerichte zu ihrer juristischen Ausbildung beschäftigten Personen[4] zugegen sein, soweit der Vorsitzende deren Anwesenheit gestattet.[5]**

[1] Früher lautete der § 195 (jetzt 193): „Die Beratung und Abstimmung des Gerichts erfolgt nicht öffentlich." (Abs. 1). „Diese

Vorschrift steht der Zulassung der bei dem Gerichte zu ihrer juristischen Ausbildung beschäftigten Personen nicht entgegen." (Abs. 2). Die jetzige Fassung beruht auf der Nov. v. 5./4. 88 (Anm. 2 § 172).

2 Im Beratungszimmer darf keine Beweisaufnahme erfolgen. RG. 17, 287.

3 Ueber Urteile und Beschlüsse. RG. 17, 287.

3a Hatte früher ein Ergänzungsgeschworener zwar an der Hauptverhandlung teilgenommen, jedoch bei der Beratung und Abgabe des Geschworenenspruchs nicht mitgewirkt, so konnte aus einem Verfahrensverstoß bei seiner Zuziehung kein Grund für eine Revisionsrüge dahin entnommen werden, daß die Geschworenenbank nicht vorschriftsmäßig besetzt worden sei. RG. 57, 69. Entsprechendes gilt jetzt, wenn ein unter Verfahrensverstoß zugezogener Ergänzungsgeschworener (vgl. Anm. 6 § 192) zwar an der Hauptverhandlung teilgenommen, jedoch bei der Beratung und Abstimmung des Gerichts nicht mitgewirkt hat.

4 § 2 Abs. 3. — Auch wenn sie in der konkreten Sache als Gerichtsschreiber mitwirken. Im übrigen ist die Anwesenheit der Gerichtsschreiber unstatthaft. RG. 18, 161. Unstatthaft ist auch die Anwesenheit eines Aufsichtsbeamten. Ebenso in **Preußen** die Anwesenheit der Gerichtsassessoren, die nicht zu Hilfsrichtern bestellt sind, § 3 AG. v. 24./4. 78 (GS. 230), RG. 25, 238, (JW. 94, 540[2]), desgleichen in **Sachsen**, JW. 95, 572[2], zulässig dagegen in **Hessen**, RG. 26, 42.

5 In Strafsachen muß stets eine die gesamte Hauptverhandlung einschließlich der Schlußvorträge umfassende Beratung und Abstimmung dem Urteilserlasse vorangegangen sein, RG. 42, 86, 43, 51, und das Stattfinden einer solchen Beratung auch äußerlich in die Erscheinung treten, RG. 22, 396, 43, 51. Jedoch ist, nachdem eine Beratung nach dem ersten Verhandlungstage stattgefunden und die Verhandlung am zweiten Tage keine weiteren sachlichen Ergebnisse gehabt hat, eine nochmalige förmliche Beratung nicht erforderlich. RG. 43, 51. Desgleichen, wenn nach erfolgter Beratung die Verhandlung wieder eröffnet und eine Beweisaufnahme über einen einzelnen Punkt nachgeholt war. RG. 46, 374. Auch sonst ist leise Beratung und Abstimmung im Sitzungssaal nicht ausgeschlossen.

RG. 22, 397, 30, 226, 42, 86, 46, 374, (JW. 92, 201[3]). Wenn aber das Gericht bei einer Beratung, der eine Wiedereröffnung der Verhandlung und ein Wiedereintritt in die Beweisaufnahme nachgefolgt ist, sich schon dahin entschieden hat, ohne weitere Beratung und Abstimmung das (schließlich verkündete) Urteil, ohne Rücksicht auf das Ergebnis der weiteren Verhandlung, zu erlassen, so liegt hierin ein Verstoß gegen den Grundsatz, daß der Inbegriff der Verhandlung die Grundlage des Urteils zu bilden hat. RG. 46, 375. Jedoch ist in einem solchen Falle ein Revisionsgrund nur dann gegeben, wenn nach der Sachlage anzunehmen ist, daß das Urteil auf dem Verstoße beruht (§ 337 StPO. n. F.), RG. 46, 376, wie überhaupt die Verletzung des § 193 GVG. kein unbedingter Revisionsgrund im Sinne des § 338 StPO. n. F. ist, RG. 43, 51, 46, 374.

194. (196) **Der Vorsitzende leitet die Beratung, stellt die Fragen und sammelt die Stimmen.**

Meinungsverschiedenheiten[1] über den Gegenstand, die Fassung und die Reihenfolge der Fragen oder über das Ergebnis der Abstimmung entscheidet das Gericht.

[1] In den Entscheidungsgründen des Urteils nicht erkennbar zu machen. Rechtspr. d. RG. 2, 70.

195. (197.) **Kein Richter, Schöffe oder Geschworener darf die Abstimmung über eine Frage verweigern, weil er bei der Abstimmung über eine vorhergegangene Frage in der Minderheit geblieben ist.**

196. (198.) **Die Entscheidungen erfolgen, soweit das Gesetz nicht ein anderes bestimmt,[1] nach der absoluten Mehrheit der Stimmen.[2]**

Bilden sich in Beziehung auf Summen, über welche zu entscheiden ist, mehr als zwei Meinungen, deren keine die Mehrheit für sich hat, so werden die für die größte Summe abgegebenen Stimmen den für die zunächst geringere abgegebenen so lange hinzugerechnet, bis sich eine Mehrheit ergibt.

Bilden sich in einer Strafsache, von der Schuldfrage abgesehen, mehr als zwei Meinungen, deren keine die **erforderliche**[3] Mehrheit für sich hat, so werden die dem Beschuldigten nachteiligsten Stimmen den zunächst minder nachteiligen so lange hinzugerechnet, bis sich **die erforderliche**[3] Mehrheit ergibt. [3]**Bilden sich in der Strafftrage**[4] **zwei Meinungen, ohne daß eine die erforderliche Mehrheit für sich hat, so gilt die mildere Meinung. Ergibt sich in dem mit zwei Richtern und zwei Schöffen besetzten Schöffengerichte, von der Schuld- und Strafftrage abgesehen, Stimmengleichheit, so gibt die Stimme des Vorsitzenden den Ausschlag.**[5]

[1] Zur Bejahung der Schuldfrage und zu jeder dem Angeklagten nachteiligen Entscheidung über die Bemessung der Strafe ist Zweidrittelmehrheit nötig: § 263 Abs. 1 StPO. n. F. — Zur Verneinung der Frage wegen mildernder Umstände genügte früher absolute Mehrheit: vgl. § 262 Abs. 2 mit § 266 Abs. 2, 3, auch §§ 297 Abs. 2, 307 Abs. 2 StPO. a. F. Pr. z. StPO. 756—758. Jetzt ist nach § 263 Abs. 1 StPO. n. F. Zweidrittelmehrheit nötig, weil die Frage, ob mildernde Umstände vorhanden sind, zur Strafbemessung gehört. Vgl. § 267 Abs. 3 S. 2 StPO. n. F., Rechtspr. d. RG. 7, 378.

[2] Abstimmung über die Elemente des Urteils oder über das Resultat? Pr. 47—54, Pr. z. StPO. 461—468. — Im Strafverfahren muß die **Schuldfrage** ungeteilt zur Abstimmung gebracht werden. RG. 2, 379, 8, 218. Dagegen ist über das Vorhandensein **strafmildernder Umstände** (§ 267 Abs. 3 S. 2 StPO. n. F.) getrennt abzustimmen. RG. 5, 404. **Auch** über Tatsachen, welche die **Strafbarkeit erhöhen oder vermindern** (§ 263 Abs. 2 StPO. n. F.). RG. 20, 171. Es muß zunächst über den höheren Schuldgrad der Tat und, falls sich hierfür eine Majorität nicht ergibt, über den minderen Schuldgrad abgestimmt werden (z. B. zunächst über Diebstahl, dann über Hehlerei), wobei die mit der Annahme

des ersten Schuldgrades abgestimmten Gerichtsmitglieder sich denjenigen, die den zweiten Schuldgrad annehmen, anschließen müssen. JW. 02, 301[9]. Wegen der Abstimmung über Strafausschließungsgründe (z. B. Widerruf einer fahrlässig unrichtig abgegebenen Zeugenaussage § 163 StGB., Aufgeben des Zweikampfes § 204 StGB., freiwilliger Rücktritt vom Versuch § 46 Nr. 1, 2 StGB., Löschen des begonnenen Brandes § 310 StGB.) s. RG. 16, 347.

[3] Auf Grund des § 20 Abs. 2 und der Ermächtigung im § 43 Abs. 1 VO. v. 4./1. 24 sind durch die Text-Bek. v. 22./3. 24 im Abs. 3 S. 1 das Wort „erforderliche" zwischen die Worte „die" und „Mehrheit" eingefügt, in dem Nebensatz „bis sich .... ergibt" das Wort „eine" durch die Worte „die erforderliche" ersetzt und dem Abs. 3 die Sätze 2 und 3 hinzugefügt worden.

[4] Z. B. in der Frage: ob mildernde Umstände vorhanden sind (vgl. Anm. 1), ob auf Freiheits- oder Geldstrafe zu erkennen ist, ob Nebenstrafen zu verhängen sind (§§ 32, 35, 38, 40, 41, 358 StGB.), ob der Strafzweck durch eine Geldstrafe erreicht werden kann (§ 27b StGB.), ob die Untersuchungshaft anzurechnen ist (§ 60 StGB.).

[5] Wegen Nichtbefolgung der Vorschriften der §§ 196, 197 kann das Urteil nicht angefochten werden, es sei denn, daß in dem Urteil selbst eine Verletzung dieser Vorschriften festgestellt ist. RG. 38, 412.

197. (199.) [1]**Die Richter stimmen nach dem Dienstalter, bei gleichem Dienstalter nach dem Lebensalter, Handelsrichter, Schöffen und Geschworene nach dem Lebensalter; der jüngere stimmt vor dem älteren. Die Schöffen und Geschworenen stimmen vor den Richtern.[2] Wenn ein Berichterstatter[3] ernannt ist, so stimmt er zuerst. Zuletzt stimmt der Vorsitzende.[4]**

[1] Früher lautete der § 199 (jetzt 197): „Die Reihenfolge bei der Abstimmung richtet sich nach dem Dienstalter, bei den Schöffengerichten und den Kammern für Handelssachen nach

dem Lebensalter; der Jüngste stimmt zuerst, der Vorsitzende zuletzt. Wenn ein Berichterstatter ernannt ist, so gibt dieser seine Stimme zuerst ab.“ (Abs. 1). „Bei der Abstimmung der Geschworenen richtet sich die Reihenfolge nach der Auslosung. Der Obmann stimmt zuletzt.“ (Abs. 2). Die jetzige Fassung hat der Paragraph auf Grund des § 20 Abs. 1 und der Ermächtigung im § 43 Abs. 1 VO. v. 4./1. 24 durch die Text-Bek. v. 22./3. 24 erhalten.

2 Ebenso im großen Jugendgericht nach § 24 Abs. 2 S. 1 Jugendgerichtsges. v. 16./2. 23 (RGBl. I 135).

3 Ein Berichterstatter kann auch in Strafsachen bereits nach Eröffnung des Hauptverfahrens bestellt werden. Der in diesem Abschnitte des Verfahrens zum Berichterstatter bestellte Richter ist von der Ausübung des Richteramtes in der Hauptverhandlung nicht kraft Gesetzes ausgeschlossen. RG. 40, 155.

4 Vgl. für den Fall der Nichtbefolgung dieser Vorschriften Anm. 5 § 196.

198. (200.) **Schöffen und Geschworene**[1] **sind verpflichtet, über den Hergang bei der Beratung und Abstimmung Stillschweigen zu beobachten.**[2]

1 Bei Richtern folgt diese Pflicht aus der Amtsverschwiegenheit. Begr. 207. Vgl. auch Anm. 2 § 1. — Durch § 53 Abs. 3 GewGG. v. 29./9. 01 ist die Vorschrift des § 198 (früher 200) auch auf die Gewerbegerichtsbeisitzer ausgedehnt; vgl. über die Frage des Vorliegens grober Amtspflichtverletzung im Sinne des § 21 Abs. 3 GewGG. durch Zuwiderhandlung gegen die Schweigepflicht eines solchen Beisitzers RG. 47, 365. — Grundsätzlich **unzulässig** ist es, die an der Entscheidung eines Kollegiums beteiligten **Richter über die Art und Weise des Zustandekommens des Richterspruchs als Zeugen** zu vernehmen. RG. 26, 202, RG. 89, 16, JW. 24, 1721[2]. Vgl. aber RG. 89, 16 darüber, daß, wenn es sich um Haftung eines Richters für einen durch eine ungerechtfertigte kollegiale Entscheidung verursachten Schaden handelt, eine Vernehmung der beteiligten Richter darüber, daß der betreffende Richter überstimmt worden, zulässig ist.

2 Daher dürfen von den Schöffen oder Geschworenen ebensowenig wie von den Richtern (Anm. 1) Zeugenaussagen über

das Zustandekommen des Urteils gefordert werden. RG. 28, 242, auch Gr. 56, 631. Jedoch kann anderer Beweis dafür angetreten und vom Gericht nach freier Beweiswürdigung festgestellt werden, daß gewisse äußere Vorgänge (z. B. die Aussage eines Zeugen, die Angabe eines Mitangeklagten) für die Entschließung der Schöffen oder Geschworenen bestimmend gewesen ist. Gr. 56, 633, (JW. 12, 76[19]).

Siebzehnter Titel.

Gerichtsferien.

Rücksicht auf Sonn- und Feiertage: ZPO. §§ 188 Abs. 1 (Zustellungen), 216 (Termine), 228 Abs. 1 (Fristablauf), 761 Abs. 1 (Vollstreckungshandlungen); StPO. § 48 Abs. 2 (Fristablauf).

199. (201.) Die Gerichtsferien beginnen am 15. Juli und endigen am 15. September.[1]

[1] Der 15. September fällt noch in die Ferien. JW. 16, 52[13].

200. (202.) Während der Ferien werden nur in Feriensachen Termine abgehalten und Entscheidungen[1] erlassen.[2]

Feriensachen sind:[3]

1. Strafsachen;
2. Arrestsachen und die eine einstweilige Verfügung betreffenden Sachen;[4]
3. Meß- und Marktsachen;[5]
4. Streitigkeiten zwischen dem Vermieter und dem Mieter oder Untermieter von Wohnräumen oder anderen Räumen oder zwischen dem Mieter und dem Untermieter solcher Räume wegen Ueberlassung, Benutzung oder Räumung sowie wegen Zurückhaltung der von dem Mieter oder dem Untermieter[6] in die Mietsräume eingebrachten Sachen;[7]
5. [8]Streitigkeiten zwischen Dienstherrschaft und Ge-

finde, zwischen Arbeitgebern und Arbeitern hinsichtlich des Dienst- oder Arbeitsverhältnisses sowie die im **§ 4 Nr. 1 bis 4 des Gewerbegerichtsgesetzes in der Fassung der Bekanntmachung vom 29. September 1901 (Reichsgesetzbl. S. 353) und des Gesetzes vom 14. Januar 1922 (Reichsgesetzbl. I S. 155[9]) und im § 5 Nr. 1 bis 4 des Gesetzes, betreffend Kaufmannsgerichte, vom 6. Juli 1904 (Reichsgesetzbl. S. 266) in der Fassung des Gesetzes vom 14. Januar 1922 (Reichsgesetzbl. I S. 155)** bezeichneten Streitigkeiten;

6. [8]Ansprüche aus dem außerehelichen Beischlaf;[10]
7. [8]Wechselsachen;[11]
8. [8]**Regreßansprüche aus einem Scheck**;[11a]
9. [8]Bausachen, wenn über Fortsetzung eines angefangenen Baues gestritten wird.

[12]In dem Verfahren vor den Amtsgerichten hat das Gericht auf Antrag[13] auch andere Sachen als Feriensachen zu bezeichnen.[14] Werden in einer Sache, die durch Beschluß des Gerichts als Feriensache bezeichnet ist, in einem Termine zur mündlichen Verhandlung einander widersprechende Anträge gestellt, so ist der Beschluß aufzuheben, sofern die Sache nicht besonderer Beschleunigung[1] bedarf.[15a]

[16]In dem Verfahren vor den Landgerichten sowie in dem Verfahren in den höheren Instanzen soll das Gericht auf Antrag[13] auch solche Sachen, welche nicht unter die Vorschrift des Abs. 1 fallen, soweit sie besonderer Beschleunigung bedürfen,[15] als Feriensachen bezeichnen.[17]

Die Bezeichnung kann vorbehaltlich der Entscheidung des Gerichts durch den Vorsitzenden erfolgen.

[1] **Weder Urteile noch Beschlüsse** sachlichen Inhalts dürfen in Sachen, die nicht Feriensachen sind, erlassen werden. Die Vorschriften des § 200 sind absolut gebietende. Ist in einer Sache, die weder nach Abs. 2 noch nach Abs. 3, 4 Feriensache ist, eine Entscheidung ergangen, so kann sie **durch** die gewöhnlichen **Rechtsmittel zur Aufhebung** gebracht werden. RG. 31, 431, Gr. 44, 1143, (JW. 99, 672[1]), OLG. 9, 439, 14, 143. **Dagegen** werden **prozeßleitende Verfügungen** (Terminsanberaumungen u. dgl.) auch während der Ferien erlassen. Pr. 697. Vgl. bezüglich der Ausnahme für Beschlüsse im Kostenfestsetzungsverfahren § 202. Ueber **Armenrechtsgesuche behufs Einlegung eines Rechtsmittels** ist nur zu entscheiden, wenn die Zustellung des Urteils nachgewiesen und dadurch dargetan wird, daß die Notfrist für das Rechtsmittel in Lauf gesetzt ist und eine sofortige Entscheidung über das Armenrechtsgesuch erforderlich macht. OLG. 33, 48.

[2] Lauf der Fristen: § 223 ZPO. — Diese Vorschrift findet aber nur auf **prozessuale Fristen**, nicht auf materiellrechtliche, den Verlust des Klagerechtes herbeiführende (Verjährungs-) Fristen Anwendung. RG. 68, 55.

[3] Ferner: Streitigkeiten wegen: Störung elektrischer Anlagen, §§ 12, 13 Abs. 2 RGes. v. 6./4. 92.

[4] §§ 916—945 ZPO. [5] §§ 30, 217, 262, 499 ZPO.

[6] Durch das Ges. v. 17./5. 98 sind die Worte „oder dem Untermieter" hinzugefügt. Vgl. § 28 GVG. Anm. 5 u. § 709 Nr. 1 ZPO.

[7] **Nicht** auf **Pachtverhältnisse** anzuwenden. OLG. 29, 77. Vgl. Anm. 6 § 23.

[8] Nr. 5 ist als frühere Nr. 4a durch das Ges. v. 17./5. 98 besonders deshalb hinzugefügt, weil auch auf das Verfahren vor den Gewerbe- (und Kaufmanns-) Gerichten die Ferien ohne Einfluß sind. — Der Schluß lautete ursprünglich: „sowie die im § 3 Abs. 1 Nr. 1, 2 des Gesetzes, betreffend die Gewerbegerichte, vom 29. Juli 1890 bezeichneten Streitigkeiten". Durch die Nov. v. 1./6. 09 erhielt er die Fassung: „sowie die im § 4 Abs. 1 Nr. 1 bis 4 des Gewerbegerichtsgesetzes (Reichs-Gesetzbl.

1901 S. 353) und im § 5 Nr. 1 bis 4 des Gesetzes, betreffend Kaufmannsgerichte, vom 6. Juli 1904 (Reichs-Gesetzbl. S. 266) bezeichneten Streitigkeiten", wobei die neue Fassung des Gewerbegerichtsgesetzes v. 29./9. 01 sowie das Kaufmannsgerichtsgesetz berücksichtigt wurden, so daß seitdem auch Streitigkeiten zwischen Kaufleuten und ihren Handlungsgehilfen oder Lehrlingen Feriensachen sind. Auf Grund der Ermächtigung im § 43 Abs. 1, 2 VO. v. 4./1. 24 hat sodann durch die Text-Bek. v. 22./3. 24 die Nr. 4a als neue Nr. 5 wegen der Aenderungen des GGes. und des KGGes. durch das Ges. v. 14./1. 22 die jetzige Fassung erhalten, sind die früheren Nr. 4a, 4b, 5 durch die Nr. 5, 6, 7 ersetzt und ist mit Rücksicht auf § 28 Abs. 3 S. 2 Scheckgesetz v. 11./3. 08 als Nr. 8 eingefügt „Regreßansprüche aus einem Scheck" (vgl. Anm. 11a), so daß die frühere Nr. 6 („Bausachen") zur Nr. 9 geworden ist.

9 Vgl. Anm. 7 § 28. 10 Hinzugefügt durch die Nov. v. 1./6. 09.

11 Vgl. § 95 Nr. 2, ZPO. §§ 602—605, 708 Nr. 4. — Nicht erforderlich ist, daß die Klage aus dem Wechsel im **Wechselprozeß** erhoben worden ist, vielmehr liegt immer eine Wechselsache vor, wenn ein Wechselanspruch eingeklagt ist. RG. 64, 164, 78, 316, JW. 07, 313[15] (a. M. JW. 10, 294[35], OLG. 11, 337). Ein Wechselanspruch ist auch ein Anspruch aus einem Wechsel in fremder Sprache und aus Art. 95 WO. RG. 64, 164. Keine Feriensache aber ist gegeben, wenn die Klage außer einem Wechselanspruch auch Ansprüche aus anderen, nicht unter § 200 Abs. 2 fallenden Rechtsverhältnissen umfaßt. RG. 78, 319. Anderseits liegt eine Wechselsache auch dann vor, wenn aus einem Wechsel gegen denjenigen geklagt wird, der nicht aus Wechselzeichnung, sondern nur deswegen Schuldner ist, weil er die von einem anderen eingegangene Wechselschuld übernommen hat. RG. 78, 319.

11a §§ 15, 16, 18 Scheckges. (Anm. 8). Vgl. Anm. 6a § 95.

12 Abs. 3 ist durch die Nov. v. 1./6. 09 hinzugefügt. Bei den Amtsgerichten soll durch die auf Antrag erfolgende vorläufige Behandlung aller Sachen als Feriensachen die Erlangung eines vollstreckbaren Titels beschleunigt werden.

13 Der Antrag braucht nicht ausdrücklich gestellt zu werden. Er liegt z. B. darin, daß eine Bewilligung des Armenrechts

zwecks Einlegung des Rechtsmittels gegen ein bereits zugestelltes Urteil nachgesucht wird. RG. 55, 327. — Der Antrag muß aber die zur Begründung aufgestellten Behauptungen glaubhaft machen, damit das Bedürfnis besonderer Beschleunigung nachgeprüft werden kann. OLG. 33, 44 Anm. 2.

14 Ohne vorherige Prüfung des Bedürfnisses der Beschleunigung (vgl. jedoch JW. 10, 373[59], wonach, wenn bereits Termin nach den Ferien anberaumt ist, der Antrag auf Bezeichnung als Feriensache nicht mehr zulässig sein soll und wo auf einen mit Begründung des Bedürfnisses der Beschleunigung zu stellenden Antrag auf Terminsvorverlegung hingewiesen wird). Anders Abs. 4. — Vor oder während der Ferien.

15 Eine bedrängte Lage des Klägers und die angebliche Absicht des Beklagten, den Prozeß zu verschleppen, rechtfertigen die Behandlung einer streitig gewordenen Sache als Feriensache jedenfalls dann nicht, wenn die Erledigung der Sache innerhalb der Ferien nicht zu erwarten steht. JW. 98, 459[1], OLG. 3, 317.

15a Da die Aufhebung des die Amtsgerichtssache als Feriensache bezeichnenden Beschlusses einer Ablehnung des früher gestellten Antrages gleichkommt, findet gegen den aufhebenden Beschluß gemäß § 567 ZPO. Beschwerde statt. Vgl. Anm. 17.

16 Abs. 4 in d. Fass. d. Nov. v. 1./6. 09 entspricht dem früheren Abs. 3. Dieser galt aber auch für das amtsgerichtliche Verfahren. Insoweit ist er durch den neuen Abs. 3 ersetzt. Im übrigen ist an Stelle des früheren Wortes „kann" gesetzt „soll", um den Gerichten zum Bewußtsein zu bringen, daß die Entscheidung nicht in ihrem Belieben steht. Begr. 25.

17 Gegen den ablehnenden Beschluß findet **Beschwerde** (§ 567 ZPO.) statt. JW. 92, 392. Dagegen nicht gegen den Beschluß, durch den die Sache als Feriensache bezeichnet ist, selbst wenn diese Anordnung erst vom Beschwerdegericht auf die Beschwerde des Antragstellers getroffen ist. RG. 31, 410, JW. 96, 571[4].

201. (203.) Zur Erledigung der Feriensachen können bei den Landgerichten Ferienkammern, bei den Oberlandesgerichten und dem Reichsgerichte Feriensenate gebildet werden.[1]

1 Unter entsprechender Anwendung der Grundsätze der §§ 62—64, 117, 131. RG. 37, 60, 40, 84, 54, 253, 56, 143. Jedoch dürfen die Ferien nicht dem laufenden Geschäftsjahr wie ein selbständiges Geschäftsjahr gegenübergestellt und die genannten Vorschriften nicht dahin verstanden werden, daß die Regelung für die Ferien, schlechthin und ohne Rücksicht auf die durch sie geschaffene besondere Geschäftslage, genau ebenso erfolgen müsse, als handle es sich um eine Geschäftsverteilung „vor Beginn des Geschäftsjahres" (§§ 62, 63). RG. 56, 145. Daher müssen zwar die Ferienkammern durch einen Beschluß des Präsidiums gebildet werden. RG. 37, 59, 40, 85. Jedoch darf hinsichtlich der Anwendung des § 62 von der Befolgung des Grundsatzes, wonach in den Kammern der Präsident oder ein Direktor den Vorsitz zu führen hat, mit Rücksicht auf die Umgestaltung der Geschäftslage während der Ferien ausnahmsweise abgesehen werden, dann nämlich wenn die Geschäftsverhältnisse und die Beurlaubungen größeren Umfangs seine Durchführung tatsächlich nicht gestatten. Ob dies im Einzelfall zutrifft, darüber hat das pflichtmäßige Ermessen des Präsidiums zu entscheiden (das in der Revisionsinstanz nicht nachzuprüfen ist, z. B. nicht, wenn einer Ferienkammer nicht ein Direktor, sondern ein Landgerichtsrat als Vorsitzender zugeteilt worden ist). RG. 56, 145. Auch können die Ferienkammern unter Zuziehung von Amtsrichtern als Ergänzungsrichtern, aber nur für einzelne Sitzungen, gebildet werden, wenn Mitglieder des Landgerichts nicht in genügender Zahl verfügbar sind. RG. 40, 84. Vgl. für Preußen: §§ 38, 48 AG. v. 24./4. 78 (GS. 280).

202. (204.) **Auf das Kostenfestsetzungsverfahren,[1] das Mahnverfahren,[2] das Zwangsvollstreckungsverfahren[3] und das Konkursverfahren[4] sind die Ferien ohne Einfluß.[5]**

1 Das Kostenfestsetzungsverfahren (§§ 103 ff. ZPO.) ist durch die Nov. v. 1./6. 09 hinzugefügt. Danach ist auch das Verfahren auf Erinnerung gegen den Festsetzungsbeschluß des Gerichtsschreibers (§ 104 Abs. 3 ZPO.) sowie das Beschwerdeverfahren Feriensache. — Auch die Streitwertfestsetzung hat gegebenenfalls in den Ferien zu erfolgen, da sie die Grundlage für das Kostenfestsetzungsverfahren bildet, ohne die eine ab-

schließende Entscheidung über die Höhe der zu erstattenden Kosten nicht möglich ist. OLG. 33, 122 Anm.

[2] §§ 688 ff. ZPO.

[3] §§ 704 ff. ZPO. — Gleichviel, ob die Vollstreckungshandlung von dem Gerichtsvollzieher oder dem Gericht oder dem Gerichtsschreiber vorzunehmen ist. — Das Verteilungsverfahren (§§ 872 ff. ZPO.) gehört auch dazu. Daher wird der Lauf der einmonatigen Frist für die Widerspruchsklage (§ 878 ZPO.) durch die Gerichtsferien nicht gehemmt. JW. 98, 222[14]. — Dagegen gehört das Verfahren aus § 109 ZPO. nicht dazu. Daher wird der Lauf der nach § 109 Abs. 1 bestimmten Frist durch die Gerichtsferien gehemmt (§ 223 Abs. 1 ZPO.). OLG. 33, 44.

[4] §§ 71 ff. KO.

[5] Auch auf das gerichtliche Verfahren in Angelegenheiten der freiwilligen Gerichtsbarkeit, § 10 FGG.

Anhang.

I. Gesetz zur Entlastung der Gerichte.

Vom 11. März 1921 (RGBl. von 1921, Nr. 29, S. 229).

In Kraft vom 1. April 1921*).

Das Gesetz hat das **Gerichtsverfassungsgesetz** (Art. I), die **Bekanntmachung zur Entlastung der Gerichte** i. d. Fass. vom 18. 5. 16 (RGBl. 1915 S. 562, 1916 S. 393) (Art. II), die Strafprozeßordnung (Art. III), das Ges. gegen den Verrat militärischer Geheimnisse v. 3. 6. 14 (RGBl. 195) (Art. IV), das Ges., betr. Aufhebung der Militärgerichtsbarkeit, v. 17. 8. 20 (RGBl. 1579) (Art. V) abgeändert und **die Landesjustizverwaltungen ermächtigt**, gewisse richterliche Geschäfte dem Gerichtsschreiber sowie die Strafvollstreckung dem Gerichtsschreiber, dem Amtsanwalt oder bei der Staatsanwaltschaft hierfür zu bestellenden Beamten zur selbständigen Erledigung zu übertragen. Damit ist eine Entlastung sowohl der Zivil- und der Strafgerichte wie der Staatsanwaltschaften bezweckt worden. Ueber diesen Zweck hinaus waren in den Art. I des Gesetzes die Nr. 6 (Zulassung der Volksschullehrer und der Dienstboten zum Amte eines Schöffen und Geschworenen) und die Nr. 10 (Beseitigung der Ordnungsstrafe gegen Rechtsanwälte und Verteidiger) eingestellt worden; s. dazu Bem. zu Art. I.

Artikel I.

(Betrifft Aenderungen des Gerichtsverfassungsgesetzes, die zum größten Teile inzwischen überholt, im übrigen bereits oben in das GVG. aufgenommen sind.)

---

*) Der Entwurf des Gesetzes mit den von dem Rechtsausschusse des Reichstags vorgenommenen Aenderungen nebst Begründung ist veröffentlicht im Preuß. Justiz-Ministerial-Blatt 1921, Nr. 9, S. 137 ff.

Artikel II.

(Betrifft Aenderungen des inzwischen aufgehobenen § 20 der Bekanntmachung zur Entlastung der Gerichte.)

Artikel III.

(Betrifft Aenderungen der Strafprozeßordnung.)

Artikel IV.

(Betrifft Aenderung des § 18 des Gesetzes gegen den Verrat militärischer Geheimnisse vom 3. Juni 1914.)

Artikel V.

(Betrifft einen Zusatz zum § 19 des Gesetzes, betreffend die Aufhebung der Militärgerichtsbarkeit, vom 17. August 1920.)

Artikel VI.

Die Vorschriften des Artikels VI ermöglichen den Landesjustizverwaltungen, Richter und Staatsanwälte dadurch zu entlasten, daß Geschäfte, die bisher von diesen Beamten erledigt werden mußten, anderen Beamten übertragen werden. Dabei sind ausschließlich solche Geschäfte ausgewählt, die bisher überwiegend von dem Gerichtschreiber oder dem Sekretär der Staatsanwaltschaft vorbereitet wurden. Auf dem Gebiete der freiwilligen Gerichtsbarkeit, auf dem bereits das bisher geltende Recht den Ländern einen weiten Spielraum zum Erlaß eigener Vorschriften gab, wird dagegen eine umfassendere, nur in ihren allgemeinen Voraussetzungen näherbegrenzte Ermächtigung erteilt. Begr. zu Art. VI Abs. 1. In welchem Umfange die Landesjustizverwaltungen von der Ermächtigung Gebrauch machen, bleibt ihrem Ermessen überlassen. Sie können sich darauf beschränken, nur einige der übertragbaren Geschäfte zu übertragen, oder den im allgemeinen umschriebenen Kreis der übertragbaren Tätigkeit enger begrenzen. Insbesondere wäre es möglich, daß eine Landesjustizverwaltung nur einen Teil der Strafvollstreckung, z. B. die Vollstreckung von Geldstrafen, einem Gerichtschreiber, Amtsanwalt oder Sekretär der Staatsanwaltschaft überträgt. Die Landesjustizverwaltungen haben es auch in der Hand, den Uebergang der Geschäfte an Gerichtsschreiber usw. an bestimmte Voraussetzungen zu knüpfen; sie brauchen deshalb insbesondere, auch wenn sie von der Ermächtigung Gebrauch machen, diese nicht für alle Gerichte und auch nicht überall in dem gleichen Umfang auszuüben. Begr. zu Art. VI Abs. 2.

Ausführungsbestimmungen zu Art. VI des Ges. v. 11./3. 21 für Preußen: (früher §§ 2 bis 6 AllgVf. v. 3./3. 21 [JMBl. 133], jetzt) Entlastungsverfügung vom 28./5. 23 (JMBl. 401), 19./7. 24 (JMBl. 281), 28./1. 25 (JMBl. 50) (s. Anhang II) nebst Rundverf. dazu v. 29./5. 23 (JMBl. 410). Vgl. auch Verf. v. 5./2. 23 (JMBl. 88) (selbständige Zahlungsanweisung durch den Rechtspfleger).

§ 1.

Die Landesjustizverwaltungen werden ermächtigt,

I.[1] zu bestimmen, daß Gerichtsschreiber die Entscheidung über den Erlaß des Vollstreckungsbefehls auch im Falle der Ablehnung zu treffen haben[2] sowie die Vollstreckungsklausel im Falle des § 730 Abs. 1 und des § 733 der Zivilprozeßordnung ohne Einholung einer Anordnung des Vorsitzenden erteilen können;[3]

II.[1] die Erledigung der folgenden Geschäfte des Richters Gerichtsschreibern zur selbständigen Erledigung zu übertragen:

1.[4] die nach § 109 und § 715 der Zivilprozeßordnung, betreffend Rückgabe von Sicherheiten, zu treffenden Entscheidungen;

2.[5] den Erlaß von Zahlungsbefehlen;

3.[6] die in bezug auf die Zwangsvollstreckung in Forderungen und andere Vermögensrechte nach §§ 828 bis 863 der Zivilprozeßordnung zu treffenden Entscheidungen;

4.[7] die in den Fällen der §§ 771, 805 vom Vollstreckungsgerichte gemäß § 769 Abs. 2

der Zivilprozeßordnung zu treffenden Entscheidungen;

5. Anordnungen des Arrestgerichts auf Klageerhebung[8] und Aufhebung des vollzogenen Arrestes nach Hinterlegung des in dem Arrestbefehle festgestellten Geldbetrags;[9]

III.[10] die Strafvollstreckung mit Ausnahme der Entscheidungen über Aufschub und Unterbrechung der Strafvollstreckung sowie der richterlichen Entscheidungen gemäß §§ 490 bis 494 der Strafprozeßordnung[11] Gerichtsschreibern, Amtsanwälten oder bei der Staatsanwaltschaft hierfür zu bestellenden Beamten zu übertragen.[12]

[1] Auf Einwendungen gegen die Entscheidungen des Gerichtsschreibers finden die Vorschriften des § 576 und des § 577 Abs. 4 ZPO. Anwendung (Entscheidung des Prozeßgerichts nachzusuchen, gegen dessen Entscheidung Beschwerde im Rahmen des § 567; unterliegt der Beschluß des Prozeßgerichts der Anfechtung durch sofortige Beschwerde, so ist dessen Entscheidung auf dem für die Einlegung der Beschwerde vorgeschriebenen Wege binnen der Notfrist von zwei Wochen nachzusuchen, z. B. in den Fällen der Nr. II 3 u. 4). Die Anwendung dieser Vorschriften auf den Erlaß eines Zahlungsbefehls durch den Gerichtsschreiber (Nr. II 2) kommt aber nicht in Frage, weil das Gesetz hier den Widerspruch als den einzigen Weg vorgeschrieben hat, auf dem der Schuldner Einwendungen gegen den Zahlungsbefehl geltend machen kann (§§ 692, 694, ZPO). Unter dem Prozeßgericht im Sinne der angeführten Vorschriften ist das Gericht zu verstehen, dem der Gerichtsschreiber angehört. Begr. zu Art. VI Abs. 3.

[2] § 699 Abs. 2 S. 1 ZPO. — Preußen: § 16 Abs. 1b, Abs. 2 EntlVerf. v. 28./5. 23 (JMBl. 401) (s. Anhang II).

[3] Preußen: § 16 Abs. 1c, Abs. 2 EntlVerf. (Anm. 2).

[4] Preußen: § 16 Abs. 1d, Abs. 2 EntlVerf. (Anm. 2).

[5] Preußen: § 16 Abs. 1a, Abs. 2 EntlVerf. (Anm. 2).

[6] Preußen: § 16 Abs. 1e, Abs. 2 EntlVerf. (Anm. 2).

[7] Preußen: § 16 Abs. 1f EntlVerf. (Anm. 2).

[8] §§ 926 Abs. 1, 936 ZPO. — Preußen: § 16 Abs. 1g, Abs. 2 EntlVerf. (Anm. 2).

[9] §§ 923, 934 Abs. 1 ZPO. — Preußen: § 16 Abs. 1h, Abs. 2 EntlVerf. (Anm. 2).

[10] Preußen: § 15 EntlVerf. (Anm. 2).

[11] Jetzt § 458 bis 462 StPO. n. F.

[12] Ueber Einwendungen gegen die Maßnahmen dieser Beamten vgl. § 3 Abs. 1.

§ 2.

[1]Auf dem Gebiete der freiwilligen Gerichtsbarkeit werden die Landesjustizverwaltungen ferner ermächtigt, Gerichtsschreiber mit der selbständigen Erledigung von Geschäften zu beauftragen, die nach reichsrechtlichen Vorschriften durch den Richter wahrzunehmen sind.[2]

Es sollen einem Gerichtsschreiber nur solche Geschäfte übertragen werden, die einfacherer Art sind und zu deren Erledigung er mit Rücksicht auf seine Berufsbildung und die durch seine praktische Betätigung gewonnenen Erfahrungen geeignet ist. Die Beurkundung einer Verfügung von Todes wegen oder eines Ehevertrags sowie die Verhängung von Ordnungsstrafen können einem Gerichtsschreiber nicht übertragen werden.

[1] Preußen: §§ 17 bis 22, 27 bis 32 EntlVerf. vom 28./5. 23 (JMBl. 401), 19./7. 24 (JMBl. 281), 28./1. 25 (JMBl. 50) (s. Anhang Nr. II). Vgl. auch Ges., betr. die Uebertragung richterlicher Geschäfte auf die Gerichtsschreiber: in **Grundbuchsachen** v. 14./12. 20 (GS. 21 S. 75) und dazu §§ 23 bis 26 EntlVerf.; in **Zwangsversteigerungs- und Zwangsverwaltungssachen** v. 15./12. 23 (GS. 552).

[2] Ueber Einwendungen gegen Entscheidungen des Gerichtsschreibers vgl. § 3 Abs. 2.

§ 3.

Ueber Einwendungen gegen Maßnahmen zur Strafvollstreckung, die von den im § 1 Nr. III bezeichneten

Beamten getroffen worden sind, entscheidet der Staatsanwalt oder der Amtsrichter, an dessen Statt der Beamte entschieden hat.

Auf Einwendungen gegen Entscheidungen des Gerichtsschreibers in den ihm auf Grund des § 2 zur selbständigen Erledigung übertragenen Angelegenheiten finden die Vorschriften des § 576 und des § 577 Abs. 4 der Zivilprozeßordnung entsprechende Anwendung mit der Maßgabe, daß an die Stelle des Prozeßgerichts das Gericht tritt, an dessen Statt der Gerichtsschreiber entschieden hat.

Artikel VII.

Dieses Gesetz tritt am 1. April 1921 in Kraft. Gleichzeitig tritt das Gesetz zur Vereinfachung der Strafrechtspflege vom 21. Oktober 1917 (Reichs-Gesetzbl. S. 1037) außer Kraft.

II. Preußische Allgemeine Entlastungsverfügung.

Vom 28. Mai 1923 (JMBl. 401).

Sie betrifft unter Aufhebung der früheren Allgemeinen Verfügungen v. 25./1. 21, 3./3. 21 §§ 2 bis 7, 11./6. 21 und 7./6. 21 (JMBl. 75, 133, 339, 341) die Ausführung des Reichsgesetzes zur Entlastung der Gerichte v. 11. März 1921 (Anhang Nr. I) und des preußischen Gesetzes, betr. die Uebertragung richterlicher Geschäfte in Grundbuchsachen auf die Gerichtsschreiber, vom 14. Dezember 1920 (GS. 1921 S. 75), und ist ergänzt (§ 24 Abs. 3) durch die Allgem. Verfügungen vom 19. Juli 1924 (JMBl. 281) u. vom 28. Januar 1925 (JMBl. 50).

Vgl. dazu Rundverf. v. 29./5. 23 (JMBl. 410). Vgl. auch Ges., betr. die Uebertragung richterlicher Geschäfte in Zwangsversteigerungs- und Zwangsverwaltungssachen auf Gerichtsschreiber, v. 15./12. 23 (GS. 552).

I. Allgemeine Bestimmungen.

§ 1. Einfachere Geschäfte der Richter und Staatsanwälte können nach näherer Maßgabe dieser Verfügung durch Beamte des mittleren Dienstes als Rechtspfleger selbständig wahrgenommen werden.

Die dienstliche Stellung dieser Beamten und ihre Pflicht zur Wahrnehmung der Bürogeschäfte bleiben unberührt; insbesondere bleiben die Bestimmungen der Allgemeinen Verfügung vom 9. November 1910 (JMBl. S. 393) in Kraft.

§ 2. Die selbständige Wahrnehmung richterlicher oder staatsanwaltlicher Geschäfte durch Rechtspfleger erfolgt nur insoweit, als für die betreffende Behörde eine Entlastung der Richter oder Staatsanwälte angeordnet ist.

Eine Entlastung soll angeordnet werden, soweit sie sich bei Prüfung der örtlichen Verhältnisse als zweckmäßig erweist. Bei dieser Prüfung ist auf alle persönlichen und geschäftlichen Verhältnisse Rücksicht zu nehmen, insbesondere auch darauf, daß das Vertrauensverhältnis des Richters zur Bevölkerung, zumal bei kleineren Gerichten, nicht beeinträchtigt wird, ferner darauf, ob und inwieweit bisher eine Entlastung auf Grund der Nr. 6 der Allgemeinen Verfügung vom 9. November 1910 stattgefunden hat. Eine volle oder beschränkte Entlastung kann auch für einen bestimmten Zeitraum (z. B. aus Anlaß einer vorübergehenden Steigerung richterlicher Geschäfte, einer Verhinderung des Richters, der Gerichtsferien) angeordnet werden. Sie kann auch, wenn die Voraussetzungen fortfallen, aufgehoben oder eingeschränkt werden.

Wird eine Entlastung angeordnet, so gelten in den Grenzen dieser Anordnung die in den §§ 15, 16, 18, 19, 20, 23, 27, 31, 32 als geeignet bezeichneten sowie die von den Landgerichtspräsidenten (dem Amtsgerichtspräsidenten) auf Grund der §§ 21, 24, 28, 32 bezeichneten Geschäfte als übertragen.

§ 3. Die selbständige Wahrnehmung der übertragenen Geschäfte erfolgt nach Maßgabe der Geschäftsverteilung durch

a) die Justizoberinspektoren, Justizinspektoren und Dolmetscheroberinspektoren,

b) die planmäßigen Kalkulatoren,

c) insoweit als ihre Eignung durch besondere Anordnung anerkannt ist,
   1. die Dolmetscherinspektoren sowie diejenigen Justizobersekretäre, Justizsekretäre und Dolmetscherobersekretäre, welche die Prüfung gemäß § 1 Ziffer 3 des Gesetzes, betreffend die Dienstverhältnisse der Gerichtsschreiber, vom 3. März 1879 (GS. S. 99) bestanden haben oder nach § 1 Abs. 2 a. a. O. von der Ablegung der Prüfung befreit sind,
   2. die Amtsanwälte,
   3. die Aktuare in Fällen der notwendigen Aushilfe oder Vertretung.

Die Anerkennung kann für alle übertragbaren Geschäfte oder für einen Teil erfolgen. Sie kann eingeschränkt oder widerrufen werden, nachdem dem Beamten unter Mitteilung der Gründe Gelegenheit zur Aeußerung gegeben ist.

Die Eignung der Beamten zur selbständigen Wahrnehmung richterlicher oder staatsanwaltlicher Geschäfte darf entsprechend dem Art. VI § 2 des Gesetzes vom 11. März 1921 nur anerkannt werden, wenn sie hierzu nach ihrer Berufsbildung und ihrer durch praktische Betätigung gewonnenen Erfahrung befähigt erscheinen. Eine bloß theoretische Ausbildung ohne solche Bewährung genügt nicht.

§ 4. Für die in den §§ 2 und 3 vorgesehenen Anordnungen ist der Landgerichtspräsident (Amtsgerichtspräsident) und in Ansehnung der der Staatsanwaltschaft zustehenden Strafvollstreckung der Oberstaatsanwalt, beim Landgericht 1 Berlin der Generalstaatsanwalt zuständig; in Ansehung der Wahrnehmung der dem Amtsrichter zustehenden Geschäfte der Strafvollstreckung durch den Amtsanwalt erfolgt die Anordnung durch den Oberstaatsanwalt im Einvernehmen mit dem Landgerichtspräsidenten (Amtsgerichtspräsidenten).

§ 5. Soweit eine Entlastung angeordnet ist, sind die Eingänge, welche richterliche Geschäfte betreffen, einschließlich der Protokolle und Vermerke über mündliche Erklärungen dem Richter vorzulegen.

Inwieweit in den dem Rechtspfleger übertragenen Geschäften eine Vorlegung zu unterbleiben hat, ist in den §§ 15 bis 32 bestimmt. Mit Rücksicht auf die Ausbildung der Referendare kann der Richter auch die Vorlegung solcher Eingänge anordnen. Das gleiche gilt für den Staatsanwalt hinsichtlich der im § 15 Abs. 1 bezeichneten Geschäfte.

§ 6. Soweit die Eingänge dem Richter oder Staatsanwalt vorzulegen sind, kann sich dieser die Erledigung der übertragenen Geschäfte im Einzelfalle ganz oder teilweise vorbehalten. Der Vorbehalt soll, soweit nicht die Ausbildung der Referendare ein anderes erfordert, nicht erfolgen, soweit es sich um ein einfacheres Geschäft handelt. Der Vorbehalt soll erfolgen, soweit dies in den §§ 26, 29 und 32 bestimmt ist, im übrigen, wenn nach pflichtmäßigem Ermessen des Richters oder Staatsanwalts die Sache wegen rechtlicher Schwierigkeit oder wegen tatsächlicher Verwicklung oder wegen der großen Tragweite der Entscheidung nicht zu den Geschäften einfacherer Art gehört. Der Richter oder Staatsanwalt kann auch, soweit eine Vorlegung der Eingänge nicht zu erfolgen hat, sich ausnahmsweise die Erledigung im Einzelfalle vorbehalten.

Der Vorbehalt ist zulässig bei Entscheidungen, bis sie wirksam geworden sind, im übrigen, bis das übertragene Geschäft vorgenommen ist.

Der Richter oder Staatsanwalt darf sich bei Prüfung der Frage, ob das Geschäft zu den übertragenen gehört sowie ob ein Vorbehalt erfolgen soll, auf die Einsichtnahme des Eingangs mit eingereichten Urkunden beschränken, es sei denn, daß sich aus ihnen ein Anlaß zu Zweifeln ergibt; bestehen hiernach keine Bedenken gegen die selbständige Wahrnehmung des Geschäftes durch den Rechtspfleger, so ist der Richter oder Staatsanwalt für dessen Ausführung nicht verantwortlich.

§ 7. Ist ein Geschäft wegen einer Rechtsfrage als schwieriger anzusehen, so kann der Richter oder Staatsanwalt bestimmen, wie zu der Rechtsfrage (z. B. Legitimation) Stellung zu nehmen ist, und im übrigen von dem Vorbehalt absehen; diese Bestimmung ist für den Rechtspfleger bindend. Der Richter oder Staatsanwalt kann auch anordnen, daß der Rechtspfleger ihm die Sache mit einem Entwurfe vorlege.

Die Bestimmungen des Abs. 1 finden auch bei den Geschäften Anwendung, die nach den §§ 22, 30 dem Richter vorbehalten sind oder die der Richter nach den §§ 26, 29, 32 sich vorbehalten soll. Wird nach Abs. 1 Satz 1 verfahren, so gilt auch ein auf Grund der §§ 22, 30 dem Richter vorbehaltenes Geschäft als übertragen.

Im Falle des Abs. 1 Satz 1 liegt dem Rechtspfleger die weitere Bearbeitung der Sache nach Maßgabe der Verfügung ob. Innerhalb der durch die Verfügungen des Richters oder Staatsanwalts bestimmten Grenzen handelt der Rechtspfleger selbständig.

§ 8. Soweit eine Vorlegung der Eingänge zu erfolgen hat, macht der Richter aktenkundig, daß die Eingänge vorgelegt worden sind, und zwar:

a) bei übertragenen Sachen, die er sich nicht vorbehalten will, durch ein „Gesehen“ oder „Ges.“,
b) bei übertragenen Sachen, die er sich vorbehalten will, und bei nicht übertragenen Sachen durch ein „V.“ (Vorbehalt).

Den Vermerken ist die Unterschrift oder das Namenszeichen mit Tagesangabe beizufügen.

§ 9. Der Rechtspfleger soll die ihm übertragenen Sachen dem Richter oder Staatsanwalt vorlegen,

a) wenn sich bei ihrer Bearbeitung rechtliche Schwierigkeiten ergeben,
b) wenn er von einer ihm bekannten Stellungnahme des Richters oder Staatsanwalts abweichen will,
c) wenn sich ergibt, daß der Richter sie sich gemäß §§ 26, 29, 32 vorbehalten soll,
d) wenn sich in Grundbuchsachen bei Prüfung eines Eintragungsantrags oder -ersuchens ergibt, daß bereits ein oder mehrere noch nicht erledigte Eintragungsanträge oder -ersuchen vorliegen,
e) wenn die Aenderung einer Entscheidung oder Verfügung des Rechtspflegers verlangt wird,
f) wenn eine Mitteilung oder Anfrage an eine ausländische Behörde oder ein Bericht an das Justizministerium erforderlich wird.

Der Richter oder Staatsanwalt kann in den Fällen a bis d auch nach § 7 Abs. 1 verfahren.

§ 10. Der Rechtspfleger ist nicht befugt:

a) zur Beurkundung der Verfügungen von Todes wegen und der Eheverträge,

b) zur Androhung und Verhängung von Ordnungsstrafen.

Ist eine durch richterliche Maßnahmen erzwingbare Handlung trotz zweimaliger Fristsetzung oder Aufforderung von dem Verpflichteten nicht vorgenommen, so ist die Sache dem Richter vorzulegen.

§ 11. Zur Entscheidung über ein Armenrechtsgesuch ist der Rechtspfleger nur dann befugt, wenn das Gesuch ausschließlich ein übertragenes Geschäft (z. B. ausschließlich die Erlassung eines Zahlungsbefehls) betrifft.

§ 12.[1] Bei allen nach außen gehenden Schriftstücken in Angelegenheiten, die dem Richter oder Staatsanwalt gesetzlich obliegen, ist als Behörde, von der sie ausgehen, das Amtsgericht oder die Staatsanwaltschaft zu bezeichnen. Der Unterschrift ist — auch wenn eine Entlastung nicht stattfindet — die Amtsbezeichnung des Beamten und gegebenenfalls die Eigenschaft als Rechtspfleger beizufügen (also z. B. Justizinspektor als Rechtspfleger, Amtsgerichtsrat, Staatsanwaltschaftsrat).

Besteht das übertragene Geschäft in der Aufnahme einer Urkunde, so ist in dieser die Amtsbezeichnung des Beamten sowie seine Eigenschaft als Rechtspfleger anzugeben.

[1] Vgl. Allg. Verf. über die Vollziehung von Schriftstücken bei den Justizbehörden v. 5./2. 24 (JMBl. 54).

§ 13. Die Gültigkeit eines vom Richter oder Staatsanwalt wahrgenommenen Geschäfts wird dadurch nicht berührt, daß es dem Rechtspfleger zur selbständigen Wahrnehmung übertragen war.

Der Rechtspfleger ist dafür verantwortlich, daß er sich der selbständigen oder weiteren selbständigen Wahrnehmung von Geschäften enthält, wenn sie ihm nach dieser Allg. Verfügung nicht zusteht, oder wenn er auf Grund der Bestimmungen der §§ 9, 10, 15 Abs. 3, 16 Lit. a Abs. 2, 17 Abs. 2 die Sache dem Richter oder Staatsanwalt vorzulegen hat.

Ein vom Rechtspfleger selbständig wahrgenommenes Geschäft hat nur dann die Wirksamkeit eines richterlichen oder staatsanwaltlichen Geschäfts, wenn es zur Zeit der Vornahme ihm übertragen war.

§ 14. Die selbständige Wahrnehmung richterlicher oder staatsanwaltlicher Geschäfte durch Rechtspfleger erstreckt sich auch auf diejenigen übertragenen Geschäfte, die auf Ersuchen einer andern Behörde zu erledigen sind.

II. Strafsachen.

§ 15. Zur selbständigen Wahrnehmung geeignet sind die Geschäfte der Strafvollstreckung, auch soweit die Bestrafung auf Grund landesrechtlicher Strafbestimmungen (insbesondere des Forstdiebstahlsgesetzes) erfolgt ist.

Ausgenommen hiervon sind:

a) die Strafvollstreckung auf Grund des Jugendgerichtsgesetzes,

b) die Entscheidung über Aufschub und Unterbrechung der Strafvollstreckung auf Grund der §§ 487, 488 StPO.,

c) die Stellung von Anträgen, die Aeußerung und — soweit sie den Justizbehörden übertragen ist —

die Entscheidung in Gnadensachen (Strafaufschub, Strafunterbrechung, Strafteilung, bedingte Strafaussetzung, Straferlaß und Strafumwandlung) — Allgemeine Verfügungen vom 22. Dezember 1911 (JMBl. S. 448), 6. Juli 1918 (S. 281), 19. Juni 1919 (S. 341), 26. August 1919 (S. 405), 19. Oktober 1920 (S. 564), 15. Juni 1921 (S. 349) und 29. Juni 1921 (S. 369),

d) die Stellung von Anträgen auf gerichtliche Entscheidung sowie die Aeußerung auf gestellte Anträge in den Fällen der §§ 490 bis 494 StPO., des § 10 Abs. 2 des Geldstrafengesetzes vom 21. Dezember 1921 (RGBl. S. 1604) und des § 28 Abs. 2, des § 28b und des § 29 Abs. 6 des Strafgesetzbuchs in der Fassung des Geldstrafengesetzes vom 27. April 1923 (RGBl. S. 254) sowie die Entscheidung der Vollstreckungsbehörde oder des Gerichts in diesen Fällen.

Falls Zweifel an der Zulässigkeit der Strafvollstreckung bestehen, findet § 9 Abs. 1a, Abs. 2 entsprechende Anwendung.

Nicht zur Strafvollstreckung gehört die Entscheidung über die Zurückgabe von Gegenständen, die aus Anlaß einer Strafsache in amtlichen Gewahrsam gelangt sind (z. B. im Falle des § 111 StPO.).

Soweit eine Uebertragung erfolgt ist, hat die Vorlegung nach § 5 zu unterbleiben.

III. Zivilprozeßsachen.

§ 16. Zur selbständigen Wahrnehmung sind geeignet:

a) die Entscheidung auf das Gesuch um Erlassung eines Zahlungsbefehls.[1]

Im Falle des § 14[2] der Bekanntmachung zur Entlastung der Gerichte vom 9. September 1915 (RGBl. S. 562)/18. Mai 1916 (RGBl. S. 393)[3] ist die Klage, wenn der Rechtspfleger darauf den Zahlungsbefehl nicht erlassen will, dem Richter zur Entscheidung vorzulegen, ob er den Zahlungsbefehl erlassen oder Termin zur mündlichen Verhandlung anberaumen will,

b) die Zurückweisung eines Gesuchs, einen Zahlungsbefehl für vorläufig vollstreckbar zu erklären.[4] Gelangt gemäß § 6 Abs. 1 oder § 9[5] die Sache an den Richter, so hat dieser nur darüber zu entscheiden, ob die Voraussetzungen zum Erlaß eines Vollstreckungsbefehls vorliegen. Auf Grund dieser Entscheidung liegt dem Rechtspfleger die weitere Erledigung ob,

c) die Erteilung der vollstreckbaren Ausfertigung in den Fällen der §§ 730 Abs. 1, 733 Abs. 1 ZPO. ohne Einholung einer Anordnung des Vorsitzenden,[6]

d) die Entscheidung, betreffend Rückgabe einer Sicherheit in den Fällen der §§ 109, 715 ZPO.,[7]

e) die in bezug auf die Zwangsvollstreckung in Forderungen oder andere Vermögensrechte nach den §§ 828 bis 863 ZPO. von dem Vollstreckungsgericht oder in den Fällen der §§ 848, 854, 855 von einem anderen Amtsgerichte zu treffenden Entscheidungen und Anordnungen.[8]

Hierunter fällt auch eine Pfändung auf Grund einer auf Geldzahlung lautenden einstweiligen Verfügung (§§ 936, 928, 828 ff. ZPO.); dagegen nicht eine Pfändung zur Arrestvollziehung (§ 930 ZPO.),

f) die in den Fällen der §§ 771, 805 ZPO. vom Vollstreckungsgerichte gemäß § 769 Abs. 2 ZPO. zu treffenden Entscheidungen, soweit es sich nicht um die Zwangsvollstreckung in das unbewegliche Vermögen handelt,[9]

g) die Anordnung, daß die Partei, welche einen Arrestbefehl oder eine einstweilige Verfügung erwirkt hat, binnen einer zu bestimmenden Frist Klage zu erheben habe (§§ 926 Abs. 1, 936 ZPO.),[10]

h) die Entscheidung über Anträge auf Aufhebung eines vollzogenen Arrestes gegen Hinterlegung des in dem Arrestbefehle festgestellten Geldbetrags (§ 934 Abs. 1 ZPO.).[11]

Soweit eine Uebertragung erfolgt ist, hat die Vorlegung nach § 5 in den Geschäften zu a bis e, g, h zu unterbleiben.

1 Vgl. Art. VI § 1 II 2 Ges. v. 21./3. 21 (Anhang I).

2 Jetzt (Text-Bek. v. 13./5. 24) § 2.

3 Anbringung eines Güteantrags oder einer Klage statt Gesuchs um Erlassung des Zahlungsbefehls.

4 Vgl. Art. VI § 1 I Ges. v. 21./3. 21.

5 Durch Vorlegung des Gesuchs seitens des Rechtspflegers infolge Vorbehalts des Richters (§ 6 Abs. 1) oder aus eigener Entschließung (§ 9).

6 Vgl. Art. VI § 1 I Ges. v. 21./3. 21.

7 Vgl. Art. VI § 1 II 1 Ges. v. 21./3. 21.

8 Vgl. Art. VI § 1 II 3 Ges. v. 21./3. 21.

9 Vgl. Art. VI § 1 II 4 Ges. v. 21./3. 21.

10 Vgl. Art. VI § 1 II 5 Ges. v. 21./3. 21, §§ 926 Abs. 1, 936 ZPO.

11 Vgl. Art. VI § 1 II 5 Ges. v. 21./3. 21, §§ 923, 934 Abs. 1 ZPO.

IV. Vormundschaftsgerichtliche Sachen.

§ 17. Die Anordnung einer Vormundschaft, Gegenvormundschaft, Pflegschaft und Beistandschaft bleibt dem Richter vorbehalten, soweit es sich nicht um eine Vormundschaft über ein uneheliches Kind oder um eine Pflegschaft zum Zwecke der Geltendmachung eines auf dem öffentlichen Rechte beruhenden Rentenanspruchs handelt.

Kommt bei der Bearbeitung eines übertragenen Geschäfts durch einen Rechtspfleger die Anordnung einer dem Richter vorbehaltenen Vormundschaft, Gegenvormundschaft, Pflegschaft oder Beistandschaft in Frage, so ist die Sache dem Richter zur Entscheidung vorzulegen.

§ 18. Zur selbständigen Wahrnehmung sind geeignet:

a) das Ersuchen an den Waisenrat um Vorschlag eines Vormundes, Gegenvormundes, Pflegers oder Beistandes,

b) die Anordnung einer Vormundschaft oder Pflegschaft, die nach § 17 Abs. 1 nicht dem Richter vorbehalten ist,

c) die Verpflichtung des Vormundes, Gegenvormundes, Pflegers oder Beistandes. Die Verpflichtung umfaßt auch die Wahrnehmung der richterlichen Aufgaben im Verpflichtungstermin, insbesondere die Rechtsbelehrung, die Erteilung der Bestallung und die Mitteilung an den Gemeindewaisenrat.

Die Verpflichtung umfaßt auch die Auswahl des Vormundes, Gegenvormundes, Pflegers oder Beistandes, soweit nicht die Anordnung der Vormundschaft usw. gemäß § 17 Abs. 1 dem Richter vorbehalten ist. Soweit die Anordnung dem Richter vorbehalten ist, gilt der Rechtspfleger als ermächtigt, die vom Gemeindewaisenrate vorgeschlagene Person zu verpflichten, wenn sich der Richter die Entscheidung nicht vorbehält.

Bei einer Vormundschaft oder Pflegschaft, deren Anordnung dem Rechtspfleger übertragen ist, hat eine Vorlegung der Eingänge insoweit zu unterbleiben, als nicht eine gemäß § 22 dem Richter vorbehaltene Maßregel erforderlich wird.

§ 19. Zur selbständigen Wahrnehmung sind ferner geeignet:

a) die Erteilung der Bescheinigung über den Eintritt der gesetzlichen Amtsvormundschaft (§ 37 des Jugendwohlfahrtsgesetzes),

b) die Erteilung der Genehmigung zur Abhebung von Sparkassengeldern innerhalb der vom Landgerichtspräsidenten (Amtsgerichtspräsidenten) näher nach Zeit und Betrag zu bestimmenden Grenzen sowie die Aufhebung des Sperrvermerkes in Sparkassenbüchern nach Beendigung der Vormundschaft,

c) die Festsetzung der Auslagen von Verwandten und Verschwägerten (§§ 1308, 1673, 1847 BGB.),

d) die Beurkundung der Anerkennung der Vaterschaft und der Verpflichtung des ehelichen oder unehelichen Vaters zur Zahlung von Unterhaltsbeiträgen in vollstreckbarer Form,

e) die Entgegennahme der im § 1577 Abs. 2 und 3 BGB. vorgesehenen Erklärungen (Wiederannahme des Mädchennamens durch die geschiedene Ehefrau, Untersagung der Weiterführung des Namens des Mannes durch die Frau seitens des Mannes),

f) die Entgegennahme der Erklärung des Vaters (der

Mutter) auf Verzicht auf die Nutznießung am Vermögen des Kindes (§§ 1662, 1686 BGB.),

g) die Entgegennahme der Erklärung über Namenserteilung seitens des Ehemannes der Mutter an das uneheliche Kind sowie der Einwilligung des Kindes und der Mutter (§ 1706 Abs. 2 BGB.),

h) die Erteilung des Armutszeugnisses aus den Vormundschaftsakten zur Klageerhebung.

Soweit eine Uebertragung erfolgt ist, hat eine Vorlegung nach § 5, auch soweit es sich um aufgenommene Protokolle und Vermerke handelt, zu unterbleiben. Desgleichen hat die Vorlegung der Anzeige des Jugendamtes über den Eintritt der gesetzlichen Amtsvormundschaft zu unterbleiben.

§ 20. Zur selbständigen Wahrnehmung sind ferner geeignet:

a) das Einfordern von Erziehungs- und Führungsberichten sowie die Prüfung derselben,

b) das Einfordern und die Prüfung von Rechenschaftsberichten und Vermögensübersichten einschließlich der Schlußrechnung, die Anordnung der Ergänzung eines eingereichten Vermögensverzeichnisses, die Anordnung der Vorlegung von Büchern und Belegen,

c) die Beaufsichtigung der Geschäftsführung des Vormundes, Gegenvormundes, Pflegers, Beistandes, insbesondere das Setzen von Fristen und die Ueberwachung ihrer Innehaltung.

Die Uebertragung umfaßt nicht die auf Grund der Prüfung der Berichte oder der Beaufsichtigung der Geschäftsführung etwa notwendig werdenden vormundschaftsgerichtlichen Maßregeln, soweit es sich nicht um Zwischenverfügungen handelt, die der endgültigen Entscheidung nicht vorgreifen.

§ 21. Der Landgerichtspräsident (Amtsgerichtspräsident) kann weitere Geschäfte einfacherer Art als geeignet bezeichnen. Er kann auch alle Geschäfte des Vormundschaftsrichters mit Ausnahme der nach §§ 17, 22 dem Richter vorbehaltenen als geeignet bezeichnen, soweit sich nicht der Richter die Erledigung des Geschäfts im Einzelfall vorbehält.

§ 22. Dem Richter bleiben vorbehalten:

a) die nicht durch das Bürgerliche Gesetzbuch geregelten Geschäfte des Vormundschaftsgerichts, soweit die nicht im § 19 dieser Verfügung bezeichneten Geschäfte in Betracht kommen,

b) die Volljährigkeitserkärung,

c) die Geschäfte, betreffend die Eingehung, die Anfechtung und die Wirkungen der Ehe (IV. Buch 1. Abschnitt, 2. bis 5. Titel), mit Ausnahme der Erteilung des Wiederverheiratungszeugnisses (§ 1314 BGB.) und der Befreiung von der Wartezeit (§ 1313 BGB.),

d) die Ersetzung der Zustimmung und der Genehmigung eines Ehegatten oder, im Falle der fortgesetzten Gütergemeinschaft, eines Abkömmlings zu einem Rechtsgeschäft,

e) die Geschäfte, welche die Anfechtung der Ehelichkeit eines Kindes die Ehelichkeitserklärung und die Annahme an Kindes Statt betreffen,

f) die vormundschaftsgerichtlichen Entscheidungen auf Gestattung und Genehmigung, soweit es sich nicht um Abhebung von Sparkassenguthaben gemäß von § 19 Lit. b dieser Verfügung oder um die Genehmigung von Lehrverträgen oder Verträgen über die Eingehung eines Dienst- oder Arbeitsverhältnisses (BGB. § 1822 Nr. 6 und 7) handelt,

g) die Entziehung der Vertretungsmacht (§§ 1630, 1686, 1694, 1796, 1897, 1915 BGB.),

h) die Maßnahmen hinsichtlich der Personenfürsorge, soweit sie ein Eingreifen aus § 1666 BGB., die religiöse Erziehung, die Unterbringung in einer Erziehungs- oder Besserungsanstalt sowie die Regelung der Sorge für die Person und des Verkehrs mit den Kindern bei geschiedenen Ehen betreffen,

i) die Maßnahmen hinsichtlich der Vermögensfürsorge, soweit sie ein Eingreifen auf Grund der §§ 1667, 1668, 1844, 1915 BGB., den Verbrauch von Mündelgeld durch den gesetzlichen Vertreter, die Erteilung einer allgemeinen Ermächtigung für gewisse genehmigungspflichtige Rechtsgeschäfte und die Änderung der Anordnungen eines Erblassers oder eines Dritten hinsichtlich des dem Vertretenen unentgeltlich Zugewendeten betreffen,

k) die Aenderung der Bestimmungen der Eltern über Unterhaltsgewährung,

l) die Ersetzung der von einem Gewalthaber verweigerten Zustimmung oder Genehmigung sowie die Entscheidung von Meinungsverschiedenheiten mehrerer Gewalthaber,

m) die Unterstützung des Gewalthabers durch Zuchtmittel,

n) die Maßnahmen aus §§ 1665, 1685 Abs. 2, 1686, 1846, 1915 BGB.,

o) die Entlassung eines Vormundes, Gegenvormundes, Pflegers oder Beistandes wegen Pflichtwidrigkeit,

p) die Aufhebung einer vorläufigen Vormundschaft (§ 1908 Abs. 3 BGB.), einer nach § 1687 Nr. 3 BGB. angeordneten Beistandschaft und einer Pflegschaft im Falle des § 1919 BGB.,

q) die Entziehung der dem Vater (der Mutter) zustehenden Befreiungen (§§ 1903, 1904, 1915 BGB.),

r) die Genehmigung der Abweichung von den Bestimmungen der Eltern hinsichtlich der Geschäftsverteilung bei mehreren Vormündern und die Außerkraftsetzung der Anordnungen des Vaters (der Mutter), betreffend die befreite Vormundschaft oder Pflegschaft (§§ 1857, 1915 BGB.),

s) die den Familienrat betreffenden Anordnungen und Entscheidungen,

t) die dem Vormundschaftsgericht im V. Buch 4. und 7. Abschnitt des BGB. übertragenen Geschäfte (bei Erbvertrag und Erbverzicht).

V. Grundbuchsachen.

§ 23. Zur selbständigen Wahrnehmung geeignet sind:

a) das Unterschreiben der vom Richter verfügten Eintragungen und der Hypotheken-, Grundschuld- und Rentenschuldbriefe sowie der beglaubigten Abschriften aus dem Grundbuch und der Vermerk auf den Briefen,

b) die Beurkundung der der Form des § 29 GBO. bedürfenden Eintragungsbewilligungen und der sonstigen zur Eintragung erforderlichen Erklärungen sowie die Entgegennahme von Auflassungen, und zwar einschließlich der folgenden regelmäßig damit verbundenen Beurkundungen: der Schuldurkunden, der Unterwerfung unter die sofortige Zwangsvollstreckung aus der Urkunde, der Abtretungs- und Verpfändungserklärungen sowie der Empfangsbescheinigungen.

Ausgenommen sind die Beurkundungen und Auflassungen in den Fällen, in denen die im § 26 aufgeführten Rechtsverhältnisse vorliegen, sowie in den Fällen, in denen es sich um Grundstücke außerhalb des Amtsgerichtsbezirkes handelt,

c) die Verfügungen, betreffend Eintragung und Löschung auf Ersuchen einer zuständigen Behörde,

d) die regelmäßigen Verfügungen zur Erhaltung der Uebereinstimmung zwischen Grundbuch und Steuerbuch einschließlich der Fortschreibungen, die eine Zerlegung der bislang unter einer Katasterbezeichnung geführten Parzelle in mehrere Parzellen mit verschiedener Katasterbezeichnung und die eine Zusammenfassung mehrerer Parzellen in eine einheitlich bezeichnete Parzelle enthalten.

Ausgenommen von der Uebertragung sind jedoch die Fortschreibungen, die eine Grenzveränderung unter Berichtigung eines materiellen Irrtums enthalten,

e) die Erledigung von Anträgen auf Erteilung von Abschriften und auf Bescheinigungen über den Inhalt des Grundbuchs oder der Grundakten sowie auf Rückgabe von Urkunden,

f) die Antwort auf Anfragen über den Inhalt des Grundbuchs,

g) die Entscheidung auf Anträge, betreffend die Gestattung der Einsicht des Grundbuchs und der Grundakten,

h) die Entscheidung über Versendung von Grundakten an andere Behörden und die Ueberwachung der Rücksendung.

Soweit eine Uebertragung erfolgt ist, hat die Vorlegung nach § 5 in den Geschäften zu d bis h zu unterbleiben.

§ 24. Der Landgerichtspräsident (Amtsgerichtspräsident) kann die Entscheidung auf Eintragungsanträge einfacherer Art als geeignet bezeichnen.

Er kann auch die Entscheidung auf alle Eintragungsanträge als geeignet bezeichnen, soweit sich nicht der Richter die Entscheidung im Einzelfalle vorbehält.

[1] Die Entscheidung auf Eintragungsanträge, welche auf Grund der Dritten Steuernotverordnung vom 14. Februar 1924 — RGBl. S. 74 — oder einer der dazu ergangenen oder noch ergehenden Durchführungsverordnungen gestellt werden, kann nicht als geeignet bezeichnet werden. Das gleiche gilt von der Entscheidung auf Eintragungsanträge auf Grund des Industriebelastungsgesetzes v. 30./8. 1924 (RGBl. II S. 257) sowie einer dazu ergangenen oder noch ergehenden Durchführungsverordnung.

[1] Der Abs. 3 ist nachträglich hinzugefügt, und zwar: Satz 1 durch Verf. v. 19./7. 24 (JMBl. 281) (mit Wirkung vom 1./8. 24); Satz 2 durch Verf. v. 28./1. 25 (JMBl. 50) (mit Wirkung vom 15./2. 25).

§ 25. Vollzieht der Rechtspfleger statt des Richters die Unterschriften unter den Eintragungen im Grundbuch und unter den beglaubigten Abschriften, Briefen und Vermerken, so unterzeichnet als Grundbuchführer ein zweiter Bureaubeamter, ein Registraturassistent oder Kanzleisekretär oder ein anderer durch den Landgerichtspräsidenten (Amtsgerichtspräsidenten) ermächtigter Kanzleibeamter. Diesem Beamten kann auch die Vornahme der Eintragung übertragen werden.

§ 26. Der Richter soll von dem Vorbehalte Gebrauch machen,

a) wenn derjenige, dessen Recht von der Eintragung betroffen wird, nicht im Grundbuch eingetragen ist (z. B. der Eigentümer hinsichtlich der getilgten Teile einer Hypothek), insbesondere wenn derjenige, dessen Recht von der Eintragung betroffen wird, Rechtsnachfolger des eingetragenen Berechtigten ist, es sei denn, daß die Rechtsnachfolge durch öffentliche oder öffentlich beglaubigte Urkunde, und zwar im Falle der Erbfolge durch Erbschein, nachgewiesen wird,

b) wenn das von der Eintragung betroffene Recht einer Mehrheit von Personen zusteht und die Eintragung nicht von allen Berechtigten bewilligt und beantragt ist (z. B. nur von einem Beteiligten bei Miteigentum, Erbengemeinschaft, Gütergemeinschaft; einem Gesellschafter der Gesellschaft des Bürgerlichen Rechtes, der offenen Handelsgesellschaft, der Kommanditgesellschaft),

c) wenn die Eintragung von einem Vorerben bewilligt oder beantragt ist,

d) wenn das Grundbuchblatt angelegt ist oder angelegt werden soll

1. für ein Grundstück, das zu einem Fideikommiß, Lehen, Stammgut, standesherrlichen Hausvermögen oder zu einem Hausgut der in Art. 57, 58 EG. z. BGB. bezeichneten Familien, des herzoglich holsteinischen Fürstenhauses oder des ehemaligen Königshauses gehört,
2. für einen Schutzforst, einen Weinberg, ein Wald-, Deich-, Wein- oder Landgut im Sinne der Allgemeinen Verfügung, betreffend den Waldschutz usw., vom 31. Dezember 1920 (JMBl. 1921 S. 30) und der §§ 12 bis 16 der Zwangsauflösungsverordnung vom 19. November 1920 (GS. S. 463),
3. für eine Reichsheimstätte,
4. für eine Bahneinheit,
5. für ein Erbbaurecht,
6. für ein Bergwerk, eine selbständige Kohlenabbaugerechtigkeit oder eine andere selbständige Gerechtigkeit (Art. 22 AG. GBO., Art. 40 AG. BGB.),
7. für ein Stockwerkseigentum,

e) wenn die Eintragung betrifft:

1. einen Erwerb durch eine juristische Person auf Grund einer Schenkung oder Zuwendung von Todes wegen,
2. einen Grunderwerb durch eine ausländische juristische Person,

f) wenn es sich um ein Recht an einem buchungsfreien Grundstück oder um die Ausbuchung eines Grundstücks handelt,

g) wenn es sich um die Umschreibung unübersichtlich gewordener Grundbücher handelt.

VI. Nachlaßsachen.

§ 27. Zur selbständigen Wahrnehmung sind geeignet:

a) die Verhandlungen über Annahme und Rückgabe von Verfügungen von Todes wegen und die auf Grund der Verhandlungen zu erlassenden Verfügungen,

b) die Entscheidung über Einsicht in die dem Nachlaßgericht eingereichten Schriftstücke (z. B. in ein Inventar, in eine der im § 2228 BGB. bezeichneten Erklärungen, in eine Erklärung, betreffend Anfechtung letztwilliger Verfügungen, § 2081 BGB.),

c) die Aufforderung zur Ablieferung eines Testaments oder Erbvertrags,

d) die Fristbestimmung in den Fällen der §§ 1994, 1995, 1996, 2198, 2202 BGB. sowie die Benachrichtigung des Vormundschaftsgerichts gemäß § 1999 BGB.

Soweit eine Uebertragung erfolgt ist hat die Vorlegung nach § 5 in den Geschäften zu a bis c zu unterbleiben, es sei denn, daß der Erblasser ein Ausländer war.

§ 28. Der Landgerichtspräsident (Amtsgerichtspräsident) kann weitere Geschäfte einfacherer Art mit Ausnahme der nach § 30 dem Richter vorbehaltenen als geeignet bezeichnen.

§ 29. Der Richter soll sich die Sache vorbehalten, wenn der Erblasser ein Ausländer war.

§ 30. Dem Richter bleiben vorbehalten:

a) die Anordnung einer Nachlaßpflegschaft sowie diejenigen Geschäfte des Nachlaßgerichts hinsichtlich der Nachlaßpflegschaft, welche den von der Uebertragung ausgeschlossenen Geschäften in Vormundschaftssachen entsprechen,

b) die Anordnung und die Aufhebung einer Nachlaßverwaltung,

c) die Abnahme eines Offenbarungseides,

d) die Ernennung eines Testamentsvollstreckers,

e) die Entscheidung bei Meinungsverschiedenheit mehrerer Testamentsvollstrecker und die Außerkraftsetzung der vom Erblasser durch letztwillige Verfügung getroffenen Anordnungen (§§ 2224 2216 BGB.),

f) die Entlassung des Testamentsvollstreckers wegen grober Pflichtverletzung oder Unfähigkeit (§ 2227 BGB.),

g) die Erteilung und Einziehung eines Erbscheins, eines Testamentsvollstreckerzeugnisses und eines Zeugnisses über die Fortsetzung der Gütergemeinschaft,

h) die Feststellung des Erbrechts des Fiskus (§ 1964 BGB.),

i) die Vermittlung der Auseinandersetzung in Ansehung des Gesamtguts einer beendigten ehelichen oder fortgesetzten Gütergemeinschaft (§ 99 RFGG.).

VII. Sonstige Angelegenheiten der freiwilligen Gerichtsbarkeit.

§ 31. Zur selbständigen Wahrnehmung sind geeignet:

a) die Wahrnehmung der Geschäfte, betreffend den

Austritt aus einer Religionsgesellschaft öffentlichen Rechts oder einer Synagogengemeinde,

b) die Aufforderung zur Einreichung von Urkunden gemäß §§ 244, 259, 260, 265 HGB., §§ 40, 52 des Gesetzes, betreffend G. m. b. H., §§ 33 Abs. 2, 58 GenGes. und die darauf zu erlassende Verfügung,

c) die gesamte Bearbeitung des Handelsregisters A,

d) die Bearbeitung des Handelsregisters B, soweit es sich handelt um

1. den Vermerk über Errichtung oder Aufhebung einer Zweigniederlassung im Register der Hauptniederlassung (§ 131 RFGG.),
2. die Eröffnung des Konkursverfahrens,
3. die Löschung einer Gesellschaft nach Beendigung der Liquidation,
4. den Wechsel in der Person der Geschäftsführer, Vorstandsmitglieder, ihrer Stellvertreter oder der Liquidatoren sowie die Erteilung oder das Erlöschen einer Prokura,
5. die Bestimmung über die Aufbewahrung der Bücher und Schriften nach Beendigung der Liquidation (§ 302 HGB., § 74 Ges., betr. G. m. b H.),

e) die Bearbeitung des Genossenschaftsregisters, soweit es sich handelt um

1. den Vermerk über Errichtung oder Aufhebung einer Zweigniederlassung im Register der Hauptniederlassung (§§ 131, 147 RFGG., § 19 II der Bekanntmachung vom 1. Juli 1899 — RGBl. S. 347 —),
2. die Eröffnung des Konkursverfahrens,

3. die Löschung einer Genossenschaft nach Beendigung der Liquidation,
4. den Wechsel in der Person der Vorstandsmitglieder oder ihrer Stellvertreter oder der Liquidatoren,
5. die Bestimmung über die Aufbewahrung der Bücher und Schriften nach Beendigung der Liquidation,
6. die Bestellung von Revisoren,
7. die Führung der Liste der Genossen,

f) die Bearbeitung von Anträgen auf Eintragung in das Musterregister,

g) die Bearbeitung von Anträgen auf Eintragung in das Güterrechtsregister, soweit es sich nicht um altrechtliche Güterstände oder um ausländische Ehegatten handelt,

h) die Bearbeitung des Vereinsregisters, soweit es sich handelt um
1. die Eröffnung des Konkursverfahrens,
2. den Wechsel in der Person der Vorstandsmitglieder oder Liquidatoren,
3. die erneute Bestellung eines Vorstandsmitgliedes (§ 67 BGB.),
4. die Eintragung der Entziehung der Rechtsfähigkeit und der Auflösung des Vereins (§§ 43, 73, 74 Abs. 3 BGB.),

i) die Erledigung von Anträgen auf Erteilung beglaubigter Abschriften, auch auszugsweiser Abschriften, sowie von Zeugnissen und Bescheinigungen aus den Registern, soweit sie dem Richter zusteht, sowie die Erteilung tatsächlicher Auskünfte aus den Registern und Registerakten,

k) die in den Verordnungen über die Aenderung der Familien- und Vornamen vom 3. November 1919 (GS. S. 177), 30. Januar 1923 (S. 21) und 29. Oktober 1920 (S. 515) den Amtsgerichten zugewiesenen Geschäfte mit Ausnahme der Entscheidung auf Anträge und der Berichterstattung an den Justizminister,

l) die Beglaubigung eines Handzeichens.

Soweit eine Uebertragung erfolgt ist, hat die Vorlegung nach § 5 zu unterbleiben mit Ausnahme der Eingänge, betreffend den Wechsel von Vorstandsmitgliedern und ihren Stellvertretern bei Aktiengesellschaften und Kommanditgesellschaften auf Aktien, sowie betreffend das Güterrechtsregister.

§ 32. Zur selbständigen Wahrnehmung geeignet ist ferner die Bearbeitung des See- und des Binnenschiffsregisters unter entsprechender Anwendung der §§ 23 bis 25, 26a bis c.

§ 33. Vorstehende Bestimmungen treten am 1. Juli 1923 in Kraft.

Sachregister.

Die Zahlen verweisen auf die Paragraphen, I = EinfGes. z. GVG.

A.

C. siehe Z.

D.

G.

R.

S.

T.

U.

W.

Z.

Gedruckt bei A. W. Hayn's Erben, Potsdam.

FSC
www.fsc.org
MIX
Papier | Fördert
gute Waldnutzung
FSC® C083411

Kolibri 360 GmbH
Ferdinand-Jühlke-Straße 7
99095 Erfurt, Deutschland
produktsicherheit@kolibri360.de